# O BLOGUE DE
# AI WEIWEI

# O BLOGUE DE AI WEIWEI

Escritos, entrevistas e arengas digitais, 2006-2009

Organização
LEE AMBROZY

Tradução
CRISTINA CUPERTINO

martins fontes
selo martins

© 2013 Martins Editora Livraria Ltda., São Paulo, para a presente edição.
© 2011 Massachusetts Institute of Technology
Esta obra foi originalmente publicada em inglês sob o título *Ai Weiwei's Blog: Writings, Interviews, and Digital Rants, 2006-2009* por Ai Weiwei.

| | |
|---|---|
| Publisher | *Evandro Mendonça Martins Fontes* |
| Coordenação editorial | *Vanessa Faleck* |
| Produção editorial | *Cíntia de Paula* |
| | *Valéria Sorilha* |
| Tradução | *Cristina Cupertino* |
| Preparação | *Daniela Piantola* |
| | *Paula Passarelli* |
| Revisão | *Pamela Guimarães* |

**Dados Internacionais de Catalogação na Publicação (CIP)**
**(Câmara Brasileira do Livro, SP, Brasil)**

O blogue de Ai Weiwei : escritos, entrevistas e arengas digitais, 2006-2009 / organização Lee Ambrozy ; tradução Cristina Cupertino. – São Paulo : Martins Fontes – selo Martins, 2013.

Título original: Ai Weiwei's blog.
ISBN 978-85-8063-091-6

1. Ai, Weiwei – Blogs 2. Arte chinesa 3. Dissidente – Artes – China – Blogs I. Ambrozy, Lee.

13-02982                                                                      CDD-709.51

**Índices para catálogo sistemático:**
1. Arte chinesa    709.51

*Todos os direitos desta edição reservados à*
***Martins Editora Livraria Ltda.***
*Av. Dr. Arnaldo, 2076*
*01255-000  São Paulo  SP  Brasil*
*Tel.: (11) 3116 0000*
*info@martinseditora.com.br*
*www.martinsmartinsfontes.com.br*

**PARA O GRASS MUD HORSE***

..........................
* Ver nota 42 dos textos de 2009. (N. E.)

# SUMÁRIO

Prefácio   X
Apresentação   XIV

**Textos de 2006**
Problemas enfrentados pelos arquitetos estrangeiros que trabalham dentro da prática arquitetônica chinesa   1
Arquitetura e espaço   3
Fotografia   7
Sobre arquitetura   9
A arte contemporânea chinesa em dilema e transição   13
Sobre fotografia   18
Quem é você?   20
O caminho mais longo   25
A cidade deles   27
Cidade N   29
Aldeia de S em Pequim   31
Lugar errado, hora certa   34
Pensamentos perturbadores acima da cabeça   36
Um ângulo direto: Liu Xiaodong   39
Poeira que assenta sossegadamente   41
Fragmentos   43
Um mundo sem honra   49
Ontem cortei o cabelo   50
Aqui e agora   51
Cidades e arquitetura ideais não existem   56
Basta não ter cuidado... e topa-se com a idiotice num dia ensolarado   61
Um caminho para um lugar desconhecido   63
Uma praga para Zuzhou   64
Arquitetura comum   67
A persistência de Ar Chang   72
Um computador que vale "muitas centenas de milhões" e um cérebro que não vale nada   74
Uma via que não tem fim   77
A ignorância e a hipocrisia sempre vencem   77
Por que sou hipócrita   79
O Povo, a lua, Zidane e mais   83
Algumas reflexões sobre as cidades do futuro   86
Deixar nossos erros nos manterem bem baixos   92
Abalos secundários   96
Orientação espiritual e as possibilidades da existência   98
Super luzes: Yan Lei e o seu trabalho   99
Sapatilhas de pano   102
Xingamentos usuais   104
Coisas desprezíveis   105

Bílis de ursos vivos    106
Mundos diferentes, sonhos diferentes    109
Hipnose e a realidade fragmentada: Li Songsong    112
A documentação do eu desconhecido e do não eu: Rongrong e inri    116
Crenças muito comuns    120
A base ética da justiça    122

**Textos de 2007**
Vida, crime e morte    125
Padrões e pegadinhas    127
Remar no Bund: Wang Xingwei    130
Confiança perdida para sempre    131
Massacre de cães em Wan Chuan    134
Um "conto de fadas" se torna uma obra de arte    135
Dia Nacional    142
Andy Warhol    144
*Designatum*    148
Alguns números anormais    149

**Textos de 2008**
Alucinações e "inalação de venenos"    155
Não temos nada    158
Telas tremeluzentes    160
Uma palavra de agradecimento    162
Leve como uma pluma    163
O espaço entre a realidade e os ideais: Zhao Zhao    165
Adivinhação e democracia    167
Luto    169
Feriado silencioso    172
Sacrifício    174
Retorno cármico para o carma    176
O comportamento do professor Fan e a ética no Ministério da Educação    177
Esqueça    178
Tigres de papel e caçadores de papel    180
Depredação e incêndio    181
Yang Jia, o tipo excêntrico e antissocial    182
Sobre o Ninho de Pássaro    184
Surpresa infinita    190
Quimeras    193
Fazendo flexões    194
Julgamento público    195
O julgamento    197
Vírus olímpico    199
A nação tem uma lista?    201

Fechamento da cerimônia de abertura   203
O comitê olímpico   205
Obama   207
Essa Liu Yaling   208
Por que a violência?   209
Matem, mas não em nome da justiça   211
A besteira é de graça   212
Estimular a introspecção no país   214

**Textos de 2009**
Ideais *shanzhai*   218
Acusações indevidas, punições excessivas   219
Taxas idiotas   220
Duas piadas   224
Confiança, brio, um sapato   226
A Central Television está em chamas   227
Impiedoso   228
A Central Television inspirou a China   231
O que é mesmo a Central Television?   233
Lembranças à sua mãe   235
Investigação Cidadã   237
Carta de uma mãe de Beichuan   238
Convidados de todos os cantos do mundo   239
Dia da verdadeira revitalização nacional   248
Agora eu não acredito em nada do que você diz   249
Cidadão paranoico   251
12/5 Dia de Lembrar os Mortos   254
Como podemos ter degenerado a esse ponto?   256
Segurança interna "panela elétrica de arroz"   258
Não alimentem ilusões sobre mim   259
Estou pronto   261
Vamos esquecer   262
Se não são contra a China, vocês ainda são humanos?   263
Boicotem a internet no dia 1º de julho. Não arranjem desculpas, não calculem as perdas nem os ganhos   265
140 caracteres   266
Eu realmente não posso acreditar   269

Epílogo   270
Cronologia   276
Notas   288
Grafia chinesa dos nomes   320

# PREFÁCIO

Este livro é uma coletânea de textos que retratam a presença on-line do artista/arquiteto/ativista Ai Weiwei. Seria preferível não chamá-lo de dissidente, por isso não empreguei aqui essa palavra. Os textos foram selecionados do seu blogue (que é hospedado pelo sina.com.cn) e compreendem o período entre 2006 e 28 de maio de 2009, quando o blogue foi censurado e teve todo o seu conteúdo apagado do ciberespaço. Assim, os cinco últimos textos incluídos apareceram em plataformas de blogue alternativas, e um artigo, "140 caracteres", é a compilação de tweets de microblogues compostos em julho de 2009, quando a notícia dos motins de Xinjiang chegou a conhecimento público.

Os mais de cem artigos curtos apresentados aqui são apenas uma parte da totalidade das postagens e, embora alguns tenham sido anteriormente impressos em catálogos ou resumos para a imprensa, até agora a grande maioria nunca havia sido vista em inglês. Uma vez que Ai Weiwei postou no seu blogue diariamente durante quase quatro anos, a compilação dos textos acumulados se tornou uma empreitada monumental e sua tradução, um incrível desafio. A tarefa árdua e demorada de fazer o download, organizar, editar e guardar centenas de arquivos, tanto de textos quanto de imagens, continua ocupando muitas mãos e olhos no escritório de design de Ai em Caochangdi, o FAKE.

Graças a Philip Tinari e Jeff Kelly, que fomentaram o projeto deste livro, as traduções começaram no final de 2008, enquanto o blogue continuava crescendo dia a dia. O processo já estava avançado quando um editor da China continental manifestou interesse numa edição chinesa em forma de livro. Todos os textos originais foram então reeditados para inclusão numa edição em língua chinesa; uma equipe de editores, inclusive Ai Dan, irmão de Ai Weiwei, corrigiu os erros de digitação e as incorreções, poliu a linguagem e em alguns casos acrescentou ou apagou quantidades significativas de conteúdo, para uma leitura mais acessível e clara. Todas as traduções inglesas originais foram reelaboradas, incorporando essas mudanças; no entanto, essa versão chinesa não chegou a ser publicada. A "incorreção política" dos pontos de vista de Ai e a importância do tema se revelaram demasiado intimidadoras e um risco grande demais para qualquer editor ou distribuidor da China continental. Até hoje, este volume é a documentação pública mais completa do blogue de Ai, em qualquer idioma.

As opiniões manifestadas neste livro são todas do autor. Frequentemente são uma reação direta às questões da época e incluem várias alusões socioculturais que exigem notas. A internet tornou-se a principal fonte dessas notas, e, enquanto o livro era montado na China, a verificação dos fatos exigiu um "salto sobre o Great

Firewall", que em 2008-2009 atualizava constantemente seus programas e métodos de controle da internet. Finalmente o uso de uma rede privada virtual permitiu o acesso a quase todos os sites que antes não eram acessíveis para o navegador comum no continente (inclusive Twitter, YouTube, Facebook, Vimeo e ocasionalmente Flickr). Contudo, quando o problema do sistema de segurança foi contornado, um desafio ainda maior dificultou a conciliação das diferenças frequentemente radicais entre as fontes ocidentais e chinesas, discrepâncias essas que talvez sejam os últimos vestígios da Guerra Fria. Espero que com mais traduções como esta as nossas duas civilizações possam conciliar os "fatos". Pelo menos fico emocionado por um artista ter gerado interesse suficiente para garantir a oferta ao mundo anglófono de uma chance de ler em tradução o que os chineses estão dizendo uns para os outros, e não o que os "*experts*" da China Ocidental estão dizendo sobre eles.

A natureza delicada e política de muitos dos eventos aqui anotados tornam esses textos pertinentes para várias disciplinas. As informações das anotações foram confirmadas em várias fontes. Gostaria de manifestar minha gratidão às mídias on-line e aos incansáveis analistas da China que foram particularmente úteis: Asianews.it, *China Elections and Governance* on-line, *China Digital Times*, danwei.com, o blogue *EastSouthWestNorth*, *Global Voices* on-line, *Guardian* on-line, "China Real Time Report" do *Wall Street Journal* e as versões em chinês e em inglês da Wikipédia. O instrumento de busca chinês Baidu e sua enciclopédia Baidu Baike, assim como o Hudong, o maior wiki da China, foram fontes de incalculável valor no idioma chinês; e, por sua perspectiva necessariamente "fiel", devo também agradecer à Xinhuanet.com e aos seus porta-vozes on-line do Partido Comunista Chinês.

Ai Weiwei gostaria de agradecer especialmente a Lu Qing por tolerar que ele passasse tanto tempo ao computador, e aos revisores chineses Ai Dan, Luo Li e Xiao Xi, que fizeram um excelente trabalho com os originais chineses. E a pedido e em nome de Weiwei, faço um agradecimento a mim mesma, Lee. Ele também agradece ao escritório FAKE, especialmente a Zhang Yiyan, pela ajuda na preparação dos textos chineses e por oferecer perspectivas para as citações. Deve-se ainda muito reconhecimento a Nadine Stenke e Ragna van Doorn, pelo apoio com os arquivos, e também a Gao Yuan, ao fotógrafo Zhao Zhao e a Xu Ye, o gênio da técnica para tudo o que diz respeito a blogues. Roger Conover, da MIT Press, foi firme em sua paciência e fé no futuro do blogue como livro, e lhe somos gratos pelo apoio. Finalmente, e enfaticamente, agradecemos aos cidadãos voluntários que ajudaram com a coleta de informações em Sichuan e aplaudimos sua capacidade de resiliência. Precisamos mencionar todos os ciberativistas e guerrilheiros que continuam lutando pela liberdade de expressão e pela liberdade de conexão; muitos deles são vigorosos apoiadores on-line de Ai Weiwei, e nunca esqueceremos aqueles que se dispuseram a fazer com que sua voz fosse ouvida e hoje estão atrás das grades. Agradecemos em geral o infinito entusiasmo dos leitores, assinantes e seguidores do Twitter de Ai. E em último lugar (pela altura), Ai Weiwei quer mencionar especialmente seu filho, Ai Lao, que lhe dá coragem a cada novo dia.

**Lee Ambrozy**[*]

---

[*] Lee Ambrozy, além de organizadora da obra, é a tradutora dos textos originais chineses para a edição em língua inglesa, a partir da qual este livro foi traduzido e a que se referem esse prefácio e a apresentação. Colaboraram ainda para a edição em língua inglesa os seguintes tradutores: Philip Tinari, Eric Abrahamsen e Steven Huang. (N. E.)

# APRESENTAÇÃO

Algumas pessoas acham que a internet é um passatempo; Ai Weiwei vê nela um poderoso meio de mudança social. Num comportamento que se tornou um ritual, diariamente ele dedica horas ao seu computador, filtrando notícias, despejando tweets e expurgando sua mente no ciberespaço. "Ponho nisso 90% da minha energia", disse ele numa entrevista pouco antes da exclusão do seu blogue. Depois que as autoridades encerraram o blogue, mais de 2.700 postagens, incluindo milhares de fotos e milhões de comentários de leitores, desapareceram. O endereço "blog.sina.com.cn/aiweiwei", do qual haviam borbulhado crítica social acerba, condenação de orientação política e finalmente uma lista expressiva de nomes de estudantes que desapareceram ou morreram no terremoto de Wenchuan, foi fechado indefinidamente; em seu lugar ficou esta mensagem: "Este blogue foi fechado. Se você tem alguma dúvida, por favor ligue para 95105670; clique em "Dê uma olhada" na barra da esquerda para ver outros excelentes textos de blogues". A mensagem está lá até hoje.

O acontecimento um tanto incomum de traduzir um blogue chinês para um livro em inglês foi possibilitado pela definição abrangente de arte contemporânea. Como Walter Benjamin escreveu em 1923 no prefácio da sua própria tradução de Baudelaire: "As traduções que são mais do que transmissões de assuntos nascem quando, no curso de sua sobrevivência, uma obra atingiu a época de sua fama"[1]. Já lendário como repositório dos pensamentos e ideias do artista, o blogue de Ai teve mais fama e reprodução por meio da revolução digital do que Benjamin jamais poderia ter imaginado. Para os leitores chineses, o blogue era provocativo e controverso; até agora, leitores não chineses podiam entender apenas parcialmente a profundidade de seu conteúdo; não obstante, Hans Ulrich Obrist referiu-se a ele como "uma das mais magníficas esculturas sociais da nossa época"[2].

O termo "artista-ativista" é cada vez mais usado ao se discutir Ai Weiwei, assim como – para seu leve desalento – "dissidente". Seu ativismo não é recente. Ai esteve na orla da vanguarda política chinesa desde que se tornou possível, no final da década de 1970, defender a liberdade de expressão, assim como a democracia. A internet não o transformou num ativista, mas possibilitou seu ativismo numa escala exponencialmente maior. Ele destruiu vasos da dinastia Han, cobriu com tinta machados de pedra pré-históricos, dissecou mesas e templos antigos, imortalizou em porcelana fina um jorro de urina e levou 1.001 pessoas dos confins da China para uma cidade minúscula da Alemanha. Foi rotulado de taoísta e anarquista, e seu fervor foi até qualificado como o espírito destrutivo do "faça a revolução" inerente à Guarda Vermelha: não importa em que contexto seja colocado, ele se deleitará com a subversão e confrontará destemidamente as autoridades cultural e política.

Influenciado, e não pouco, pelo legado do pai, Ai Weiwei tem a audácia no sangue. A história de sua vida, já mitificada pela mídia, pode ser brevemente recontada aqui. Seu pai, o poeta e intelectual Ai Qing, havia feito comentários críticos sobre o regime. Em 1957, logo depois do nascimento de Ai Weiwei, ele se tornou um dos primeiros intelectuais a serem politicamente cerceados e rotulados de "inimigo do povo", na primeira Campanha Antidireitista. Toda a família, constituída de cinco pessoas, incluindo o bebê Weiwei, foi mandada para o interior a fim de trabalhar e ser reeducada. Primeiro, eles foram para as florestas terrivelmente frias de Beidahuang, em Heilongjiang, onde viveram numa fazenda de produção de madeira. Dois anos depois, foram transferidos para a província ocidental de Xinjiang, a "pequena Sibéria" da China, e ali literalmente cavaram sua existência em um poço na terra. Como especificado em uma série de medidas para os "direitistas" no exílio político, Ai Qing suportava as humilhações diárias, os trabalhos físicos e a reeducação, e, em razão de suas particulares fama e influência, as tarefas mais humilhantes lhe eram reservadas. Ai Weiwei era jovem demais para ajudar, mas se lembra vividamente de ver o pai esfregar as latrinas públicas até a limpeza quase imaculada.

A infância de Ai Weiwei, já saturada de política, foi impregnada da loucura da Revolução Cultural, ou Grande Revolução Cultural Proletária, como então era conhecida. Em vez de estudar chinês, matemática ou ciências, os alunos dividiam seu tempo entre o trabalho nos campos e a leitura do livrinho vermelho de Mao Tsé-tung. Essa geração pode ter tido sobre sua cabeça a "ditadura do proletariado", mas foi instilada com a simpatia pelas massas e uma utopia social que ainda se reflete na prática artística de Ai Weiwei. Quando a Revolução Cultural chegou ao fim e seus principais instigadores, a Gangue dos Quatro (Jiang Qing, Zhang Chunqiao, Yao Wenyuan e Wang Hongwen), foram presos, Ai Qing foi reabilitado e, em 1976, voltou com a família para Pequim, onde viveu o florescimento da atmosfera liberal que se seguiu àquele processo. Esse período é também conhecido como Primavera de Pequim. Os amigos de Ai Qing ensinaram a Ai Weiwei as habilidades básicas do desenho e sua mão se tornou exímia. Em 1978, o jovem foi aceito e matriculado na Academia de Cinema de Pequim; posteriormente ele disse que essa matrícula não se deveu tanto a um interesse pelo cinema, tendo sido antes um meio de "fugir da sociedade"[3].

Incentivado originalmente pelo novo governo como uma plataforma para criticar a Gangue dos Quatro, o Muro da Democracia na área de Pequim chamada

Xidan marcou os primeiros movimentos do ativismo político na China em dezembro de 1978. Civis e estudantes manifestavam publicamente sua opinião afixando num muro do bairro de Xidan "cartazes com letras garrafais" escritas à mão. No dia 5 de dezembro, Wei Jingsheng, que fora da Guarda Vermelha, afixou seu cartaz histórico "A Quinta Modernização", que pedia a democracia como a única "modernização" realmente necessária à China. Sua crítica oblíqua às "Quatro Modernizações" de Deng Xiaoping (nas áreas de agricultura, indústria, defesa nacional e ciência e tecnologia) e o apelo público por mudança política foram uma ameaça excessiva ao jovem governo de Deng. Na primavera de 1979, Wei Jingsheng foi preso e condenado a quinze anos de prisão, e outros simpatizantes e ativistas envolvidos com o Muro da Democracia também foram severamente punidos. Essas sentenças implacáveis deixaram Ai Weiwei, que também participava do Muro, "muito desapontado com os políticos"[4].

Ao mesmo tempo Ai envolveu-se na Stars, uma organização flexível de artistas de Pequim que estavam afirmando sua expressão artística individual depois de mais de dez anos de realismo prescrito, "arte para o povo", pinturas coletivas e cartazes de propaganda política. No dia 27 de setembro de 1979, a primeira exposição da Stars foi dependurada, à moda das mostras renegadas, nas grades diante do Museu de Arte Nacional. Multidões afluíram para ver os novos e desconhecidos estilos de arte, mas a mostra foi fechada dois dias depois. Influenciado pelos pós-impressionistas, populares entre os artistas chineses da época, Ai Weiwei expôs uma paisagem em aquarela chamada *Paisagem IV*. Nessa época, quando o mundo da arte existente fora da China era apresentado no país por um material escasso e precioso, Ai ganhou de um amigo da família três livros de arte: um sobre os impressionistas e duas monografias sobre Van Gogh e Jasper Johns. "Eu simplesmente não pude entender que aquilo era arte", disse ele referindo-se ao livro sobre Johns[5], que foi direto para o lixo.

Anos depois, Ai manifestou sua frustração com o fato de não ter havido na época um número significativo de pessoas questionando os acontecimentos traumáticos do passado recente da China. A condenação de estudantes envolvidos com o Muro da Democracia também deixou nele uma profunda impressão. Na primeira oportunidade, em 1981, Ai saiu do país e foi para os Estados Unidos. Ele sabia que queria ser um artista famoso, e brincava com os amigos dizendo que, quando voltasse, eles veriam outro Picasso. Admitiu também que quando saiu não tinha intenção de voltar.

Ao chegar aos Estados Unidos com trinta dólares no bolso, acabou se estabelecendo onde achava que era o seu lugar: Nova York. Em 1982, matriculou-se na

Parsons School of Design, e ali, cercado por um meio artístico muito diferente, destacou-se muito por suas habilidades técnicas impecáveis. Travou conhecimento com a obra de Marcel Duchamp e Andy Warhol, os dois artistas que teriam maior influência em sua carreira. Ele nunca concluiu o curso na Parsons e começou a se dedicar a trabalhos insólitos, como carpintaria e pintura. Enquanto isso seu apartamento no East Village tornou-se uma espécie de refúgio sagrado para luminares culturais do continente chinês que apareciam em Nova York. Embora se considerasse "*in*" no cenário das artes mas não pertencente a ele, Ai Weiwei diz que nos anos 1980 viu todas as exposições que aconteceram em Nova York. Allen Ginsberg era seu vizinho do andar de cima, e, apesar de o expressionismo alemão, Jeff Koons e Basquiat dominarem o cenário das artes plásticas da época, ele continuava apaixonado pelo Dada. Sua primeira exposição individual, em 1988, intitulada Old Shoes, Safe Sex, apresentava suas antigas manipulações de objetos: um cabide de arame entortado para formar o perfil de Duchamp, uma capa de chuva com uma camisinha presa num lugar "muito próprio" e um par de sapatos costurados onde os calcanhares deviam se encontrar. Um crítico arrojado louvou-o como um "talento irreverente" e "uma força a ser levada em conta na vanguarda internacional"[6].

A distância de Nova York não era suficiente para deixar Ai intocado pelos acontecimentos traumáticos da Praça da Paz Celestial no dia 4 de junho de 1989. Logo depois do incidente, ele fez, junto a um grupo chamado Solidariedade à China, uma greve de fome de oito dias. Prenunciando as ideias que registraria em seu blogue anos depois, Ai foi citado no *New York Times* como tendo declarado o seguinte: "Queremos prestar testemunho do que aconteceu e queremos que o governo chinês seja menos brutal"[7]. Apesar disso, ele ainda sustenta que estava "perdendo tempo" em Nova York (nunca se formou na Parsons, não tinha propriedades, não tinha cidadania, não tinha mulher...), embora tenha inaugurado seu hábito warholiano de documentar. Trocando as composições pela fotografia, ele captava sua vida num exílio autoimposto em centenas de rolos de filme que só recentemente foram revelados e arquivados[8]. Em 1993 seu pai ficou doente e Ai precisou tomar uma decisão. Não tendo sido nunca o tipo que fica em cima do muro, fez as malas e voltou para Pequim. Essa foi a sua primeira viagem para a China em doze anos; ele nem mesmo havia postado uma carta sequer.

Ao chegar, Ai encontrou um nascente cenário de artes plásticas desenvolvendo-se na periferia da capital, onde artistas experimentais estavam se reunindo num lugar que chamavam de East Village de Pequim. Com Feng Boyi, curador e crítico independente, Ai começou a trabalhar numa série de publicações underground conhecidas como os livros Red Flag, que saíram sucessivamente a partir de 1994. Com os títulos de *Black Cover Book*, *Gray Cover Book* e *White Cover Book*, essas publicações tiveram uma tremenda influência sobre os artistas chineses. Para os artistas nelas incluídos, propunham a tarefa de conceitualizar a própria prática e introduziam um modo desconhecido de autoanálise crítica da arte contemporânea chinesa. A série também apresentou à China as práticas da arte contemporânea internacional, inclusive as de Duchamp, Warhol e Koons. Os "Livros de Capa" adquiriram um status quase cult e são talvez o que mais se aproxima de um manifesto que a vanguarda chinesa emergente pode reivindicar.

O conceitualismo experimental de Ai foi precipitado pela contagiante atmosfera criativa do East Village de Pequim, que gerou algumas das suas imagens mais icônicas: o vaso de Coca-Cola, *Dropping a Han Dynasty Vase* [Derrubando um vaso da dinastia Han], a foto de Lu Qing levantando discretamente a saia diante da Praça da Paz Celestial. Em 1997 ele já havia começado as recombinações de mobílias, e, em 1998, suas atividades vanguardistas ganharam mais impulso, quando ajudou a criar os China Art Archives and Warehouse (CAAW), o primeiro arquivo de arte contemporânea e espaço de galeria experimental da China. Durante toda a década de 1990 e no início dos anos 2000, Ai realizou incontáveis projetos artísticos e de curadoria, e, graças às suas numerosas ligações e à disposição de cooperar em novos projetos, adquiriu a reputação de capacitador de arte no mundo.

Em 1999, as formas arquitetônicas que surgiam em sua prática artística se traduziram em espaço arquitetônico com a conclusão da hoje famosa Studio House, a residência de Ai em Pequim. Inspirado por uma foto da casa Stonborough de Wittgenstein, ele estava determinado a construir seu próprio estúdio-casa e fez a planta numa única tarde. A construção durou apenas cem dias, e então sua carreira como arquiteto nasceu. O novo espaço de galeria para o CAAW foi seu segundo projeto arquitetônico, em 2000. Orçamentos limitados e técnicas de construção simples estimularam a demanda pela elegância de sua proposta de baixo custo com tijolos cinza, e ele criou o ateliê FAKE Design em 2003 (a pronúncia chinesa é propositalmente semelhante a "*fuck*"). Antes de ser reduzido consideravelmente em 2006, o FAKE realizou mais de setenta projetos de prédios e paisagismo em toda a China, inclusive o projeto ORDOS, no interior da Mongólia, em que planejou a construção de toda uma cidade nas areias do deserto. Sua contribuição revolucionária para a arquitetura chinesa é a simplicidade elegante, em nítido contraste com as construções extravagantes do barroco chinês, preferidas pelos construtores de Pequim. Os materiais de suas rústicas construções tornaram-se os únicos adornos que continham, criando uma dureza surpreendente e impregnando o espaço com o que ele descreve como "liberdade" – a possibilidade de qualquer coisa transpirar dentro delas.

A hoje famosa exposição de que Ai foi curador junto com Feng Boyi foi um momento decisivo em sua carreira internacional. Como uma exposição perifericamente paralela à Bienal de Xangai de 2000, mais de quarenta artistas da vanguarda foram incluídos numa mostra chamada Fuck Off (o subtítulo dizia: Ways to Not Cooperate). Com obras de arte que incluíam gases supostamente venenosos e atos de canibalismo, ela provocou a reação das autoridades. A Fuck Off acabou sendo fechada, mas não sem antes ter sido vista pelas pessoas certas, o que inclui um grande número de curadores estrangeiros que estava na cidade para visitar a Bienal de Xangai. Alguns espectadores se enfureceram com o que consideraram truque publicitário, pois Ai passou a ser muito procurado para dar entrevistas. Mas a exposição é inequivocamente reputada um marco na arte contemporânea chinesa, e Ai Weiwei estava se tornando um influente apagador de incêndios no mundo da arte globalizadora de Pequim. Sua amizade com o colecionador Uli Sigg, ex-embaixador da Suíça na China, proporcionou-lhe a oportunidade de ser um dos curadores da Mahjong, uma importante exposição que apresentou a arte contemporânea da China à Europa, e em 2003 colaborou na proposta dos arquitetos Jacques Herzog e Pierre de Meuron para o novo Estádio Nacional de Pequim (hoje conhecido como "Ninho de Pássaro"). Assim, o íntimo envolvimento de Ai com o desenvolvimento da arte contemporânea na China foi extenso e absoluto. Quando ele recebeu uma oferta aparentemente trivial de participar do Sina.com em 2005, ninguém poderia prever que sua carreira, àquelas alturas já um sucesso, estava prestes a explodir na blogosfera.

Com o intuito de promover o lançamento de sua nova plataforma de blogue, o Sina.com havia convidado vários "blogueiros célebres", entre os quais Ai Weiwei, para abrir blogues que teriam destaque em sua homepage. Antes de sua primeira postagem no blogue, em outubro de 2005, Ai quase não havia tido contato com a internet. Ele até brincava dizendo que mal sabia digitar. Mas o blogue o atraiu inicialmente como uma chance de explorar suas aptidões literárias, pois a carreira de poeta do pai o deixava curioso quanto à possibilidade de ter herdado esse talento. Então, diariamente passou a dedicar horas ao blogue, descobrindo nessa plataforma digital um meio de divulgar sua vida por fotos. Usando uma câmera Ricoh R8, fez a crônica de sua vida com centenas de fotos todos os dias, algumas das quais eram postadas no blogue diariamente.

As mais de 70 mil fotos de seus arquivos documentam os trabalhos que ocupavam Ai: visitas a Jingdezhen ou a mercados e fábricas de matérias-primas, visitas a colecionadores e grupos em excursão, os registros nas agendas de curadores e entrevistadores, jantares festivos em seu restaurante (chamado Go Where?), que já não existe mais, viagens à Europa e autorretratos em que ele aparece nu em banheiros de hotéis, entre outras coisas. Ele fazia séries de fotos: cortes de cabelo de seus assistentes, preparativos para *Fairytale* [*Conto de fadas*] e sessões de fotografias no começo da manhã, frequentemente apresentando seus constantes companheiros e guardiões no estúdio-casa, os cerca de dez gatos que moravam lá. Eles passeiam no jardim, sentam-se em projetos, livros, vasos, fragmentos de templos, destroem modelos arquitetônicos – os gatos são obviamente as musas da criação no estúdio-casa.

Ao explorar o potencial criativo da internet, experimentando para ver quanta informação digital ele podia fazer circular e maravilhando-se com a distância que ela alcançava, Ai descobriu o quanto e com que rapidez podia se aproximar de milhares de leitores anônimos. Essa conectividade logo seria aproveitada nas suas buscas artísticas e forneceria inspiração para *Conto de fadas*, uma obra de arte em escala épica facilitada pela internet. Em seu blogue, ele convidou candidatos a participarem de uma peça performática que era um "movimento de massa" e levaria para Kassel, na Alemanha, 1.001 cidadãos chineses das mais variadas profissões para a Documenta 12. *Conto de fadas* seria a peça performática em maior escala já montada, um labirinto incorpóreo de interações interpessoais e culturais cujos efeitos se multiplicariam exponencialmente e se propagariam em ondas para todas as camadas da sociedade. Nela Ai superou todas as estruturas tradicionais das hierarquias da arte local e internacional, utilizando diretamente a força do que poderia ser chamado de "massas" (*qunzhong*), uma palavra que havia ficado fora de moda depois da Revolução Cultural. O conceito era tão simples que foi assimilado por públicos diversos, ultrapassando todas as fronteiras geográficas, linguísticas e socioculturais; de certo modo foi uma manifestação do poder da internet.

Em 2008, quando a capital se preparava para os vigésimos nonos Jogos Olímpicos, Ai Weiwei foi um dos primeiros cidadãos chineses a boicotar publicamente as Olimpíadas – embora seu nome estivesse ligado ao novo Estádio Nacional, um símbolo da Pequim olímpica. Por sua contribuição no projeto, ele poderia ter sido saudado como herói nacional, especialmente com a reabilitação da reputação de seu pai, cuja poesia é considerada uma importante herança cultural; contudo, essas contradições implícitas de seu boicote não parecem preocupá-lo nem um pouco. Para a tristeza de muitos espectadores da blogosfera chinesa, ele persistia em disparar invectivas pela internet, desdenhando as gloriosas cerimônias e condenando o governo.

Para Pequim, a honra de sediar os Jogos Olímpicos prometia realizar o novo sonho coletivo da China: ficar no mesmo plano do resto do mundo. Mas, embora o orgulho nacional atingisse as alturas, desastres sociais e naturais ameaçavam deprimir esse estado de espírito. Enquanto o gigantesco relógio da Praça da Paz Celestial mostrava a contagem regressiva dos dias, horas e segundos para a abertura das Olimpíadas, o ano triunfal começou com centenas de milhares de viajantes em férias retidos pela neve em estações de trem ao voltarem para casa para o Festival da Primavera (Ano-Novo chinês); depois a nação se chocou com as tensões étnicas em Lhasa, o terremoto em Wenchuan e a fúria assassina de Yag Jia numa delegacia de polícia*. Ai reagiu a todos esses acontecimentos com uma perspectiva crítica muito diferente das opiniões da cultura dominante na mídia e nos debates on-line. Ele não foi o único a manifestar sua discordância na internet e a cobrar responsabilidade social, ação governamental e transparência; houve vários outros, mas frequentemente sua voz era a mais direta. "Muita gente acha que de todos os comentaristas políticos da internet os meus artigos têm os conceitos mais claros", disse ele, "e que por isso eles tiveram uma grande influência"[9].

Gradualmente Ai Weiwei tornou-se um dos críticos sociais mais requisitados na China, e sua fama lhe possibilita assumir uma postura cada vez mais franca e crítica. Frequentemente ele dá mais de dez entrevistas por semana, com interlocutores que vão desde a imprensa internacional e nacional até estudantes e curadores que o questionam sobre arte, cultura, política, coleções e tudo o que permeia essas temáticas. À medida que sua presença na internet foi aumentando e seu blogue começou a se imiscuir na prática artística, a crescente sombra digital de Ai Weiwei invadiu o mundo do ativismo tangível e a ameaça da censura tornou-se mais sinistra.

No dia 20 de março de 2009, Ai Weiwei postou um convite para voluntários se unirem num esforço coletivo que pressionaria o governo da província de Sichuan a assumir a responsabilidade pela baixa qualidade das construções escolares que tinham desmoronado durante o terremoto de Wenchuan, resultando na morte de milhares de crianças. Ele chamou a iniciativa de "Investigação Cidadã" e prometeu: "Vamos procurar o nome de todas as crianças que morreram e vamos homenageá-las". A Investigação Cidadã reuniu uma equipe de cerca de cem voluntários que viajou para as zonas do terremoto a fim de entrevistar famílias, funcionários e trabalhadores, e fez ligações telefônicas do escritório de Ai, pressionando os funcionários a fornecer o número de mortes. Embora muitos burocratas insistissem em que já havia um número exato de mortos e um relatório completo sobre eles, ninguém podia precisar de onde aquele número havia surgido ou em que lugar tal relação havia sido publicada anteriormente. As transcrições das conversas dos voluntários foram publicadas no blogue, mas o host do blogue as apagou minutos depois, certamente por pressão das autoridades.

A Investigação Cidadã apresentou uma lista de nomes de mais de 5 mil crianças, com a data de nascimento, série escolar e o número do telefone de um parente ou responsável (a relação tinha 5.210 nomes em agosto de 2010). Os voluntários conversaram com pais enlutados e registraram suas declarações de que haviam sido presos ou forçados a aceitar um pagamento em troca de silêncio. A investigação resultou num conjunto profundo e sensível de recursos e em horas de filmagem posteriormente editada num documentário, que foi distribuído ampla e gratuitamente por todo o país pelo escritório de Ai, para quase todos os que o solicitaram pelo Twitter. Depois da Investigação Cidadã, o material divulgado no blogue começou a ser deletado com mais frequência e as tensões aumentaram: a polícia grampeou o telefone de Ai, passou a interceptar mensagens de texto e a monitorar sua casa, com duas câmeras muito visíveis apontadas para a porta de entrada e com a vigilância policial esporádica de uma minivan. Em Sichuan, a polícia prendeu os voluntários, fazendo-os levar mensagens para Ai: "Cumprimentem Ai Weiwei por nós, mas ele não é bem-vindo, não nos deixe vê-lo por aqui"[10]. Em 26 de maio, policiais à paisana perturbaram a mãe de Ai em sua casa e, quando ele chegou ao local, tentaram interrogá-lo; Ai invocou o estado de direito e se recusou a falar, a menos que os homens se identificassem. Os homens não foram capazes de apresentar a identificação policial, então Ai os arrastou para a delegacia a fim de registrar uma denúncia. Depois de outros incidentes com a polícia e de mais algumas postagens deletadas, as crescentes pressões exercidas contra a Investigação Cidadã e a aproximação do vigésimo aniversário do incidente na Praça da Paz Celestial contribuíram finalmente para o encerramento do blogue de Ai Weiwei no dia 28 de maio de 2009.

Embora novos blogues tenham sido abertos por voluntários em diversas plataformas de hospedagem de outros países, Ai descobriu um novo fórum: o microblogue. Disse que os 140 caracteres do Twitter são tudo o que ele pode conseguir atualmente. Mas o fato de os 140 caracteres chineses possibilitarem um conteúdo significativamente maior do que seus equivalentes em inglês torna o microblogue mais interessante no idioma chinês. De qualquer forma, Ai acha o microblogue mais adequado à sua personalidade, por ser instantâneo e permitir explosões criativas. Além disso – conforme ele próprio já declarou –, todas as citações de Mao têm menos de 140 caracteres.

O impacto da internet sobre a prática artística de Ai Weiwei é inapagável. Depois de *Conto de fadas*, sua primeira obra importante que demonstrou interação com o blogue, a influência da Investigação Cidadã e as reflexões sobre os escombros do terremoto de Wenchuan foram visíveis em suas exposições de 2009. Importantes exposições individuais no Mori Art Museum de Tóquio e na Haus der Kunst de Munique ecoaram o que Ai disse ser a imagem mais recorrente de sua visita à zona do terremoto: mochilas de crianças em meio aos escombros. No teto do Mori Art Museum, mochilas preto e branco feitas especialmente para esse fim se dispunham numa linha serpeante; na Haus der Kunst de Munique mochilas nas cores primárias escreveram por toda a fachada do museu a frase em chinês da mãe de uma vítima: "Ela viveu feliz neste mundo por sete anos". A mãe, cuja filha foi vítima da engenharia de "resíduos de tofu" das escolas, havia escrito essa frase numa carta para Ai, que ele postou no blogue[11]. As mochilas anônimas eram como os nomes das crianças que tinham sido reduzidas a meros números. Com a lista, Ai tenta substituir cada fração desses números por algo capaz de simbolizar a injustificável perda da vida e restaurar para aquelas crianças a única coisa que lhes pertencia no mundo: seu nome.

Prisões intermitentes de voluntários tolheram o avanço da Investigação Cidadã. Apesar de a maioria ter sido detida e em seguida libertada depois de um breve interrogatório ("Você está trabalhando para Ai Weiwei?"), o intelectual e ativista Tan Zuoren foi uma importante exceção. Numa iniciativa própria, independente, Tan Zuoren tinha começado a defender o registro de nomes logo depois do terremoto de Wenchuan. Quando foi detido e acusado de tentativas de subverter o Estado, era evidente que as acusações estavam sendo feitas em consequência de seu envolvimento com o processo de coleta de nomes. Em agosto de 2009, Ai viajou para Sichuan com ajudantes e muitos outros ativistas, determinado a testemunhar no primeiro julgamento de Tan Zuoren. Assim que chegaram ao hotel Chengdu, no dia 12 de agosto, eles perceberam que a polícia local estava sabendo o que faziam ali. Como sempre acontecia com Ai e seu séquito, todo o processo estava sendo filmado. Batidas na porta do quarto do hotel acordaram Ai por volta das três da madrugada. Quando a polícia entrou, houve uma briga, registrada apenas em áudio, e Ai foi golpeado na cabeça, sofrendo ferimentos que só foram diagnosticados adequadamente no mês seguinte, quando ele chegou a Munique para preparar sua exposição na Haus der Kunst. No dia 14 de setembro, médicos de Munique diagnosticaram uma hemorragia cerebral – que atribuíram à surra sofrida em Chengdu – e imediatamente realizaram uma cirurgia de emergência. Depois da cirurgia, as penosas dores de cabeça que o torturavam desde o incidente diminuíram, mas sua concentração continuou prejudicada.

A reputação de sábio que Ai Weiwei desfrutava no mundo da arte chinês e sua posterior notoriedade graças ao blogue tornaram-no uma figura quase intocável para as autoridades, que em outras circunstâncias o teriam obrigado a recuar; mas ele não está acima das críticas. Os observadores chineses tendem a confrontá-lo com doses iguais de admiração e censura, e quando a blogosfera fala, ele reage com sua prosa ora erudita, ora chucra[12]. Quando os críticos o desafiaram dizendo que ele só ousava criticar porque tinha um passaporte estrangeiro, ele postou on-line seu passaporte chinês. Entre os insultos mais frequentes figuram "sem-vergonha", "sem patriotismo" e "lacaio dos imperialistas americanos". Contemporâneos seus acham que o entusiasmo com que ele usa críticas para mobilizar as autoridades e seu hábito de estabelecer confrontos nas conversas são um resultado do que se tem chamado de "síndrome de estresse do pós-Revolução Cultural". Mas ele próprio pode ser quem melhor sintetizou sua personalidade, quando escreveu: "Todos os defeitos da minha época estão refletidos na minha pessoa"[13].

Deixando de lado os defeitos da geração, o pai de Ai Weiwei exerceu enorme influência em seu extremismo. Embora tenha tido formação de artista plástico, Ai Qing era um poeta muito conhecido na China pré-revolucionária, e na sua época os poetas infalivelmente eram revolucionários. Depois das "Conversas no Fórum de Yan'an sobre Literatura e Arte", que em 1942 unificaram todos os intelectuais e artistas comunistas sob as diretrizes do partido, a poesia de Ai Qing tornou-se uma ferramenta para "inspirar as massas" a fazer a revolução e a simpatizar com a causa comunista. Os brilhantes feitos literários do pai motivaram Weiwei a tentar sua própria mão como escritor; talvez ele sinta certa responsabilidade de tratar dos erros do partido político que em outros tempos seu pai apoiou.

Calcula-se que na China haja 50 milhões de blogues, e com a crescente influência do blogue, do microblogue e dos sites de *bulletin board system* (BBS) entre a geração pós-1980 versada em informática, ninguém pode negar o crescente poder da internet na formação da opinião pública e na promoção do desenvolvimento da sociedade civil – muito menos o Estado. Na China as informações disseminadas nos blogues desfrutam de uma credibilidade singularmente alta porque, ao contrário do que acontece nas nações com fontes de notícias fidedignas e gratuitas que estabelecem um registro público, a mídia antiquada do continente é totalmente controlada, suscetível a blecautes de informações e com alto poder de sensibilizar o público. Além disso, incidentes como o escândalo da síndrome respiratória aguda grave, em 2003\*\*, puseram em destaque a desconfiança generalizada em relação à mídia. Para a tristeza de muitos, a internet ameaça cada vez mais o monopólio das informações detido pelas novas fábricas de notícias sancionadas, como a Xinhua, a agência de notícias oficial do governo, a resposta do partido à Associated Press. As notícias de inquietação social, greves de trabalhadores ou outros escândalos correm primeiro pela internet; e os blogues e sites de BBS tornaram-se reconhecidos como canais de informação insubstituíveis, a única vazão da China para pontos de vista críticos ou alternativos.

A enorme popularidade dos blogues produziu uma marca singular de celebridades blogueiras, como o jovem e instigante Han Han, atualmente o blogueiro mais popular da China e portanto o mais lido do mundo, com um blogue que recebe quase 100 mil visitas diariamente. Han Han abandonou a escola secundária, mas nesse mesmo ano ganhou um prestigiado prêmio literário. Ele foi em frente, e escreveu o romance mais vendido da China nos últimos vinte anos, seguido de outros quatro. Independente e sem nenhum constrangimento, as opiniões que promulga em seu blogue renderam a Han Han a alcunha de "a voz da geração pós-80". Com seus comentários ácidos, o blogue dissemina o debate, e o próprio Han Han vez por outra sofre com a censura por se recusar a evitar assuntos delicados. A popularidade de Han Han demonstra que sua geração é capaz de mais do que consumismo autocentrado e não é totalmente destituída de responsabilidade social. O "pensamento racional" de Han Han sobre questões políticas e culturais lhe rendeu o elogio de ser "o próximo Lu Xun***".

Os blogueiros chineses que expressam abertamente sua opinião fazem uma séria contestação ao governo, que está frequentemente negociando entre a satisfação dos cidadãos e o controle e a supressão das informações capazes de "perturbar a harmonia social". Como a Google Inc. está bem ciente, resultados de busca censurados e sites bloqueados são uma realidade frustrante dentro do Great Firewall da China, mas com diversas "escadas" para "pular o muro" (*fan-qiang*) tem se tornado mais difícil ocultar os fatos na época das comunicações globais, e os hackers chineses estão um passo à frente dos programadores. As diferenças no acesso às informações fizeram surgir uma nova era de relações internacionais tensas. Em países como Irã, Tunísia, Uzbequistão e Vietnã, várias tentativas oficiais de impedir a navegação na internet acabaram por levar, em janeiro de 2010, ao discurso da secretária de Estado Hillary Clinton sobre a "liberdade de se conectar".

Como Ai Weiwei, incontáveis blogueiros tiveram suas postagens de conteúdo delicado removidas, e ciberdissidentes foram até mesmo presos. As autoridades estão trabalhando para fazer uma censura tão perfeita que o Great Firewall pode ficar obsoleto. Demonstrando seu compromisso com o controle das informações, uma rede de "polícia secreta" calculada em mais de 280 mil[14] pessoas passeia pela internet, deletando quase imediatamente as postagens que não são politicamente corretas. Além disso, o "exército de 50 centavos"**** – comentaristas pagos pelo Estado, que também os treina – manipula a opinião pública em salas de chat ou em *feeds* de comentários de blogues. Comentários defendendo a linha oficial até começaram a aparecer em *feeds* na cobertura de notícias em inglês, tentando moldar a opinião pública de todo o mundo. Durante meses, depois dos tumultos nas ruas de Ürümqi em julho de 2009, a internet e as mensagens de texto foram bloqueadas em toda a província de Xinjiang. Mas a guerrilha pela liberdade na internet já começou, e a crescente gravidade das reações oficiais revela um óbvio nervosismo com relação à ameaça que a conectividade representa para o regime[15].

Os textos de Ai Weiwei têm implicações ativistas, mas os que aqui estão reunidos não são unicamente postagens políticas. Eles representam o melhor de seu blogue entre 2006 e 2009, completando um perfil do artista e de sua singular visão do mundo, moldada em partes iguais pela teoria marxista e pelo universo underground de Nova York. Essas traduções revelam finalmente as opiniões progressistas e humanitárias de Ai Weiwei em sua voz nativa, cobrindo temas variados de forma abrangente, que vão desde evolução até direitos dos animais. Os textos também divulgam lembranças, e ideias e temas importantes para a sua filosofia pessoal surgem como fios distintos, tais como simplicidade, responsabilidade oficial, conciliação da "verdade" com os fatos e um compromisso com a promoção de direitos civis básicos como a liberdade de expressão.

A organização cronológica do livro lembra as interações sutis do artista com seu público, embora reflita também o contexto sociopolítico e um redemoinho de eventos que se desdobram. A maioria dos textos aqui apresentados foi postada em 2006; eles incluem originais escritos para o blogue e também postagens de textos anteriores de Ai Weiwei. Em 2007, preocupado com *Conto de fadas*, ele postou mais fotos do que palavras. Em 2008, durante os preparativos para as Olimpíadas de Pequim, houve um aumento acentuado da ironia política nos textos, que continuou até 2009, com a crescente consciência política de Ai e seu envolvimento na Investigação Cidadã. Muitas das postagens finais, antes do encerramento do blogue, continham diários e anotações de cidadãos voluntários que trabalhavam em Sichuan e listas de nomes de estudantes; essas postagens não foram incluídas aqui.

O estilo da escrita de Ai Weiwei frequentemente desperta reações extremas de amor ou ódio. Esta tradução respeita ao máximo o texto idiossincrático do autor, conformando-se às suas declarações em estilo de manifesto, respeitando suas construções livres, muitas vezes sem pontuação ou conectivos, e sua tendência para misturar xingamentos vulgares com os insultos mais eloquentes. Em razão do uso intenso de alusões literárias e das muitas referências crípticas à linguagem maoísta ou aos acontecimentos em curso, os significados ocultos do estilo da prosa de Ai podem ser de difícil entendimento até para os leitores chineses. Portanto, retirá-lo de seu contexto cultural aumentou a necessidade da inserção de notas, as quais tentam esclarecer as referências culturais implícitas.

A literatura sobre internet está rompendo e criando regras à medida que evolui, refletindo a natureza da linguagem dinâmica numa era global. Nesses textos, as palavras chinesas foram em alguns trechos diretamente transliteradas, na expectativa de que algum dia o *pinyin* não irá parecer tão estranho para os leitores ocidentais. Há também alguns "weiweiísmos". Ai usa o termo "Nação C" (*C guo*) como uma óbvia referência indireta à China e, num segundo sentido, com o "*guo*", tentando evocar o caractere clássico chinês para "reino" e seu sentido feudalista. Mas em "Lembranças à sua mãe" (veja os textos de 2009), uma tradução direta de "*wenhou ni de muqin*" – um eufemismo de internet para o mais sujo dos insultos – ficará enterrada na obscuridade cultural para a maioria dos leitores. Em algumas ocasiões, Ai faz referências metafóricas à China como um navio velho e arrebentado, mas mais frequentemente ele menciona o país de forma desaprovadora como um "pedaço de terra". Ele usa também linguagem clássica para comparar o partido e suas políticas a uma dinastia governante, referindo-se, por exemplo, a advogados "para uso imperial" ou "eunucos do palácio". A nuance do chinês clássico se dilui na tradução, mas sua analogia deve ser clara.

A linguagem recorrente de internet, como "cidadãos P" (*pimin*) e SB (*shabi*) é explicada com notas. Memes populares da internet como "enganar o gato" (*duo maomao*) e "fazendo flexões" (*fuwocheng*) são peculiaridades sociológicas do mundo da internet chinesa e são explicadas em detalhe; referências à agitprop da era da Revolução Cultural ou à teoria de Deng Xiaoping também receberam notas. Os nomes asiáticos aparecem de acordo com a convenção chinesa, ou seja, o último nome vem antes do primeiro. O sistema de romanização *Hanyu pinyin* e o sistema métrico foram usados em todo o livro.

Daqui a alguns anos, expressões como "fazendo flexões" soarão antiquadas, mas testemunharão os acontecimentos estranhos destes tempos, evidência escrita silenciosa de incidentes que alguns grupos terão ocultado do registro histórico. Dez anos atrás elas faziam sucesso – mas a internet se revelou uma ferramenta de valor incalculável na preservação da memória coletiva de uma nação com demasiada experiência de amnésia. Ai Weiwei é absolutamente consciente disso e, na luta que empreende na internet pelos direitos civis na China, combate na linha de frente, esmaecendo as fronteiras entre sua prática artística e seu ativismo.

Quanto ao ativismo de Ai Weiwei e o legado artístico que ele deixou para uma geração, seria impossível uma aprovação unânime. Apesar de ser condenado por uns e considerado controverso por outros, seu compromisso com a inequívoca liberdade de expressão lhe rendeu elogios em todos os cantos do mundo. A liberdade de expressão deve estar na base de qualquer prática artística autêntica, e, em sua luta para levar esse direito básico a uma população maior, sua arte serve verdadeiramente às pessoas.

# TEXTOS DE 2006

# Problemas enfrentados pelos arquitetos estrangeiros que trabalham dentro da prática arquitetônica chinesa

## POSTADO EM 10 DE JANEIRO DE 2006

A China tornou-se rapidamente a entidade de mais rápido desenvolvimento e de maior escala econômica do mundo. Esse fenômeno transformou o mercado da arquitetura chinesa numa força que o mundo inteiro observa com atenção. Ao longo de seus quase trinta anos de conversão ao capitalismo, o país acumulou grandes esperanças e exigências: milhares e milhares de aldeias estão mais próximas das características de cidades, mais de 100 milhões de camponeses estão agora se tornando moradores de áreas urbanas e produtores industriais, mais de 100 milhões de famílias estão em processo de deslocamento. As pessoas estão ávidas por enriquecer da noite para o dia e estão sempre dispostas a se reinventar, a morar numa casa nova, em outro bairro, em outra cidade. O desejo despertou essa cultura antiga dos mortos e permitiu que ela revivesse, sugerindo, além disso, o potencial revolucionário para uma atitude completamente nova em relação ao estado da existência humana.

Em quase cem anos de prática social chinesa foram destruídas várias formas éticas e estéticas que tiveram como base formas culturais tradicionais; nada ficou. O que as substituiu é um conceito marxista de utopia, a cruel ideologia da "luta de classes" e uma realidade societal desumana. A reforma e a abertura econômicas[1] de quase trinta anos atrás foi a escolha inevitável para esse povo assolado pela calamidade num impasse histórico. Decorridas várias décadas, essa escolha já levou esta terra de 1,4 bilhão de habitantes a gradualmente participar do sistema econômico e político global. A China e o mundo ficaram perplexos ao se descobrirem, e isso forçou ambos a se redescobrirem e a reimaginarem a hierarquia espacial do mundo e também a estrutura de todos os seus sistemas.

Em todas as esferas de sua influência, esta nação – cuja produção arquitetônica recente ultrapassou a soma total de sua produção arquitetônica ao longo dos milhares de anos de história cultural – está atualmente mostrando o encanto de uma fera esfomeada. A China consome hoje metade do concreto e um terço do aço do mundo, e sua produção de tecidos representa quase metade da produção global. Essas realidades contemporâneas estão levando o mundo a se voltar para ela e a exclamar de olhos arregalados, boquiaberto.

Em meio a esse sofrimento, os chineses estão aprendendo realidades abomináveis, uma após a outra. Depois de lutar pelos últimos cem anos, voltamos aos inescapáveis sistemas estrangeiros de pensamento, "ciência e democracia"[2], e enquanto compartilhamos os frutos da cultura humana estamos descobrindo que também precisamos suprimir outras duras realidades.

A prática arquitetônica chinesa, além de conseguir resolver apenas precariamente as demandas básicas de abrigo de seu povo, não tem essência espiritual nem legado cultural. Ao enfrentar a velocidade e a escala do desenvolvimento atual, a cultura vanguardista e os recursos tecnológicos maduros adquiridos do estrangeiro representam o caminho necessário para preencher as demandas do desenvolvimento do país. Isso é uma questão de vida ou morte, e não uma questão de preferência emocional. Embora essa mesma situação já tenha se verificado em épocas e práticas diferentes, o raciocínio claro se ressente com os obstáculos malucos colocados por tradições fora de época e pelos grupos de interesses especiais que representam essas crenças. Tais forças avançaram persistentemente com os lemas "para o benefício da nação" e "para o espírito nacional", que encobrem a hipocrisia desses pontos de vista e a incompetência no plano acadêmico.

"Uma China que está mudando" atraiu o interesse do mundo inteiro. Nos últimos anos, uma profusão de arquitetos e engenheiros de estruturas estrangeiros assumiu grandes e pequenos projetos em toda a China. Esses escritórios incluem tanto a "elite" que está no ápice da cultura arquitetônica global quanto empresas comerciais de larga escala funcionalmente impecáveis. Incluem também jovens arquitetos idealistas que tentam descobrir coisas novas e pôr em prática suas ideias, além de um grande número de universitários. Eles trazem todo o seu conhecimento e experiência para esta terra e esta cultura desconhecidas.

Esses profissionais de coragem impressionante precisam assumir o maior risco que pode ser assumido por alguém disposto a correr riscos: eles devem encarar a imensa confusão criada em diversas situações, nas quais se defrontam com diferenças de idiomas, convenções atinentes ao modo de vida, sistemas e estruturas de poder social. Defrontam-se igualmente com projetos de enorme escala que implicam valores culturais opostos, prazos inimagináveis, remunerações baixas, falta de clareza, regulamentos ilógicos, tarefas simples, objetivos complexos, rotinas operacionais absurdas e projetos instáveis, pouco claros, ambíguos, carecendo de bases verificáveis ou de leis a serem seguidas.

A cultura misteriosa que foi berço do confucionismo e do taoísmo adotou o budismo e também tem fé num sistema para realizar os ideais socialistas; essa tradição cultural tem o código ético mais abrangente e sistemático e ao mesmo tempo a realidade mais materialista e movida pelo desejo; essa sociedade é encharcada de teoria política dogmática mas igualmente inundada da prática do *laissez-faire*;

esse pedaço de terra é energia e dano, e contém possibilidades e impossibilidades, oportunidades e perigo, surpresa, emoção, frustração e desespero.

As pessoas ainda vêm para a China e prestam atenção ao país porque ele faz parte da humanidade. Seja pelo significado filosófico ou pela vida real, a China está se tornando parte real, irrefutável, da cultura mundial. Enquanto encara a China, o Ocidente está também passando a reconhecer o outro lado do mundo como outro modo de civilização e humanidade possível. Ao fazer isso, talvez esteja também percebendo os limites e as fraquezas da razão e da ordem, e conhecendo a felicidade advinda desse reconhecimento.

ESCRITO EM 16 DE DEZEMBRO DE 2004

## Arquitetura e espaço

### POSTADO EM 13 DE JANEIRO DE 2006

O fator mais importante na arquitetura é o espaço. A relação entre espaço e sujeito, a relação do espaço com outro espaço, o começo, a continuação, a transformação e o desaparecimento do espaço...

A luz define os objetos e dá aos espaços suas características singulares. A resistência ou fraqueza, a direção e a natureza cambiante da luz e das sombras alternadamente atraem e repelem as emoções das pessoas. As emoções são a base primitiva do senso estético.

O volume de luz, as proporções, a estrutura e os materiais determinam o modo como experimentamos pessoalmente o espaço. Este também pode ser psicológico; é capaz de despertar a imaginação.

A percepção de espaço de uma pessoa tem um efeito inescrutável em suas emoções e em sua existência intelectual. Quando uma pessoa tenta determinar sua relação com o espaço, tenta conhecer o que está fora de seu próprio corpo, conhecer a existência além do material.

Nosso conhecimento e descrição de um dado espaço se originam em nosso conhecimento das coisas que um dia irão ocorrer nesse dado espaço. Isso inclui as razões pelas quais os acontecimentos se dão e as reações que eles provocam. Conhecer o espaço é ser humano.

Para entender melhor o potencial do espaço e os eventos a ele relacionados, podemos examinar o salto de um gato ou o hasteamento de uma bandeira.

**1.1** Pedreiros trabalhando nas Caochangdi Red Brick Galleries [Galerias de Tijolo Vermelho de Caochangdi], 19 de março de 2007.

    A percepção que um construtor tem do espaço e das possibilidades de formulá-lo revela a compreensão e interpretação que tem de si mesmo e do que está fora de sua pessoa. É o reconhecimento de limites e um sentimento de restrição.

    As pessoas ficam perplexas quando tentam entender a existência fora da humanidade, inclusive uma era pré-humana e o que será uma era pós-humana. Essa perplexidade e a tentativa de interpretá-la são um sonho do qual é impossível nos desembaraçarmos – a realidade da existência é a realidade do aturdimento. Ele é ubíquo, e nossa eterna busca pela verdade se origina em nossa perpétua dependência do aturdimento.

    As pessoas se tornam seus próprios obstáculos, e a incapacidade de transcender esses obstáculos é o destino da humanidade. Parece que o entendimento é sempre inatingível.

    A construção não é um ato natural; é algo que a humanidade realiza para se beneficiar. A função utilitária é determinada pelo modo como usamos alguma

**1.2** Pedreiros trabalhando nas Caochangdi Red Brick Galleries, 19 de março de 2007.

coisa; como a usamos determina simultaneamente quem somos e as implicações de nossa existência.

Os modos de construir deixam as pessoas perplexas. Declarar pensamentos e emoções, conquistar obstáculos materiais, penetrar ou prolongar o sentimento podem levar as coisas materiais a se tornarem comunicadores psicológicos e capacitar os objetos materiais a transcender a si mesmos.

Os objetos são essencialmente objetos. Mas os objetos que vemos nunca são essencialmente os objetos em si; o que vemos é apenas o que vemos.

Lute pela clareza, pela simplicidade, a honestidade e a precisão quando estiver construindo. Além de "é" e "não é", "sim ou não", existem igualmente "ou", "outro" e "também". Em muitas situações, a arte de construir enfrenta hoje o problema de como fornecer recursos eficientes. O poder se manifesta como a destruição da ordem psicológica das pessoas. A incerteza é a perplexidade eterna – algo que não pode ser transmitido por palavras. Se algum objeto construído não é imbuído do espírito reverencial que seu construtor tem pelo desconhecido ou não faz um apelo intelectual mais elevado, então ele é simplesmente um local de despejo de materiais.

As dificuldades da construção se originam no fato de que o experiente e o inexperiente enfrentarão o mesmo tipo de dificuldades; o inexperiente luta para adquirir experiência, e o experiente luta para abandonar a sua. Essas tentativas são inúteis: é como esperar uma rajada de vento que pode nos encher de bom humor, mas essa rajada nunca vem.

Isso é como estar num jogo que parece simples, mas cuja resposta óbvia não há meio de encontrar. Assim, não podemos deixar de derrubar todos os nossos esforços anteriores e começar tudo de novo. Na verdade, os problemas de construção têm natureza filosófica, pois construir é um jogo em que não devemos nunca deixar de voltar ao começo. Toda tentativa de construir marca uma tentativa de questionar, mas a resposta sempre nos escapa, como um gato preto que ataca sua própria sombra – fútil. Quando começamos novamente, tudo o que permanece é uma sede de objetos e ideias autênticos, com a intenção de nos aproximarmos do objetivo. Uma vez começado um jogo que não devia nunca ter sido iniciado, ele jamais acabará.

Os artistas não são esteticistas. Eles não são obrigados a fornecer serviços para ninguém, não precisam criar um cenário agradável. A arte é um tipo de jogo: ou você joga ou passa. É você quem resolve. A relação entre a arte e as pessoas é uma relação normal em que nenhum dos lados serve o outro, e a única diferença entre arte pública e arte comum reside no fato de que a arte pública é colocada num espaço não privado[3]. Isso nos torna incapazes de fazer algumas coisas privadas enquanto estamos ao lado da obra de arte, mas à noite, quando não há ninguém por perto, podemos até urinar ao lado dela.

O "público" na arte pública refere-se na verdade a um espaço pessoal. Não contém um julgamento de valor artístico. Não serve ao público. Não foi criado para o público. Pode ter como alvo o público, mas pode também ignorar completamente a existência de um público. Aqui, a arte simplesmente fez uso efetivo de um ambiente espacial público. Ela não tem obrigação de embelezar ou adornar.

Se quer acreditar em gosto do público, você precisa ter fé suficiente nas pessoas. Se o público pode ficar apaixonado por um pedaço de tecido tingido de vermelho com pigmentos químicos, então ele decididamente pode amar – ou pelo menos entender – um barril de concreto[4].

O estado normal do público é de torpor, mas se o estimularmos, ele alcançará uma impressão de felicidade. Construa um prédio de cem andares e todos irão tirar uma foto diante dele; mas se esse mesmo prédio for destruído, todos continuarão tão felizes como se celebrassem um aniversário coletivo.

Arte é assunto de artistas. É difícil julgar a relação fundamental entre a obra de arte e o espectador, e essa relação às vezes é totalmente distinta da intenção original do artista. Entender a arte é como consumir drogas: ou você não sabe o que significa ficar chapado ou então já ficou chapado e nunca mais vai precisar que alguém lhe explique isso. Você sabe quando está fingindo.

Não entendo o que significa "embelezar o ambiente". Por que o ambiente precisa de embelezamento? Quem vai embelezá-lo, e como? O resultado mais comum é o oposto do que se pretende. A maior parte da arte pública é o embelezamento de sentimentos populares e medíocres, a aprovação de um estado mental seguro e estável e um abuso de um sistema de valor prático e da estética da classe dominante.

As crenças centrais da sociedade de classe média foram formadas por uma consciência predominante, ortodoxa, por um senso de segurança e diversas tentativas de estetizar tudo isso; a série de emoções correspondentes produzidas por esse fenômeno, assim como os muitos esforços despendidos em nome desse objetivo, também contribui. Esses tipos de ideal societário, bem como as leis, a educação, a propaganda política e seus muitos custos, são a base de um governo e de uma estética social medíocres. Obras de arte interessantes perturbam efetivamente a tradição, essa estética popular e vulgar, e a ideologia social. As subversões desse medíocre sistema visual e os ataques a ele, a seus ideais e crenças levaram a uma relação conflitante entre modernismo e vida real. Eles também revelaram a verdadeira identidade do modernismo.

Uma obra de arte incapaz de fazer as pessoas se sentirem incomodadas ou diferentes não é uma obra que valha a pena ser criada. Essa é a diferença entre o artista e o bobo.

# Fotografia

### POSTADO EM 16 DE JANEIRO DE 2006

A prática da fotografia deixou de ser apenas um meio de registrar a realidade para se tornar a própria realidade. A fotografia como meio também é contemplada com todas as implicações fundamentais de um objeto material, como escala, densidade e pontos focais. Ela também atua como um parâmetro para todas as possíveis realidades, tendo evoluído para uma relação maravilhosa entre a nossa compreensão das imagens materiais e a fotografia como objeto material em si. As imagens se tornam um importante ponto de referência para distinguir entre a autenticidade e a potencialidade de objetos, e dentro dessa distinção tornam-se novamente a própria verdade.

**1.3** Ai Weiwei dá sua câmera a um amigo quando estão a caminho de uma marcha pelos direitos civis em Nova York, cerca de 1987.

A fotografia como realidade confere outra camada de significado ao ato de fotografar. Isso é semelhante ao aparentemente verdadeiro – mas na realidade falso – estado de diversos tipos de "conhecimento". Independentemente de estarmos ou não convencidos das informações que nos são apresentadas, todas as frações delas são inúteis para acalmar nossas dúvidas sobre a possibilidade da fotografia. A análise da luz, da densidade e das quantidades leva a lógica e a emoção a se dissociarem entre uma dependência dos fatos e sentimentos de estranheza.

Uma vez que a fotografia se afastou de sua função original como técnica ou meio de documentação, ela é apenas um estado fugaz de existência que foi transformado numa realidade possível. É essa transformação que faz dela uma espécie de movimento e lhe dá seu significado distinto: ela é apenas um tipo de existência. A vida é simplesmente um fato inquestionável, e a produção de uma realidade diferente é outro tipo de verdade que não revela nenhuma relação genuína com a realidade. Ambas estão esperando que ocorra algo milagroso – o reexame da realidade. Como intermediário, a fotografia é um meio que empurra infinitamente a vida e as ações percebidas na direção desse conflito desconhecido.

*ESCRITO EM 25 DE JULHO DE 2003*

# Sobre arquitetura

## POSTADO EM 22 DE JANEIRO DE 2006

A arquitetura sempre foi, e sempre será, uma das atividades fundamentais da humanidade. Essa atividade básica mudou e sempre mudará junto das necessidades básicas de sobrevivência dos seres humanos.

A essência da arquitetura reside na tentativa de satisfazer as exigências da sobrevivência humana e na transformação do estado de vida das pessoas. Pode ser uma exigência de segurança, conforto, desejo ou individualização. Do mesmo modo, pode ser uma exigência de exibição do poder pessoal, a vontade de alguém, a manifestação de temor a um deus ou da moral pessoal.

Ao tentarem regular os diferentes modos da atividade de uma pessoa, as diferentes formas arquitetônicas simultaneamente nos informam quem é essa pessoa, como ele ou ela é diferente dos outros, assim como suas aflições e ideais. A arquitetura pode igualmente ser silenciosa. Pode ficar distante, acima do discurso popular do mundo, como uma estátua de pedra enterrada no leito de um rio.

Os muitos esforços humanos implicados na criação da arquitetura representam nosso lugar dentro do mundo natural e nossa compreensão da ordem e das possibilidades. A essência dessa compreensão é um reflexo da visão de mundo das pessoas. Ela reflete a filosofia de uma época, os ideais políticos e a estética, mas de modo material. A arquitetura possui dimensões, materiais, funções e forma, e ao mesmo tempo é dotada das tarefas de conhecimento e reconhecimento. Independentemente do tipo de arquitetura que estamos considerando ou a partir de que época ou lugar, toda arquitetura revelará quem foi o construtor, revelará o significado que está por trás dessa ação arquitetônica, que tipo de construção é, como o construtor interpretou e retratou o estado das coisas, como ele imaginou as possibilidades, fez escolhas necessárias, como regulou nossa maneira de nos comportarmos e nossos ideais, e assim eliminou clichês antiquados. Ela revelará também como eles disseram às pessoas: "As coisas também podem ser desse modo, assim é melhor para todos, mais interessante, mais conveniente, e nos distingue do passado".

As pessoas vivem, as pessoas agem. Ao mesmo tempo que estão vivendo e agindo, elas também estão interpretando o potencial de vida e as possibilidades de suas ações. Viver e agir são atividades humanas básicas. Viver e agir sempre foram, e sempre serão, acompanhados de desconfiança, hesitação e incerteza. Lutar para

**1.4** A Studio House no começo da manhã. Agosto de 2006.

aproximar mais uma pessoa do essencial, observar o significado do destino dessa pessoa em particular ou definir a lógica de suas ações, tudo isso pode transformar um construtor numa vítima de calamidade que precisa fechar os olhos no escuro, possivelmente o único modo de ele finalmente ver alguma coisa. Uma construção se parece mais com uma ação necessária; só nesse caso ela pode atingir sua diretriz ou ter algum tipo de significado. Observe a felicidade de uma criança enquanto brinca na areia da praia – todo o significado da sua felicidade reside na ação de participar de uma transformação em curso. Entre os encantos da arquitetura, esse tem uma importância real.

Qualquer arquitetura ou plano urbano bem fundamentado é como o comportamento de uma pessoa. Não existe meio de esconder a natureza inerente de alguém, seja ele malvado, aloprado, hostil, tacanho ou mal-intencionado. Do mesmo modo podemos também ver como as pessoas expressam seus desejos benevolentes e apaziguam sua alma usando cidades e arquitetura. Mas o que vemos com

**1.5** A Studio House no começo da manhã. Agosto de 2006.

mais frequência é como as pessoas se mutilam, se enchem de hostilidade e adoram divindades. É por isso que quando entro numa cidade às vezes digo: as pessoas aqui estão loucas, não podem ser felizes, pois as pessoas daqui não têm como entender a ordem natural. Elas não têm como sentir os raios do sol, as gotas de chuva ou o vento contra a superfície externa de um prédio. Falta-lhes a luz misteriosa ou as sombras que mudam rapidamente, elas não têm espaço ou forma complicada, não têm compreensão, franqueza nas atitudes, detalhes minúsculos. As pessoas estão entorpecidas. São toscas ou se aferram a estilos, métodos e expressões que nunca mudam. Arquitetura não é teoria, habilidades, estilos ou escolas promulgadas pelos institutos de arquitetura; a arquitetura é a manifestação adequada da moral. É a suprema manifestação. Deve se livrar dos vínculos e sensibilidades doutrinais. Precisa se tornar ela própria.

Embora qualquer pessoa moralmente desprezível possa atender a uma época semelhantemente estafada, a boa arquitetura precisa necessariamente advir da boa moral. Em última análise, a arquitetura é um tipo de interpretação. Também pode ser uma atitude para lidar com as coisas; assim, tanto podemos julgá-la sincera quanto insincera. A boa arquitetura é necessariamente dotada de bom julgamento;

a arquitetura de natureza confusa e de mau gosto provém de uma mente confusa. A boa arquitetura tem necessariamente implicações espirituais, porque o modo como vemos o mundo e as conclusões a que chegamos determinam quem somos. A boa arquitetura não pode ser duplicada, ela tem inevitavelmente uma beleza inata, não pode ser copiada. É só uma vez.

O modernismo não é uma moda, não é um estilo ou tendência. É uma atitude em relação à vida, uma visão de mundo. É um sistema para as pessoas decifrarem o hoje e o amanhã. Entre os muitos tipos de pensamento cultural, apenas os modos modernistas de pensar são eficientes, e são eficientes em todos os domínios do comportamento cultural. Fora os métodos modernistas de compreensão e análise, todas as outras bases e tentativas são unilaterais, temporárias ou provisórias. Isso inclui todas as banalidades que tentam invocar a bandeira do modernismo. A autêntica compreensão que o modernismo tem das pessoas e a sua avaliação da sociedade estão se desenvolvendo, são incertas e desconhecidas; são também relativas. Com um gume crítico, o modernismo exclui todas as conclusões a que se chegou anteriormente, inclusive a do próprio modernismo.

Todo amor é amor-próprio. Toda interpretação é autointerpretação. O valor da "interpretação" é que, por meio dela, é possível expor a realidade ou explicar a si próprio. Mas a interpretação também é uma realidade, e sua prática é igualmente um evento. Reinterpretar uma verdade muito comum é um dos prazeres de nosso jogo. É necessário não poupar esforços na interpretação, pois por mais que mudemos, estamos todos eternamente explanando uma verdade básica. Queiramos ou não, a repetição é inevitável.

Falar de lindos sonhos e ideais magníficos é seguro – podemos continuar nisso infinitamente. Mas realizá-los com ações é perigoso. Tropeçaremos na primeira pedra que estiver na nossa frente. E mais: as ações não podem ser efetivadas com a imaginação. A ação só pode ser executada com ações. As interpretações ou a compreensão do comportamento são apenas interpretação e compreensão; elas não têm um significado mais profundo. "Ação" e "não ação" são a mesma coisa. Com relação a certos problemas, temos poucas escolhas.

*ESCRITO EM 20 DE FEVEREIRO DE 2004*

# A arte contemporânea chinesa em dilema e transição

## POSTADO EM 4 DE FEVEREIRO DE 2006

Na China, a arte contemporânea tem sido mais aceita pela sociedade e amplamente conhecida do público chinês apenas nos últimos anos. As "melhorias" no clima cultural aconteceram não somente em razão de uma aceitação ideológica da arte contemporânea por parte da nação comunista, mas também em decorrência da reforma, da abertura e do triunfo da cultura material e do modo de vida ocidentais neste pedaço de terra antiga. Essas melhorias derivam igualmente da gradual recuperação da autoconfiança por um povo que espera testar sua posição de prestígio entre as culturas contemporâneas do mundo. Apesar disso, e depois de anos de exposições de arte e discussões sobre o tema, o público de arte moderna se limita aos círculos dos próprios artistas e a uns poucos pequenos grupos.

Por não ter uma base de cultura política e social contemporânea, a arte contemporânea foi rotulada de "poluição espiritual burguesa" e considerada durante muitas décadas um produto da ideologia ocidental degenerada. Da mesma forma a cultura e a arte chinesas tampouco tiveram um papel ativo na ideologia social e são desprovidas de uma atitude racional ou de uma perspectiva independente sobre reforma social. Mesmo depois de tantos anos, ela ainda precisa emergir do estado de "autoajuste" relativamente tacanho.

Esse estado de coisas é simplesmente a continuação de uma longa tradição que consiste em nos furtarmos psicologicamente ao nosso próprio destino, da ideia de "manter a pureza e a integridade pessoais" que ainda prevalece entre a elite cultural chinesa[5]. Embora a arte contemporânea da China tenha pouca participação direta nas transformações sociais sem precedentes que ocorrem atualmente, ainda assim ela mostra um firme apoio na realidade por meio de sua farta expressão de razão e emoção, das reflexões sobre a história e de suas opiniões sobre as possibilidades para a vida moderna. A maioria das obras ainda se esquiva das questões de política e sociedade ou trata dessas questões apenas por tangentes cínicas, com vagueza ou ambiguidade, evasão, autogozação, ridicularização, autoflagelação, autoapreciação introvertida ou um foco quase monástico na consciência pessoal.

Desde o final da Revolução Cultural e depois da exposição do Stars, em 1979 – a primeira tentativa pública de emancipar a expressão artística individual desde 1949 –, a arte contemporânea chinesa atraiu a atenção e a consideração do Ocidente por sua ideologia *anti-establishment*. Mesmo hoje, quando o governo da

China não é o que era antes, esse tipo de rotulação ideológica simplista ainda ocorre. Por um lado, esses conceitos baseados na Guerra Fria surgem de julgamentos simplistas baseados numa compreensão falha de outra cultura e de seu desenvolvimento, e, por outro, da complexidade, do caos e da falta de lógica da sociedade moderna no ambiente político e cultural que é a China de hoje.

Não é totalmente estranho o fato de o sistema de arte contemporânea do Ocidente, desde as galerias até os museus, os críticos, os colecionadores e as atividades culturais, ver com curiosidade e perplexidade a arte de um país oriental distante e misterioso como a China. Além disso, em razão do isolamento tão prolongado e da natureza peculiar do império feudal chinês, continua sendo difícil para os ocidentais a compreensão real da arte chinesa contemporânea – até mesmo compreender o mais básico "onde" ou "o que aconteceu". Na maioria das circunstâncias, as apresentações e as exposições de arte moderna neste país são breves, fragmentadas e arbitrárias, executadas com displicência ou só pela impressão de novidade. Quem pode imaginar as calamidades comoventes que acontecem nos oceanos mais profundos pela simples observação dos destroços ou da carga lançada ao mar levados até as praias ensolaradas?

Na maioria dos casos, nas exposições de intercâmbio cultural Ocidente-Oriente que prevaleceram nos últimos anos, tanto as exposições em larga escala quanto as de escala reduzida, assim como a maioria das obras de artistas estrangeiros mostradas em exposições na China, resultam de uma falta de bom senso sobre as condições culturais atuais ou o estado da existência, ou das condições de irrelevante interesse próprio que ocupam a maior parte do mercado. Essa arte aborda a política e a ideologia de um modo simplista, tenta tratar das grandes e das pequenas questões ao mesmo tempo e alardeia correção política, embora essas ações hipócritas e santarronas tenham sido impostas por padrões absolutamente ocidentais. Constante interpretação errada, paixão pela interpretação errada e uma paixão por essa "paixão pela interpretação errada" deixam a interpretação da arte contemporânea chinesa presa a uma farsa enquanto cada geração se mostra menor e mais fraca, num reflexo perfeito dos muitos dilemas que assaltam a arte contemporânea durante todo o processo de troca cultural.

Sob a poderosa influência dos padrões culturais e do discurso cultural ocidentais, podemos ver a arte contemporânea chinesa se movendo gradualmente na direção da confiança e da maturidade, apesar da fragmentação e desintegração política e cultural da China. Essa maturidade surge do conhecimento sobre o mundo presente e da consideração do próprio ambiente cultural da pessoa.

Nos últimos cem anos, a China passou por calamidades políticas, econômicas e culturais incomparáveis com as de qualquer outra nação ou país. As causas históricas e culturais profundas de todas essas transformações violentas, as complexidades políticas e culturais e as possibilidades trazidas por essas mudanças são únicas na história humana. Os elementos arbitrários, caóticos, incertos e mutáveis da cultura chinesa (arraigados na compreensão do povo chinês sobre seu lugar na natureza) são precisamente o que com tanta frequência lhe emprestam seus milagrosos poderes de recuperação. Eles lhe permitem arrebatar a vitória das garras da derrota e encontrar uma vida nova no limiar da morte.

Se olharmos retrospectivamente para os últimos mil anos de história, veremos que a China foi muitas vezes conquistada e dominada por outras culturas ou por nações estrangeiras. Depois de cada uma dessas grandes reviravoltas políticas e culturais, ela absorveu algumas características da nação invasora e depois voltou à normalidade, com seus novos usos culturais.

É interessante observar que 2 mil anos atrás a dinastia Han (25 AEC a 220 EC) era a mais perfeita encarnação da cultura da planície central da China, e a dinastia Tang (618 a 907 EC) representou o domínio total da cultura persa sobre a China. Hoje o entusiasmo sem precedentes que toda a nação chinesa manifesta pela cultura Tang estrangeira é verdadeiramente desconcertante. Durante a dinastia Tang, todos os aspectos da cultura – desde os princípios estéticos até os sentimentos cotidianos que vão do espiritual ao material – foram subvertidos e refeitos. Mais tarde os estilos e as formas artísticas da dinastia Tang, originalmente não ligados à cultura chinesa tradicional, foram universalmente aceitos como as representações mais perfeitas dessa cultura. Tudo isso ocorre porque adotamos a prática do Ocidente de aprovar o valor de uma cultura semelhante à ocidental, e essa aprovação compõe a trama imaginária da cultura e do consentimento implícito. Valores diferentes coexistem e se complementam, depois acabam se integrando, num processo que por muito tempo incomodou o desenvolvimento da história e da cultura chinesas.

Nos últimos vinte anos, os artistas da China viveram violentas mudanças políticas, culturais, econômicas e ideológicas. As trocas no poder político têm sido, sem exceção, acompanhadas pela luta ideológica. Economicamente falando, um sistema no limiar da extinção se refez como uma sociedade materialista; uma sociedade repleta de ideais comunistas utópicos se converteu numa sociedade assolada tanto por crises quanto por possibilidades, e que passa a se integrar mais no mundo. A profunda singularidade cultural resultante dessa série de mudanças ainda detém uma força misteriosa.

A vida dos artistas chineses é marcada por notável multiplicidade e confusão, mudança e desordem, dúvida e destrutividade, uma perda de personalidade e o vazio que vem depois, desesperança e a liberdade que a acompanha, a ousadia e seus prazeres concomitantes. Hoje se veem comumente nas obras de arte a reflexão e a investigação sobre a política chinesa, sua história e cultura, sobre o individual e o coletivo, reforma, a autenticidade do eu, arrependimento, espiritualidade, sexo, o Ocidente, riqueza material, arte e metodologia.

A confusão e a incerteza corporificadas nessas obras, sua capacidade de mudar e transformar, sua natureza secular, sua desconfiança quanto à moralidade do público e sua espionagem do mundo íntimo dos indivíduos compõem a investigação que os artistas chineses contemporâneos fazem sobre a difícil situação nacional. Metáfora, ambiguidade, multiplicidade de significados, fantasia e a disposição de confundir deliberadamente o certo e o errado foram expressões típicas da cultura chinesa e modos particulares de pensamento e discurso dentro deste antigo país do Oriente. Se abandonamos nossa compreensão da história chinesa antiga e contemporânea, especialmente os dilemas que lhe são próprios e as ligações deles com o Ocidente, ficamos mal equipados para entender o valor da cultura contemporânea chinesa. Sem uma compreensão das verdadeiras implicações da arte contemporânea na China, a troca artística chegará a uma paralisação, limitada a um mero relance superficial.

Somente uma real apreensão dos conceitos acima nos permitirá evitar o orientalismo, o colonialismo cultural e a simplificação da conformação aos padrões da arte ocidental absolutista. Somente assim nós enfrentaremos o verdadeiro dilema da cultura desta nação, o verdadeiro estado de suas artes, suas verdadeiras características psicológicas e a adotaremos como uma alternativa verdadeira. Talvez este mundo não seja diferente do que conhecemos, ou talvez acreditemos que tudo o que conhecemos acabará se tornando estranho e se voltará contra nós. A estabilidade do mundo físico já não é mais certa, mas o poder da fantasia nasce assim.

O problema do status internacional da arte contemporânea chinesa, como tantas questões expressas na arte chinesa, relaciona-se com a realidade e o nosso conhecimento dela, com algumas características e modos de expressá-las, com o direito de existir e a legalidade de nossos direitos culturais.

A busca de identidade e de valores culturais é evidente em muitas obras de artistas chineses. Ela reflete a formação de um novo conjunto de valores que ocorreu depois das revoluções da China e em meio à reforma. Por trás dessas imensas interrogações, os artistas também estão lançando dúvida sobre a verdade e a legalidade dos sistemas de valor antigos e autoritários.

Um mundo nebuloso se segue a um momento de clareza e, com nosso conhecimento e em nossa busca de conhecimento, as forças que recrutamos na perseguição desse desejo e o preço que pagamos por tudo isso nos levam para um mundo ideal. O que acontecerá com a arte num mundo tão harmonioso, sem carências ou desejos? Nós nos tornaremos parte dele?

Uli Sigg foi embaixador da Suíça na China. Antes de assumir esse cargo, já tinha anos de experiência de trabalho na China e era um importante participante e também testemunha incorruptível do processo de reforma e abertura que distinguia a história recente da China. Antes de ser nomeado embaixador, ele foi atleta profissional e também jornalista durante muitos anos. Teve uma tremenda influência sobre o conhecimento político, econômico e cultural e sobre a comunicação e a cooperação entre o Oriente e o Ocidente. As experiências que teve na China estão entre as mais singulares e significativas de sua rica e variada vida.

Sigg passou a última década completando sua coleção de arte contemporânea chinesa. Durante esse tempo, a arte contemporânea na China foi gradualmente se transformando, passando das atividades de uma minoria para uma instituição pública observada no mundo inteiro, a ponto de hoje ser raro uma exposição importante não incluir uma participação chinesa. A energia criada pela arte chinesa, suas expressões estranhas e idiossincráticas e a atenção e o louvor despertados por ela atestam o fato de que a arte e os artistas da China já entraram no palco do mundo cultural. A coleção de Sigg acompanha a China através de sua vasta série de reformas – que afetam o destino de um quinto da humanidade – e se entrega impetuosamente às diversas possibilidades desconhecidas e imprevisíveis.

Os mais de 2 mil objetos da coleção de Sigg incluem pinturas, esculturas, instalações, fotografias, vídeos, projetos, pôsteres, colagens e outros. A categorização dessas obras vai de obras únicas até categorias inteiras, de instalações enormes até um único grão de areia. O que distingue sua coleção da maioria das coleções de arte é o fato de Sigg ter escolhido pessoalmente cada peça. Ela representa as obras de 170 artistas de diferentes províncias e diferentes formações. Sigg tem amizade com, ou pelo menos conhece, todos os artistas. Foi ao estúdio ou à casa da maioria deles e manteve conversas longas e profundas sobre a arte e a vida. Há uma ordem rigorosa e um método em sua coleção, que é ao mesmo tempo meticulosa e vasta em escala, profunda e muito inspirada, racional e apaixonada. Todos esses fatores tornaram insubstituível a coleção de obras de Sigg, a mais singular coleção de arte chinesa.

As correntes fortuitas da história levaram o mundo da arte chinesa contemporânea a entrar em contato com esse homem. Que papel ele teve em meio à feroz torrente de reformas culturais e políticas? Como ele influenciou todo um período da história? Embora o futuro guarde as respostas a essas perguntas, hoje somos capazes apenas de dizer que a profundidade e a amplitude da coleção de Sigg já influenciaram profundamente a escala e o desenvolvimento da arte contemporânea da China e desempenharam um papel importante na divulgação da arte chinesa em todo o mundo.

ESCRITO EM SETEMBRO DE 2004[6]

## Sobre fotografia

**POSTADO EM 11 DE FEVEREIRO DE 2006**

Se refletirmos sobre a história da fotografia, vemos que há apenas vinte anos, se tanto, ela foi amplamente aceita como um meio de expressão artística. Antes disso, ela era tratada como um meio puramente técnico de registrar a história.

Recentemente, no desenvolvimento das artes fotográficas, vários elementos como plano, cor, *chiaroscuro* e narrativa composicional mantiveram uma relação de desenvolvimento em paralelo com os métodos e características da pintura ocidental. Continua sendo difícil para a fotografia se libertar de ser habitualmente reconhecida como um árbitro, mas esse mal-entendido histórico se origina de questões filosóficas bem mais profundas e resistentes, por exemplo: o que é realidade, é possível registrar a realidade? Ou: qual é a natureza da relação entre verdade e realidade?

Evidentemente essas conclusões inclinam-se na direção da interpretação da fotografia como apenas uma ilusão, algo que não chega a refletir a realidade. Além disso, a existência material dessa ilusão torna-se outro tipo de realidade irrefutável. Tanto faz se esse material tem como características ser dinâmico ou estático, branco e preto ou colorido, grande ou pequeno ou realizado com produtos químicos ou código binário – sempre que há uma fotografia, ela é dotada de todas as características de um material independente, o que prova que as fotografias como objetos são elas próprias idênticas a qualquer objeto anteriormente existente. Apesar do fato de que as fotos parecem ter se originado no processo de documentar o objeto que está sendo fotografado, a verdadeira documentação dessa chamada objetividade tem uma atração maior e uma natureza dualista. Ela é até mais infiel à realidade, pondo em dúvida nossos sentimentos fisiológicos e meios fundamentais de expressão.

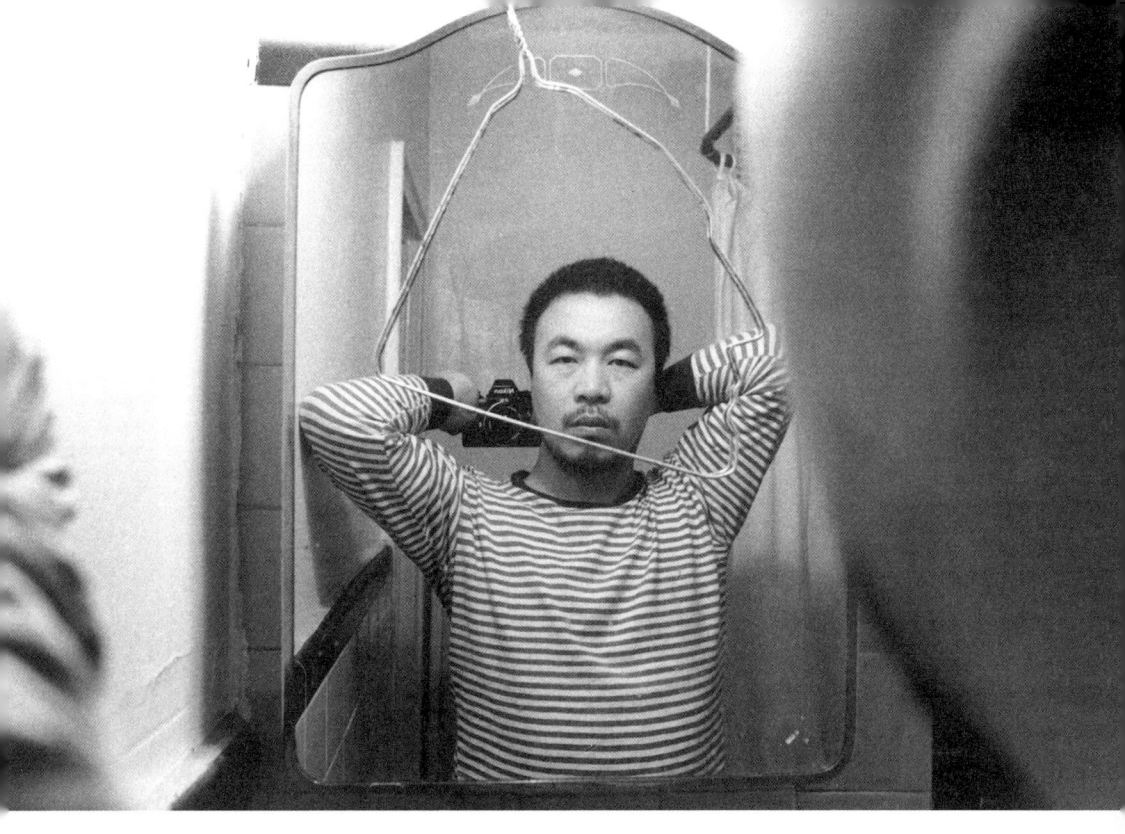

**1.6** No banheiro do apartamento de Ai em Third Street Alphabet City, com *Hanging Man* (1985), por volta de 1985.

    A fotografia é um meio enganador e perigoso; e meio é método, é significado, uma festa ubíqua de esperança ou um fosso intransponível. No final, a fotografia é incapaz de registrar ou expressar a realidade; ela rejeita a autenticidade da realidade que apresenta, tornando-a até mais distante e bem afastada de nós. As pessoas do Leste Asiático tendem para outra atitude estética possível: elas raramente veem as atividades artísticas como um meio de conhecimento ou raramente mostram um interesse por esse tema; em vez disso, o próprio processo de aquisição de conhecimento e os meios de expressar esse conhecimento são vistos como a essência fundamental. Essa essência é precisamente nossa perspectiva mental sobre o mundo, e quanto à realidade do mundo externo, isso é uma ilusão ainda maior.

    A realidade do universo é limitada e implacável; a realidade da espécie humana é comparativamente psicológica e emocional, indeterminada, difícil de ponderar,

**1.7** No banheiro do Maritime Hotel de Nova York, 9 de março de 2008.

idealista e autocentrada. Quanto a uma familiaridade com o eu, ter conhecimento de seus próprios sentimentos e de sua própria psicologia não é ainda mais desconcertante e fascinante?
ESCRITO EM 9 DE FEVEREIRO DE 2006

## Quem é você?

**POSTADO EM 16 DE FEVEREIRO DE 2006**

As pessoas que trabalham com design falam a linguagem do design, assim como quem escreve ficção, artigos ou poesia tem os próprios sistemas de linguagem. Até o linguajar simples é um estilo. Quando as pessoas falam sobre estilo, estão na verdade tentando sistematizar seu tratamento de uma determinada linguagem. Tudo tem ordem e lógica próprias: as plantas têm um modo e os animais outro, vivas ou não vivas, todas as coisas existem em seu estado particular. Os seres humanos são os únicos animais que estão constantemente se adaptando à sua situação enquanto se desenvolvem, pois somos os únicos animais que não dependem do estilo para se diferenciar. Por exemplo, se alguns animais mudam de cor ou de forma, isso se dá em reação às pressões de sua existência, mas somente os seres humanos escolhem mudar movidos por intenções emocionais e subjetivas, pelo conhecimento pessoal do mundo ou como um meio de comunicação.

Independentemente do método escolhido, há duas possibilidades. A primeira delas é encontrar nosso lugar no mundo natural – ainda que essa relação seja conflitante, esse é o tipo de harmonia que devemos buscar. A harmonia também pode ser do tipo cheio de conflito ou com caráter de crise. A segunda possibilidade é se anunciar para o mundo, e isso acontece porque apenas os seres humanos têm necessidade de se distinguir. Em algumas situações sociais podemos dizer: "Eu sou você, você e eu somos o mesmo". Em outras circunstâncias podemos dizer: "Eu sou eu, e sou diferente de todos vocês".

Todos nós experimentamos esses dois extremos, e é claro que a autodefinição de uma pessoa tem muito a ver com a política, a economia e a cultura da sociedade em que ela vive. É a diferença entre uma estação com vento e uma estação sem vento.

Raramente eu luto por determinado estilo, mas há ocasiões em que minhas peculiaridades exercem uma influência particularmente forte sobre mim. As coisas que criamos – inclusive suas limitações – são todas corporificadas por meio de nosso estado de existência. Procuro eliminar essas limitações com diversas alterações, ou torno-as mais óbvias; isso é totalmente possível, e é também outra forma de expressão. Eu não tenho um estilo claro, tampouco me limitaria a estilos populares. A própria vida é mais exuberante, mais significativa do que qualquer estilo imaginável.

Os frutos da produção cultural, seja ela literária, de artes plásticas ou moda, são incomparáveis à própria natureza. Mas a natureza não é algo que possamos absorver diretamente; a maioria das pessoas precisa de algum grau de pré-digestão – ou seja, de cultura. Pouquíssimas pessoas têm a perspicácia ou a capacidade de extrair seu alimento diretamente da natureza. As necessidades e os interesses humanos são estreitos e tendenciosos, e se fôssemos nos preocupar apenas com o mundo humano estaríamos nos limitando a uma visão de mundo muito estreita. Abra um jornal em qualquer página e você descobrirá que tudo está escrito de um ponto de vista centrado no homem, independentemente de o artigo estar discutindo o ambiente ou a relação da humanidade com os recursos naturais.

Uma força divina que está além da lei humana é incomparável às forças da humanidade. A ordem humana se aplica à terra e às cidades, e a maioria das pessoas simplesmente viaja nesse ônibus por essa rua para esse ou aquele lugar ou usa os frutos de milhares de horas de trabalho para comprar esse ou aquele carro. Essas ações já situam as pessoas no supostamente magnífico mecanismo da ordem humana, do qual é improvável que elas se libertem. Uma vez que nossa psique e nossa alma raramente têm oportunidade de experimentar – e a visão e a experiência são a maior fonte do intelecto –, elas se tornam recursos inerentes e são oferecidas pela simples existência. Hoje as pessoas esperam adquirir status, aceitação ou prazer com um número determinado de metros quadrados em sua casa ou algum conjunto de padrões fixos, uma vida simplesmente de preenchimento das lacunas. O jogo é muito simples, e não é algo que todos estão preparados para aceitar. Mas aceitá-lo implica o desmoronamento de uma série de hierarquias, embora o sistema educacional e outros sistemas adjacentes tendam a não permitir esse tipo de coisa. É difícil para o indivíduo dizer francamente o que pensa, ou sorrir, ou fazer contato com outra pessoa, ou apenas observar uma coisa. Tudo isso parece fácil, mas na verdade não é.

    A inocência e a falta de desejo tornam as pessoas sábias. Uma vez que percebemos uma coisa diretamente, com a mente clara e sem obstáculos, descobrimos que nossos recursos são inextinguíveis. Isso porque nosso coração está conectado com a ordem do universo e em harmonia com ela.

    Esta questão é óbvia: se esquecemos nossa filosofia básica e nossa ética básica, o design se torna uma atividade sem fundamento. Na verdade o design toca nessa questão a cada segundo, ou seja, quanto eu vou receber e quanto você vai dar? Eu dou e recebo na mesma proporção? Na maior parte do tempo a motivação que impulsiona a pessoa é apenas a de receber ou comunicar, mas que natureza de subestrutura está ajudando nessa comunicação? Isso é ambíguo e converte a coisa num grito que não é nem de alegria nem de dor. Pode-se ver num relance a profundidade do tormento dessa pessoa. Pessoas alegres também são facilmente reconhecíveis, mas o que frequentemente nos deixa perplexos é o contrapeso que vem depois do grito. Ele está em contradição com o sistema e com a lógica.

    Quando abandonam suas intenções, as pessoas adquirem a máxima sabedoria, porque nos momentos em que não estamos dando voz a nós mesmos parecemos incomensuravelmente grandes, nos tornamos parte da natureza. Quando agimos por nós mesmos, estamos apenas nos representando, e em comparação com a natureza somos infinitamente pequenos. Essa lógica é muito simples. Contudo, quando nos esquecemos de nós mesmos ou nos abandonamos, podemos nos tornar incomensuravelmente grandes. O design pode parecer multiforme; mas apenas uma parcela muito pequena dele é minimamente boa. A verdadeira qualidade, na forma das coisas que podem afetar os seres humanos no nível espiritual, é muito rara. Simplesmente pensar que uma coisa é uma boa ideia pode influenciar apenas nosso comportamento, mas não nossa mente. Pode, por exemplo, oferecer maior velocidade ou conveniência, mas o que fazemos com essas vantagens? E por que exigimos essa conveniência ou velocidade? Essas questões são importantes, mas raramente os designers fazem perguntas nesse nível. Eles pensam: "Eu preciso decorar essa parede" ou "Esse banco quadrado deveria ser redondo" – mas o que eles estão ornamentando? Nossas considerações tendem a parar num certo nível, num nível que oferece uma impressão de segurança. Quantas pessoas se instalam de bom grado num estado de insegurança?

Um copo nunca se compara a tomar água com as mãos em concha, e já faz muito tempo que precisamos de uma torneira para tomar água – mas não foi a sabedoria que gerou essas circunstâncias? Em meio a nossa busca de lucro e às possibilidades de produção, nós nos colocamos na rota da extinção. O modo de vida simples é uma forma de permitir que a humanidade encontre um caminho para o Éden, então por que você quer desenvolver tão depressa? Você vai ganhar mais com tais velocidades? Acho as duas ideias muito atraentes e me sujeito constantemente às suas tentações.

*ESCRITO EM DEZEMBRO DE 2005*[7]

**1.8** Ai examina *Grapes* (2008) com uma câmera em seu estúdio, 26 de dezembro de 2007.

**1.9, 1.10** Ai examina *Grapes* (2008) com uma câmera em seu estúdio, 26 de dezembro de 2007.

# O caminho mais longo

## POSTADO EM 23 DE FEVEREIRO DE 2006

A China ainda não tem um movimento modernista de magnitude, pois este exigiria como base a liberação do aspecto humano e a luz trazida pelo espírito humanitário. Democracia, riqueza material e educação universal compõem o solo sobre o qual existe o modernismo. Para uma China em desenvolvimento, essas três coisas são apenas buscas idealistas.

O modernismo é o questionamento do pensamento humanitário tradicional e uma reflexão crítica sobre a condição humana. Qualquer outro movimento de arte que não pertença a essa cultura modernista geralmente é superficial ou destituído de valor espiritual. São apenas imitações superficiais as atividades destituídas de valor intelectual ou as criações que parecem modernistas ou que se afastam desse movimento.

O modernismo não precisa de uma diversidade de máscaras ou títulos: ele é a criação original dos esclarecidos, é a reflexão suprema sobre o significado da existência e o problema da realidade, é colocar etiquetas na sociedade e no poder, não faz concessões, não coopera. Atinge-se o esclarecimento por meio de um processo de autorreconhecimento, por meio de um desejo prolífico de chegar ao mundo interior e pela busca deste, por meio de dúvidas e perplexidades intermináveis.

Uma realidade nua, o pânico, o vazio ou o tédio mostrados nas obras modernistas resultam dessa verdade destemida. Não se trata de uma escolha cultural – assim como a vida não é uma escolha –, é um interesse por nossa própria existência, a pedra fundamental de todas as atividades mentais; é o conhecimento, o objetivo último.

As reflexões sobre os modos de existência e os valores mentais são questões centrais da arte moderna, enfrentando os fatos vívidos e distintos – a inevitabilidade da vida e da morte. Quando os impulsos primitivos passam, essas reflexões deixam uma impressão oca, sombria, da realidade que está por trás.

Tudo isso se desenvolve na direção de uma conclusão inevitável: o conhecimento da solenidade e do absurdo da vida. Não podemos evitar descobrir o conhecimento, assim como não podemos evitar a realidade de nossa existência.

Nossos sonhos se compõem de limitações realistas da vida e do impulso ávido de superar essas limitações. Esses impulsos e os esforços despendidos para atingir esse objetivo são os prazeres da vida.

Os seres humanos estão fadados a serem empíricos tacanhos, animais que renunciaram ao estado natural. Entre todas as alternativas possíveis, eles escolheram o mais longo e mais afastado caminho para o eu.

Um artista chega ao autoconhecimento fazendo escolhas. Estas se relacionam com seus dilemas espirituais, relativos à volta ao eu e à busca dos valores espirituais. São escolhas filosóficas.

Uma verdade dolorosa de hoje é que, ao importarmos novas tecnologias ou estilos de vida de outros países, somos impotentes para importar a mentalidade correspondente ou a intensidade da justiça. Somos incapazes de importar almas.

A história cultural moderna da China desdenha o valor do indivíduo, sendo, pelo contrário, uma história de anulação da humanidade e da espiritualidade. Os intelectuais são invariavelmente atacados de todas as direções pela poderosa cultura ocidental, representada pela agressão, e pelas estruturas cognitivas decadentes, representadas pelas influências feudalistas chinesas. Tudo isso deixou nossos intelectuais num embaraçoso dilema.

Nos últimos cem anos, praticamente todos os esforços de reforma começaram com a submissão à cultura ocidental e todos terminaram com o abandono de tradições nativas. Simples imitações e resistência tornaram-se uma característica fundamental do desenvolvimento cultural da China moderna.

Sem dúvida as ondas da história estão empurrando esse navio arcaico, aproximando-o cada vez mais das margens da democracia, à medida que a comunicação, a identificação, a compreensão e a tolerância começaram a suplantar métodos de coerção e exclusão. Percebemos que o totalitarismo cultural e espiritual e a prática da exclusão abateram o ânimo do povo, encolheram sua vontade e tornaram-no míope. Enterrar opiniões que trazem problemas e fugir de questões difíceis não passa de ceticismo e negação do valor da vida; isso é blasfemar contra os deuses, um reconhecimento da ignorância e do atraso, e uma flagrante expressão de apoio ao poder desmedido e à injustiça. À cultura e à arte atuais ainda faltam as mais básicas das considerações: a função social dos artistas, o esclarecimento social e a crítica independente.

Nenhum tipo de investigação linguística, nenhuma apropriação de estratégia ou veículo nem mesmo o plágio de técnicas ou de conteúdo é capaz de dissimular as deficiências dos artistas desprovidos de autoconsciência, crítica social e capacidade de criação independente. Assim o que se expõe são corretores de estilo pragmáticos e oportunistas, refletindo valores espirituais empobrecidos e um rebaixamento geral de nosso gosto.

Quando a atenção dada às "tendências" se deslocar para métodos e questões pessoais, quando as investigações sobre a forma se transformarem em investigações sobre a difícil situação de nossa existência e dos valores espirituais, a arte se iluminará. Mas que caminho longo!
ESCRITO EM NOVEMBRO DE 1997[8]

# A cidade deles

**POSTADO EM 12 DE MARÇO DE 2006**

Depois do jantar, educadamente recusei a oferta de meu anfitrião de nos levar de volta para o hotel e resolvemos ir caminhando até lá. Havia uma única rua importante na cidade deles[9], e um problema qualquer de eletricidade a tinha deixado na escuridão. As ofuscantes luzes dos carros que iam e vinham iluminavam as pessoas que caminhavam em nossa direção, claro e depois escuro, fazendo-as parecer mais distantes e depois mais próximas. Donas de salões de beleza postavam-se inquietas à porta de seus estabelecimentos, sem nada para fazer; incapazes de ficar paradas, elas pareciam distorcidas.

Uma faixa para bicicletas, de cerca de três metros de largura, corria paralela à rua principal; bem separada dela havia uma calçada de seis metros de largura. Ao longo dessa calçada havia salões de beleza e lojas de computadores, além de uma grande variedade de restaurantes, lojas de roupas e de aparelhos elétricos, todos espremidos, competindo por espaço. Estávamos andando nessa rua, que não tinha semáforos, e dávamos cada passo com cuidado. A rua era irregular e tinha pequenas valas; era impossível saber o que íamos encontrar naquela grande bagunça – em torno de nós espalhavam-se concreto, tijolos, tábuas, alvenaria, asfalto destruído, restos e cacos de tijolos. Táxis de três rodas, motocicletas e bicicletas estavam estacionados na calçada.

Curiosamente, havia um trajeto para os "deficientes visuais" na rua que estávamos atravessando; é um recurso criado para os cegos. Esse tipo de caminho tem uma forma padronizada, e outros semelhantes a ele podem ser encontrados em vários condados e cidades: é uma faixa amarelo-vivo, de aproximadamente trinta centímetros de largura e uma superfície com saliências. É apenas um componente da rua urbana, e era evidente que aquela era uma rua recém-pavimentada.

Não havia ruas como essa na minha época, tampouco havia carros, e os cegos não andavam para cima e para baixo nas ruas. Os cegos, assim como as outras pessoas, tinham na mão o "Livro vermelho de citações" e seu coração brilhava tanto quanto o nosso. De mais a mais, nós tínhamos ouvido falar dos médicos descalços que já haviam curado a maioria dos surdos ou mudos do interior com a medicina chinesa antiga, como a acupuntura e as "armas ideológicas" comunistas[10].

O governo frequentemente restaura ou abre novas ruas em poucos dias, e quase sempre acontece por volta do 1º de Maio (Dia do Trabalho), do 1º de Agosto (aniversário da fundação do Exército de Libertação Popular) ou do 1º de Outubro (Dia Nacional) ou durante os Dois Congressos Nacionais do Partido, as pessoas verem seu caminho para casa transformado. Esses cidadãos que vão para casa acabam por descobrir pouco tempo depois que os tijolos da rua ficaram subitamente frouxos, desprenderam-se ou se quebraram, e tudo isso parece normal – eles têm muita coisa em que pensar, não podem ser perturbados com essas questões. Mas o caminho para os cegos nesse trecho de calçada é diferente: não sei por quê, mas, a cada doze passos, há um poste de eletricidade exatamente no meio do caminho. Além disso, cabos de aço são usados para estabilizar os postes e buracos destampados também obstruem o "caminho dos cegos".

A condição especial dessa calçada parece fazer com que tudo o que se apresenta aos nossos olhos subitamente se transforme, parece fazer com que essa cidade, a rua e o povo, tudo, enfim, tenha um aspecto diferente. As pessoas que caminham por essa rua sentem-se de repente incertas, embaraçadas e sem esperança. O planejador urbano dessa cidade muito provavelmente não mora nessa rua e provavelmente não costuma passar por ela com frequência. Todos os operários que trabalharam nela vêm de aldeias distantes; não entendem a função especial desse tipo de pavimento e não sabem por que esse caminho não deve cruzar colunas de cimento ou cabos de aço. Se tivessem alguma queixa, provavelmente seria pelo fato de haver tantos postes de eletricidade na cidade e ainda assim a luz faltar com tanta frequência, o que diminui bastante a velocidade com que eles executam seu trabalho de pavimentação de ruas.

Não há falta de cegos nessa cidade: cegos por terem sido tratados com os remédios errados, cegos por beberem álcool falsificado[11], cegos por acidentes de trabalho; talvez eles não tenham tido dinheiro para pagar as contas do tratamento quando adoeceram, ou talvez até tinham algum dinheiro mas foram atendidos por um charlatão. E há as pessoas que nunca viram o mundo de luz e sombras, para quem não faz diferença se há ou não luz elétrica. Esses cegos vivem tranquila e pacificamente neste planeta. Eles nunca saberão que em algum lugar alguém projetou um caminho especial só para eles, esses caminhos para cegos que se estendem por todas as avenidas e vielas da cidade, ligando todas as ruas da China. Tampouco conhecerão os incontáveis obstáculos ou armadilhas que cobrem esses caminhos. Talvez, se soubessem que havia caminhos para os cegos e tentassem usá-los, seu coração se encheria de entusiasmo, e mais uma vez eles continuariam suspeitando de que aquelas lendas sobre um mundo visível são na verdade apenas bobagem sem qualquer credibilidade.

# Cidade N

**POSTADO EM 19 DE MARÇO DE 2006**

Em N[12], na nação de C, o primeiro imperador Qin criou uma cidade onde convergem três rios. Estive lá quando me ocupei de uma atividade muito absurda: ajudei a julgar um prêmio de arquitetura. De pé à margem da estrada, pude ver que a Cidade N não era diferente das outras cidades do sul.

Todas as cidades da Nação C mantêm inerentemente um registro fiel das cicatrizes deixadas pelo autoritarismo. Diferentemente das ruínas reais, causadas por uma destruição racional, ordenada, essas cidades são elegias à atividade arquitetônica frenética. Seus criadores e seus senhores são vítimas da própria idiotice e do próprio comportamento desprezível, e, como resultado de sua falta de consciência e de decência comum, as cidades são humilhadas. Os mais velhos sentem-se tão envergonhados que não são capazes de falar às gerações mais novas sobre o passado, deixando os jovens com mais desespero do que esperança. O coração das pessoas está rapidamente se tornando medíocre, astuto e velho. Ano após ano as pessoas se acostumaram tanto a encontrar suas distrações na escuridão e a sofrer, que são capazes de se orgulhar de sua vergonha.

Mesmo sendo totalmente inconsciente desse fato, a Nação C ficou nesse estado devido a sua autopunição. A crueldade não vem da competição selvagem ou de uma realidade sangrenta, mas do desprezo pela vida, dos padrões homogêneos e de um entorpecimento dos sentidos. A vida não floresce mais, as almas ficam enlameadas e a vitalidade dos sonhos se empalidece.

Anos de abusos, ignorância e irresponsabilidade levaram o povo dessas cidades a andar com passo apressado e a ver com olhos sem vida. Eles não têm para onde ir e não têm onde se esconder. Finalmente, as pessoas perdem o senso de pertencer. Não estão ligadas a seu lar, às aldeias ou cidades, e se tornam estrangeiras em permanente exílio.

Não param de chegar da Cidade N notícias sobre uma praça central projetada pelo sr. M. Cercada por suntuosos centros comerciais, essa enorme praça é o destino preferido dos moradores da cidade que apreciam passeios relaxantes. Sob as bandeiras que tremulam com um suave farfalhar, uma fonte musical engenhosamente imaginada adorna um espelho-d'água guarnecido de mármore, onde a água que cai serve de tela para a projeção de filmes. O projeto do sr. M é diferente do resto da Cidade N; parece ser a última palavra em estilo, novo e ímpar, e tem uma prodigalidade festiva que acrescenta um toque de luz a esse lugar que, do contrário, seria degenerado, antiquado. Como outras zonas economicamente desenvolvidas, a cidade é cheia de casas de espetáculos, teatros e museus de artes plásticas.

O museu de artes da Cidade N também é novinho em folha, e com a ajuda de um amigo consegui visitá-lo. O enorme prédio não tinha uma única peça de arte para mostrar, e assim exibia esqueletos montados de animais enormes do período jurássico. Uma ignorância tosca era evidente em todos os aspectos das peças espalhafatosas da exposição – a iluminação, os efeitos especiais, as explicações e as etiquetas na parede. Tudo isso estabelecia um forte contraste com o inconcebível mistério dos esqueletos daqueles animais gigantescos. Aquela foi uma época de verdadeira glória – já houve tempos em que a terra ostentava incríveis paisagens, uma cor de céu fantástica, ventos e chuvas inacreditáveis! Que destino moldou esses animais gigantescos que dominavam o mundo e que calamidade finalmente os exterminou, convertendo-os nos fósseis exibidos ali naquele museu?

As eras se sucederam, gerando por fim o gênero humano: seres fracos, de corpo frágil e calculistas. Os fósseis eram pequenos mas enormemente presunçosos, gananciosos e infiéis. Fiquei algum tempo diante deles, com uma sensação difícil de descrever.

Uma das salas do museu havia atraído uma multidão de moradores da cidade. Estavam expostos ali órgãos humanos e cadáveres. No meio da sala repleta de gente, havia vitrines com gêmeos siameses e múmias de pé, em meio a uma quantidade de órgãos e cérebros. No centro da sala um corpo feminino flutuava em formol como um peixe gigantesco. Sua pele era muito branca, tingida de amarelo; ela usava luvas de seda preta e meia-calça de seda. Ainda mais fascinantes eram os dois objetos colocados em duas garrafas ao lado dela, com etiquetas nas quais se liam: "hímen rompido" e "hímen intacto".

Existem alguns lugares onde não devemos ir e algumas coisas que não devemos ver. O princípio é muito simples: conhecimento e experiência custam inocência e decência. Tal feiura não é assustadora, mas tal corrupção da moral social nos deixará desesperançados.

Essa exposição foi a mais popular da Cidade N por anos, atraindo milhares de visitantes diariamente, de velhos de cabelos brancos até meninas e meninos. O país onde fica a Cidade N é o maior produtor e negociante de cadáveres do mundo.

Os prédios do sr. M são estilizados e pretensiosos, e novinhos; contudo, quando os olhamos de perto, vemos que em todos eles alguma coisa não está certa. O problema é que, por mais que a nova pele seja habilmente arrumada, não se pode nunca esquecer o corpo decrépito que se oculta sob ela.

As cidades da China estão lutando para se vestir com elegância, como se estivessem correndo para comparecer a um luxuoso baile de máscaras. Os espectadores estão acostumados a vaiar e a caçoar do espetáculo, e, enquanto há algum disponível, todos estão animados. Os participantes esperam não ser reconhecidos, mas, mesmo que só possam se esconder por apenas um momento, será uma grande diversão. As pessoas não se dispõem a desperdiçar mais tempo sofrendo e humilhando-se, elas preferem lutar por uma felicidade febril que pode ajudá-las a superar sua autodepreciação e o medo da morte.

Despeça-se da Cidade N, esqueça a fonte musical e os filmes projetados na água.

# Aldeia de S em Pequim

### POSTADO EM 30 DE MARÇO DE 2006

Nos arredores de Pequim fica a Aldeia de Suojia, uma comunidade onde moram muitos artistas. Eles viverão ali até o dia em que sua casa for demolida à força por "não ter sido construída de acordo com os códigos de construção"[13]. Pequim é a capital da Nação C, um lugar onde demolir fileiras após fileiras de moradias de qualidade inferior não é nenhum problema.

Muitas outras aldeias cercam Pequim, cada uma delas com incontáveis estruturas que não se conformam ao código, e há mais de 10 mil cidades na Nação C, cada uma delas com incontáveis construções ilegais e provisórias que violam várias leis e regulamentos. Mas é possível que as leis ou regulamentos nunca cheguem à porta de entrada dessas construções, a menos que elas estejam no caminho de um projeto de engenharia previsto para ser o grande destaque da carreira política de alguém ou que talvez o parente de alguém cisme de querer o terreno onde elas estão, ou algum empresário de Hong Kong ou compatriota de Taiwan queira investir e construir ali, ou talvez eles sejam simplesmente uns pés-frios.

Durante muitos anos as principais questões de Estado da Nação C se concentraram na demolição. Os sons de tetos desmoronando e paredes ruindo estão por toda parte. Outra característica nacional daqui são as vendas, porque, além da sua casa e do seu terreno, você pode vender recursos, direitos sobre minérios, fábricas, bancos, empresas e equipamentos. Eles venderão tudo até você ficar sem chão. Nada mais para vender? Venda seu cargo oficial, um título profissional, diplomas... venda tudo o que pode e o que não pode ser vendido[14].

Olhando de perto esses negócios, todas as transações podem estar violando alguma lei ou deixando de obedecer a algum regulamento. Isso porque, por mais pobre e arruinada que a Nação C possa ficar, ela jamais terá as mãos vazias.

Frequentemente as pessoas que moram nessas casas condenadas à demolição estão violando as normas: não têm papéis, vagam em grupos e estão desempregadas. Vêm do campo para fazer na cidade os trabalhos que ninguém quer fazer: demolir casas, consertar vias, transportar bens, vender verduras e legumes, varrer as ruas, coletar lixo... Não se pode dizer que elas não são corajosas: elas presenciaram explosões em minas e continuam mandando o marido e os filhos para lá; viram os peixes mortos no rio e continuam bebendo sua água. Um dia, quando você estiver andando na rua, o tráfego de pedestres no sentido contrário será totalmente composto de trabalhadores migrantes provenientes de terras estranhas, distantes. Suas expressões denotam pânico, seus comportamentos são esquisitos e seus modos são grosseiros. Você terá o impulso de evitá-los, porque ninguém está disposto a encarar a pobreza e a desesperança. Tanto a pobreza quanto a desesperança vêm do "outro" incivilizado e são produto da injustiça e da hipocrisia. Mas nós somos esse "outro". Entre essas crianças do campo, todos os meninos que podem se manter de pé e andar direito tornam-se porteiros ou seguranças; todas as meninas com traços faciais simétricos tornam-se esteticistas ou massagistas; e os moradores da cidade ficam tomados de um sentimento de gratidão. Mas agradecer a eles seria atrapalhar a demonstração de unidade, e, contudo, observe como os habitantes da cidade estão sempre suplicando a Buda, oferecendo incenso, tirando a sorte para buscar orientação divina e prostrando-se no chão. Esses habitantes do campo nasceram em meio ao culto dos medicamentos falsificados, dos médicos charlatões e dos artigos de imitação; vizinhos perversos e tráfico de crianças são comuns para eles.

A grande maioria dos domicílios na periferia das cidades da Nação C são moradias provisórias ou foram construídas transgredindo os regulamentos. Essas estruturas abaixo dos padrões estão sustentando o progresso da Nação C e preenchem as rachaduras deixadas pelo desenvolvimento da sociedade. Centenas de milhões de camponeses são despejados nas cidades, onde se instalam e repousam a cabeça nessas estruturas provisórias e fora do padrão. Em que outro lugar eles poderiam viver senão nessas construções abaixo dos padrões? Esses são os lugares que tantas pessoas chamam de lar, e a economia da Nação C está ressuscitando graças a essas circunstâncias. Mas com um gesto de cabeça eles se tornam ilegais, e isso é uma questão de legitimidade da lei.

Dessas pessoas das regiões pobres e distantes que estão vindo em ondas para as cidades como mariposas atraídas pela luz, quantas têm garantia de leis trabalhistas mínimas ou de um padrão de vida básico? Quem deveria ser responsável por isso? Eles estão criando valor tijolo por tijolo; com cada batente de porta e cada cumeeira, eles lutam ao mesmo tempo para manter suas próprias necessidades de vida e sustentar o desenvolvimento estável de toda a sociedade.

Se a lei apenas condena mas não protege os fracos, ela perde seu significado imparcial. A lei protege a propriedade civil, e as construções provisórias e abaixo do padrão também são propriedade civil; as propriedades civis não estão classificadas em ilustres e humildes. Se a propriedade é velha ou decrépita, sórdida ou miserável, é porque as pessoas não têm dinheiro. Quem não percebe a inevitável relação entre a sujeira, o caos e sua inferioridade em relação às estradas superlargas e as luxuosas praças de alimentação dos shoppings? As leis não deveriam ser criadas para apenas demolir, elas deveriam igualmente respeitar os direitos pessoais, os direitos civis.

Em Pequim há muitos equívocos, por exemplo: complexos dedicados à arte não deviam estar cheios de trupes de circo, e a proteção da arquitetura antiga não visa apenas melhorar o cenário, tampouco dar à cidade uma vantagem competitiva; ela existe porque as pessoas precisam se lembrar. Quando confrontamos uma cidade antiga e a arquitetura antiga, não podemos simplesmente discutir o valor da comercialização da cultura enquanto nos recusamos a enfrentar autênticas questões culturais. A habitabilidade de uma cidade não é uma questão de aparência; se uma cidade é insensata, desumana, indiferente e não pode tratar os outros com benevolência, de que adianta ter um "rostinho" bonito? A cidade é para seus habitantes, pessoas multifacetadas com emoções fragmentadas, triviais, e que por direito devem ter a possibilidade de usufruir da cidade, a possibilidade de se comunicar e de fazer exigências.

*ESCRITO EM DEZEMBRO DE 2005*

# Lugar errado, hora certa

**POSTADO EM 10 DE ABRIL DE 2006**

Roma é uma cidade que pode facilmente nos levar para 2 mil anos atrás. Suas ruas são pavimentadas com pedras pretas recortadas que fervem impacientemente sob um sol radiante. Ao contrário de Roma, as calçadas de Milão são pavimentadas com mármore, cada bloco tendo provavelmente trinta centímetros de largura e quarenta ou cinquenta centímetros de comprimento, podendo ser vermelho-terra, amarelo ou cinza-escuro. A largura desses blocos é padronizada, mas o comprimento não é uniforme. O processo de pavimentação deve ter sido conveniente e a seleção dos materiais provavelmente não foi dissipadora. Ao passarem sobre os blocos de mármore, os pneus dos carros fazem um barulho repetitivo.

Eu havia combinado de jantar com amigos. Logo depois das oito horas meu telefone tocou. Eu disse: "Estou no lobby, onde você está?". Meu amigo me disse para sair de lá e encontrá-lo em um bar do outro lado da rua. O céu já não estava claro, a luz dos postes estava fraca e do outro lado da rua havia apenas uma alameda escura como breu e uma igreja. Não havia bares do outro lado da rua, apenas uma igreja. Ele estava se referindo a outro hotel. Meu amigo é suíço. Eles sempre têm o lugar errado na hora certa. O céu já estava escuro e um som de jazz começou a chegar aos meus ouvidos; a multidão de pessoas apressadas já estava se dissipando e vespas iam e vinham pelas ruas. Isso era Milão em uma noite de abril. A meia-luz do entardecer era gloriosa.

Recentemente o primeiro-ministro italiano fez um comentário sobre a China. As coisas que ele disse terem acontecido lá desagradaram as pessoas. Ele também disse que tinha lido aquilo num livro, e a China respondeu que seus comentários feriram os sentimentos de muitas centenas de milhares de pessoas[15]. Neste mundo sempre haverá pessoas que não se preocupam com os sentimentos dos outros, pessoas que se ferem facilmente, que são frágeis, fracas, que não querem se ferir mas estão sempre sendo feridas por outros.

Não gosto do primeiro-ministro italiano: ele simplesmente não tem um aspecto agradável. E eu não me importo se ele fere os sentimentos do povo chinês. Não presto muita atenção a sentimentos, a tal ponto que desconfio da própria ideia de que os sentimentos de mais de 1 bilhão de pessoas possam ter sido feridos. O que acontece quando você as fere? De qualquer maneira, como seriam os sentimentos de 1 bilhão de pessoas? Mesmo se o primeiro-ministro italiano tivesse

**1.11** Incrustação ornamental de pedra de uma construção não identificada da dinastia Qing. Parte de uma série de fotos de fragmentos de pavimento, março de 2006.

**1.12** Degraus de pedra de uma construção não identificada da dinastia Qing. Parte de uma série de fotos de fragmentos de pavimento, março de 2006.

feito 1 bilhão de pessoas gostarem dele ou tivesse agradado a 1 bilhão de pessoas, ainda assim eu não gostaria dele. Minha inexplicável antipatia talvez venha do fato de eu não gostar do corte de seu terno ou do modo como ele ri. Eu não gosto dele, e isso dispensa qualquer explicação clara. Meu critério é superficial, não tem um significado mais profundo. Mas a minha antipatia não vem do fato de eu não acreditar que o que ele disse é verdade ou do fato de eu acreditar que a situação na China é melhor do que a descrita por ele.

Invocar as emoções de mais de 1 bilhão de pessoas como recurso de convencimento faz parecer que há um aparelho capaz de medir os sentimentos de mais de 1 bilhão de pessoas. Em meu entendimento, os sentimentos não são feridos com tanta facilidade, e eu não acredito que os sentimentos universais de uma nação sejam seletivos, que eles possam ser feridos apenas numa hora ou num lugar específicos. Na verdade os chineses resistiram a muitas tempestades e seus sentimentos se revelaram bastante resilientes. Quão profunda é a ferida, uma vez que ela tem uma oportunidade de curar-se? Por que esses sentimentos só se revelam quando são feridos? Sempre que uma situação dessas se refere às massas, os fatos dúbios se multiplicam até se tornarem excessivos.

## Pensamentos perturbadores acima da cabeça

**POSTADO EM 12 DE ABRIL DE 2006**

Isto foi escrito no ar. O Boeing está suspenso a 10 mil metros do solo e para matar o tempo estou tentando escrever num dos sacos para vômito. Aberto e alisado, ele é um lugar de tamanho muito adequado para depurar a mente.

Não sei que tipo de pessoa é Han Han[16]. Conheço-o apenas pelo debate e disputa na internet. "Quem é quem" não é importante; esse tipo de pessoa provou com elegância que a verdade é capaz de derrotar o absurdo. As pessoas que caluniam Han Han são hipócritas clássicos e já não podem causar o menor dano. É assim que os jovens se formam hoje; eles evidentemente sabem onde se origina o poder que está por trás da hipocrisia. O dispositivo mais eficiente para lidar com isso é permitir que a verdade surja por inteiro.

Invariavelmente essas pessoas se protegem com os clássicos de Confúcio ou com sua ética, embora tais bobagens já tenham sido descartadas há muito tempo. A única razão para a sua existência lamentável é dar aos outros oportunidade de apontar para eles e dizer: "Você acredita nisso? Houve um tempo em que eles perpetuaram o obscurantismo e tudo isso faz parte da mentira".

Eles ainda estão imaginando que a nobre e sacrossanta literatura existe, um tipo de fantasia que é suficiente para fazê-los se sentir nobres e invioláveis, e lhes dá oportunidade nesta era sem consciência de se exibir e bajular uns aos outros. Eles são fraudulentos e gananciosos, e espalham sua moral barata e sua estética bolorenta enquanto posam de idosos respeitáveis.

As virtudes do confucionismo estão levando à justiça e a atos casuais de heroísmo nas nossas ruas?! Quem é que engole isso? Quando é que o povo vai crescer? Isso poderia compor uma personagem interessante numa novela de televisão, mas quem pode ser tão frágil na vida real? Será que a maldição "As prostitutas não têm sentimento e os atores não têm integridade" é realmente válida para todo o sempre? A filmagem não é simplesmente a captação de sombras em plástico revestido de produtos químicos? Não traga vida ou humanidade ou se esforce por chorar para um público que não está nem aí. Filmes são filmes, e tudo o que um filme pode significar é apenas o próprio filme. Quando as luzes se acendem e o público deixa a sala de cinema, não estamos mais no filme; você não morrerá se não conseguir fazer um filme decente. A vida é como uma bola de borracha: você é chutado de um lado para outro pelas pessoas, é seu destino e seu dever na vida; não tenha nenhuma ideia, apenas deixe que o ar saia de você.

As pessoas se congregam; se não são velhos amigos, são velhos veteranos. O que há de tão terrível com a irmandade e os laços de sangue familiar? Se não fosse pelo enorme tamanho da lata de lixo que chamamos de blogue, como Han Han poderia encontrar espaço para despejar todos os seus soldados e peões? Esta é mesmo uma época lendária, e seria melhor ajustar seus óculos antes que aconteçam grandes catástrofes, apenas para ver onde você está. Ouça algum conselho e nem mesmo tente imaginar isso, é impossível. Não é que não possa haver uma história perfeita – o certo e o errado são indistinguíveis, você conhece o "decreto do céu" e precisa respeitar os deuses. Num minuto você faz papel de bobo, depois, no seguinte, se disfarça de moleque paparicado e ingênuo. O sol surgiu e ninguém mandou todos vocês para casa? Vão para casa e não saiam mais.

Ainda estamos debatendo o que se qualifica como literatura? Baseado apenas em seu drama, parece que você realmente acha que está envolvido na produção da literatura. Vá representar para a sua patota e em suas tribunas livres! Não se pode dizer que gostar de literatura e adorar cinema é uma coisa ruim; se você é adulto não é nem mesmo um problema, mas não se disfarce de sábio. Tudo o que há sob o sol pode ser resolvido e organizado conversando, mas a única coisa que não se pode mudar é a estupidez. Se você sabe que suas pernas são fracas, por que está de pé na pista de corrida? Você está trabalhando duro na "anticorrupção", e, quanto mais anti você é, mais corrupto você se torna, e quanto mais corrupto você é, mais "anti" é necessário; não é isso que eles chamam diretamente de medidas de segurança?

É realmente preciso estimular os vínculos entre pais e filhos? Isso é decididamente um erro mortal codificado em nosso DNA, animais selvagens em vias de extinção que tentam levar consigo seus pais. Mas os velhos e trôpegos seguramente não estão nem um pouco perto da extinção e muito menos são selvagens.

Se você sabe que seu camarada é estúpido, então não o deixe aparecer. Você pode repudiar parentes legalmente, mas isso não significa que seu camarada não seja como um irmão. Simplesmente não ajude seu irmão a perder desse modo outra vez, você acha mesmo que ele pode aguentar isso? Eu já vi gênios musicais, mas nunca ouvi falar em mestre em ações judiciais.

Você nasceu para a escuridão, por isso não saia na luz do dia. Pessoas que dizem aos gritos como nós devemos respeitar os sentimentos são pessoas que vivem com medo. Você está sempre falando sobre amizade e responsabilidade moral, caso contrário não teria certeza de ser humano. Uma vez que a vida é uma luta para ser uma pessoa correta, você deve continuar.

Afirma-se que bater no próprio rosto com um cinto de couro é suicídio; parece mágica? Isso é muito ridículo. Algumas pessoas gostariam de poder explicar assim, outras gostariam que as coisas realmente fossem assim. É ridículo tentar usar ideias populares para simplificar algo tão exclusivamente pessoal como o suicídio. Explicar algo que nem mesmo os vivos compreendem é, no mínimo, desrespeitoso em relação aos mortos.

A dignidade do suicídio decorre do fato de que ele não é resultado do sofrimento externo, e sim é o abandono do eu. O assassinato põe a culpa no outro, mas o suicídio é exatamente o oposto. Deturpar o morto é deturpar o vivo, entre os mortos. Uns poucos morreram por suas crenças, mas entre as massas quantos estão vivendo por sua fé?

Se você quer derrotar algo, precisa ficar do lado daquilo que quer derrotar, mas isso é impossível, porque o que você quer derrotar existirá sempre em outro lugar. A ignorância é um reflexo, existe mas não pode ser capturada. A verdade que eles buscam e protegem é a estupidez e a arrogância deles mesmos; talvez isso lhes traga satisfação.

Depois de vencer as tentativas finais, você não terá mais inimigos. Toda vez que voltar àquele lugar, as mesmas pessoas que não gostam de você lhe virarão a cara; aos olhos delas você não existe mais. Mas agora você ainda está um pouco infeliz; acontece que o que está combatendo não é absolutamente uma coisa, não tem forma real e não é tangível.

O que você está combatendo escolheu você, esse é o fato mais devastador. Você foi escolhido, e isso é uma parte do equívoco da coisa, e você é apenas um entre muitos, talvez a comichão que eles estão morrendo de vontade de coçar. Ao contrário do que você esperava ou do que as pessoas dizem, eles não serão punidos por seus erros. Não que não exista punição; é que a punição não causa dano – não se pode causar danos em alguém que não tem sentimentos verdadeiros. O seu dia de vitória é apenas o dia em que eles desistem de você.

Você pode vencer a resistência férrea deles, mas não pode devolver vida ao que está podre. Eles sempre encontrarão um modo de fazer exatamente a coisa que você menos quer que aconteça. O mundo deles é de um tipo diferente, de outra cor, e na calada da noite você sempre pode ouvir outro tipo de som. Isso não foi nem mesmo uma escolha deles, eles não podem evitar ser o que são, se não fossem desse jeito eles não poderiam existir. As mentiras são a base da existência. Você venceu, mas perdeu seu brilho porque seu adversário nunca foi respeitado.

ESCRITO EM 12 DE ABRIL DE 2006

## Um ângulo direto: Liu Xiaodong

**POSTADO EM 15 DE ABRIL DE 2006**

Conheci Liu Xiaodong em 1992, quando ele e Yu Hong estavam em lua de mel. Na época eles moravam num apartamento emprestado no Lower East Side. Ali, no estúdio de Chen Danqing na Forty-second Street, Liu Xiaodong concluiu várias pinturas sobre sua "experiência americana"[17]. Essas pinturas despreocupadas deixaram em mim uma profunda impressão. Anos depois, em sua exposição retrospectiva, tive oportunidade de ver muitas de suas outras obras.

A pintura de Liu Xiaodong tem sua origem na forte tradição da pintura ocidental. Essa tradição já foi uma abordagem visual pela qual as pessoas interpretavam sua cultura e sua história. Para todo um povo, a pintura era a elucidação e uma memória tangível de um mundo espiritual. Apesar da história centenária da pintura a óleo na China e em razão do declínio da cultura tradicional e da politização da estrutura ideológica da arte, aqui na China o meio ainda tem de emergir das práticas acadêmicas pueris ou do atoleiro untuoso dos pseudoliteratos. Ao longo dos anos de prática de pintura ideológica, seguidos pelas práticas estéticas de hoje, a pintura realista foi transformada de estilos exagerados, grandiosos, em obras atraentes, delicadas, que parecem transbordar de esperança.

A obra de Liu Xiaodong, contudo, é uma exceção: está plena de representação e integridade. Nessas telas que são como *stills* de filme, o mundo pelo qual ele está apaixonado não tem clichês hipócritas, artificiais, ou os dúbios pontos de vista culturais e as estratégias típicas dos artistas mais banais. Seu "ângulo direto" fala genuína, livre e francamente sobre histórias do dia a dia. As pessoas e os acontecimentos em suas pinturas são uma imagem refletida da realidade: estranhas e distantes, parecem alienadas, como se fossem de outra geração, e dão a impressão de que uma outra camada de significado revestiu o mundo tangível.

Um modo singular de olhar o mundo e um temperamento sincero e compreensivo se somam à mentalidade desenfreada, entediada e inerme de Xiaodong para criar uma contradição profunda. Sua apreciação das características humanistas da vida das pessoas comuns e sua paixão por esclarecer modos de vida banais por meio da própria expressão do artista transformaram nosso mundo cruel em algo enigmático e sagrado.

Qualquer coisa que se apresente aos olhos de Liu Xiaodong pode naturalmente ser transferida para o seu mundo nas telas. Esses atributos naturais e realistas nos permitem desenredar-nos de nosso mundo, e isso deixa emudecidos os espectadores. Esse resultado não é apenas produto de seus métodos de observação e realização, mas resultam até mais da resolução de sua original linguagem de pintura, de como com o pincel ele transforma a realidade, como gelo que se derrete sob as chamas. Esse estilo de pintura natural e fluente sustenta e subordina magicamente um mundo indisputável, transforma retalhos de arte numa realidade paralela e nos dota de outra possibilidade de nos aproximarmos de pessoas que vivem em estados difíceis ou impotentes, pelas quais todos nós podemos mostrar consideração e simpatia.

*Newly Displaced Population* [População recém-desalojada] é uma nova obra de Liu Xiaodong[18]. Por toda a história da pintura a óleo chinesa, tanto o tema quanto a ampla extensão dessa tela não têm precedentes. O significado complexo dessa obra, a chocante força de sua forma, seu ponto de vista humanista e sua soberba linguagem nunca deixam de emocionar ou impressionar indelevelmente todo e qualquer espectador. Essa pintura é uma extensão direta das obras anteriores de Liu Xiaodong: seus detalhes corriqueiros são honestos e nobres, e o painel da realidade que ela fornece é fiel a ponto de ser implausível. A força expressiva corporificada em suas emoções épicas e seu acabamento superlativo nos deixam pasmos com a pessoa de Liu Xiaodong e com sua habilidade.

*Newly Displaced Population* é a perspectiva de um artista sobre o mundo. Essa perspectiva equivale a concentrar-se em todos os fatos infelizes que compõem a história da Represa das Três Gargantas: a emigração compulsória; a demolição de aldeias e a história, os casos pessoais e as disputas ideológicas dos habitantes do lugar; a mudança histórica como irrefutável, impossível de superar ainda que igualmente estranha e absurda; e por fim a desintegração cruel e sem remorsos. Uma lâmina de grama, uma árvore, uma ave ou uma besta, um tijolo ou um azulejo – esses fragmentos compreendem a pintura mais inesquecível da história da arte contemporânea chinesa, revelando as feridas de uma nação e o ponto de vista sem palavras de um artista.

Nessa obra, a pintura expõe a força suprema da possibilidade. O tempo foi suspenso, permitindo que o silencioso fale e proporcionando um olhar a essas pessoas que não têm oportunidade nem perspectivas – apenas um único olhar para o consentimento tácito universal que há neste mundo. Independentemente do ângulo do qual olhamos para ela, *Newly Displaced Population* tornou-se uma das obras mais extraordinárias e importantes de nossa época.

ESCRITO EM 6 DE NOVEMBRO DE 2004

## Poeira que assenta sossegadamente

### POSTADO EM 26 DE ABRIL DE 2006

O clima poeirento persiste no norte da China, e, como sempre, toda vez que uma situação chega ao ponto mais implausível o silêncio reina sobre tudo, como se absolutamente nada tivesse acontecido. As pessoas conhecem muito bem essas circunstâncias: não fazem um ruído, do contrário acontecerão grandes catástrofes.

Sim, você pode ficar em silêncio. E também não precisa sorrir ou pôr seu lindo vestido de manhã, ou passear pelas ruas com seus amigos, ir de bicicleta para os subúrbios numa excursão de primavera, jogar à margem do rio, ir às compras ou conversar sobre moda. Você não precisa discutir nada relacionado a beleza ou maquiagem, e não precisa de cirurgia plástica. Não precisa mais falar sobre luxo ou sobre o aumento dos preços, sobre o expurgo na internet, sobre uma sociedade criativa, e não precisa mais falar sobre cultura moderna, porque é muito simples: estamos vivendo no meio dessa poeira. Essa é uma realidade singular, abra os olhos e você a verá: uma verdade que ninguém pode negar, uma verdade que não irá embora. Mas como se identifica esse tipo de verdade? Aqui isso se torna uma charada eternamente desconcertante.

Por mais que haja jornais ou canais de televisão, jornalistas ou escritores, independentemente da quantidade de especialistas ou eruditos, já ficou comprovada a possibilidade de que tudo isso seja irrelevante para a verdade. A verdade é a coisa em que as pessoas estão menos interessadas.

Pode-se negligenciar tudo o mais, no entanto é impossível não respirar. Respirar é algo que você é obrigado a fazer; mesmo quando está totalmente desanimado, você respira porque precisa viver.

Ainda há muitas crianças que querem viver contos de fadas, jovens que querem se apaixonar, jovens que sonham com a vida que terão, gente bem-sucedida que quer dirigir BMWs, comprar apartamentos luxuosos e ter uma segunda esposa, participar de reuniões importantes, discutir questões acadêmicas, explorar uma propriedade imobiliária, pôr sua empresa no mercado, abrir uma *joint venture*, expandir seu portfólio de investimentos, vender remédios, produzir, vender bilhetes, promover, melhorar... tantos "queros", mas nenhum desejo de respirar. Nenhum desejo de abrir os olhos. Parece que as pessoas podem existir sufocadas e na escuridão.

A poeira se assenta sossegadamente, silenciosamente cobrindo de cinza as pessoas. Lembra-nos a tragédia de alguns anos atrás, quando o ar se tornou igualmente parado e o mundo ficou igualmente sereno. Foi na mesma época do ano e no mesmo lugar. Ninguém soube o que tinha acontecido; só sabiam que o vizinho estava no hospital ou que no seu local de trabalho tinham transferido documentos. Mais pessoas eram mantidas em isolamento e o número de mortos não foi revelado. Foi a consciência e a coragem de um médico idoso que salvou uma cidade inteira[19].

Toda vez que alguma coisa importante acontece, os jornais, a mídia impressa e a televisão já não se mostram afrontados pela injustiça, não se enchem mais de indignação virtuosa; eles se tornam participantes dessas tragédias. Quando a verdade não os está olhando diretamente nos olhos, algum deles poderia se levantar? Não há investigação, julgamento, suspeita e ponto de vista – o que existe é apenas a grande façanha técnica de nossas telas fluorescentes e brilhantes. A realidade se transforma numa comédia tediosa. Nossos cursos de água são poluídos e secos, os bancos estão se apropriando de contas que se tornaram inativas, funcionários gananciosos estão soltos e vivem sem nenhum constrangimento nos subúrbios, minas de carvão estão desmoronando e empresas de propriedade do Estado são vendidas. Imagine se você tivesse nascido agora, que tipo de vida estaria à sua espera? Se tudo isso é uma retaliação, por que seria? Quem deve pagar o preço? Quem vai arcar com a responsabilidade?

Vivemos num mundo não transparente, e somente num mundo opaco essas tragédias podem ocorrer e se manter. Mas vamos acreditar que todas as infelicidades que ocorrem aqui são calamidades naturais, que todas elas acontecem porque Deus, Alá ou Śākyamuni ainda não arranjou tempo para o povo trabalhador, corajoso, honesto e bondoso desta terra.

# Fragmentos

## POSTADO EM 29 DE ABRIL DE 2006

**Nataline Colonnello**[20]: Depois de muitos anos essa é sua primeira exposição individual na China. Qual você acha que seria o título adequado para ela?

**Ai Weiwei:** A primeira coisa que me ocorre é Fragments [Fragmentos]. Algo semelhante a "peças", "recortes" ou "sobras" de um corpo ou de um evento... material, história ou memória; é alguma coisa quebrada ou que sobrou, fraturada ou inútil.

"Fragmentos" é uma metáfora, não um julgamento de valor desses objetos; é como decifrar o DNA de um animal a partir de um fio de cabelo. O título "Fragmentos" alude a uma condição anterior ou à situação original.

Estamos testemunhando um movimento histórico notável, que podemos chamar de mudança social; uma transformação simultânea, grande, em que estamos todos juntos. Tem uma natureza destrutiva e ao mesmo tempo criativa. Para mim é apenas uma mudança de formas e uma remoldagem da nossa vida, da nossa experiência ou do nosso comportamento.

**NC:** No vernissage da exposição Fragmentos, em abril, você vai apresentar sua instalação *Fragments of a Temple* (2005) e três de seus vídeos recentes: *Beijing: Chang'an Boulevard* (2004), *Beijing: The Second Ring* e *Beijing: The Third Ring* (2005). Todas essas obras se ligam à arquitetura, à urbanização, à cultura chinesa, à tradição e à contemporaneidade. Acho adequado expor essas obras simultaneamente, pois elas cobrem um amplo espectro de temas ligados ao peculiar desenvolvimento histórico, sociopolítico e econômico da China.

**AWW:** Sim, elas têm um diálogo especial com as condições atuais de Pequim; a madeira que eu usei para a minha instalação vem de fragmentos de pilares e vigas de templos desmantelados, todos eles com centenas de anos e originalmente localizados no sul da China. Comprei esses componentes arquitetônicos de um negociante de mobílias; eles eram originalmente destinados a serem reciclados para a fabricação de mobiliário. São madeiras inacreditavelmente duras, pesadas, chamadas madeira de ferro (*Tieli mu*). Esses pilares e vigas foram transportados peça por peça da província de Guangdong para Pequim. Claro, muitas peças pequenas são sobras de esculturas anteriores aproveitadas nessa última instalação. Dei aos meus assistentes instruções muito vagas, disse-lhes: "Eu preciso de todas essas peças religadas". Era um programa muito confuso, e oito dos meus carpinteiros trabalharam independentemente durante meio ano para que a instalação chegasse ao que é agora. Esse trabalho começou há mais de cem anos e eu não acho que já esteja totalmente concluído... ele está apenas descansando nesse estágio.

*Fragments of a Temple* não é exatamente um projeto meu, mas sim dos carpinteiros que trabalharam comigo por oito anos. Eles pensaram no que eu gostaria de fazer com aquelas peças de madeira que ainda não haviam sido usadas; o resultado é mais interessante do que se eu mesmo o tivesse projetado. Claro, há nele pouco julgamento artístico, e eu deixei isso aberto de propósito, livre das ideias contemporâneas sobre escultura e instalação – deixei isso para os carpinteiros resolverem. Quando lhes perguntei o que estavam fazendo, eles responderam que estavam fazendo um dragão. Pensei comigo mesmo: "Não tenho muito interesse em dragões", e só depois descobri que eles fizeram a instalação de acordo com normas veladas, em que os onze pilares estruturais da instalação são colocados nas bordas de um mapa imaginário da China. Ele não fica aparente, mas os carpinteiros insistem em que, se a instalação for vista de cima, você poderia enxergá-lo. Na verdade eu não posso imaginar tal coisa, mas sei que eles são muito precisos. Primeiro eles desenharam um grande mapa e fizeram marcas nas bordas para os onze pilares; foi assim que ele foi reconstruído em meu estúdio. Achei muito irônico o fato de que, quando tentaram prever ou supor o que eu acharia válido, eles me colocaram numa posição distante de minha própria avaliação artística. Desse modo fui capaz de apreciar seu pensamento independente.

Os três vídeos que eu fiz no final de 2004 até o início de 2005 são conceitualmente semelhantes a *Fragments of a Temple*. Linhas desenhadas num mapa determinaram os locais onde esses vídeos seriam filmados. Passei esse conceito para o meu assistente de câmera, Zhao Zhao, e disse-lhe que eu precisava de tomadas de um minuto. Orientei-o a usar o gravador de vídeo como uma câmera, dizendo-lhe para simplesmente apertar o botão "Record" e fazer exposições de um minuto. Enfatizei que o que quer que acontecesse diante das lentes estaria bom. Ele trabalhou durante alguns meses nesses três projetos, o inverno inteiro. Optamos pelo inverno porque nenhuma outra estação mostra Pequim de modo tão claro diante da câmera. Durante todo o processo de filmagem eu nunca – nem por um único minuto – estive ao lado do meu assistente de câmera. Vi a filmagem quando ele levou os vídeos de volta para serem analisados, pensando sobretudo na discussão técnica, nunca em algo artístico. Esses três vídeos são conceituais; não buscam nenhum efeito visual. Na verdade, até mesmo a edição foi dada para editores profissionais. Eu nunca nem sequer vi a filmagem no monitor de edição. Mas certamente eles provocam um forte impacto visual: esse comportamento estrito, racional e até ilógico é muito precisamente disciplinado e funciona em conjunto com a aleatoriedade dos assuntos.

**NC:** Essa exposição é interessante porque, se nós analisamos a instalação e os vídeos, eles são totalmente diferentes, mas juntos constituem um corpo orgânico. Observando *Fragments of a Temple*, a instalação parece um tipo de currículo, um sumário das obras anteriores que você criou com mobílias, uma instalação para a qual seus carpinteiros contribuíram mais ativamente, não só com o trabalho manual mas também conceitualmente. Eles seguiram de perto todos os estágios do seu trabalho durante tantos anos e são tão bem treinados nas técnicas de carpintaria chinesa que sabem como resolver problemas específicos e como lidar com os materiais, que normalmente são madeira de ferro e/ou mobílias antigas. O que é espantoso é como as habilidades acumuladas e as experiências que eles adquiriram ao lidar com dificuldades técnicas diversas e solucionar outras que estão acostumados a enfrentar, tudo culmina nessa obra.

*Fragments of a Temple* é uma obra-prima arquitetônica baseada na experimentação e no rigor. À primeira vista ela parece caótica e enigmática, mas na verdade é extremamente complexa. É muito estranho o que acontece nessa obra: as partes parecem ser dispostas aleatoriamente, sem uma razão específica; contudo, examinando-a melhor, os diversos componentes revelam um elaborado equilíbrio de relações e um domínio da teoria das articulações. Por exemplo, o caso do enorme pilar erigido no alto da instalação, ou as interseções inesperadas que furam a mobília e a bloqueiam no esqueleto da estrutura inteira. Se por um lado *Fragments of a Temple* é uma reunião de partes descartadas de seus trabalhos anteriores, por outro a obra abrange todas as suas instalações anteriores em madeira. Ela evoca uma construção pré-histórica, improvisada, ou um prédio provisório. É uma obra muito forte e em sua solidez também transmite paradoxalmente uma impressão de transitoriedade e incerteza. Ela inclui toda a história da China.

**AWW:** É interessante você ter mencionado isso. Esses templos originais foram construídos obedecendo a estritos padrões morais e estéticos. Mas agora os mesmos materiais são rearranjados de modo aleatório e provisório, numa estrutura irracional e ilógica. Parece que há nela uma grande ferida escancarada; quase não sabemos se ela é viva ou não.

Penso a mesma coisa sobre a parte de vídeo. Você tem uma nação com 2 mil anos de feudalismo, 50 anos de comunismo e depois 30 anos de materialismo e capitalismo. Veem-se as 55 passarelas da Sān Huán Lù [Third Ring Road] ou as 33 pontes da Èr Huán Lù [Second Ring Road]. A avenida Chang'an (ou "Avenida da Paz Eterna"), como o eixo entre a Liùhuán Lù [Sixth Ring Road] do Leste e a do Oeste, capta de certa maneira a condição atual de um modo muito realista: sem movimento, não crítico e muito objetivo, e ao mesmo tempo absurdo, louco e sem sentido. Não podemos identificar bem sua história, nem mesmo fazer uma simples suposição do que possa ser; isso é impossível. Em tudo o que fazemos, a história é sempre a parte que falta do quebra-cabeça. Acho que eles têm apenas uma verdade momentânea, esse é o fragmento: essas peças momentâneas.

**NC:** A história é como segmentos diferentes, como os que você registrou – as vistas das pontes da Second e da Third Ring Road e a sequência de exposições a distâncias medidas ao longo da avenida Chang'an. A técnica com que esses vídeos foram feitos não é de fato sofisticada, é bem o oposto de *Fragments of a Temple*.

**AWW:** Sim, faltam habilidades e técnica. Só se precisa saber "on" e "off", como o abrir e o fechar de um olho. Como o registro de voz que estamos usando neste exato momento, que pode ser ligado e desligado – é tão simples quanto isso. Já *Fragments of a Temple* é, pelo contrário, muito complexo. Cada peça é juntada de modo diferente, cada uma tem um tamanho diferente e cada uma tem um ângulo diferente. Nenhuma delas tem uma necessidade racional de se ligar a outra; mas ao mesmo tempo cada uma é precisa e exige um artesanato meticuloso para ser moldada tão definitivamente, precisamente e – em tese – corretamente.

**NC:** Cada fragmento de sua instalação de algum modo me lembra as pessoas, os carros e os prédios que estão nos três vídeos. Embora os vídeos sejam feitos de modo simples e calmo, tudo parece estar se movimentando independentemente do que há em volta e correndo com a mesma velocidade frenética da imensa e diversa Pequim. E em sua instalação estão reunidos diferentes componentes que tampouco têm qualquer relação, mas que nesse caso são estáticos, fixados em uma determinada forma e fechados em conjunto pelo peso da própria madeira.

**AWW:** Todo mundo sabe que cada elemento arquitetônico de um templo tem uma ordem precisa. Os fragmentos que eu usei na minha instalação são de três ou quatro templos diferentes, e assim tudo se liga de modo inadequado e desajustado. Os fragmentos não têm relação funcional uns com os outros; a estrutura inteira não atende a absolutamente nenhum objetivo.

Bem no início eu precisei contratar mais ajudantes e muitos dos carpinteiros desistiram, apesar de eu lhes pagar um salário relativamente alto e deixá-los trabalhar no seu ritmo. Eles desistiram porque muitos deles não sabiam o que seria o seu trabalho ou para que estavam ali.

Uma lógica simples leva as pessoas ao trabalho: Para que ele serve? Eles precisam saber por que a mesa deve ser cortada de certo modo, por que eu exijo esse artesanato perfeito, por que a pátina deve ser mantida e por que articulações ocultas devem continuar ocultas. Precisam saber por que esse trabalho deve ser reconstruído de um modo específico.

Mais tarde muitos dos carpinteiros passaram a gostar do trabalho porque ele se tornou um modo de vida. Começaram a fazer da perfeição um desafio. Quando criavam algo interessante, não era preciso dizer-lhes por quê. Sua relação com o trabalho tornou-se sincronizada como duas pessoas que patinam no gelo; ajustaram-se um ao outro perfeitamente.

**NC:** Como você disse, você gosta de estabelecer certa distância em relação às suas obras recentes. Você confiou a outras pessoas a continuação do desenvolvimento de *Fragments of a Temple* e de seus trabalhos em vídeo. Por quê?

**AWW:** Eu comecei a pensar que isso é mais interessante para sentir um trabalho. Não podia ficar envolvido demais nele. Desse modo posso sempre me surpreender com o resultado. Por essa razão comecei a trabalhar com tipos diferentes de mão de obra qualificada e mestres de técnicas tradicionais; por exemplo, as obras de cerâmica e de chá foram todas executadas por trabalhadores chineses muito qualificados em técnicas tradicionais. Para mim, é interessante ter um controle bem frouxo ou simplesmente nenhum controle, desaparecer em algum lugar e ver até onde o trabalho pode ir.

Claro, essas peças serão mostradas em espaços culturais, museus, galerias etc., e eu acho que a distância torna o meu trabalho mais desafiador. Ela oferece a possibilidade de mais resultados e possibilita um novo status para as obras de arte reproduzidas ou produzidas em massa. As peças podem ser feitas em fábricas, mas são feitas por uma razão diferente e com um tipo de controle diferente.

**NC:** Mas continua havendo uma firme estrutura conceitual sustentando essas obras; a instalação como um todo tem uma estrutura, mesmo que ela pareça ilógica. Seus vídeos também têm uma estrutura, que também é altamente disciplinada. As suas duas obras colocam questões próprias sobre a China e as transformações ocorridas no país.

**AWW:** Ninguém pode evitar as assinaturas da época, embora tente. A única diferença é que essas obras têm a sua própria natureza, além da minha contribuição inicial. Mesmo tendo entrado com ideias definitivamente criativas, eu tentei permitir o desenvolvimento da natureza individual de cada obra. Um carpinteiro sabe mais sobre madeira, um comerciante de chás conhece mais o chá; isso é um tipo de sabedoria coletiva. As razões pelas quais a Second Ring Road e a Third Ring Road foram construídas são muito diferentes, mas parece que elas foram construídas para mim, para que eu pudesse fazer esses vídeos.

Eu filmei a Second Ring Road em dias nublados e a Third Ring Road em dias ensolarados. Acho interessante o fato de que precisei tomar apenas essa decisão... Investi um esforço mínimo e o projeto já mostra um caráter muito forte.

**NC:** Nos seus vídeos tudo está em contínua mudança, no sentido de que cada exposição registra o mesmo panorama por apenas um minuto. A instalação de *Fragments of a Temple* dentro do espaço da exposição é também concebida como uma obra em progresso, uma vez que a obra será montada e desmontada lentamente, peça por peça, portanto submetendo-a a um interminável processo de construção e desmontagem durante toda a duração da exposição. Acho que isso se parece com Pequim, a cidade em permanente mudança onde você mora. O que eu gostaria de lhe perguntar é isto: o que você acha desta cidade?

**AWW:** Se eu fosse soldado, viver em Pequim iria parecer uma interminável vigilância de um castelo ou de uma montanha gigantesca. Eu tento conquistá-la, o que é impossível. Mas de certo modo ela é mais simbólica para mim. É um grande monstro, gigantesca e com seus temas próprios: políticos ou econômicos, loucura ou amor, felicidade e tristeza, tudo está enredado. Tragédia, história, ideologia, estupidez e transgressão: tudo está aqui, e para mim ela é um monstro enorme. Acho que por estarmos aqui podemos sentir uns aos outros, mas ao mesmo tempo, exatamente por estarmos aqui, temos também respeito pela cidade. Não podemos fazer mais do que imaginar o que vai acontecer, e o que quer que aconteça irá sempre nos surpreender. Isso sempre é muito interessante.

*8 DE JANEIRO DE 2006*

# Um mundo sem honra

**POSTADO EM 4 DE MAIO DE 2006**

Se houvesse uma história, ela não poderia ser revelada ao público. As porções ocultas da história são mais numerosas que as evidentes, e os momentos obscuros seriam facilmente mais numerosos que os identificáveis. Essa é uma história cultural em declínio e revela o caráter e a psicologia de uma nação.

Com relação ao tópico da recente competição para a cerimônia de abertura das Olimpíadas: se houve alguma honra, ela foi maculada.

Toda competição tem um vencedor, e o lado vitorioso sempre usa seu sucesso para provar um fato. Uma competição não envolve apenas os dois lados concorrentes, mas também a plataforma pela qual eles estão competindo, a imparcialidade da competição, o caráter moral dos observadores e até os ausentes que não estão interessados na competição.

Zhang é o vencedor[21]. Mas como quase todos os que na China chamamos de vencedores, sua vitória foi uma regra do jogo, regras que refletem a vontade das autoridades. As regras lhe permitiram vencer, a pessoa não pode *não* vencer e deve vencer; esse é o destino dela. Claro, não é uma vitória gloriosa, porque o vencedor não teve a chance de dar o golpe fatal.

Uma vitória não gloriosa é o produto de uma competição sem perdedores reais. Esse vencedor não tem sabedoria nem coragem; não tem força excepcional, não tem aceitação do público e não tem habilidades admiráveis. Tudo é obscuro, não há tempo verdadeiro, nada é claro, nada é verdadeiro. O que há é apenas acordo tácito, falso drama, encenação e regras ocultas.

Apenas os destinos corajosos podem gerar vitórias gloriosas; essa é uma lei implacável. Se os vencedores injustos tivessem pelo menos uma partícula de autorrespeito e bom senso ficariam envergonhados. Tudo depois disso é uma desgraça histórica e nenhum tipo de honra pode ocultar ações desonrosas.

Num lugar onde faltam justiça e consciência haverá invariavelmente disputa, competição, golpes físicos e lutas até a morte – tudo ao som de aplausos falsos e suspiros artificiais que compõem a nossa história ano após ano. Nesse combate prolongado voa carne por todo o campo e as lutas podem nos levar às lágrimas, mas ainda assim não há corajosos, velhos sábios, heróis, boas lembranças, fatos dignos de comemoração. Nesse jogo não há regras claras, nenhum ponto de vista fundamental, nenhum obstáculo genuíno nem cláusulas necessárias. Não há necessidade de persistir, nenhum encanto, nenhum gemido doloroso, apenas um silêncio pesado.

Um mundo sem bondade verdadeira e nenhuma beleza é necessariamente assim. Em todas as competições que ocorrem aqui, há apenas os vitoriosos cuidadosamente providenciados, os derrotados e os observadores. Os fracos triunfam e os superiores sofrem derrota, e os perdedores destroem aqueles que deveriam ser vitoriosos. Isso já é algo sabido por todos, pois a teoria da evolução não se aplica aqui.

Os fracos são inúteis numa luta verdadeira e não ousam enfrentar as leis da "sobrevivência do mais forte". Aqueles que não conseguem se tornar mais fortes só são capazes de tornar seus adversários mais fracos, de se esmerar nos métodos inomináveis para enganá-los e confundi-los, e de se basear em técnicas veladas para acabar de matá-los. Se algum competidor sempre tiver a capacidade de escolher adversários fracos, ele sempre será vencedor, e as pessoas vis continuarão no controle, mantendo a supremacia traiçoeira neste mundo absurdo.

Vitórias insidiosas, comemorações idiotas e insolência ignorante são revoltantes, mas, afinal de contas, podemos optar por olhar para o outro lado. O que nunca veremos são os derrotados e sua vida de resistência à vergonha e a um mundo inescapável e caótico.

Num lugar tão perigoso, a ignorância e a hipocrisia sempre vencem.

ESCRITO EM 23 DE ABRIL DE 2006

## Ontem cortei o cabelo

### POSTADO EM 9 DE MAIO DE 2006

Ele lavou meu cabelo e eu me sentei.
O barbeiro perguntou: Que estilo?
Quando acabou, disse: Você é diretor, não é?
Nunca encontrei ninguém com esse gosto.
E ele até tirou uma foto comigo.
Ai Dan depois de beber disse que parecia Tie Guaili[22],
O pintor Yan Lei disse que parecia Kublai Khan,
O estudante de espírito fraco disse que parecia "o Menino Vermelho"[23].
O fotógrafo Zhao Zhao disse: Alguma coisa está errada com o sr. Ai.

O velho Ye de Lang Fang perguntou: Ontem você parecia doido, como é que hoje virou bobo?

Minha mulher, Lu Qing, disse: Quando está arrumado parece Nezha[24], quando está bagunçado parece um dirigente.

Minha sombra parece um pouco o velho Mao.

Meu carpinteiro está infeliz. Ele disse: É horrível, vá correndo raspar a cabeça!

**1.13** Ontem cortei o cabelo

# Aqui e agora

### POSTADO EM 10 DE MAIO DE 2006

Nasci em uma vila da alameda Tofu, no lado oriental de Pequim. Acompanhamos meu pai quando ele foi "rebaixado" e enviado para executar trabalhos braçais na província de Dongbei, e mudamos para a casa de um lenhador na floresta de Dongbei[25]. Depois fomos transferidos para Xinjiang e mudamos para um conjunto habitacional de estilo soviético; quando fomos colocados em nosso pelotão, primeiro vivemos num dormitório e depois num "poço de terra" – um buraco cavado no chão e coberto com ramos e lama. Quando saímos de lá, o local passou a ser um chiqueiro. Depois disso moramos numa hospedaria, que hoje chamam de "pousada".

Mais tarde, quando fui para os Estados Unidos, morei numa casa geminada na Filadélfia. Na área da baía de Berkeley, fiquei na casa de alguém numa encosta que dominava a baía de São Francisco. Morei também num clube masculino de jovens que era uma sala sob as vigas de um prédio. Em Nova York vivi no galpão-estúdio de um artista. Eu era um estudante sem nenhum auxílio financeiro, o dinheiro era curto, então ficava num lugar barato ou morava com alguém. Somando tudo, me mudei quase vinte vezes. Em Nova York também vivi num apartamento subterrâneo comprido; uma série de televisão sobre Nova York foi filmada ali[26].

Logo depois de voltar para Pequim morei em uma casa de vila e agora moro em meu estúdio. No que diz respeito a moradias, vivi essencialmente em todas as variedades possíveis. Viajando pela Europa fiquei em *bed-and-breakfasts* familiares e hotéis-butique; na Itália morei numa casa de trezentos anos cuja mobília nunca tinha sido alterada e dormi no castelo de um amigo e em luxuosas casas de campo. Com exceção de um campo de prisioneiros, já estive em praticamente todos os tipos de estrutura.

A casa onde moro atualmente me agrada porque é suficiente para todos os meus modos de passar os dias. Permite-me fazer coisas do jeito que me apraz: se quiser circular por ela no meio da noite, eu circulo. Eu como quando quero, há liberdade em tudo. Meu estúdio fica à distância de um passo dela e isso é conveniente para eu conversar com os amigos. É um espaço flexível.

Quando ouço as palavras "elegante" ou "chique" relacionadas ao design, não posso deixar de pensar que são termos médicos, algo como "diabetes" ou "nefrite". Detesto essas palavras, embora goste muito de "simples", que significa o emprego de métodos implícitos de lidar com as coisas eficientemente e de modo direto. Porque sou uma pessoa muito simples, as atividades com que me ocupo não exigem de mim o uso de meu intelecto, e falando de modo geral tenho muita sorte por minha vida não ser atrapalhada por nada que exija o uso intenso de meu intelecto. As questões de arquitetura e design de interiores são muito simples; para realizar essa tarefa precisamos apenas de intuição e uma habilidade muito simples. Os materiais e tratamentos básicos também são suficientes para satisfazer nosso senso de felicidade. É exatamente como cozinhar: não precisamos pôr na panela todos os condimentos; legumes cozidos em água pura também são saborosos, porque sua natureza essencial, sua cor e sabor são proporcionados pelo sol, pelo ar e pela terra.

Os gatos e cachorros da minha casa desfrutam de um alto status; são mais senhores da casa do que eu. As poses que eles fazem no pátio frequentemente me inspiram mais alegria do que a própria casa. Suas atitudes arrogantes parecem dizer: "Este é o meu território", e isso me faz feliz. Contudo, nunca projetei um espaço especial para eles. Não penso como animal, e em parte é por isso que os respeito; para mim é impossível entrar em seu domínio. Tudo o que posso fazer é abrir a casa inteira para eles, observar e por fim descobrir que realmente gostam de um lugar ou de outro. Eles são imprevisíveis.

Meu design possui uma característica especial: tem flexibilidade e possibilidade. Acho que isso é liberdade. Não gosto de impor minha vontade aos outros, os modos como permitimos que o espaço e a forma voltem ao seu estado fundamental contribuem para uma liberdade ainda maior. Isso porque a natureza fundamental não pode ser apagada, e, além disso, eu não acredito que se deva acrescentar o que quer que seja. Talvez tudo o que se precise fazer para dar a um espaço uma impressão e um aspecto inesquecíveis seja dotá-lo de uma lâmpada, uma mesa com cadeira e um copo. Por que se insiste em fazer tudo num determinado estilo? Por que se tem de acrescentar uma lareira? E por que os ladrilhos do piso precisam ter um desenho? Acho tudo isso inútil. Nenhum designer pode delinear as emoções humanas; elas têm trajetórias próprias, e, assim como a direção do próximo passo de um gato, sou incapaz de prever tais coisas.

É como caminhar à beira-mar. Se vemos uma concha bonita, talvez recolheremos uma ou duas delas, ou talvez apanharemos algumas pedras interessantes. Uma cadeira que tenha passado por centenas de anos também despertará nossa

**1.14** Autorretrato em seu estúdio em Long Island City, por volta de 1983

curiosidade. Podemos observar a cadeira e imaginar as posturas ou os pensamentos das gerações anteriores, mas eu não a defenderia ou a exibiria por essa razão. Não acho que, fora o fato de ser capaz de satisfazer minha curiosidade, essa cadeira tenha algum valor verdadeiro.

Na maioria dos casos não há ninguém me influenciando. Eu tenho muitos livros e um razoável conhecimento dos vasos chineses, sejam eles de madeira, bronze ou jade. Mas a maior parte dos meus esforços se aplica a esquecer essas coisas, evitando adotar o mesmo caminho, ou dizendo o que já foi dito, e tentar contribuir para um novo modo de olhar para as circunstâncias em tudo que faço. Não pode haver substituto para o "aqui e agora". Esse é o elemento mais importante em todo tipo de arte, arquitetura e design.

Não gosto de Pequim. A cidade não é adequada para ser habitada por gente. Não foi projetada para o aqui e agora, ou poderíamos dizer que nesse aqui e agora o desenvolvimento da cidade carece de uma dimensão humana. Eu não gostava da natureza, porque a natureza que eu conhecia era cruel. O lugar em que vivi quando criança não tinha eletricidade nem condições sanitárias. Quando íamos ao banheiro, precisávamos apenas andar uns doze metros depois da porta da frente para nos aliviarmos em qualquer lugar. As tempestades de areia eram incríveis e os invernos eram frios o suficiente para nos congelar. Os seres humanos estão pouco a pouco evoluindo para o desenvolvimento da civilização, que trará seu próprio conjunto de problemas, mas, comparativamente falando, estes deverão ser menores do que os que acompanham a falta de civilização.

A precisão não é o padrão mais alto no design, e um alto grau de precisão muitas vezes é deliberadamente atordoante. Na arquitetura, na decoração, na literatura ou até na fala, tudo tem detalhes, estilo, método e sentimento particulares. Isso é um tipo de linguagem; pode ser meticulosa, pode também ser grosseira, mas não estamos falando de padrões críticos. O bom ou o mau design depende da existência ou não de uma estrutura derivada da visão de mundo do designer, do refinamento estético e do juízo sobre questões básicas. Na verdade, o que mais falta no design é bom senso, inclusive conceitos amplos como os de bom e mau, certo e errado, até pequenos detalhes como materiais, habilidade ou capacidade de determinar o valor de um projeto. A precondição para esse bom senso é ter muitos anos de experiência – experiência de engenharia, de estética e social.

Já escrevi sobre o meu apreço pelo espaço. O espaço é fascinante, porque, embora possa ser materializado, tem ao mesmo tempo suas implicações psicológicas. Muita gente acha que um espaço alto, amplo, é ideal, mas isso nem sempre é o melhor. Espaços pequenos têm sua atmosfera pequena, os baixos têm uma atmosfera baixa, os estreitos têm sua própria impressão de estreiteza – cada espaço tem suas características especiais, e cada espaço tem seu próprio potencial.

Ainda não vi bons designers surgirem na China. A maioria não tem uma clara compreensão do aqui e agora. Que tipo de época vivemos, que tipo de épocas nós atravessamos e que tempos veremos no futuro são questões sobre as quais eles não pensaram claramente; contudo, eles estão extremamente orgulhosos, e apenas porque seu trabalho está relacionado às artes. Falando de modo geral, eles se satisfazem com o conhecimento meramente superficial; falta-lhes a atitude essencial necessária para o trabalho e sua estética é turva. Isso apesar do fato de o design de interiores existir há mais de doze anos na China, começando com o Grande Salão do Povo[27], evoluindo para o design de residências e finalmente para casas de praia ou de campo. Os designers deviam reconhecer claramente seu status e suas obrigações, evitar estilos anteriormente existentes e criar um esquema estilístico que pertença imediatamente ao ambiente local e se relacione com a experiência das pessoas do lugar. Esse sistema poderia ser simples, e já representaria um grande progresso se eles elaborassem claramente pelo menos uma ou duas dessas questões.

Diga o que você precisa dizer, simplesmente, e depois assuma a responsabilidade por isso; ou fale quando tiver chance, não perca seu limitado espaço dizendo algo sem sentido; é isso que me preocupa. Contudo, na verdade isso não tem importância: não estou interessado em fama e não tenho ilusões quanto ao fato de que todos os modos de crítica social atuam dentro de uma estrutura extremamente limitada que tanto pode nos trazer honra quanto destruir nosso nome. Tampouco estou interessado na crítica do público sobre mim, sou uma parte do público e minha crítica sobre mim mesmo não é interessante.

Não tenho arrependimentos e nunca exerci um grande esforço. Fiquei sabendo de muitas coisas somente depois de ter parado de trabalhar nesse ou naquele projeto. Por exemplo: quando terminei de construir minha casa, eu soube que era arquiteto; gosto de me divertir, e depois que criei alguns objetos, as pessoas me disseram que eu era um artista; porque gosto de falar, as pessoas dizem que estou na crista das tendências ou que sou antenado. Mas todos esses traços surgiram das minhas necessidades mais fundamentais, porque sou humano e portanto penso, e porque não quero esconder minhas opiniões. Não vou admitir que os meus erros eram só meus, acho que eles eram a vontade dos céus, e como eu poderia estar insatisfeito se não tenho tempo para entender tudo completamente? Se você pensar bem nisso, talvez toda notícia seja uma boa notícia.

Na realidade, um ego é ter autoconfiança e confiar na força inerente da vida. Essa força pode resistir à educação ou aos ideais, a tudo. Ela serve a um grande objetivo, e todas as pessoas a têm.

Minha vida é caracterizada por não ter plano, direção nem objetivos. Algumas pessoas pensam: como é que isso pode estar certo? Mas na verdade isso é muito importante: eu posso me atirar às coisas das quais gosto e, por não haver obstáculos, nunca cairei em armadilhas.

Depois que parar de trabalhar nos projetos de arquitetura em que já estou envolvido não aceitarei outros. Não gosto de nada no processo de construir, e podia estar fazendo outra coisa, talvez algo em que, pelo contrário, eu perdesse. Esse tipo de sucesso me deixa constrangido, afinal de contas é a "inferioridade" geral que permeia a profissão que me faz bem-sucedido – o que é que eu ainda estou fazendo nesse campo? Tenho de ter um pé fora de casa e não fazer mais projetos ligados à arquitetura, porque há tantas outras coisas para fazer, como dobrar um homem de papel ou saltar pedras. É como o modismo na culinária, sempre mudando: a culinária de Guangdong está na moda num minuto e no minuto seguinte já é a vez da de Sichuan, mas nós sempre teremos nossos pratos favoritos, nosso caldeirão de sopa favorito. Quando todos puderem distinguir o que eles mais gostam, este mundo será interessante, e as pessoas dirão convictas: "É disso que eu gosto". Se todos seguissem as tendências cegamente, o mundo se tornaria incrivelmente tedioso, pois estilo de vida é todo mundo avançando na direção do seu próprio lugar, fazendo as coisas que mais se quer fazer.

Voltar ao nosso eu é a coisa mais importante a fazer, e a mais difícil. Depois de tanta luta, tanto sofrimento e tanta pobreza e pressão ideológica, depravação educacional e decadência estética, nossa realidade já está tomada por feridas abertas. Mesmo sendo difícil voltar ao eu primitivo, isso é verdadeiramente importante.

## Cidades e arquitetura ideais não existem

**POSTADO EM 24 DE MAIO DE 2006**

Quando chamamos algum prédio de exemplo de arquitetura, ele é apenas um produto, apenas tem o peso de uma determinada informação. A arquitetura não é somente uma questão de arquitetura; é também uma questão social e uma declaração sobre a identidade de uma época. A forma da arquitetura de uma cidade tem uma relação importante com o seu status cultural.

Pelo que mostra a minha experiência, parece que na última década todo mundo mudou de casa. Quer você viva no meio rural quer na cidade, é difícil encontrar uma pessoa que não tenha mudado de casa nos últimos anos. A situação é parecida com a do pós-guerra. Atualmente a China sozinha está construindo o equivalente à soma das construções do resto do mundo e consumindo um terço do aço e do vidro produzidos em todo o planeta. O que gerou essa atividade arquitetônica desenfreada? É comum vermos prédios sendo erigidos em meio às ruínas de outros que foram demolidos, e embora a China atualmente pareça um enorme canteiro de obras, ninguém está pensando no problema do homem ou da sua relação com a arquitetura, e não há arquitetos no verdadeiro sentido da palavra. Isso inclui nosso estado atual de cegueira com relação ao planejamento urbano e às questões de trânsito: falta refinamento cultural, estético e ético, e mesmo quando se emprega a lógica, ela é frágil.

O conceito de cidade que estamos discutindo agora é um lugar onde muitas pessoas esperam juntas a sua oportunidade, e não um lugar que pode ser chamado uma "cidade" em algum sentido expressivo. Por exemplo, podemos dizer que o espaço em que fazemos uma conferência é significativo porque há assentos, as pessoas acorreram a ele por vontade própria e no fundo dele há um projetor. Uma cidade deve ser um espaço prolífico que não pode ser controlado, é livre, tem várias camadas e é dotado de diversos potenciais; é um espaço onde nos é possível interagir, fazer exigências e evoluir. Atualmente os moradores de Pequim podem ser divididos entre os que têm um *hukou*[28] e os que não têm, o que revela o estado rudimentar e atrasado da cidade. Nela faltam partes funcionais e os direitos essenciais da humanidade ainda têm de surgir. A sociedade está no meio da transição e a cidade inteira foi empurrada para um estado de confusão simplesmente frenético. Não quero me envolver nessa loucura.

Quanto às pessoas que esperam encontrar a impressão do campo na cidade ou alcançar uma sensação urbana no campo, elas devem ser mandadas imediatamente para o hospício.

Não acredito na existência das cidades ideais ou da arquitetura ideal; só posso dizer que existem cidades com significado, significativas. Explico isso de modo simples: minha experiência mais antiga com a arquitetura foi quando eu tinha 8 anos de idade; minha família foi "expulsa" para Xinjiang e como castigo nos forçaram a viver num poço cavado na terra. Acho que em circunstâncias políticas como aquela, viver no subsolo pode proporcionar uma incrível sensação de segurança – e um poço cavado no chão é quente no inverno e frio no verão. As paredes ligavam-se aos Estados Unidos e sendo o teto e o chão lá em cima nivelados, com muita frequência quando os porcos passavam ali correndo seus traseiros abriam o teto, e assim nós ficamos bem familiarizados com as partes baixas dos suínos.

Eu me lembro de alguns detalhes: uma vez que ficamos sem luz em nossa toca, ao descer para a casa meu pai bateu a cabeça contra uma viga do teto. Ele caiu imediatamente de joelhos no chão com a testa sangrando. Isso nos levou a cavar na terra o equivalente a uma pá de profundidade, e foi como se tivéssemos levantado o teto uns vinte centímetros. A arquitetura exige bom senso, uma tonelada de bom senso. Como éramos uma família de leitores, precisávamos de uma estante em casa, então meu pai cavou um buraco: para mim, aquela foi a melhor estante. Por essas razões eu não acredito em arquitetura ideal.

As cidades também são assim, e a coisa mais atraente de Nova York é que ela foi construída com erros. Nos seus primeiros tempos, Greenwich Village era uma aldeia, mas depois de um pouco de planejamento simples o modo de vida estava preservado. As fábricas arruinadas de Nova York foram ocupadas por artistas e tornaram-se bairros elegantes, e as comunidades de imigrantes das proximidades escolheram seu local porque precisaram. Assim a cidade se tornou um lugar muito interessante. O que ela tem de mais fascinante são os diferentes grupos de interesse e as pessoas de status diversos, todos formando suas respectivas esferas de influência. Isso corresponde à natureza humana: ela é ao mesmo tempo rica e misteriosa. Quando queremos ver e ser vistos, deixamos nossa casa; mas ao dobrarmos uma esquina podemos desaparecer e nos livrar de nossos perseguidores. Essas necessidades são semelhantes aos hábitos dos animais. Nas cidades precisamos encontrar liberdade além daquela de que realmente carecemos.

Tenho uma pequena empresa que cinco anos atrás começou a aceitar encomendas de projetos arquitetônicos, e até hoje fizemos mais de quarenta projetos, cerca de um produto concluído a cada mês. Os arquitetos estrangeiros não acreditam nisso. Contudo, depois de concluir todos os trabalhos arquitetônicos que ainda restam, não pretendo continuar nisso. Erigir mais alguns prédios de qualidade inferior não é grande coisa, de fato. Originalmente eu esperava buscar novas possibilidades com a arquitetura, esperava me inspirar, mas na prática isso é extremamente cansativo. A arquitetura não é um *one-man show*, ela envolve toda a sociedade, implica diversos domínios diferentes e leva a pessoa a uma frustração interminável. Além de tudo isso, sou o tipo de pessoa que com cada detalhe cria obstáculos intermináveis. Já tenho 49 anos e, embora não queira fazer coisas "comuns", não posso ser tão frenético todos os dias. Obviamente, isso é um tipo de doença.

Costuma-se dizer que "a China tornou-se um *playground* para as experiências dos arquitetos estrangeiros". Isso não poderia estar mais longe da verdade. O povo chinês gosta de ouvir uma frase qualquer e depois basear nela todas as suas opiniões. Todo ano a China começa muitos projetos novos, e os arquitetos estrangeiros participam apenas de muito poucos. Na maioria dos casos, os estrangeiros que ganham uma concorrência observam enquanto os chineses completam o projeto conforme os próprios padrões e depois colocam um nome estrangeiro no prédio pronto. Os estrangeiros trazem um sistema diferente, mas, por estarmos tão à vontade no sistema preexistente, o "outro" sistema nunca existirá de fato aqui. Koolhaas e Herzog & de Meuron têm muitas propostas na China, mas nenhuma é realizável. A torre da Central China Television e o "Ninho de Pássaro" são exceções – graças aos novos escritórios de planejamento de Pequim e a uma jovem geração que foi adequadamente treinada. Essas duas propostas foram projetos de engenharia raros para a China, a oportunidade oferecida a arquitetos estrangeiros de concorrer diante de um grupo de jurados. Mas na realidade, fora os arquitetos comerciais que atendem às exigências técnicas mais comuns, temos apenas uma meia dúzia de projetos que refletem o design ou as ambições não chinesas. Dizer que "a China tornou-se um *playground* para as experiências dos arquitetos estrangeiros" é bobagem; a arquitetura experimental da maioria das cidades do Ocidente supera a de toda a China nos últimos anos, e também nos muitos anos que ainda virão.

Antes de a Herzog & de Meuron (a empresa responsável pelo "Ninho de Pássaro") mandar sua proposta para a concorrência, eu lhes recomendei ter um sócio chinês e eles me perguntaram se eu estava disposto a participar da elaboração do projeto. Estou disposto a participar de qualquer coisa que me seja desconhecida, e claro que não pensei de que modo aquilo estava ligado às Olimpíadas. Quando concordei em entrar no projeto, o trabalho preparatório já estava pronto e havia chegado a hora de tomar uma decisão. Eu apenas perguntei: Para que vocês precisam de mim? Eles disseram que precisavam da minha opinião.

A minha participação alterou bastante os resultados das discussões que eles haviam tido anteriormente sobre o conceito básico, a forma, a construção, questões de estrutura e a função do estádio, inclusive a forma externa e as características culturais. Nós concordávamos em muitos aspectos, e, por acreditarmos muito pequena a chance de a proposta ser aceita, absorvemos corajosamente métodos desconhecidos. No final, o projeto venceu. Antes de eu voltar para casa, eles me disseram que originalmente esperavam dar um passo à frente, mas acabaram dando dois.

Herzog e De Meuron gostam de criar coisas com características uniformes quando vistas de locais diferentes mas que são também irregulares. Contudo eles são arquitetos incrivelmente conscientes e sabem que os métodos formalistas são algo a ser evitado. O "Ninho de Pássaro" é uma estrutura contínua de dentro para fora; sua forma externa é um suporte estrutural. Essa forma é na verdade resultado de uma análise racional, e só depois a interpretaram equivocadamente como tendo a forma de um ninho de pássaro.

A discussão sobre questões urbanas está aumentando, mas o conceito de "cidade" parece cada vez mais um mistério cósmico. Não existe ciência urbana pura nem ciências arquitetônicas, e as discussões efetivas sobre essas questões precisam incluir outros materiais e domínios científicos, tratando de política e sociologia. A análise concreta pode chegar a resultados positivos, e poderia ser tão diminuta quanto as análises de caso, mas as organizações de pesquisa e instituições acadêmicas chinesas são as únicas no mundo todo a não realizarem essas pesquisas. Claro, a pesquisa é reconhecidamente importante, mas o pré-requisito para qualquer método científico é sermos capazes de encarar a realidade, e a humanidade ainda tem de descobrir um caminho mais nobre do que a busca da verdade. Devemos suportar o fardo da simples verdade, pois ela é a base para a formação de novos pontos de vista.

Um alvoroço está se alastrando a propósito da questão da preservação da arquitetura antiga. Por um lado, isso é uma reação ao desenvolvimento implacável, por outro, é a necessidade de criar uma identidade urbana que qualquer cidade competitiva precisa apresentar, no mínimo para atrair um crescimento econômico. Quando a maioria das pessoas traz à baila a questão da tradição, elas não declararam exatamente que cultura nós estamos protegendo – o que é tradição? O conhecimento da China sobre a cultura parou num nível que atualmente é muito superficial. É uma questão de simples vantagens, que não podem ter nenhuma vantagem para a proteção da cultura chinesa, e assim a "alteração" da arquitetura antiga não é muito melhor do que a sua "destruição".

Sobre a ideia de arquitetura, acho que a primeira coisa a considerar é que todos deviam encarar a realidade do aqui e agora: Por que estamos aqui, o que nos cerca, o que aconteceu no passado e o que acontecerá no futuro? Se essas perguntas não são esclarecidas, nenhum julgamento pode ser claro. Por exemplo, se você quer comprar um carro, deve ter um motivo básico: você vai usá-lo para levar seu filho à escola ou para viajar a fim de se divertir? Mas se a motivação de todos for apenas a de conformar-se à lógica dos outros, que tipo de sociedade será esta?

# Basta não ter cuidado... e topa-se com a idiotice num dia ensolarado

## POSTADO EM 14 DE MAIO DE 2006

Por insistência de um amigo, pus-me a caminho do *feng shui* um tanto ordinário do distrito ocidental de Pequim para uma reunião de especialistas que iam discutir a atual "crise cultural"[29]. Tinha ouvido falar que haveria um pouco de crítica cultural, e minhas desconfianças foram crescendo à medida que eu avançava no caminho até lá.

Eu já estava atrasado. Primeiro ouvimos um sujeito com sotaque de Xangai falar sobre música. Seu tom era muito semelhante à voz arrogante de um professor que tive, oriundo da "preciosa ilha" de Taiwan. Ele começou a falar sobre música pré-histórica e foi adiante até a música contemporânea, quase incluindo na discussão o Xintiandi, o novo shopping center de Xangai[30]. Inicialmente fiquei confuso e depois me entediei até a loucura, mas perto do fim, quando ele mencionou alguns músicos chineses, quase vomitei.

Mais tarde, e ainda pior, falou um grande néscio chamado Zhu[31]. Eu já ouvira falar que se tratava de um crítico de arte – esse tipo de pessoa que ganha a vida criticando os livros de outras pessoas e depois come de graça em eventos culturais. Assim que abriu a boca, ele começou a dizer que o novo romance de Yu Hua era um fracasso[32], mais ou menos porque, para ele, o livro era autocomplacente e não tinha relevância literária. Esse sujeito era tão pretensioso e criticou Yu Hua tão asperamente que quase me fez acreditar que "Yu Hua" era algum objeto inanimado ou um tipo de pássaro que podia escrever. Zhu concluiu que, embora Yu Hua se promovesse muito bem, ele nunca seria um mestre da literatura. Eu não entendo por que pessoas "egocêntricas" não podem se tornar mestres. Isso realmente interessa? Não somos todos autocomplacentes?

Não sou seguidor da literatura, e assim não prestei muita atenção. Por fim, parece que o sujeito de Xangai esqueceu quem ele era, esqueceu que estava na West Third Ring Road de Pequim e esqueceu que ali não havia inocentes ou estudantes adolescentes e começou uma patacoada sobre os males da literatura da internet. Não estou por dentro da literatura, sou novo na internet – tão novo que gosto dela a ponto de não querer me afastar – e não queria ouvir esse tipo de conversa.

Esse sujeito chegou a afirmar que o nível de refinamento literário do astro romancista adolescente Han Han era inferior ao dos seus alunos do ensino médio e que no futuro ninguém se lembraria de Han Han. Depois disse que, embora o blogue e o site da atriz Xu Jinglei voltados para a cultura e a moda estivessem entre os mais visitados da China, seu conteúdo era um lixo[33]. Pelo tom de sua voz, parecia que ele estava tentando dizer que a cultura chinesa estava em processo de extinção nas mãos desses vira-latas da internet. Sua teoria básica era: uma vez que o caráter moral dos internautas é tão baixo (tudo o que eles sabem fazer é clicar e clicar), seu raciocínio equivale à mentalidade vulgar. Eles não têm noção do que seja literatura, sem nem falar na apreciação da alta literatura.

Embora não tenha os meios para investigar a qualidade moral dos internautas, acho mesmo que a literatura chinesa não pode ser muito melhor do que a literatura da internet. Além disso, estou convencido de que o tipo de literatura transcendente, atemporal, a que ele estava se referindo simplesmente não existe. Mas ele continuava vociferando: "O tempo pode ser a única medida de qualidade para esse ramo de literatura", o que, na minha opinião, parece não ser mais do que o tipo de besteira clichê desenfreada dos círculos acadêmicos e literários, com quem não me relaciono há muito tempo. Tive a má sorte de topar com esses críticos de arte e pesquisadores acadêmicos; eles têm uma audácia jactante e um traço inconfundível de ignorância. São pessoas descaradas, com um pé no sistema e o outro em fuga. A China tem muito azar: é quase impossível encontrar uma pessoa decente em contato social com esses tipos de círculo; há impostores por toda parte, com candidatos a impostores adejando em torno deles.

Antes de sair, eu disse com todas as letras às pessoas que estavam no fórum minha opinião sobre aquele idiota. Ele gritou que eu não entendia de literatura, e eu respondi: "Não entendo de literatura, mas como eu poderia não perceber que você é um idiota?". Foi a primeira vez que usei o termo "SB"[34]. Misteriosamente, naquele exato momento não encontrei nada mais adequado.

Talvez isso tenha acontecido porque ultimamente ando surfando demais na internet; devo ter sido contagiado. Mas juro que a partir de agora esse termo fará parte do meu vocabulário, embora com uso exclusivo: nunca o usarei para outra pessoa.

E mais: preciso me lembrar de nunca voltar a comparecer a nenhum fórum cultural de merda. Trate bem sua mente, fique longe da ignorância[35].

# Um caminho para um lugar desconhecido

## POSTADO EM 22 DE MAIO DE 2006

Escrever sobre os sentimentos é simples, mas também pode ser algo difícil, pelo menos pelas seguintes razões:

1. Você não pode ter certeza de que isso é realmente o que você está pensando.
2. Se você escreve algo, o que foi escrito jamais será outra coisa.
3. É difícil manter uma postura de bom escritor do início ao fim.

 O que este país tem de fascinante é a natureza indefinida e indeterminada de tudo. É um labirinto, uma estrada que leva a um lugar desconhecido.

 Os seres humanos são diferentes dos outros animais porque estão sempre tentando melhorar sua situação. Em alguns lugares, as ações e os comportamentos humanos não são absolutamente assim – embora tenha havido algumas experiências em escala reduzida. A maioria foi suspensa por ter fracassado. Isso decorre do segredo, de fórmulas inalteradas entre as quais há algumas razões difíceis de discutir.

 Ele não vai esquecer você, e, se esquecer, você vai relembrá-lo. Você não é capaz de esquecê-lo.

 Esse espaço lhe é dado, a partir desse momento ele lhe pertence. É o seu espaço exclusivamente, e é impossível que você não vá fazer algo com ele.

 Pode-se entrar num espaço, pode-se caminhar nele de um lado para outro e pode-se também esquecê-lo.

 Quando você está alheio, você já está situado dentro dele; quando você percebe, você será atirado para fora.

 Você começa a duvidar de todas as suas ações passadas.

 Você é uma combinação de todas as coisas que lhe aconteceram, das quais não tem nenhum conhecimento.

 Eu penso assim, não porque quero escrever alguma coisa. Estou aqui pensando porque minha mão está segurando uma caneta fácil de usar.

 Você fecha a sua única saída. A partir desse momento você não tem intenção de sair.

 Agora você começa a se preocupar com a possibilidade de alguém inadvertidamente abrir a porta.

 Escrevendo assim eu poderia escrever durante a vida inteira, porque obedeço à vontade de uma mão invisível.

 Agora, ela me faz parar, parar imediatamente.

Você é incapaz de construir uma mansão, nunca saberá quem viverá nela no futuro.

Você pode construir uma represa, resistir a uma inundação.

As inundações dos anos passados são apenas os cemitérios secos de hoje.

Você não pode fazer cessarem as lágrimas das massas que limpam túmulos.

Metade é lixo; a outra metade é lixo também.

Quando você usa toda a sua força, é capaz de atirar muito longe alguma coisa, mas inevitavelmente ela voltará.

Caso haja uma disputa cultural, estabelecer o certo e o errado se torna uma questão de manter o respeito pelos mais velhos; isso é resultado de combinações genéticas erradas e do reconhecimento dos laços de sangue como superiores ao julgamento do certo e do errado. Essas pessoas lutarão até a morte para defender seu clã, exaurindo sua última gota narcisista de vida. As questões nacionais e étnicas tornam-se então questões neonazistas coloridas por relações de sangue.

Qualquer que seja a razão, é o mesmo que dizer: "Já que somos dois melões do mesmo meloeiro, vamos apodrecer juntos".

Qualquer significado seria difícil de entender. Quando entendemos efetivamente, ele é indescritível. Tudo é diferente quando não há significado.

## Uma praga para Zuzhou

**POSTADO EM 24 DE MAIO DE 2006**

Zuzhou é um cachorro Shar-Pei que morde e não solta[36].

Num documentário sobre a síndrome respiratória aguda grave intitulado *Eat, Drink and Be Merry: The SARS Outbreak*, o diretor Ai Dan escolheu a música de Zuoxiao Zuzhou "Labor of Love" para a trilha sonora. Embora essa decisão não tenha sido minha (foi de Ai Dan), nós dois adoramos sua música.

Na internet circula uma frase: "De todos os poetas da China, inclusive o meu pai, Zuoxiao Zuzhou é o meu segundo predileto". Acho que essa declaração foi invertida; o que eu disse foi: "Além de Zuoxiao Zuzhou há o meu pai". Na verdade, isso também não está correto. Eu disse: "Zuoxiao Zuzhou *é* meu pai". Rá! Todos eles ouviram errado, é uma piada. Zuoxiao Zuzhou está fazendo todos vocês de bobos. O quê? Ele negou ter dito isso? E você ainda acredita nele? Zuoxiao Zuzhou é uma pessoa na qual se pode confiar?

Gosto muito de um romance underground que ele escreveu: *The Rabid Barking Tomb*. Quando terminei de lê-lo quis publicá-lo, mas éramos lentos demais e Zuoxiao Zuzhou é impaciente. Se for possível, ainda estou interessado em reimprimi-lo.

O romance é um tanto mórbido, como o próprio Zuzhou, que é uma pessoa mórbida. Não quero negar que também sou mórbido. Todo mundo é mórbido em certa medida e de certo modo, mas eu não concordo com sua declaração de que, "se os artistas não usassem a arte para descarregar seus conflitos íntimos, todos eles seriam condenados". Todos nós somos condenados em potencial.

Duvido que Zuzhou e eu tenhamos alguma ligação mental. Isso porque nós não nos compreendemos em absoluto. Então, sempre que nos encontramos, tudo parece novo. Pessoalmente, parece-me que ser capaz de ver meus amigos ou até de fazer com eles uma refeição é em si um acontecimento.

Acredito que, independentemente de você ser músico, artista plástico ou escritor, não existe isso de "melhor circunstância", e portanto digo que todos nós temos nossas queixas, nossos resmungos e nosso estado aquém de perfeito. Mas isso não pode se tornar uma desculpa – no deserto cresce um tipo específico de grama e as plantas tropicais só podem florescer na floresta tropical, por isso debater as nossas circunstâncias ou condições externas é completamente inútil. Qualquer ambiente ainda é *o seu* ambiente, e cada um tem a sua situação ímpar. As pessoas que não se adaptam a circunstâncias diferentes deviam ser deixadas com seus próprios recursos. O que estou dizendo é: se um método se mostra inútil, crie outro; se não tem criatividade, você é um caso perdido e merece a sua sorte. As pessoas que acreditam estar em pior situação têm um problema, porque na verdade todos estão num terreno igual.

A cronologia musical de Zuzhou demonstra um tipo de transformação e reflete uma nítida evolução. Acho que isso é sobretudo uma mudança de forma. Talvez seja para os seus ouvintes, para ele mesmo, para o mercado, ou por mil razões. De modo geral não há efetivamente nenhuma mudança. Eu não acredito que as pessoas possam mudar de fato. Zuzhou tem seu ponto de vista resoluto e é incorruptível, por mais que esteja envolto. Às vezes ele é um lobo em pele de carneiro, às vezes é um lobo faminto, às vezes é um lobo bruto – mas é sempre um lobo.

Eu o conheci logo depois de voltar para a China em 1993. Ocasionalmente eu o visitava em sua casa no East Village de Pequim. Ele morava num quarto tão minúsculo que, quando fechávamos a porta, já estávamos diante da outra parede. Havia uma cama no chão e sobre ela uma pilha de CDs *dakou*[37], mas o resto do quarto não tinha nada. Ele me perguntou se eu conhecia Lou Reed; parece que Zuzhou o idolatrava.

Não sou maluco por música; dou todos os CDs de Zuzhou para os meus amigos e sou o seu maior comprador. Mas ele nem mesmo reconhece seus amigos ou parentes, é uma pessoa muito cruel. Implacável. Não permita, de modo algum, que ele o engane e não acredite em nada do que ele diz. Seria possível dizer que toda a sua vida foi construída com engodos, e ele é igual com todo mundo, mas algumas pessoas veem através dele, embora outras não o compreendam absolutamente. É assim que ele é. Não há intenção por trás de suas simulações e nenhuma vantagem oculta; essa é apenas a natureza da sua relação com a realidade. Não é simulação, no sentido profundo que frequentemente se dá à palavra – eu imagino que Zuzhou não tenha possibilidade de se comunicar com a realidade. Essa também é a razão pela qual ele ficou em luta, travado, por tanto tempo.

Obviamente ele poderia se proclamar um realista, mas tudo o que ele diz é inútil. Ele poderia ser um realista, um surrealista, um surrealista-realista ou um realista surreal. No fim das contas, nós apenas o observamos apresentar-se ou o

**1.15** Zuoxiao Zuzhou próximo a um banheiro público masculino em East Village de Pequim, por volta de 1994.

ajudamos a produzir suas gravações. Acho que ultimamente ele só está interessado nos seus esforços musicais.

Vi todas as suas apresentações ao vivo, bem, pelo menos umas três ou quatro. Em geral, se ele se apresenta em Pequim, eu estarei presente. Mas normalmente não o ouço. No entanto me emocionei bastante no seu último show, quando ele cantou muito relaxado, aberto. Não foi nada mau, e ele pareceu ter finalmente amadurecido – era um delinquente adulto. Zuzhou tem muita coragem, e o seu tipo de coragem demonstra que ele realmente respeita suas emoções e seu estilo de vida. Ele é uma pessoa com muita autoestima.

E a propósito de nos superestimarmos e tentarmos coisas muito além da nossa capacidade – quem não é assim?

Não sei se Zuzhou é ou não é duro. Mas acho que até certo ponto todos nós talvez precisemos ceder. Contudo ele ainda é como aquele cachorro Shar-Pei que morde e não solta. Talvez ele vá para a sepultura cheio de ódio, mas as pessoas irão se lembrar dele pelo entusiasmo com que suas mandíbulas se fechavam. Ele vai usar esse tipo de atitude para provar que certa vez viveu esse tipo de existência.

ESCRITO EM ABRIL DE 2006[38]

# Arquitetura comum

**POSTADO EM 22 DE JUNHO DE 2006**

A arquitetura que serve de lar é um lugar repleto da personalidade do indivíduo. Diferentemente de qualquer significado inventado de "lar", este é uma entidade independente, inclusiva, que merece ser respeitada. Incorpora a livre vontade de todos os que estão nesse lugar e pode representar a busca moderna de conforto e da mente independente.

O interior e o exterior de um lar estão ligados pela relação que os une como uma entidade integral. Em qualquer estrutura desse tipo há respeito mútuo e comunicação entre o lar e seu ambiente, a rua, o bairro e todos os que moram juntos ali. A lógica da sua construção é intrinsecamente orgânica e tudo deriva de uma origem comum. Ela alcança um verdadeiro poder através desse fato, permitindo-lhe recusar a imitação de um único estilo arquitetônico ou de uma única forma cultural.

Uma casa que serve de "lar" é uma iluminação na vida, fala às pessoas sobre a possibilidade de certo tipo de vida – ou seja, que esta pode ser simples e real. Mas essa espécie de possibilidade nova necessariamente muda e é necessariamente cheia de criatividade. Precisa ser interessante e nova, segura e imprevisível.

O conforto e a segurança de um lar resultam da autoconfiança e do autorrespeito das pessoas que moram nele, assim como da riqueza de suas forças criativas. Essas qualidades derivam de uma atitude franca e sincera com relação à vida e de um estado de contentamento. Os moradores são capazes de vivenciar experiências totalmente novas, modernas, e sobreviver a elas, de relatar suas atitudes e ideais quanto à vida: tolerância, nobreza, coragem, riqueza.

Um lar é uma necessidade básica da vida; reflete o caráter e a possibilidade básicos da vida. Além disso, deve dar forma material às qualidades e potenciais mais básicos da vida. É também uma proposição filosófica completa; exprime quem somos nós.

Se fosse usar apenas uma frase para descrever as características do meu design, eu diria apenas que não crio dificuldade. Independentemente do que se queira fazer, diversas possibilidades sempre se apresentarão. Na verdade, essas possibilidades são exatamente as diversas dificuldades. Eu simplesmente tento retornar à mais básica das possibilidades e minimizar as dificuldades. Proponho o mínimo possível – essa é a característica mais básica da minha casa. É também a característica mais básica da maior parte da minha arquitetura.

Não se trata de uma estratégia. A estratégia é uma das suas escolhas, e você pode sempre usar uma estratégia diferente. O que digo a seguir pode ser entendido como uma característica das minhas ações: estou disposto a fazer tudo com a maior simplicidade possível. Se preciso criar ou realizar uma ação errada, certifico-me de que esse erro seja tão elementar quanto possível. Estou disposto a voltar ao estado mais inicial. Nunca me disponho a transpor esse limite. Se o transponho, volto ao início e começo de novo.

Não acredito que exista o conceito de um domicílio chinês dinâmico. Um modo especial de comportamento se desenvolveu conformando-se aos dialetos regionais; ele existe porque as dificuldades no transporte criaram obstáculos à comunicação. Mas sem a alegria da comunicação é difícil formar uma práxis sistemática, eficiente. Hoje a China está repleta de pretensos arquitetos, profissionais incompetentes que trabalham dentro desse sistema. Eles projetam para problemas aparentemente complexos, mas na verdade estão criando obstáculos para o óbvio e saliente. Se essas pessoas não existissem, nossa arquitetura seria melhor e a cidade teria uma força maior. Mas esse grupo representa a autoridade, eles têm o direito absoluto de falar. Assim, quando discutimos o "domicílio chinês", poderíamos

**1.16, 1.17** Lu Qing no teto da Studio House, 8 de fevereiro de 2007.

dizer que esse termo composto significa ignorância, confusão, absurdo, corrupção, vulgaridade e descaramento. Esses traços compõem a chamada residência chinesa contemporânea.

Não há, em absoluto, estratégias modernas embutidas no conceito de domicílio chinês. Todos nós vivemos na era moderna, e qualquer estratégia poderia ser uma estratégia moderna. A era moderna de hoje abrange o significado que a vida tem para todas as pessoas, todas as aldeias, todas as cidades, e até mesmo o país inteiro. Nossa terra nativa já abandonou há muito tempo o seu conceito tradicional de lar (*jia yuan*); esse conceito do lar tradicional já não é mais válido. Nós já não somos donos da terra, não temos parentes nem amigos, não temos memória, não temos companheiros reais e não nos empenhamos em empreendimentos autênticos. Esse é exatamente o quebra-cabeça com que nos deparamos agora. Nossas condições hoje ainda são inferiores às que tínhamos no pós-guerra. Quando a guerra acabou havia feridas e ainda podíamos sentir tristeza pelos parentes e amigos que haviam morrido. Agora há simplesmente um número excessivo de fatos à espera de esclarecimento.

O povo chinês não está disposto a discutir essas questões, e se você não está disposto a discutir essas questões você se torna um animal, um cadáver ambulante. Assim, em que tipo de estratégias modernas podemos nos basear? Todo dia as pessoas estão ocupadas tentando resolver todos os problemas, mas todos esses problemas foram criados por sua incompetência. O sistema estrutural que cerca o lar chinês tornou-o incapaz de se adaptar ou de se aprimorar. Suspenso nesse estado, ele mantém um poder absoluto. Todos os seus julgamentos e todas as suas decisões são a principal causa das diversas calamidades desta sociedade. O que resta é apenas uma questão de tamanho e a incerteza quanto à continuidade ou o estancamento dessa calamidade. Contudo, mesmo se ela for estancada, será substituída por outra catástrofe.

Esse é o contexto geral. Em seguida devemos discutir a educação, o estado da sociedade, a estética social, o conhecimento da história pessoal e o conhecimento do estado da nossa sociedade. Qual é a condição atual da arquitetura chinesa? A posição da sociedade, as formações sociais, a forma da ascensão econômica, seu potencial e os obstáculos que ela pode enfrentar, sua estrutura etc.? Quem são as pessoas que constituem essas diversas abstrações? No final das contas, quantos residentes urbanos existem na verdade? Quantos trabalhadores do campo? Quantos operários?[39]

Agora, deve-se notar que, quando as pessoas falam do domicílio chinês, elas estão discutindo apenas o domicílio dos "poucos que enriqueceram primeiro"[40] – a parcela da população que se tornou rica antes das massas pobres –, mas não discutem como essas pessoas se tornaram ricas ou se continuarão a prosperar, tampouco discutem a natureza da relação existente entre a sua riqueza e a pobreza das outras pessoas. Se essas questões não são mencionadas, não é verdade que para discutir o domicílio chinês precisamos discutir as condições de sobrevivência da maioria do povo chinês? Que tipo de possibilidades está aberto a ele? Existem meios eficazes para melhorar e resolver as dificuldades que ele enfrenta? Quais são os problemas básicos de habitação e as ideias mais básicas sobre "lar"? Ninguém discute nem pesquisa isso. Quando até mesmo as condições mais básicas não são claras, como é possível fazer alguma coisa? É preciso investigar o que é possível e o que não é.

Em face dessa situação eu me sinto desesperançado com relação à arquitetura na China. Aceitei alguns projetos, e as atividades de design são essencialmente a revisão de planos de outras pessoas. Eu sou especialmente capaz de resolver problemas. Para mim, a solução de problemas sempre foi o mais importante, a característica mais fundamental da minha personalidade. Qual é o problema? Onde ele aparece? Como posso resolvê-lo?

Não quero seguir um estilo chinês e não acredito que a China ainda mantenha algum estilo ou tradição. Por exemplo: seria totalmente possível que a Cidade Proibida fosse vietnamita ou indiana. Não acho que ela tenha qualquer relação conosco atualmente – ela pertence aos monarcas, ao poder estatal centralizado, aos turistas. É apenas a Pequim dos filmes. Ou seja, as pessoas que ainda falam de telhas, de cantoneiras e de sistema macho-fêmea ao discutirem a arquitetura chinesa não são adequadas para se apresentar dentro desse setor. Por essa razão eu acho que apenas estamos usando materiais locais para apresentar uma atitude conhecida em relação à história, à política e aos estilos de vida locais como meio de lidar com alguma coisa. Não pretendo incluir nenhuma característica cultural óbvia na minha arquitetura.

Não me importa se meus prédios têm alguma característica cultural e não me importa a "cultura". As coisas com as quais eu me importo são a eficiência, a razão e a adequação à identidade da pessoa. Acho que se fazemos alguma coisa temos necessariamente um método. Este é apenas outro sistema e a lógica que ele cria. Pense, por exemplo, num corrimão: não importa se ele tem dez centímetros ou um centímetro de largura, sua função já está preenchida. As características incorporadas pela lógica desse corrimão podem ser "grosso, pesado e estável". Mas pode ser também "perigoso". Não se pode negar que o perigo também é uma condição humana fundamental. Às vezes eu apenas volto a despertar a consciência e a atenção das pessoas em relação ao perigo. Esse perigo e a atenção em relação a ele compõem uma parte necessária da arquitetura. Todos os padrões arquitetônicos afirmam que a segurança é uma necessidade humana, mas, no que me diz respeito, a consciência do perigo é na verdade parte da tribulação e da qualidade de vida humanas; é um elemento que a arquitetura não pode ignorar. Essa é uma interpretação filosófica e não uma interpretação baseada em padrões arquitetônicos.

Não existe essa coisa de pessoa típica ou de duas pessoas que são absolutamente parecidas, e assim não deve haver dois prédios exatamente iguais. As pessoas determinam padrões, e os padrões não nos dizem nada, a não ser quando abandonar pensamento e emoção.

Acho que o significado de lar muda inteiramente com pessoas diferentes. Por exemplo, se um indivíduo se julga especial, seu lar pode ser um lugar desconfortável para outras pessoas. Acho que sou uma pessoa absolutamente comum, e assim a maioria das pessoas que vêm à minha casa se sentirá à vontade quando vir muitas coisas comuns. Elas podem entrar sem receio, podem entrar em qualquer espaço que quiserem. Ser "comum" é o meu traço mais fundamental, e o comum pode ter os seus traços individuais próprios. Minha arquitetura é uma arquitetura comum.

## A persistência de Ar Chang

### POSTADO EM 24 DE JUNHO DE 2006

He Yunchang[41] faz performances há mais de dez anos, e antes disso era pintor. Seu talento para a pintura é excepcional, tanto do ponto de vista técnico quanto com relação à intensidade. Hoje ele mora na Comunidade Binhe, vinte quilômetros em linha reta a leste da Praça da Paz Celestial. Passa a maior parte dos dias jogando xadrez com alguns poucos amigos, jogando *video game* ou comendo. As performances são a única coisa que ele se sente obrigado a fazer.

Ele está em constante preparação para esses poucos momentos, ou pelo menos é o que parece, uma vez que está sempre pensando e fazendo planos. De todos os artistas de Pequim, nenhum ousa desafiá-lo numa competição de fumar cigarros: ele acende um no outro.

A performance mais importante dos trabalhos iniciais de He Yunchang é a sua história pessoal *Golden Sunshine* (1999). Nessa performance ele cobriu o corpo de tinta amarela e içou-se no ar até uma determinada altura. Com grande dificuldade segurou um espelho que lhe permitiu desviar um pouco de luz solar para as sombras do muro alto e dominador de uma prisão. Na época ele ainda morava em Yunnan, e foi então que as pessoas começaram a chamá-lo de Ar Chang. A forma heroica e a alegoria irônica de sua performance o tornaram inesquecível nos círculos artísticos, e os princípios fundamentais desse trabalho inicial reaparecem infalivelmente em todos os seus trabalhos posteriores, embora de formas diferentes.

*Dialogue with Water* (1999) foi uma performance anterior em que Ar Chang, segurando na mão uma faca, dependurou-se de cabeça para baixo sobre um rio e "fatiou" a água durante trinta minutos consecutivos. Uma vez que a água corria a uma velocidade de 150 metros por minuto, naquele dia foram "cortados" 4.500 metros do rio. Os braços de Ar Chang também sofreram cortes de um centímetro cada um, e o sangue que escorreu entrou na "ferida" do rio.

Ar Chang, a faca, o rio e o sangue criaram as condições para esse diálogo com a água. Não houve público, luz ou música, mas a experiência oferecida pela obra em si foi suficiente para abordar fatos difíceis de acreditar. Esses fatos penetram nossa realidade espiritual como uma arma afiada. Essa realidade onipresente e idealista é nossa história, nossa condição atual e tudo em nosso futuro que ainda não aconteceu.

Com um foco nas emoções individuais, na força de vontade e tenacidade, e colocando tudo isso em prática, as obras de Ar Chang discutem a natureza do homem, sua força de vontade e seus ideais, assim como o violento conflito entre desejo, força de vontade e realidade. Embora o conflito seja violento, frequentemente ele nos dá uma falsa noção de beleza.

Em suas performances, Ar Chang executa com persistência a sua vontade pessoal, essencialmente alcançando seu objetivo com meios simples mas difíceis. Na maioria dos casos, vemos apenas as tentativas levadas a cabo. Nas fotos de suas performances, essa tentativa efetiva de demonstrar sua força de vontade tem sido santificada até o absurdo. Como dizemos na China, "ele nos faz cantar e chorar".

A "persistência" nas obras de Ar Chang usa vários disfarces, e ele sempre traz à cena a sua luta de um só homem. Nessa luta o inimigo é tudo o que está além dele mesmo, e esse enfrentamento entre um indivíduo fraco e outro forte faz a guerra parecer injusta mas gloriosa. Do início ao fim, enquanto estiver respirando, ele sempre falará sobre o significado da força de vontade e por que ela é incansável.

As performances de Ar Chang têm um significado quase religioso – a luta de uma pessoa por suas crenças ou o sofrimento pela falta delas. Precisamente por isso seus esforços vão muito além do que se costuma chamar de arte performática. As obras são de execução difícil e na maioria das vezes seu resultado o deixa muito longe de satisfeito.

Ar Chang também gosta de jogar xadrez. Seu estilo de jogar é mais ou menos como o daqueles desregrados competidores de guerrilha que jogam na beira da estrada. Por mais de uma vez eu o vi esquivar-se de uma situação difícil que parecia ser uma inevitável derrota – em cantonês há uma expressão para situações como essa, eles dizem: "fazer o peixe salgado voar". Nesses momentos seus inimigos ficam furiosos, pois veem "o pato cozido voar para longe". Mas isso sempre deixa Ar Chang tão feliz que ele não fecha sua bocona de dentes escuros durante uma semana inteira.

ESCRITO EM 6 DE MARÇO DE 2004

## Um computador que vale "muitas centenas de milhões" e um cérebro que não vale nada

**POSTADO EM 27 DE JUNHO DE 2006**

Os Fatos:
Zhong Nanshan é um acadêmico do Instituto de Engenharia da China. Sua vida tem sido muito movimentada ultimamente[42].

O laptop de Zhong Nanshan foi roubado, e tanto os oficiais da cidade de Guangzhou quanto os da província de Guangdong atribuíram grande importância ao fato. Num memorando para seus subordinados, o secretário do partido na província, Zhang Dejiang, instruiu a polícia a "resolver o caso o mais rápido possível" e destacou mais de cem policiais para o trabalho. O caso foi resolvido em menos de dez dias.

Durante o processo de investigação, a polícia, de forma "não intencional", localizou 83 celulares roubados e 28 laptops.

A versão de Zhong Nanshan:
"O mais terrível é que havia nele alguns documentos acadêmicos importantes."
"Se a pesquisa que está nele fosse usada para a fabricação de um remédio novo, ele valeria muitas centenas de milhões!"
"O que separa a população urbana flutuante dos ladrões e assaltantes é uma linha muito tênue."

"Em cidades como Guangzhou e Shenzhen a população de forasteiros é muito grande."

"Por que depois de intermináveis medidas enérgicas o roubo continua desenfreado? O cerne do problema está no fato de não ter sido adotada uma ação criminal adequada contra essas pessoas. Acho que tem havido muita leniência com esses elementos criminosos, o que os faz proliferar."[43]

A rejeição nacional à política de abrigo compulsório foi um passo à frente na batalha da civilização contra a barbárie[44]. Foi uma vitória dos direitos individuais e da dignidade dos cidadãos, e é uma parte importante das reformas legais, apesar de ter chegado tarde demais a esta nação e a um custo muito alto.

Se a perspectiva do sr. Zhong, o acadêmico, reflete claramente a da *intelligentsia* – ou pelo menos o caráter humanitário, o nível de refinamento, o ponto de vista e a consciência legal da comunidade intelectual e científica –, ela reflete a escassa capacidade coletiva e os padrões baixos desse grupo?

Que força leva os indivíduos a abandonar seu senso fundamental de bondade e sua capacidade de julgamento? O que leva as pessoas a trair a razão, o senso de certo e errado, a capacidade de se envergonhar? Que força inspira uma pessoa a defender uma ordem hipócrita, privilégios injustos e crenças bárbaras?

Um pedido de abrigo compulsório para os migrantes desempregados desconsidera os mais básicos processos legais. Sendo totalmente consciente dos seus direitos privilegiados e do seu status, mas fingindo ser uma pessoa comum, Zhong Nanshan devia saber: em todas as circunstâncias os interesses nacionais estão acima dos pessoais. Embora o rosto desse intelectual chinês evasivo pareça tão vívido no papel, até um laptop roubado pode se ligar ao interesse nacional. As pessoas podem ser ignorantes, mas não há desculpa para a sem-vergonhice.

Zhong teve seu laptop roubado. Por ele ser um "cidadão comum" de Guangzhou, o secretário provincial do partido fez desse roubo um caso de grande importância, mobilizou um número enorme de policiais e, para a satisfação de todos, encontrou rapidamente o laptop.

Alguém perguntou de quem eram os recursos utilizados? Alguém perguntou quem pagou o preço de tudo isso? Você não sabia que os direitos pessoais dos migrantes eram parte do custo? Antes de tudo, o sr. Zhong devia agradecer as pessoas a quem ele sub-repticiamente roubou os direitos, e depois se sentir agradecido aos seus funcionários – o partido e o Estado. Isso seria uma verdadeira demonstração de boa vontade.

Meio século atrás os vagabundos urbanos de que ele fala teriam sido a espinha dorsal das forças proletárias revolucionárias. Para repetir uma frase antiga: "Sem eles não haveria revolução; negá-los é negar a revolução". Antes de se tornar brutal, é preciso pesar as consequências, pensar com lucidez e tentar não agir drasticamente. Para os que estão em cargos importantes é fácil agir de modo idiota e estúpido, mas se eles são realmente idiotas a nação está em crise.

Neste mundo há roubo flagrante e privação oculta. Esses incontáveis migrantes urbanos não nasceram vagabundos e não passam de vítimas comuns do roubo flagrante e da privação oculta. Quando, e em que circunstâncias, eles perdem seus haveres será sempre um mistério. Não há dúvida: esse é o ato criminoso mais sinistro e mais dissimulado, e ninguém o investigará, mas esperamos que vocês, dirigentes, desfrutem de sua cota!

Zhong Nanshan foi citado como tendo dito: "O que separa a população urbana flutuante dos ladrões e assaltantes é uma linha muito tênue". Mas para ser mais preciso, apenas uma linha muito tênue separa os gângsteres políticos dos intelectuais chineses.

Zhong Nanshan também disse: "Com relação à criação das leis, que tipo de pessoa supomos que seja a base da nossa sociedade? Nossa base societária deve ser constituída por pessoas boas, e não por elementos criminosos; a leniência com o inimigo é crueldade com o Povo".

Proteger os direitos humanos é uma parte importante da constituição; é o espírito fundamental do humanitarismo. Os direitos humanos não são exclusivamente para os seres humanos "bons"; são direitos inatos para todos os indivíduos, sem distinção entre pessoas boas e más. A declaração de Zhong Nanshan "Nossa base societária deve ser constituída por pessoas boas" não somente gera preocupação quanto à capacidade intelectual de quem a emitiu e dos próprios círculos acadêmicos, como também faz o estado atual dos direitos humanos neste país parecer ainda mais alarmante. Se as organizações internacionais de direitos humanos anti-China tivessem conhecimento dela, isso não provocaria uma agitação? Por qual tipo de mundo Zhong Nanshan – que se acha uma boa pessoa – anseia? Espero que seu ponto de vista presunçoso e seus preconceitos não tenham reflexos em sua pesquisa científica, em sua prática médica ou em seus deveres educacionais, e especialmente em sua prática social.

Quanto aos migrantes urbanos que têm a consciência tranquila mas são incompetentes, abandonados, esquecidos, feridos, infelizes e ofendidos, esperemos que ninguém os incomode esta noite. Esperemos que vocês durmam sãos e salvos.

# Uma via que não tem fim

**POSTADO EM 5 DE JULHO DE 2006**

Platôs onde o oxigênio é raro, caminhos distantes, fumaça indicando habitação – é a vontade dos céus, essas adversidades e barreiras que protegem a cultura e a terra peculiares do Tibete.

Mas tudo isso vai desaparecendo. Uma ferrovia que se estende pelo continente está acelerando inescapavelmente o declínio dessa cultura[45]. Uma história profunda e extensa, um povo intrépido e um mundo independente, essencialmente espiritual, estão esvanecendo em nome da civilização. Assim são as dores da humanidade, assim é a verdade tangível.

Homens e mulheres piedosos e irreverentes de todo o mundo estão indo para o Tibete. Na volta levam consigo *khataghs*[46] e histórias, e pintam imagens de partidas emocionadas e experiências tocantes. Mas o que eles não podem levar de volta são as colossais montanhas, os lagos misteriosos e os rostos silenciosos que a maioria deles não suporta encarar. Embora qualquer um possa suplicar aos céus antes de começar uma jornada de preces, não é fácil chegar ao destino.

Feche os olhos: imagine um inimaginável mundo de consciência espiritual, acredite na existência desse mundo e então se convença totalmente de que ele pode ser alcançado apenas em sua imaginação.

Eu nunca visitarei esse lugar, mesmo com meios de transporte sempre mais modernos. Não preciso nem tenho motivos para ir. Quero aprender como manter a distância entre nós.

De um lugar distante invoco uma bênção para as pessoas dessa terra pura: sejam tão contentes e harmoniosos como vocês eram outrora. E os advirto: mantenham distância daqueles estrangeiros suspeitos que os saúdam de outras terras, aquela gente repulsiva da avenida Chang'an, da Wangfujing e de Xintiandi.

# A ignorância e a hipocrisia sempre vencem

**POSTADO EM 7 DE JULHO DE 2006**

Não ligo para a minha reputação. Como todas as pessoas, tenho o tipo de reputação que naturalmente decorre do fato de eu ser uma pessoa correta. Não receio encarar ninguém tampouco nenhum poder, por mais formidável que ele pareça. Isso porque confio na minha capacidade de proteger meus direitos fundamentais. Preciso ser assim, não há alternativa, e preciso estar disposto a sacrifícios para isso. Não vale a pena mencionar o preço que eventualmente pago para salvaguardar o direito de agir como uma pessoa correta.

A liberdade é um direito concedido por Deus. É inigualável, absoluta e não tem preço. Quer sejamos ricos ou pobres, inteligentes ou não, ela nos pertence e ninguém pode tocá-la.

Que mal há em profanar ou blasfemar? É possível ser xingado até a morte? Na realidade material e psicológica dessas almas perdidas que são ignorantes, inúteis, sem esperança, frustradas, tudo o que elas têm são xingamentos. Para as pessoas vis e grosseiras, ter alguns xingamentos à disposição não é tão mau assim.

Ninguém deve fingir representar o sistema ou usar a civilização como uma autoridade ou força. A civilização não pertence exclusivamente à camada superior da sociedade, não é uma precursora da manutenção da ordem social. A civilização é um amálgama da natureza humana, a soma de seus pontos excepcionais e de seus pontos fracos. Além disso, as relações entre riqueza e poder não precisam ser inevitáveis.

As teorias de superioridade, otimização e pureza cultural cultivadas pelos fascistas culturais serão sempre deploráveis, lamentáveis e lastimáveis. Tudo o que elas dizem é: eu sou melhor do que você; não vou refletir com você porque você é inferior a mim; em minha opinião, você é rasteiro e eu sou poderoso.

A eugenia tem origem num pânico interno. É a doce ilusão de pessoas ou autoridades que não ousam falar franca e honestamente ou não estão dispostas a isso. Não há justiça num mundo assim, e as boas intenções andam escassas por toda parte, e quer se trate de esforços intelectuais ou emocionais, toda energia vai para a proteção das condições básicas dessa existência tão indigna. A liberdade é uma ameaça direta à base societária de que depende essa existência, assim como as opiniões e os sistemas de valor transparentes.

Nada disso parece estranho. Estranho é o fato de que com os ganhos venha a perda. E quanto ao outro contingente da população? Onde está a sua suposta consciência social? Quem está protegendo os princípios fundamentais ou a verdade? Quem está falando pelos interesses de outros, a base indispensável da civilização? De modo geral não vale a pena se preocupar, porque esta é uma sociedade sem nenhuma bondade ou genialidade genuínas, uma sociedade em que a beleza abre caminho para a feiura. Todas as minhas ações e comportamentos egoístas são apenas para o meu proveito, eu nunca poderei compreender os outros verdadeiramente, pois não tenho um coração solidário. Eu discuto por interesse próprio, tendo em vista os meus direitos pessoais, achando que a minha posição egoísta pode estar relacionada com os outros.

Enquanto as pessoas brilhantes e perfeitas de uma sociedade conspirarem com os poderes obscuros para se tornarem ladrões e impostores, a nossa era continuará sendo uma era fragorosamente infeliz e carente de consciência. Todas as pessoas humilhadas e enganadas lutam para ganhar simpatia, acreditando profundamente que esse é o seu destino, e não têm aspirações nem incentivos para melhorar. São apenas o rebanho de carneiros mandados a pastar na estrada, renunciando com isso à sua busca de disciplina religiosa.

## Por que sou hipócrita

### POSTADO EM 12 DE JULHO DE 2006

Uma viagem que fiz recentemente a Jingdezhen me ofereceu a oportunidade de refletir[47]. Descobri que sou uma pessoa ignorante e desavergonhada. Usei o meu desavergonhado sensacionalismo midiático para conseguir uma sem-vergonhice até maior que a do público e usei a minha sem-vergonhice para realizar uma sem-vergonhice coletiva. E não vejo a sem-vergonhice como uma vergonha; pelo contrário, acredito de forma desavergonhada na falta de vergonha, e isso levou ao meu estado desavergonhado que vocês veem hoje. O objetivo da minha vida é me converter no tipo raro de exemplo negativo, dotar minha existência de um determinado tipo de necessidade e agora parece que não há nenhum grau de dificuldade na realização disso[48].

Também é possível que "desavergonhado" não seja um xingamento. "Desavergonhado" é uma avaliação do estado ético de alguém: significa que esse alguém é impuro em qualquer situação dada ou que perdeu determinada qualidade que os seres humanos devem ter. Mas esse é um estado normal para os nossos compatriotas, do contrário, por que outra razão estaríamos lutando tanto para restabelecer um senso de dignidade e indignidade? Nesse sentido eu não sou apenas desavergonhado: sou também um tanto esclarecido. Ter um senso de vergonha não é algo a ser enaltecido, e ninguém vai nos elogiar por isso, porque mesmo tendo um senso de vergonha isso não significa que você necessariamente sabe o que é dignidade. Apreender esses dois conceitos implica um grau de dificuldade[49].

Dizer que é "desavergonhada" uma pessoa que não sabe distinguir entre o certo e o errado não é exatamente uma avaliação adequada. É muito provável que as palavras e os feitos de uma pessoa não estejam dentro do campo da avaliação moral, e, pior ainda, nosso senso de moral pode ser totalmente diferente em situações ou épocas diferentes. Mesmo se compartilhássemos a mesma moral, seria difícil medir ou determinar quem foi mais desavergonhado. Podemos saber qual é a impressão de uma ideologia, mas não podemos saber quais são as suas verdadeiras intenções. As pessoas são profundamente complicadas, e é difícil apontar uma distinção clara entre quem é mais desavergonhado; por exemplo, quando um marido diz que sua mulher é desavergonhada, ela diz a mesma coisa sobre ele.

Nossa capacidade de distinguir o certo do errado é deplorável, e talvez isso se deva a falhas intelectuais. Mas as deficiências intelectuais não são nem mesmo deficiências reais, desde que sejam fisiológicas e não psicológicas – se forem psicológicas, elas ficam fora do campo do debate ético, e todas as discussões éticas têm suas falhas; ninguém pode resistir a uma ponderação excessiva. As alegadas deficiências intelectuais em padrões comuns de pensamento são produto de pensadores que têm um senso de julgamento inferior ao da média das pessoas ou diferente dela. As avaliações de pessoas com deficiência mental são amplamente aplicáveis à maioria, se não a todos, nos círculos de especialistas, acadêmicos e intelectuais.

Se a atividade intelectual dessas pessoas se mostra insuficientemente dinâmica, isso não lhes causa nenhum dano, e elas continuarão sendo consideradas símbolos da sabedoria nacional e tendo altas posições de caráter nobre e grande prestígio. Felizmente, nos últimos cem anos da China, as questões que exigem inteligência foram poucas e as teorias consideradas progressistas um século atrás são "inesgotáveis", "postas em uso continuamente, e válidas por toda parte como a origem de todo pensamento"[50]. A civilização material, a ciência e a tecnologia são coisa das "forças bárbaras ocidentais". Como a fábrica do mundo, já ganhamos para o nosso povo uma oportunidade de tomar fôlego e ressuscitar a economia. E mais: o nível intelectual de uma nação já não é importante na era globalizada; agora, o importante é encontrar meios de preservar a autoridade e a riqueza sob esses novos arranjos.

Não deveria existir no mundo inteiro uma pessoa tão traidora, tão vergonhosamente alheia ou que se desvia tanto da natureza humana e dos ideais sociais quanto eu – mas essas pessoas como eu enchem as ruas hoje em dia. Em relação àquela elite social – essas figuras influentes e esses personagens ilustres que caminham a passos largos nos raios cintilantes da esperança –, até a avaliação mais perversa não seria excessiva.

E não fantasie sobre humilhar alguém. As pessoas não podem ser humilhadas, a menos que elas próprias se humilhem. Eu estou me humilhando neste exato momento, dando mais um passo apenas para provar que sou hipócrita, uma fera com roupas de homem, embora perceba perfeitamente que os hipócritas provavelmente não terão um final feliz.

Se alguém acha que a minha linguagem perversa e o meu coração obscuro mancharam a gloriosa reputação dos homens corajosos desta nação, ou acredita realmente que os verdadeiros heróis são tão vulneráveis que tombam diante de apenas umas poucas palavras más, então essa pessoa está enganada. Ela não sabe do que é feito um herói. Podemos não saber do que somos feitos, mas não podemos fingir sermos heróis, mesmo numa época em que eles são produzidos em massa[51]; os heróis nunca foram pessoas que simplesmente cumprem seus deveres. Essa avaliação reflete a perspectiva mental e o sistema de valores da média das pessoas. Quão humildes e baixos precisamos nos tornar para que nossos padrões em incessante queda nos permitam louvar como heróis elevados e sublimes esses trabalhadores bajuladores que estão apenas cumprindo seu dever?

A gratidão é uma emoção autêntica e expressão recíproca da boa consciência, uma reação natural às boas intenções e às ações benevolentes dos outros. Devíamos nos lembrar das ações de outro médico, que com sua coragem poupou as pessoas de um verdadeiro desastre. Outras podem alegar que não tinham conhecimento dos fatos ocultados sobre a síndrome respiratória aguda grave, mas você, no olho do furacão, você sabia. Como é possível que um médico – voltado para o dever e que jurou salvar os agonizantes e curar os feridos, além de ser uma figura idosa respeitável e influente no mundo médico, um trabalhador honesto, leal e dinâmico – não tivesse coragem de encarar os fatos?

Eu estava em Pequim durante o surto da síndrome, e, embora as mutações virais não tenham me deixado dominado pelo medo, as pessoas nunca esquecerão as mentiras habituais do sistema, o silêncio dos médicos e o silêncio imposto à mídia. O vírus que se agitou na alma dos nossos compatriotas se mostrou muito mais aterrorizador e desapontador. Nem eu nem meus amigos usamos máscaras cirúrgicas, temendo que isso mascarasse nossa última gota de orgulho. Nunca ingeri um copo de medicamento fitoterápico chinês, rejeitei a depressão apocalíptica, soltei pipa no deserto Palácio Proibido, fui pescar no Templo Tanzhe e filmei um documentário, continuando minha vida como se tudo estivesse normal.

Os trabalhadores migrantes que normalmente não poderiam ser colocados para fora de Pequim fugiram em grande quantidade para se afastarem desse lugar impiedoso, suspeito e desgraçado. Mas longe dali as pessoas pegavam bastões e defendiam as entradas de suas aldeias, intimidando aqueles que até então eram orgulhosos pequineses. Os velhos do campo imploravam aos filhos que não voltassem da cidade. Na iminência de uma calamidade, as pessoas inconvictas revelam sua tolice, covardia, desventura e seu detestável ponto fraco. Aqueles dias tiveram um significado especial, e a imagem de um gato abandonado correndo na chuva pela Second Ring Road ainda me vem à mente.

As pessoas ainda gostam de ligar o comportamento de um indivíduo ao seu contexto familiar ou a sua composição intelectual. Essa interpretação é essencialmente uma negação da humanidade, pois qualquer pessoa pode, potencialmente, ter uma consciência boa, qualquer alma pode transcender a realidade e qualquer um pode alterar o seu destino ou encontrar esperança em meio ao desespero. O respeito não é algo que pode ser herdado de gerações anteriores nem distribuído como caridade; ele decorre da autoconfiança e da persistência. As pessoas geralmente aceitarão a mentalidade dominante, quer ela venha da família, da camada social ou da nação, sem considerar se ela é materialista ou espiritual. As pessoas geralmente aprovam a ordem, seja ou não justa ou benéfica e independentemente de ela se ligar ou não ao potencial humano para a existência. Mas para um povo sem convicção, os princípios básicos da vida são dependentes dos sucessos e fracassos do ganho pessoal, e o mundo se torna nada mais que um barco à deriva.

Uma nação que nega um fato fundamental, oculta e nega informação pode se renovar? Sobre que tipo de base se constrói um sistema organizacional que não tem consciência ética? E que tipo de preço pagaremos por isso? O *status quo* suplica às pessoas que reflitam sobre as questões mais ingênuas e simplistas, então quando a sociedade aprenderá as vantagens do conhecimento real derivado do bom senso fundamental? Quando ela nos dotará de um senso primitivo de respeito, de prazeres simples, do brilho de uma lógica refinada e de liberdades básicas? A filosofia, a ciência, a literatura, a arte e a política visam apenas ajudar no florescimento dessas possibilidades. O desvio desses princípios ou sua substituição por desculpas ou por outro modelo pode apenas incorrer em custos lamentáveis.

Mesmo sendo necessário, o esclarecimento dos fatos é quase impossível. Qualquer necessidade de explicar ou defender os direitos dos indivíduos e os esforços que fazemos para lutar por eles já são supérfluos. Geralmente dizemos que os direitos humanos são dados por Deus, o que significa que não devemos poupar esforços para protegê-los e torná-los parte integrante da nossa vida. Buscar justificativas ou sofismas para a questão dos direitos humanos é, quer se saiba ou não disso, uma forma de se eximir da responsabilidade pela ignorância e injustiça.

# O Povo, a lua, Zidane e mais

**POSTADO EM 15 DE JULHO DE 2006**

### O Povo

Dê uma olhada: há pessoas por toda parte – trabalhando, comprando, fazendo hora, passeando, ganhando dinheiro, tendo prejuízo –, há de fato uma abundância de gente.

Mas eu nunca vi "o Povo". O que é o "Povo"? O Povo é a soma total de muitas pessoas, e a soma das pessoas é imperceptível e intangível. Mao disse: "Só o Povo tem o poder de criar história". Uma pessoa é uma pessoa; uma multidão de pessoas é o Povo. Uma pessoa que caminha lentamente é um vagabundo, um pária; uma multidão que se comprime em vagões de trem indo para as férias, dezenas de milhares de pessoas invadindo o mesmo lugar – isso é o Povo.

O Grande Salão do Povo é uma sala gigantesca onde "o Povo" se reúne. Se o Povo fosse se reunir, até mesmo um salão maior seria insuficiente. Sendo assim, ele tem representantes na Assembleia Geral, e esses representantes representam o Povo. Então, quando os vemos, é como se víssemos o Povo. É impossível imaginar isso claramente. Mas hoje em dia há algo surpreendente: com tanta conversa sobre o Povo e sobre "Servir ao Povo", parece que os lugares que têm essas palavras em letras douradas postas no alto da entrada são precisamente os lugares onde as pessoas não ousam entrar. Em tais lugares as pessoas não vão, embora esses portões tenham sido erigidos para servi-las.

"O Povo" já se tornou um tipo de discurso que exclui e espezinha as pessoas. Olhe para si mesmo: você merece ser chamado de pessoa? Você também é um integrante do Povo. "O Povo" é o xingamento mais insultuoso, denota um populacho comprimido em que ninguém presta atenção, pessoas que vivem sua vida como indivíduos que não merecem ser tratados como pessoas. Exatamente como a gravidade, o Povo sempre existirá, mas nunca se revelará... vemos a casa desmoronar e a maçã cair da árvore, mas ninguém jamais viu a gravidade. Alguém que ajuda o outro é uma pessoa amável, alguém que ajuda os outros é uma boa pessoa, mas alguém que ajuda o Povo – uma coisa que nunca existiu – é um tolo.

### Funcionários corruptos

Se eu fosse funcionário, graduado ou não... esse simples pensamento ferve o meu sangue. Quero dizer honestamente: se eu fosse funcionário, só iria querer ser um funcionário corrupto.

Para mim está claro que apenas ser funcionário não é suficiente, e ser um funcionário honesto é um objetivo inútil e impossível. Os funcionários honestos correm ansiosamente para tratar dos problemas cotidianos das pessoas; seu coração é cristalino e eles são incorruptíveis. Sobrecarregam-se com a responsabilidade de levar nas costas tudo e todos, e são sempre os últimos a desfrutar do prazer – esse é um destino mais terrível do que o trabalho árduo, sua simples menção inspira medo, realizá-la efetivamente seria deprimente demais.

Mas tudo é completamente diferente quando se é um funcionário corrupto. A vida de um funcionário corrupto tem muitos prazeres. Tratado como um igual pelos colegas, bem recebido e enviado para reuniões ilustres com convidados distintos, seu macrocontrole mostra grandes saltos de progresso, até seus bichinhos de estimação alcançam a glória com ele – esse simples pensamento provoca uma onda de emoção.

### Os casos complexos de ataque a um policial

Se a polícia é atacada, esse acontecimento não se chama ataque, e sim suicídio. Quem faz isso quer morrer ou não está em boas condições mentais. Sua punição severa é a execução sumária; a punição leve seria o encaminhamento imediato para um hospício.

Se mais de dez pessoas organizam um ataque coletivo à polícia, trata-se de uma ação de natureza totalmente diferente. O bom senso nos diz que essas pessoas devem ser gângsteres (elementos sociais assaz indesejáveis), que sempre agem em grupos de oito a dez desordeiros. Se há poucos deles, não terão força suficiente, e se as multidões resultantes não puderem ser suprimidas, todos levarão uma surra. Mas se há muitos criminosos, é um espetáculo, eles se tornam quase um exército, e aí não há lucro suficiente para dividir entre todos os homens do povo. É por isso que as gangues e os trios estão sempre lutando uns contra os outros na televisão e nos filmes, e seus integrantes estão sempre tratando de matar uns aos outros; a polícia não precisa gastar uma única bala. Nesse tipo de filme não há música nem dança, não é preciso saber quem é bom e quem é mau; essa espécie de "limpeza" interna baseia-se nas regras da sobrevivência do mais forte. Um ataque feito por dez pessoas é uma mutação semelhante que ocorre na mesma situação.

Caso um ataque envolva mais de cem pessoas, o termo "ataque de multidão" não seria inadequado. Onde uma cidade pequena conseguiria tantos ladrões e criminosos? É preciso que os jornalistas tenham água no cérebro para relatar um fato desse tipo[52]. As ocorrências dessa magnitude devem ser chamadas de "ataque fora do padrão à polícia numa sociedade anormal" ou "o Povo dá o troco".

Mas os incidentes mais difíceis de definir ocorrem quando a força policial de uma cidade ataca a de outra, ou a polícia de uma cidade luta contra a de outra cidade, como quando a polícia de Shanxi ataca a de Pequim, ou quando um detetive da polícia agride violentamente um guarda de trânsito. Essas situações são complexas mas geralmente bem definidas e brutais, e uma vez que ambas as partes estão no mesmo ramo de atividade, elas sabem quais são os pontos mais dolorosos em cada uma e podem golpear sem hesitação. Na maioria dos casos o resultado é um cenário sangrento que se observa com desagrado. Mas essa é uma questão interna, algo semelhante ao treinamento de soldados para ataque armado. Quaisquer resultados são tratados de forma limpa e direta, e sem dúvida deixam as pessoas sinceramente convencidas. Exatamente como disse Jiang Zemin quando estava supervisionando o exército: "O moral dos soldados ainda parece elevado, seus maneirismos ainda parecem rijos e o teor geral continua sendo de unidade".

### Zidane

No final das contas, a Copa do Mundo se torna a "Copa do Xingamento", quando o objeto da alegria fanática do mundo acaba gerando tristeza. Dezenas de jogos, centenas de milhões de espectadores e bilhões em dinheiro – poderíamos dizer que é a mobilização de todas as forças da sociedade. Desde as primeiras lutas em Roma até os últimos jogos em Berlim, o amor da humanidade pelo espetáculo continua igual, a não ser pelo fato de ele ter afundado até o mais baixo estado de declínio possível. Os seres humanos tornaram-se civilizados, e os jogos em estádios já não são sangrentos; não há espetáculo de cem leões rugindo em coro nem cadáveres fortes sendo carregados um a um para fora do estádio. Em vez disso, os fãs do futebol se sentam no sofá diante de uma tela cintilante e ouvem a falsa paixão e a pseudoloucura dos comentaristas esportivos fazendo jorrar suas observações idiotas e sem graça.

Durante as finais do campeonato, Zidane[53], que carregava nas costas as esperanças do público em geral, não pôde tolerar a difamação de um bajuladorzinho desprezível. Depois de derrubá-lo no gramado e de receber o cartão vermelho, a França perdeu o jogo e Zidane declarou: "Não entro mais em campo".

Não sou fã de futebol, mas os comentários gerais sobre o modo como ele perdeu a cabeça começam a me parecer equivocados. Quando a calma e o intelecto não mantêm a dignidade da pessoa, isso é apenas um pretexto para os tolos se encolherem de medo, uma desculpa nauseante que insulta o intelecto da pessoa. A verdadeira calma e o verdadeiro intelecto estão sempre de prontidão para manter a dignidade e o orgulho; são a própria alma de qualquer competição, e acho que essa é a razão pela qual Zidane é Zidane. Isso me lembra o incidente com Dou Wei[54], que dá pouco espaço para crítica pois ele estava agindo para proteger seu orgulho e sua dignidade.

## A lua

A lua está sempre lá. Se o céu estiver claro, ela infalivelmente está suspensa no lugar onde deve estar. Um amigo meu tem um velho telescópio militar alemão, e no dia quinze de todo mês lunar a lua que eu vejo é um círculo perfeito, com as crateras e montanhas de sua superfície alternando-se entre reflexivas e opacas. Quando a observo durante a segunda metade do mês, ela já começou a mudar para a parte ocidental do céu, virando o rosto para rumar para baixo. Os antigos frequentemente olhavam para a lua, e tanto o estado de espírito de alguém que olha para a lua quanto o calendário lunar se relacionam bastante com o caráter dos chineses. É por isso que a expedição lunar não valeu a pena: ela destruiu nossas ilusões. Não havia deusas a serem descobertas na vizinhança, e tudo o mais era desinteressante[55]. A humanidade mostrou que é exatamente como uma pessoa: depois que cresce, suas histórias já não são mais divertidas. Os seres humanos tornaram-se preguiçosos, buscando a sombra fresca e evitando o calor. Por que não tentamos aterrissar no sol?

As características e personalidades da lua, do sol e dos planetas são tão individuais quanto as pessoas; o Universo ilimitado é incomensurável. Talvez este mundo seja o que eles cantam em lendas e fábulas, e a realidade seja parte de uma fantasia misteriosa e improvável, mas nós somos minúsculos demais, demasiado ignorantes, para termos consciência disso. O que são os seres humanos? Apenas coisas vivas do Universo que são leves como a poeira; são um tipo de coisa viva que balbucia e que também pode ver o espírito da lua.

## Algumas reflexões sobre as cidades do futuro

**POSTADO EM 25 DE JULHO DE 2006**

Discutir o que chamamos de cidade é na verdade discutir o espírito da humanidade, o espírito de um coletivo, suas fantasias e confusão.

Quando morava em Nova York, houve um período em que eu gostava de jogar cartas e ia a Atlantic City umas poucas vezes por semana. Durante aqueles dois anos eu me sentei num carro e bati meu recorde de viagens interurbanas, deslizando entre essas duas cidades umas duzentas vezes com meu traseiro a pouco mais de trinta centímetros do chão. Por que eu fazia isso? Evidentemente porque era isso que eu queria.

Não tenho uma grande relação com a cidade de Pequim – se o tráfego está congestionado eu posso optar por não andar de carro. Mas muitas pessoas precisam enfrentar o trânsito para pegar os filhos às seis da tarde e depois comemorar um aniversário na casa dos pais; talvez às dez da noite elas precisem voltar ao trabalho para ganhar algumas horas extras. Nessas circunstâncias, se as ruas pelas quais essas pessoas passam estiverem congestionadas, elas serão afetadas.

É impossível que os meus dias sejam alterados por essas coisas, porque eu não faço tais exigências; baixei ao máximo as minhas expectativas. Hoje um amigo me contou que levou meio ano para terminar de escrever sua tese e depois defendê-la. Eu nunca usei meu tempo desse modo. Não faço coisas que não tenho prazer em fazer.

É possível que nada nesta cidade me atraia. Se não quero passar uma noite em casa, quero sair, inevitavelmente eu penso: aonde eu iria? Esta cidade não tem estilo, é tão simples quanto um livro só de duas páginas – pode-se virá-las para a frente e para trás, mas não há conteúdo, não há potencial para que surjam histórias variadas.

Pequim pode realmente atormentar as pessoas. A cidade tem uma enorme quantidade de grandes distritos, e se fôssemos percorrer a pé a circunferência de qualquer um deles morreríamos de cansaço; não há lugar para parar e descansar, é uma cidade muito inóspita; não há instalações para forasteiros e nenhum dos distritos tem uma relação adequada com a cidade. Neste período especial da história todos mudaram de casa, ninguém conhece o vizinho e não há amigos com quem tenhamos crescido junto.

Quanto à conveniência, Xangai supera Pequim. Os problemas de Xangai são diferentes, e por razões históricas os xangaienses foram afetados com uma mentalidade eternamente arrogante e servil. Eles serão sempre burgueses insignificantes e mesquinhos, burgueses insignificantes saciados ou burgueses insignificantes em rápida ascensão para a fama. A velha face do Bund produziu mais algumas camadas de pele, mas não há pó que cubra a poeira dos velhos tempos: Xangai é apenas a ilusão da megacidade, sem espírito cosmopolita; é como uma linda pseudo-Broadway.

Comparada a Pequim e Xangai, Guangzhou é relativamente natural, e é uma cidade para os seus cidadãos. Embora seus prédios estejam dilapidados e superlotados, pode-se sempre encontrar algo para comer logo que se desce à rua ou se caminha uns poucos passos até uma loja. Guangzhou não é "malpassada"; é como um caldeirão borbulhante de cozido. Pequim nunca será bem-passada – alguns lugares cozinharam até passar do ponto e outros ainda estão gelados por dentro ou crus. Essa cidade nunca será uniformemente cozida.

Quando me refiro a uma "cidade natural" não estou insinuando que a natureza deveria ser trazida para dentro da cidade. Quero dizer que a cidade deve se desenvolver naturalmente. É como dormir, por exemplo: não se pode estipular uma posição para isso; cada um tem uma, e nas diferentes condições climáticas a mesma pessoa dorme de um jeito diferente. Se essas posições fossem prescritas (que tipo de coberta ou travesseiro usar), ninguém dormiria bem.

A "cidade natural" é um conceito semelhante. Na cidade, grupos diferentes formam uma relação natural com o ambiente que os cerca, criando uma ecologia competitiva, e essas relações não são prescritivas. É inevitável que as cidades tenham distritos com alta densidade, áreas com trânsito congestionado ou população rala, ou muitos centros. Mas chamar de "natural" uma cidade não é dizer que a floresta deve ser levada para áreas urbanas.

Tratando-se de uma cidade com excessiva interferência do governo e excesso de planejamento, não podemos esperar que campos de cultivo apareçam dentro de uma cidade natural, tampouco podemos esperar que o CBD não tenha engarrafamentos[56]. Isso é impossível. A cidade não é simplesmente uma pista de corrida, e nem sempre a velocidade é a melhor coisa. Se o trânsito numa área está congestionado, talvez você não escolherá ficar, mas vai escolher algum outro lugar para viver. A adaptabilidade humana está melhorando e as cidades estão ficando mais dinâmicas.

O governo é o principal incorporador de terras, e trabalha com os órgãos de incorporação imobiliária. Eles compartilham interesses comuns, mas não são o futuro. O futuro de uma cidade está em sua população, e todas as boas cidades são a mesma coisa. Elas devem contar com o poder de tomada de decisão dos cidadãos.

A sociedade futura ideal assegurará os direitos e as características individuais de todas as pessoas e lhes permitirá se desenvolver. Somente num contexto assim podem surgir cidades pluralistas e abundantes, em vez de largas avenidas como Liangguang ou Ping'an[57], feias em toda a sua extensão.

O consumo anual de cimento da China equivale atualmente à metade do consumo total do mundo, e o aumento anual dos prédios pequineses é maior do que a soma do aumento de toda a arquitetura europeia. Isso propõe questões que a humanidade nunca enfrentou. Mas o problema da arquitetura atual não é sua velocidade nem seu âmbito; o problema é que ela está impregnada de uma estética que fica aquém de nosso estado atual de realidade. Os prédios da China atual são construídos com uma estética falsa, popular, mais ou menos como se a filha de um fazendeiro usasse sapatos plataforma para andar no campo.

A nova torre da CCTV enche a cidade com uma sensação de fantasia e insegurança. A insegurança é uma característica das cidades modernas. O campo não conhece esse tipo de insegurança, que é exclusivo dos centros urbanos. As cidades precisam ter áreas que gerem esse tipo de instabilidade. "Instabilidade", "desarmonia" e "sensação de perigo" são todas palavras positivas. Minha compreensão de uma "sociedade harmoniosa" é a de que todos os elementos "desarmoniosos" podem existir simultaneamente, permitindo a exposição de todas as contradições e de toda diversidade[58]. Uma sociedade homogênea não pode ser harmoniosa.

As cidades precisam oferecer possibilidades de sobrevivência individual e devem incluir elementos personalizados, como pessoas que vendem DVDs, criam animais ou fazem entregas em domicílio. Se numa cidade as despesas básicas são altas demais, as lojas pequenas com pouca margem de lucro não podem existir, e então resta somente a alta-costura. Isso é um verdadeiro tormento; não há rua pior do que a que vende apenas grifes famosas. Tudo o que elas vendem é discriminação e preconceito; elas vendem mentiras sobre estética. A maioria das grifes é lixo notório com valores frequentemente piores do que os seus produtos.

As pessoas têm opiniões diferentes sobre o "Ninho de Pássaro", mas é impossível algo tão diferente não receber alguma crítica. A censura se concentra em três pontos principais. O primeiro: se um arquiteto "estrangeiro" deveria ter sido contratado; o segundo: se arquitetos não chineses entendem verdadeiramente o espírito nacional chinês; o terceiro: se a estrutura é segura e confiável, e se ela não implicou desperdício.

Minha resposta a esses comentários é a seguinte: primeiro, a arquitetura na China é uma produção decadente, faz parte de um sistema antigo em que forças antiquadas se apegam freneticamente aos lucros e às vantagens enquanto se opõem veementemente aos intrusos. Outras profissões não enfrentam problemas semelhantes. A ciência e a tecnologia pertencem à humanidade, não são exclusivas dos "estrangeiros" ou dos chineses, do contrário se deteriorariam e se tornariam a base de um nacionalismo tacanho. Segundo, fomos nós que os convidamos a participar da concorrência, e eles ganharam. Isso não é caridade e ninguém está implorando por nada. Terceiro, vocês se sentem inseguros em aviões projetados por "estrangeiros" ou no trem maglev?⁵⁹ O lado chinês estipulou o orçamento; se fosse necessário manter baixos os custos, os projetistas teriam apresentado uma proposta de custo correspondentemente baixo, portanto o orçamento não foi uma decisão dos projetistas.

As moradias de Pequim são fundamentalmente desprovidas de imaginação; a maioria dissemina os valores mais ignorantes e atrai uma população que vive num estado de constante ansiedade. A maioria dos condomínios fechados é simples e tosca, e a maioria dos consumidores não é esclarecida, tendo sido privada do seu poder de julgamento independente e também da sua base para tomada de decisões – ou então ambos lhe foram confiscados. Resumindo: o design é forçado a enfrentar um mercado não instruído.

Um arquiteto deve ser uma pessoa normal, com sentimentos iguais aos da média das pessoas; deve ter um juízo comum aperfeiçoado, uma lógica estética relativamente boa, ser capaz de lidar com problemas relativamente complicados e ter emoções genuínas. Contudo, o atual sistema educacional não oferece essas qualidades em nenhum aspecto, e um grande número de pessoas é sacrificado ao sistema. O que me diferencia é que eu nunca tive uma educação adequada e, tendo sido excluído da sociedade dominante desde a juventude, desconfio muito dos valores sociais. Quando estou investigando problemas, recorro ao meu ponto de vista, um ponto de vista que está totalmente fora do sistema. Nos cerca de doze anos que fiquei vagamundeando nos Estados Unidos, nunca fui capaz de me integrar completamente na estrutura do país. Ao voltar para Pequim, continuo sendo um estranho. Não acho que ser "independente" é uma má escolha; isso significa que você se trata bem e não há nada que o obrigue a abandonar o seu ponto de vista básico ou o seu bom senso fundamental.

Ser independente nos poupa de dificuldades, ao passo que a situação alternativa é cheia de complexidades. Na verdade, as alegadas dificuldades humanas giram em torno da questão da sobrevivência, e não estou disposto a aceitar isso, a menos que a simples existência se torne melancólica demais. Se eliminássemos esses problemas, nossas maiores dificuldades seriam aprender como respeitar nossas escolhas e nossos interesses pessoais. Eu não discuto o fim do mundo, que só pode ser parte de um renascimento, e nesse sentido falar sobre o futuro é despropositado. Mas sobretudo sou o tipo de pessoa que não exige absolutamente nada do futuro.

Não há utopia. Se houvesse, ela incluiria o respeito universal. Não há sensibilidade moral monolítica, e todos deviam ter o próprio mundo, inclusive os ladrões e as prostitutas. Esse tema é um tanto vazio, e na verdade a nossa felicidade hoje é

**1.18** Ai Weiwei e Hsieh Tehching em Tribeca, por volta de 1984.

importante porque afeta o nosso amanhã. Do mesmo modo, a cidade hoje é o futuro da cidade – não tem forma específica, não pode ser medida, está em perene mudança. Uma cidade tem um temperamento, assim como uma pessoa: é feliz, furiosa, lamenta e é jubilosa, tem um sorriso e uma carranca, tem dor e lembranças, angústia e loucura; tem amigos íntimos e os inevitáveis inimigos, pessoas que se ajudam mutuamente ou se rejeitam, mas ao mesmo tempo é um indivíduo solitário.

Em Berna, capital da Suíça, as tradições antigas foram mantidas. Vinte quilômetros fora de lá, começamos a sentir cheiro de esterco de vaca. Entre numa dessas fazendas onde o leite que se toma vem direto da vaca e o queijo é fresco, e o proprietário lhe dirá que seu pai fermentava álcool com a grama que crescia por ali. Eles dizem que, se a grama for abundante nesse ano, no próximo haverá fortes nevascas... Assim é a vida: quando podemos entrar num determinado cenário diariamente e deixar para trás as preocupações só porque podemos ver um espaço mais amplo. Você sabe que quando está concentrado numa coisa outra pessoa está concentrada em outra, e esse tipo de vida, em que as pessoas podem emprestar ideias umas às outras, é próspero.

As coisas não são assim por aqui, onde tudo é determinado pelas autoridades e a população inteira é desligada de todo o processo; tudo o que podemos fazer é pagar a conta. E assim nós temos as avenidas Liangguang e Ping'an, e sabemos que outras avenidas semelhantes surgirão no futuro. A Estação Ferroviária Pequim Oeste não é apenas um edifício de construção ruim; é uma parte humilhante da história da cidade e um constrangimento para todos os seus habitantes[60]. O caos cultural, as transformações, a incerteza e a capacidade de ressuscitar contida num prédio deveriam se refletir em sua construção, mas ele é tosco, desmembrado, desumano e muito irracional.

Para pôr à prova uma cidade, examine um dia na vida de um de seus cidadãos comuns. Siga-o no caminho do trabalho, observe sua escolha de transporte, seus itinerários, quanto tempo ele fica esperando um carro e que tipo de pessoa ele encontra. Uma cidade boa oferece velocidade, conveniência e conforto.

As cidades têm desejos; elas são o maior bem de consumo da humanidade. Você o cria, o consome, observa-o amadurecer e depois morrer. A cidade é construída para os nossos desejos. Você gostaria de poder aparecer subitamente ou desaparecer imediatamente; às duas da madrugada ainda há um lugar onde você pode ficar, alguma coisa para comer, você pode dormir até acordar na hora que quiser, gastar algum dinheiro para ficar feliz ou trabalhar quando quiser ganhar algum dinheiro. Se não consegue ganhar dinheiro, pode descobrir algum outro meio... Mas numa cidade realmente sem sorte, você não consegue nem mesmo roubar.

## Deixar nossos erros nos manterem bem baixos

**POSTADO EM 27 DE JULHO DE 2006**

Eis alguns conceitos: tradição, espaço urbano, arquitetura e espécie humana.
Comecemos com as pessoas. O conceito de espécie humana é muito claro. Hoje os seres humanos não são idênticos aos do passado, do mesmo modo como certamente somos pessoas diferentes das de dez anos atrás. Não há conceito abstrato de "pessoa". Morar em Pequim é totalmente diferente de morar em Tóquio ou na Índia; até os conceitos mais básicos como sofrimento, ansiedade ou felicidade são diferentes. É um conceito vago. Pense em Nova York, por exemplo, e Wall Street, onde as pessoas andam com pastas, monitoram o mercado de ações, empenham-se em vendas e preocupam-se apenas com questões de dinheiro. O que

fazemos na maioria do nosso tempo determina quem somos; essa é a marca da profissão de alguém.

Mais ou menos perto de Wall Street fica Chinatown, e o que pensam as pessoas dali? Elas pensam no melhor modo de gerenciar seu restaurante, que universidade seus filhos vão cursar, como seus parentes na China podem obter o visto ou o *green card*. Esses dois tipos de pessoa são dois animais totalmente diferentes. Apenas uma rua depois fica Little Italy, onde a cena é outra: fileiras de docerias, com fregueses entrando e saindo horas depois. Aqui há sempre conversas sussurradas pelos cantos e os sons de disparos de armas parecem ameaçar em cada esquina. Soho é infestado de artistas e designers elegantes e ricos. Eles se ocupam de pensamentos completamente diferentes numa velocidade que não ocorre em nenhum outro grupo. Seu trabalho é sentar-se ociosamente, pensando incredulamente e afligindo-se por ninharias. Nenhuma cidade estaria completa sem esse tipo de gente.

Quando as cidades começam a tomar forma, elas se tornam o lar de todos os tipos de pessoas: os pobres, os ricos, os que lutam, os ociosos – estão todos lá, compondo uma sociedade muito comum. Contudo, as pessoas de Pequim são geralmente de dois tipos: as que têm o *hukou* de Pequim e as que não têm; com esse documento as pessoas são consideradas da cidade ou forasteiras. A questão da permissão de residência esteve sob discussão por muito tempo. Os muros da cidade estão tomados por pichações com anúncios de documentos no mercado negro, e os cidadãos se dividem entre os que têm o *hukou* e os que não têm. Esta é uma sociedade extraordinariamente tosca, desumana, uma sociedade que não permite a dignidade.

A China jamais criou cidades autênticas ou cidadãos urbanos autênticos – os cidadãos urbanos são livres, têm interesses diversos que eles perseguem e protegem por meios adequados. Nas cidades autênticas, todas as camadas da sociedade encontram seus próprios meios de estabilidade e autossuficiência. Pequim, pelo contrário, é uma sociedade administrada por um poder concentrado. Aqui há os que dão ordens e os que suportam as consequências; cidadãos urbanos, propriamente ditos, não existem nesta sociedade. Numa sociedade assim não há liberdade para falar, tampouco autênticas cidades.

Quando julgamos uma cidade, precisamos primeiro tentar conhecer as pessoas que vivem nela. Uma cidade não deve ser julgada com base na beleza dos seus prédios. Um prédio é construído tendo em vista um objetivo, então que importância tem seu aspecto? Por que seria preciso apreciá-lo? Ele pode desagradá-lo totalmente e apesar disso você pode usá-lo porque ele é funcionalmente completo, com excelentes lojas, supermercados, cafés e restaurantes, banheiros limpos, corredores limpos, é seguro etc. Essas são as questões com as quais nos deparamos diariamente, mas se as pessoas as ignoram e apenas discutem se os prédios são atraentes ou não, isso é ridículo. Primeiro, deve-se pensar: seu filho vai andar nessas calçadas e acabar tão machucado quanto você? As pessoas que caminham ao seu lado ameaçam a sua segurança? Quando você precisa descansar encontra um banco limpo por perto?

Todo mundo adora falar sobre a sua cidade e o seu planejamento urbano. O planejamento urbano não é algo em que podemos influir, e o mundo urbano com que entramos em contato é muito pequeno. Por exemplo, você pode querer beber uma xícara de chá e não conseguir, e por isso ficar de mau humor. Uma cidade pode ser velha e decrépita, pode ser muito densa e até mesmo totalmente entupida de gente sem que tenha problemas desse tipo. Se você visitar o Japão, verá que o país é ricamente variado e tem os seus pontos fortes. Os escritórios estão nos andares superiores e as lojas e espaços públicos ficam embaixo; há muitas passagens subterrâneas, eficiência e produção crescentes com redução do nosso gasto de tempo.

A arquitetura acontece com as mais variadas formas, mas nunca é forma pela forma. Não cozinhamos simplesmente para produzir algo de aparência agradável, mas pelo sabor e nutrição; isso é inquestionável. E, no entanto, continuamos debatendo a questão da forma. Isso é uma falha do sistema educacional: as escolas deixam de produzir pessoas que compreendem o estilo de vida, capazes de sentir e que têm desejos e sonhos. Nossas formas e aspectos fatalmente serão inferiores porque nosso sistema é precário. Somos simplesmente feitos assim, por isso nossa maior falha é a falha da educação, a falha da estética, da ética e da filosofia. Essa falha levou as pessoas de hoje à crueza e à simplicidade. A beleza e a bondade se relacionam, e isso é uma consideração fundamental da estética.

Meu status é de artista, do tipo que não tem questões sérias, que não tem muita relação com os outros e não gastará energia demais com a questão da estética. Faço severas exigências quanto aos fundamentos do espaço e suas dimensões; tenho poucas exigências estritas sobre a arte. Não aspiro a ser cercado de precisão, e as minhas experiências de vida têm pouca coisa a ver com precisão, mas aspiro à racionalidade e à razão na arte, assim como a métodos de julgamento que se ajustem à minha personalidade. Isso não tem nada a ver com os outros. Posso respeitar um trabalhador cuja residência é muito simples porque, como tudo o que se relaciona a ele, não se pode esperar que a residência de uma pessoa simples se pareça com a de uma estrela de Hollywood. Isso é o que estou tentando dizer: a vida muda. Alguns lucram, outros são oprimidos, mas nenhuma mudança deve afetar a dignidade de uma pessoa; pelo menos nós esperamos que não. Todas as pessoas têm a responsabilidade de declarar sua opinião sobre as coisas, de expor os princípios simples da sua vida, de se agarrar ao que elas têm ou acham que têm. Acreditamos que Deus deu às pessoas esses direitos quando as criou, e esses direitos não têm relação com a riqueza futura.

A China Central Television teve sorte[61]. Rem Koolhaas trabalhou antes na mídia, é autor de muitos livros interessantes e conhece muito bem a mídia. No seu campo, apenas uma meia dúzia de pessoas têm um conhecimento mais profundo da mídia, e no campo da arquitetura ele não tem rival.

Todos nós sabemos que tipo de mídia é a China Central Television. Não é uma verdadeira mídia de massa; a existência e a programação da CCTV dependem do poder administrativo e das políticas do governo. A afirmação de que ela é muito "interessante" está sujeita a conter todos os tipos de contradições internas; e assim é a vida contemporânea. Ou seja, diferentes interpretações, conflitos e confusões existem dentro do nosso conhecimento do sistema de valores, da competência técnica, da digitalização e da mudança. Além disso, conflito e confusão são exatamente o que Koolhaas mais conhece e mais ama. Para ele as implicações sociais e políticas de uma obra arquitetônica excedem em muito seu valor como arquitetura em si. Claro, essas implicações ainda precisam ser expressas de forma física, que será dotada do seu próprio significado, mas é impossível expressar esse significado hoje. Independentemente de isso ter ou não ter sido uma oportunidade feliz, parece ter se tornado uma realidade, assim como outros projetos que estão sendo realizados em Pequim acordarão o mundo para a possibilidade de uma nova presença vigorosa.

Não me importo muito com a aparência superficial de uma cidade ou se ela fica ainda pior. O que me preocupa são vias como a Ping'an e a Liangguang, avenidas largas cujo planejamento acaba por prejudicar a cidade e eliminar sua possibilidade de renascimento. Se uma obra arquitetônica parece boa ou ruim, isso é uma consideração secundária. Pequim é cheia de projetos arquitetônicos absurdos e praticamente todos os seus projetos premiados são ridículos, mas isso não é muito importante.

Isso simplesmente não me importa. A cidade não existe para ser apreciada, ela existe para ser usada, como os sapatos. Usamos calçados de caminhada para caminhar e calçados de correr para correr. Se insistimos em usar sandálias no inverno ou sapatos de salto alto para longas caminhadas, vamos sofrer, e esse é um erro comum das indústrias chinesas. Merecemos esse sofrimento, devíamos lidar com as consequências, porque esse é o único tipo de arquiteto que temos. Tudo isso tem pouco a ver comigo: eu não vou à cidade; tenho pouca relação com ela e moro em sua periferia. No máximo vou jantar com amigos lá, e mesmo o jantar não é uma coisa agradável: ambientes desagradáveis, comida perigosa, serviço ruim, comida cara e de baixa qualidade – nada é feito adequadamente. Sempre fico perdido quando amigos que estão me visitando me perguntam onde devem ir para jantar ou se divertir.

Não é uma questão de tempo; é que as pessoas hoje não têm certo humor. Tempo não é desculpa; nosso tempo devia ser dedicado ao autoaprimoramento; não há meio melhor de passar o tempo. Muitos arquitetos se queixam de que não podem pegar seus próprios projetos ou de que seus clientes são desse ou de outro jeito. Vocês merecem, esse é o seu destino. Por que simplesmente não se recusam a construir? Quem os forçou a serem arquitetos? Por que vocês não podem dizer: "Sou um profissional, prefiro ir embora a criar isso"? O único jeito de tornar este lugar respeitável é todo mundo trabalhar de forma um pouco mais árdua no autoaprimoramento.

A chamada boa arquitetura é importante apenas num certo lugar e tempo. Em outro lugar ou tempo seu significado empalideceria e depois desapareceria. A boa arquitetura é relevante, e apenas as coisas relevantes têm real significado. É muito simples; pense na patinação no gelo, por exemplo: você pode analisar as posições de um patinador no gelo, mas é impossível repeti-las exatamente. O desempenho da China hoje é lamentável: caímos o tempo todo. Isso é um fato inescapável. A única coisa que podemos fazer é honestamente aprender com os nossos tombos.

## Abalos secundários

### POSTADO EM 28 DE JULHO DE 2006

Existem dois tipos de catástrofe: as catástrofes naturais visíveis e quantificáveis e as catástrofes psicológicas invisíveis e imensuráveis.

Nas catástrofes naturais a força da natureza destrói a ordem original das coisas e a vida e a morte trocam de lugar. Mas as catástrofes psicológicas invisíveis e imensuráveis ocorrem nas profundezas de nossa psicologia e constrangem imediatamente nossa alma. São como uma cicatriz no espírito de uma nação: O que aconteceu? O que causou a ferida? Onde está a fonte do choque? Essas são perguntas eternamente evitadas, que têm como resposta bocas seladas, olhos que não podem nunca se fechar, feridas que se recusam a sarar e fantasmas que nunca desaparecem.

Uma nação cuja alma sofreu uma catástrofe dessas não irá simplesmente morrer; ela não desaparecerá no horizonte. Ela usará meios corporais para se regozijar, comemorar e delirar, como sempre fez. Observando hoje o que temos ao nosso redor, veremos que isso não poderia estar mais claro.

Uma catástrofe natural ocorrida trinta anos atrás desferiu mais um duro golpe na terra eternamente atingida por catástrofes: no começo da manhã do dia 28 de julho de 1976, às 3h42 e 53,8 segundos, o centro industrial de Tangshan reduziu-se de repente a pedregulhos. A crosta terrestre se deslocou e enterrou mais de 800 mil vidas sob os detritos; 600 mil ficaram feridas e quase 240 mil morreram. Assim como acontece com a maioria das estatísticas daqui, muitos anos depois do fato esse número não foi confirmado por uma declaração oficial.

No mesmo ano três dirigentes nacionais morreram um após o outro[62], dando à catástrofe natural um matiz de bem e mal folclóricos e de agourenta presciência de um fenômeno celestial. O significado histórico do terremoto de Tangshan reflete a filosofia dialética dos nossos ancestrais com relação ao desejo da humanidade de sobreviver e à vontade da natureza.

Não posso saber qual é a vontade dos céus, mas o terremoto de Tangshan foi um terrível epílogo para um dos períodos mais obscuros da história da humanidade. Mas a história não pode verdadeiramente chegar ao fim, e uma realidade desumanamente brutal não desaparece por causa de uma catástrofe natural; em vez disso ela continuará mordiscando o espírito dos sobreviventes com outro meio silencioso e invisível: harmonia e felicidade. Trinta anos depois, na mesma data, as pessoas ainda são incapazes de fugir da realidade daquele pesadelo; não podem determinar a natureza exata daquela cena calamitosa – o que aconteceu, exatamente, foi realidade ou ilusão? Nós já acordamos desse sonho ou não?

Podemos dizer que todas as histórias têm seus pontos negros – que a força e a maldade de violar a vontade da natureza sempre existirão –, mas neste pedaço de terra a história é bem diferente. Aqui, tanto os crimes quanto a sua execução ocorrem por meio dos criadores da história; quem sofre é também quem impõe a dor. A história é um poço escuro, sem fundo, e não tardará a ser inundada de negro, se já não foi.

O extermínio da memória coletiva de uma nação e de sua capacidade de autorreflexão é como a rejeição de um organismo vivo ao seu próprio sistema imunológico. A principal diferença é que esta nação não morrerá, apenas perderá a faculdade da razão.

## Orientação espiritual e as possibilidades da existência

**POSTADO EM 1º DE AGOSTO DE 2006**

Se dizemos que os artistas devem interpretar sua existência e seu estado físico e espiritual, essa interpretação fatalmente irá se referir à época em que eles vivem, à situação política e ideológica dessa época e, naturalmente, à visão de mundo do artista. Essa visão de mundo é apresentada por meio de linguagens artísticas e ambiguidade e, assim como todas as outras coisas que chamamos de "fatos", tem características nítidas e não se mistura.

Mesmo assim, a transparência da arte é então possivelmente "múltipla" ou "indistinta". Nesse ponto a ambiguidade e a sugestão criam uma orientação espiritual substancial, como uma mão estendida apontando para um espaço indecifrável e inexplicável, uma direção à frente onde nada e tudo podem acontecer.

Quem pode explicar claramente essa total falta de substância que fica depois de um olhar fixo? Por outro lado, quem pode entender claramente o engano profundo que permanece depois de um olhar descuidado e desatento?

Se ainda hoje podemos chamar os parâmetros a que estamos nos referindo de um mundo completo, poderíamos dizer que suas características espirituais são fraturadas e modificadas. Linguagens múltiplas, padrões e valores pluralistas já sacudiram ao máximo o senso estético tradicional da humanidade. O mundo espiritual de hoje em dia está precisando de um novo julgamento estético e de um novo sistema de valores, exatamente como uma lagoa de lótus na expectativa de um súbito temporal. O antiquado sistema existente é hipócrita e ineficiente; é impossível. Mas um potencial novo ilustra verdadeiramente o nosso estado atual. A humanidade atravessou milhares de anos de provações e glória, e depois de uma cultura espiritual e material, depois de eliminar os obstáculos de uma esfera de necessidade para outra, finalmente temos um estado de nulidade, estamos cercados de vazio e existimos apenas em nosso potencial.

**1.19** A fruta cítrica "mão-de-buda" e cabaças de *hulu* numa fruteira na cozinha de Ai, 14 de novembro de 2007.

Todas as possibilidades vêm de dentro. O caos e a loucura incondicional da realidade e suas teorias, que parecem certas mas que são tão erradas, fizeram do mundo um lugar complicado e confuso.

## Super luzes: Yan Lei e o seu trabalho

### POSTADO EM 16 DE AGOSTO DE 2006

Em 2002, Yan Lei[63] começou um novo tipo de pintura. Desde a primeira tela dessa série sabíamos que aquilo era o começo de algo ilimitado, uma gota de líquido salgado selecionada do vasto oceano. Desde então as obras de Yan Lei continuaram voltadas para o exame e a explicação das interpretações do artista sobre as relações fundamentais entre cultura, ação pictórica e expressão.

O método de produção e a posição crítica incorporada nessas obras surgem das reflexões do artista sobre a pintura e do entendimento que ele tem desta como um meio de expressão plano e de duas dimensões. Essa posição crítica foi retirada da relação de dependência recíproca entre o significado expresso e o modo de expressão, a necessidade e a profundidade da própria expressão, a precisão da narração e as suas razões, as características distintas e sua forma mais ideal, e a coerência entre a visão de mundo expressa e o estilo de vida do artista. Essa compreensão libera o artista da extensão simplista da experiência pessoal e dos sentimentos narcisistas que tipicamente surgem do processo descritivo como tal.

A natureza especializada do processo artístico se manifesta no método singular que o artista emprega para controlar as implicações que ele está produzindo, assim como na integridade desse método. Até mesmo quando procura uma metodologia adequada, Yan Lei já percebeu que a padronização da expressão artística tem implicações revolucionárias para a pintura. Essas implicações se tornam manifestas no abandono de todos os métodos de trabalho conhecidos que ocorre quando qualquer tecnologia nova passa a ser usada. Quando isso aconteceu, a pintura já não era simplesmente um espaço para a expressão individual, mas na verdade um espaço uniforme, racional, codificado, para a produção. A integridade de uma pintura, o grau em que ela é circulada e a extensão em que é adequada são fatores que em última análise irão determinar a sua perfeição. A pintura se torna mais que simplesmente pintura; torna-se uma razão para a produção, algo mais próximo de um método de produção popular.

Nesse nível o trabalho cotidiano de Yan Lei o faz parecer um homem que opta por percorrer a única rua deserta numa área urbana densa – e esse se torna o seu trajeto diário.

Sobre a questão do que em última análise precisa ser expresso e da impossibilidade da sua expressão, a substância e a forma das obras de Yan Lei são simplesmente uma consequência da sua visão de mundo. Isso é mais ou menos como a diferença na visão do nosso mundo por uma mosca e por nós. Yan Lei usa fotos e imagens. Reúne seus materiais, manipula suas imagens digitalmente, imprime-as, atribui-lhes uma cor padrão e depois orienta trabalhadores para pintá-las. Ele bebe, fala ao telefone, olha para apartamentos, compra carros, muda de casa, apresenta propostas, prepara exposições e vende pinturas. Sua precisão e tranquilidade se parecem com a de um soldado que limpa cuidadosamente todos os componentes da sua arma, uma ação que ele executa diariamente sabendo que, mesmo se vivemos em paz, sempre há uma guerra sendo travada nas fronteiras de outra pessoa. Mas ao mesmo tempo Yan Lei se comporta com a intensidade e o nervosismo de um negociante de Wall Street, cujos constante movimento e infinitas oportunidades nunca dão a chance de mudar os registros emocionais.

Os modos de expressão articulados de Yan Lei e seu controle sobre eles derivam em última análise da sua fé num sistema abrangente e da aplicação coerente de um método de produção. Essa coerência permite que suas representações separem significado de sentimento, substância de estratagema e artista de obra. A necessidade de separar o artista do seu intermediário sentida pelo observador justifica claramente a compreensão arrepiante, aguda, do mundo além do seu corpo, com os acontecimentos, tarefas e emoções que dizem respeito à sua vida.

Quando eu olho para a arte de Yan Lei me ocorre que eu só a chamo de "arte" porque, se não fosse arte, ela não seria absolutamente nada. Quer ele use cores ou monocromos, ou um pouco de cada um, em seu ateliê as pinturas ficam estendidas no chão. Ele nunca sente a necessidade de montar suas telas. Mais tarde, quando as despacha, ele apenas as enrola.

Qualquer imagem pode ser uma pintura em potencial. Por "qualquer" quero dizer que é impossível encontrar uma imagem inapropriada para ser tema de uma das suas pinturas, apesar do fato de o artista às vezes não acreditar nisso: "Preciso escolher o que eu quero". Mas ele nunca esclarece o que é o "eu"; Yan Lei é como uma frase sem sujeito.

Essas imagens incluíram uma trupe circense de curadores da Documenta; a moça que mora ao lado; retratos dos trabalhadores embotados que produzem as obras dele; os doze animais do zodíaco chinês, mas sem o dragão (Yan Lei não acredita na antiga representação chinesa do dragão); banquetes; a Academia Chinesa de Arte (onde ele estudou); os Alpes vislumbrados da janela do avião; vistas de cidades conhecidas e estrangeiras; obras de outros artistas, independentemente de ele gostar ou não deles; e fotos superexpostas. Tudo nos parece conhecido, aparentemente importante e desconhecido, coisas intangíveis: estátuas de Buda dourado, macarrão de farinha branca, imagens abstratas, imagens visuais etc. O que quer que o mundo possa oferecer, as telas de Yan Lei contêm ou irão conter. Suas atenções artísticas não têm ponto focal nem eixo, nem interesses a serem atendidos nem sentimentos dos quais eles não podem se divorciar. O que há é apenas a ordem em que elas surgem e desaparecem, e o encontro arbitrário dele com elas e com a necessidade delas. Por meio desse método ele tenta se depenar até ficar limpo; essa é precisamente a patologia de Yan Lei.

Este mundo e todos os seus desejos deformaram Yan Lei até ele ser uma relíquia da "velha sociedade". Ele é um inocente experiente, vaidoso mas cheio de ilusões, intolerante mas não fanático. Com seu espírito cosmopolita e estilo provinciano, seu sofrimento raso e satisfação profunda, seu medo do amor e o anseio pela amizade, ele encarna as características da natureza humana na nossa época.

Yan Lei enfrentou o mundo e fez uma escolha pragmática. Ele escolheu a possibilidade mais apropriada: uma história infinita, sem fim nem começo; ela pode ser contada, contá-la seria vão, é uma história que não deveria ser contada. Apesar de tudo isso, subsiste que quem fala não tem objetivo. Todas as intenções estão com o ouvinte.

## Sapatilhas de pano

### POSTADO EM 18 DE AGOSTO DE 2006

As sapatilhas de pano são o único calçado bom para andar nas estradinhas do campo, desde que não esteja chovendo. As solas dos pés ficam firmes e o peito relaxado, e mesmo nas viagens em terras estrangeiras, assim que as calçamos é como se tivéssemos chegado a casa.

Mas as sapatilhas de pano não são boas nas ruas europeias com pavimento de pedra; evidentemente elas não foram feitas para caminhadas difíceis ou muito longas, pois seria preciso levar vários pares e se preparar para trocá-las a qualquer hora. Só assim seria possível continuar. Muito tempo atrás, quando os homens saíam para viagens longas, as mulheres teciam sapatos sem parar.

### Nação

Fora as validações tidas como hábitos de fé ou as típicas razões históricas para formar grupos, esta nação tem uma verdadeira característica nacional: a falta de fé é um traço proeminente do caráter nacional chinês. Atolando-se no dilema ético que é a incapacidade de distinguir entre o bem e o mal, nossa nação está naturalmente se tornando uma nação com pouca sensibilidade para distinguir entre a vergonha e a dignidade.

Um povo que não tem princípios de bem e mal não precisa lembrar o passado. Sem alegria ou sofrimento duradouro, a autoconfiança ou a coragem não podem ser restauradas, simplesmente porque esse tipo de gente não tem futuro: os chineses estão se debatendo numa dor torturante, numa alegria ou tristeza patológicas; eles são incapazes de se soltar. O futuro é sempre breve demais e o hoje parece muito longo.

Quando este país irá se tornar verdadeiramente uma nação independente? Quando seu povo fez qualquer coisa para quem quer que fosse fora de suas fronteiras? Numa nação chamada de "terra natal" por miríades de pessoas, só podemos nos envergonhar. Ela não tem feitos e ideias verdadeiros, só esperanças vãs e nenhum sonho verdadeiro. Seus filhos dão-lhe as costas levianamente, não pensam em fitá-la novamente nem sentem vergonha por isso. O desprezo e a vergonha estão levando seu povo a perder a coragem de dizer seu nome.

**Facciosismo**

A formação de alianças, esse conceito primitivo e selvagem quase deificado, indica, no nível muito básico, a exclusão dos de fora. Esse é o *modus operandi* e a autojustificativa de certas pessoas que se veem como uma espécie diferente, uma espécie com ideais elevados e nobres e que acredita ser composta por pensadores avançados.

Louvando a violência para obter vantagens, essas pessoas se tornaram exatamente o oposto das suas ilusões e proclamações fantásticas, tornaram-se um porta-voz do poder do capital e das corporações que monopolizam o lucro. Sempre ocultando as falhas e minimizando os erros para se protegerem mutuamente, elas mantêm uma ilusão de dignidade, mantêm a dor duradoura.

**Destino**

O destino, como geralmente o entendemos, nunca tem sido fraudulento. A menos que a fraude seja tão profundamente oculta que em todas as minhas viagens, intencionais ou não, e mesmo nas perambulações que se prolongam até a estagnação, eu seja incapaz de compreendê-lo ou de apreendê-lo. O amor aos direitos individuais e o desejo de protegê-los me acompanharam durante todo o tempo, e esses direitos precisam ser inerentes por toda parte. Desde o momento em que me tornei consciente deles, os direitos humanos foram irresistivelmente atraentes para mim. Vou colocar o problema deste modo: as questões referentes aos seres humanos e à vontade humana abrem uma teia de pensamento, como o remo de um barquinho afastando-o da praia, perturbando a calma superfície da água. Eu vejo, e minha relação com tudo na praia mudou.

# Xingamentos usuais

## POSTADO EM 20 DE AGOSTO DE 2006

### Besteira

A vida humana é soberana, e nós nascemos com os direitos e a dignidade inerentes a ela. Estes são superiores a qualquer poder com exceção da morte, seja ela espiritual ou física.

A declaração acima é uma tremenda besteira. Os seres humanos nunca foram soberanos; eles sempre viveram oprimidos e precisam permanentemente lembrar isso uns aos outros, ou terão de pagar um preço ainda mais alto. Essa é a história da civilização.

### Direitos

De todas as palavras do dicionário, essa é a mais deplorável e a que tem conotações mais desagradáveis. Está sempre presente em relatos sobre figuras trágicas, acontecimentos infelizes, lugares sombrios e história cruel. É uma palavra obscena que não devia nunca mais ser mencionada. Não importa quando ou onde, o grito pelos direitos humanos é humilhante. O pior é que, por um longo tempo no futuro, continuaremos ouvindo essa que é a mais conhecida entre as palavras imundas vindo de lugares totalmente desconhecidos.

### Entorpecimento

Quando se trata de ser entorpecido, algumas pessoas ganham em primeiro lugar: aquelas que sacrificam quem está mais próximo delas para prolongar a própria vida ignóbil; pessoas com interesses mas sem princípios; pessoas com alimento e vestuário adequados mas sem fé; pessoas sem determinação, que só conhecem o oportunismo; observadores em perfeito juízo mas despojados de coragem.

No que diz respeito à vida, o objetivo mais elevado seria sacrificar nosso interesse pessoal em favor da integridade. Do mesmo modo, não há maior vergonha do que ser fraco demais para fazer esse sacrifício ou viver apenas para estar vivo. O poder centralizado do Estado está sempre testando a humanidade das pessoas comuns. Não tente encontrar uma razão para a justiça – a justiça é uma razão em si mesma, não precisa de outra validação. Não tente encontrar uma razão para o mal, porque para ele não existe justificativa.

# Coisas desprezíveis

**POSTADO EM 21 DE AGOSTO DE 2006**

### Discernimento

Não recebi uma educação adequada. Isso se revelou impossível desde muito cedo, e na época em que me dei conta desse fato já era tarde demais. Eu era como um viajante no lusco-fusco cercado de árvores antes de perceber que estava na floresta. Tudo o que me restava fazer era lutar para lembrar o caminho que havia me levado até lá e discernir que direção eu tomava.

### Tentação

A existência é, em si mesma, tentação. A tentação já está neste corpo e toda vez que nos aproximamos dela recuamos novamente. Mas isso é apenas para criar uma tentação eterna.

O que não pode ser agarrado, o que pode ser captado com os olhos mas que escapa às nossas mãos, o que jamais nos pertencerá e que é impossível é o que nos deixa frustrados e desapontados, e levará mais tempo para ser compreendido.

### Desfazer

A formulação dos pensamentos e sua posterior articulação assemelham-se a encontrar um fio solto num casaco de tricô e cuidadosamente puxá-lo até que todos os pontos da peça estejam desfeitos. Mas sempre há exceções, por exemplo, quando você não sabe como ou não tem vontade.

### Símbolos

Se estamos construindo com pouco material ou estamos diante de uma praia inalcançável, distante, então só podemos usar símbolos. Um símbolo é uma rua onde podemos correr, mas que não existe; uma rua que pode ser facilmente abandonada e que não precisa ser compreendida. Um símbolo é a mais rápida e mais conveniente de todas as ruas, mas é também a mais profunda e inalcançável.

### Coisas desprezíveis

Na grande maioria dos casos, foi uma dificuldade que me ajudou. Eu sou uma coisa desprezível, porque tenho esperança nas pessoas.

**R**

O sr. R é um pensador original no sentido geral da palavra. Não há muitas pessoas como ele por aí. Quando fala sobre conceitos, ele acha que o verdadeiro significado de um "conceito" reside na experiência pessoal e no conhecimento. Foi esse tipo de pensamento que me fez ir a Kassel para a Documenta.

Embora duas linhas pareçam superpostas no mesmo ponto e se tenha a impressão de que elas podem se cruzar, na verdade elas estão em planos diferentes e nunca se encontrarão.

**Armadilhas**

Pessoas que não entendem a felicidade fazendo grandes esforços para garantir a felicidade da próxima geração – isso parece mais uma armadilha.

**Fragilidade**

A fraqueza incitará um anseio por força extraordinária, e não somente um tipo comum de desejo.

Imagine os sentimentos de uma débil lâmina de grama numa tempestade. Imagine seu frágil desejo de força e a probabilidade de esta ser conquistada ou não. Mesmo sendo frágil, a lâmina não pode ser conquistada, ela é confiante e invencível, e em qualquer momento pode se rebelar. A força é uma visão comum, que quase abandona o corpo; sem uivos os gemidos parecem mais persistentes.

## Bílis de ursos vivos

**POSTADO EM 25 DE AGOSTO DE 2006**

**Pandas**

Durante acordos políticos suspeitos e entre os modos agradáveis dos seres humanos, o status do panda como símbolo nacional tornou-se um tipo de realidade. Quando Nixon veio à China na década de 1970, esses animais foram exibidos como uma prova cabal de que a humanidade ainda existe neste pedaço de terra. Eles foram explorados pelos chineses e pela mídia ocidental como mediadores na mitigação das discussões ambíguas que ocorreram entre adversários ideológicos.

Hoje, como um dos gestos simpáticos do partido para aplacar o governo no exílio, Tuantuan e Yuanyuan são apenas manifestações ineficazes de desejos unilaterais de unificação[64].

Com seus corpos gorduchos e movimentos desajeitados, esses vegetarianos nada ursinos pertencentes a uma família de carnívoros fazem de onde quer que encontrem alimento sua casa. Têm um temperamento dócil e por só se acasalarem com grande dificuldade estão no limiar da extinção. São o símbolo do moderno espírito chinês.

**Bílis de urso vivo**

O urso-lua é nativo da Ásia e a bílis extraída de sua vesícula é um ingrediente em alguns dos mais misteriosos e poderosos remédios chineses tradicionais. Por isso o urso-lua enfrenta na China um destino inescapável. Durante toda a sua vida, ursos capturados ficam trancafiados em gaiolas tão pequenas que eles não conseguem nem mesmo se virar; inserem-se tubos em sua vesícula e a bílis é continuamente extraída. As feridas desses ursos inflamam e o quadro é horrível demais para ser visto. Mesmo depois de serem salvos por ativistas, os animais continuam com o ânimo arruinado, mostrando as características comuns aos maníacos-depressivos.

Se o sacrifício é necessário, ele deve ser acompanhado por cerimônias adequadas. Um sacrifício sem cerimônias é um crime contra o mundo natural.

**Concessões estrangeiras**

Do lado de fora de um parque no bairro das legações em Xangai havia uma placa com os dizeres: "Proibida a entrada de chineses e de cães". Entre todos os milhares de atos perversos cometidos pelos diversos poderes estrangeiros na China, essa placa tornou-se o ponto focal da fúria do povo. A lógica que está por trás disso é simples: os chineses desprezam os cães; sendo assim, como os dois poderiam ser mencionados juntos? Se a placa dissesse "Proibida a entrada de chineses e de pandas", obviamente haveria sorrisos.

Os chineses podem ser estúpidos, mas não devem ser comparados a cachorros. Contudo, o que eles não sabem é que os cachorros desfrutam de um status totalmente diferente no Ocidente – o cão é o melhor amigo do homem e um dos poucos animais que podem viver em harmonia com as pessoas. Cães como animais de estimação é de modo geral um costume ocidental, e em pinturas da dinastia Tang, assim como em descrições das dinastias Liao e Yuan, estrangeiros barbudos estão sempre acompanhados de falcões ou de cães de caça.

### Evolução

As pessoas, os cães e os pandas são animais que pertencem ao mundo natural. Na cadeia evolucionária eles são acompanhados pelos segredos desconhecidos do cosmo. A mutação genética e a reconfiguração geram variedades de vida; são partes orgânicas de um mundo completo. É como se costuma dizer: "Se ferir um, você ferirá todos; a morte de um é a morte de todos". Qualquer animal que se considere de uma ordem superior teria, por dever, de proteger os animais mais fracos. Quando outros animais morrem pela ignorância humana, vemos não somente terror e crueldade, mas um mundo impotente.

A evolução não é o poder de o forte matar o fraco, e a civilização não é uma desculpa para encontrar uma razão para todo massacre. Os genocídios neste país já ocorreram mais de uma vez.

O resultado da perda dos códigos moral e ético é uma mente sem poder. A falência moral desvaloriza ainda mais a mente.

### Confiança

A coisa mais importante nas relações pessoais não são as habilidades sociais, e sim a confiança. Todas as verdadeiras crises surgem da perda da confiança. Quando as pessoas coexistem com animais, a confiança continua sendo um elemento importante. Quando ela se desintegra, o mundo se desfaz e nada pode prosperar.

Este mundo pertence aos animais, e eles estão dispostos a viver conosco. Acho que essa é uma afirmação verdadeira.

Para um povo que reverencia as tradições do confucionismo, do taoísmo e do budismo, que reverencia a benevolência, a justiça, o decoro, a sabedoria e a confiança, e que se orgulha de uma longa história de civilização, o tratamento dispensado aos animais prova que o seu "progresso" não tem absolutamente nada a ver com a civilização. Pelo menos podemos dizer que esta nação deixou de nutrir ou de cuidar da própria alma, e infligindo crueldade em outros seres vivos mutilou a própria psique. Um povo que caminha para a desesperança espiritual não deve nutrir ilusões quanto a isso.

### Respeito

O que é respeito? Respeito é não atingir algo. Qualquer que seja a razão, compaixão, caridade e redenção não são respeito. As pessoas e as coisas têm seus traços identificadores e a vida tem seu ritmo. Não devemos perturbar a estética pessoal ou os ciclos misteriosos; estes não devem ser alterados e muito menos despudoradamente sacrificados.

A humanidade está perpetuando atos de barbaridade consigo mesma, mantendo guerras intermináveis, pobreza, fome, ódio, logro, e disposta a causar o maior tormento aos outros seres vivos – tudo pelo lucro. Quando a existência da pessoa se constrói sobre o extermínio de outro grupo étnico, essa pessoa ainda pode afirmar que tem boa vontade?

Vivemos numa sociedade sem ética. Pode haver felicidade pessoal numa sociedade assim?

## Mundos diferentes, sonhos diferentes

### POSTADO EM 5 DE SETEMBRO DE 2006

Uma vez por mês eu volto para a minha casa no centro de Pequim. Ela fica em uma pequena vila na Second Ring Road, aquele tipo de construção de tijolos cinza, com três quartos no norte e uns poucos quartos laterais. Com tudo junto, área construída e quintal, o terreno ocupa cerca de um *mu*[65]. No pátio, a sófora chinesa já está tão grossa quanto a minha panturrilha, e há uma árvore de magnólia que floresce todo ano. Já perto de sua morte, a visão do meu pai tinha começado a falhar, e muitas vezes eu o veria contar e recontar os botões de magnólia. Mesmo nos momentos mais tumultuosos, bandos de pombos ainda voam lá no alto. Por mais que o mundo externo esteja caótico, se voltarmos a esse pátio sempre o encontraremos silencioso e inundado de luz.

Hoje fui lá. O táxi entrou na ruela e a apenas uns cem metros desse ponto de entrada está o portão da nossa casa, no lado norte. A vila fica em uma das poucas zonas de proteção cultural que sobrevivem em Pequim, no distrito oriental da cidade, e assim não há enormes prédios de escritórios na vizinhança. Embora meio século de disputas em torno de direitos de propriedade tenham deixado os prédios e os bairros de Pequim mal preservados e sem a devida manutenção, mesmo decrépitos como velhos fracos eles têm um ar de serenidade. Contudo, a cena que se apresentou diante de mim hoje foi inimaginável. O impensável havia acontecido – eu não pude nem mesmo identificar a porta da frente de minha casa. A alameda toda havia sido coberta com uma camada de tinta que brilhava com uma luz azul-acinzentada fria, artificial; todas as antigas portas dilapidadas haviam sido pintadas de vermelho vivo, e nenhum reparo havia sido feito. Era como se todos os moradores da rua tivessem colocado chapéu e roupas idênticos, fossem eles homens ou mulheres, velhos ou jovens, gordos ou magros.

Nossa casa foi reformada no início da década de 1990; tinha tijolos cinza e uma porta vermelha. O acabamento era rústico mas sólido e barato. No espaço de uma única noite, nosso lar e todos os demais lares de todas as alamedas da área tiveram o mesmo destino: uma mão gigantesca havia descido e coberto tudo de concreto, eliminando a um só tempo todos os traços de história e de memória.

Sobre a camada de concreto aplicaram uma camada de tinta cinza-escuro e nela riscaram falsos contornos de tijolos. Esse decreto abrupto e absurdo havia alterado a propriedade privada, deixando-a irreconhecível. O lugar que chamamos de lar subitamente perdeu todas as características pessoais de "lar" e foi destituído do seu senso de segurança, privacidade e identidade. Dizem que, junto com o resto de Pequim, todas as alamedas do distrito oriental da cidade receberão esse tratamento; no dia em que isso acontecer, essa cidade antiga desaparecerá completamente. Usando o dinheiro dos contribuintes para desmanchar toda a cidade, sem levar em consideração o verde ou o vermelho, o branco ou o preto, eles tentaram atingir vários objetivos com uma só tacada. Suas intenções são risíveis, seus métodos são abruptos, sua atitude é desprezível; é quase inacreditável.

Isso é Pequim em 2006, somente dois anos antes das Olimpíadas. Esta capital, que a cada dia se torna mais internacional, está revelando para o mundo o verdadeiro significado do slogan das Olimpíadas: "Nova Pequim, Novas Olimpíadas". Ou "Um Mundo, Um Sonho". Não muito tempo atrás um jornal noticiou que, com base nos resultados de pesquisas realizadas por um grupo de especialistas, o cinza era a cor básica de Pequim, e toda a cidade devia ser renovada em consonância com essa constatação. Quem teria adivinhado que depois da renovação as pessoas seriam incapazes de reconhecer a própria casa? A cidade inteira é como um palco mal montado e barato onde todas as pessoas que o atravessam – homens, mulheres, jovens e velhos – não são nada mais que pilares, partes de uma desagradável performance sobre a cultura, a história e os feitos políticos. Mais uma vez os direitos das pessoas comuns, da humanidade, suas emoções e seu senso de autodeterminação lhes foram retirados, depois de mil outras brutalidades semelhantes. Verdadeiramente estarrecedora é a razão pela qual esta sociedade, que não tem honra nem integridade, gosta tanto de pintar o rosto e de enchê-lo de pó.

Vários projetos de remodelação continuam em andamento nos becos da cidade. Na ruela do outro lado da nossa, mais de dez famílias se espremem em casas que

**1.20** Ai Weiwei e seu pai, Ai Qing, em sua casa em Pequim, por volta de 1994.

estão a ponto de estourar, mas por anos isso não foi examinado nem arrumado: o encanamento está arruinado, os canos estão quebrados e os fios elétricos estão emaranhados; exatamente no ponto em que a porta se abre para a rua alguém está construindo um portão em forma de lua que talvez ficasse bem num jardim imperial. Todos se acostumaram com esse tipo de raciocínio absurdo; ninguém investiga, ninguém contesta, e quase ninguém presta atenção ao que está acontecendo.

Até onde me lembro, houve três grandes remodelações nos becos de Pequim. A primeira foi para a visita de Nixon à China, quando os moradores descobriram que no espaço de uma noite todos os seus muros tinham sido pintados. Naquela ocasião usaram cal cinza com uma cor semelhante à dos tijolos. A segunda vez foi para a visita do presidente Clinton, quando os trabalhadores usaram rolos para pintar toda a cidade de um cinza médio. Provavelmente Clinton sequer percebeu. Tudo o que podem fazer nesta "terra de etiqueta e cerimônia"[66] é pintar e repintar os muros.

Os tempos mudam, e já devíamos estar vivendo em uma era racional. Eu volto muito raramente à minha casa de Pequim, e então, um dia, os velhos haviam acordado e descoberto que a casa estava com uma aparência totalmente diferente; uma camada grossa de cimento havia alisado o muro de tijolos.

A alegada "preservação da cidade velha de Pequim" significa na realidade passar reboco nas paredes e depois redesenhar o contorno dos tijolos, sem atentar para a idade – se o prédio é antigo ou moderno –, a história ou a propriedade da casa – que pode ser privada ou pública. Criou-se uma falsa cidade novinha em folha, um mundo falso. Numa cidade como esta, como podemos até mesmo começar a falar em cultura? Que "espírito de civilização" existe para ser comentado? Esta é uma sociedade brutal, incompetente e grosseira, impiedosa a ponto da insanidade. E de acordo com os trabalhadores, a coisa ainda não acabou: portas e janelas ainda serão renovadas. Os planejamentos já estão prontos. Nas últimas décadas, quais dessas "renovações" não foram destrutivas?

Antes das Olimpíadas de 2008, com Pequim numa azáfama de planejamento urbano total, quantas outras oportunidades ainda restarão para proteger a cidade antiga? Quantas outras oportunidades terão as pessoas de todo o mundo de vir a Pequim e ver uma cidade falsa, artificial?

Poupem a casa das pessoas comuns; se não é possível ajudá-las, deem-lhes um pouco de paz. Mantenham distância delas e por favor não tentem falar em nome delas, deixem-nas morrer quietas, em silêncio. Prossigam com a corrupção dos grandes projetos, dos bancos e das indústrias estatais, mas não pintem o rosto das pessoas comuns.

Esta nação, nossa casa, foi caiada tantas vezes que não podemos nem mesmo reconhecer nosso próprio rosto, ou talvez nós simplesmente nunca tivemos um rosto.

# Hipnose e a realidade fragmentada: Li Songsong

**POSTADO EM 4 DE NOVEMBRO DE 2006**

"Hipnose" refere-se geralmente ao uso de técnicas especiais para levar a pessoa a um estado similar ao do sono. Melhor dizendo: para fazer a pessoa hipnotizada perder o controle sobre seu estado proativo, com o consequente enfraquecimento ou perda da capacidade de tomar decisões e do autocontrole. A percepção, os pensamentos, a vontade e as emoções se fundem quando o sujeito aceita a indução e as sugestões da hipnose.

Li Songsong nasceu em 1973. Quando estava com 3 anos de idade, Mao Tsé-tung deixou este mundo, e naquele mesmo ano o terremoto de Tangshan matou 240 mil pessoas numa única noite. Foi um adeus dramático ao reino de terror que havia dominado esta terra nas décadas anteriores, uma despedida das brutais realidades da luta de classes e da ditadura do proletariado. Essa era deixou em seu rasto uma longa sombra de ruínas e paredes desmoronadas, mas sua completa conclusão exigirá muitos anos e um longo e difícil caminho.

Essa é uma época marcada por inconsciência, ambiguidade e confusão generalizadas; não tem racionalidade, consideração ou grandeza humanista, julgamento moral e nenhuma possibilidade de distinguir entre o certo e o errado. Sobre essas telas cinza emudecidas a história foi cortada em mil pedaços de modo arbitrário, súbito e desproposital. A verdade existe apenas em detalhes e fragmentos, levando esse inventário histórico destruído e rompido a milagrosamente retomar sua forma, uma centena de contradições a se dobrar em uma e a se apoiar mutuamente.

Num dia ao entardecer, depois de conversar com Li Songsong no trajeto entre meu estúdio e o restaurante, olhei a rua pela janela do carro. A noite se aproximava como qualquer outra, as luzes estavam sendo acesas, meu rosto recebia uma brisa suave e as pessoas moviam-se de um lado para o outro. Ao longo da rua, lojas após lojas, famílias após famílias, prédios após prédios compunham essa pequena parte da paisagem da cidade. As pessoas que preparavam o jantar não estavam preocupadas com o certo e o errado e não se importavam com as questões dos seus ancestrais ou dos seus descendentes; era-lhes indiferente se as águas do lago estavam quietas ou agitadas, ou para onde o rio correria no futuro. É tudo igual sob qualquer dinastia; existe aqui um número excessivo de pessoas com banalidades comuns, compartilhando suas dores e alegrias. Uma coisa permanece constante: todas essas dores e alegrias são fragmentárias, não podem ser verdadeiramente descritas ou expressas, não podem ser multiplicadas ou representadas, podem apenas ser sentidas; são impronunciáveis.

Essas são ruínas no sentido mais verdadeiro, vastas e ilimitadas, que se estendem até além dos horizontes de espaço e tempo. Durante muito tempo as pessoas nasceram nelas, viveram e caminharam sobre elas. O comportamento dessas pessoas, sua observação, capacidade perceptiva, linguagem, visão ou suas vozes não ressoam acidentalmente com sentimento e atitude – nascemos aqui, crescemos aqui e morreremos aqui. Esta é uma civilização especial, com seu curso particular;

é como uma planta que cresce apenas em terrenos elevados. Em climas e temperaturas diferentes, apenas os adaptáveis podem sobreviver.

A existência dessas ruínas prova que a força e a glória anteriores podem ser destruídas e totalmente obliteradas. Comprova a fraqueza e a natureza frágil da racionalidade, comprova que a alma pode desmoronar, que o espírito pode partir e que a boa consciência pode se extinguir. Nesse caminho de ruínas o velho rejeita a razão ao passo que o jovem encontra o prazer onde e quando quiser.

As ruínas revelam o poder da violência e da barbárie, atestam um potencial para a sobrevivência que está apenas na fraqueza e na perda de princípios e que demonstra a alegria e a liberdade na tragédia. As ruínas não podem existir independentemente; elas são sempre acompanhadas da violência e da estupidez, e abandonam essa coexistência lado a lado com a fragilidade.

Li Songsong pinta com camadas grossas o suficiente para cobrir toda e qualquer coisa. Nos últimos três anos, ele concluiu mais de cinquenta obras. Suas obras mais antigas são essencialmente monocromáticas, com pinceladas grossas, fortes. Nessas telas em preto e branco a relação entre as camadas e as cores tem uma ordem definida, com as pinceladas bruscas recapitulando e criando um choque visual inusitado. Nas obras recentes essa paleta se expande para além dos monocromos das primeiras pinturas, em múltiplos planos de cores divididos por área que formam uma colcha de retalhos de quadrados coloridos, e as cenas são compostas por diversas camadas e peças. Apenas numas poucas telas pequenas a lógica do seu pigmento começa a se aproximar da experiência da realidade ou o seu uso da cor prossegue naturalmente e sem interferência. Muitas outras obras são pintadas em folhas de alumínio, e então a luz regular desse metal empresta às obras um caráter de frieza e brilho mecânicos quando os tons cinza-prateado refletem o ambiente em torno delas e entram violentamente na obra, associando-se às suas pinceladas grossas e imponentes numa experiência visual estimulante.

Se dizemos que tudo se tornará história, então todos os temas da pintura serão temas históricos. Qualquer pintura realmente preocupada com a realidade leva um sopro de simbolismo e tem uma função sugestiva e provocativa. Tudo o que uma pintura transmite se tornará a cara e a cor da história. Essas pinturas de Li Songsong – sejam elas históricas ou não, intencionais ou acidentais, incômodas ou sem sentido com relação ao seu assunto, eternas ou efêmeras – estão ligadas para sempre e inseparavelmente a essas camadas e camadas de grossas pinceladas, à velocidade das estocadas, ao que cada estocada veda e a como a luz brilha sobre as cores. Ao mesmo tempo elas são interrompidas e perturbadas por outro tipo de sistema, desligado e independente dos outros, flutuando em algum lugar além delas. Os métodos para a leitura dessas pinturas produzem obstáculos, a interpretação é difícil e surgem problemas a partir da confusão causada pelo desejo de interpretá-las. A essa altura a ansiedade e o cansaço surgem lado a lado e as possibilidades da arte tornam-se hipnóticas. As pessoas desaparecem na sua busca, seus desejos declinam com o seu anseio, elas se veem incontrolavelmente induzidas e propensas a sugestões.

A humanidade não permite aos indivíduos existir independentemente da história. Todos os traços de verdade e falsidade que eles deixam para trás podem ser vistos como traços de história. Às vezes eles são lúcidos e transparentes, quase invisíveis; outras vezes são obscuros e estagnados, inseparáveis e indistintos. Vistas superficialmente, as obras de Li Songsong parecem pertencer aos últimos. Embora a sua arte derive da tradição ocidental da pintura, ela ainda possui as conotações da pintura do Oriente. Essas pinturas, e a força da sua totalidade, não dependem da intensidade do efeito visual, da lógica, da luz ou da cor. Mais exatamente, essa força provém da profundidade da psique, do sentimento e da vontade livre, que manifestam uma incerteza e uma dissociação. A cor é simplesmente a exigência interna da psique; ela é inefável, ao passo que as pinceladas são pura necessidade. Sua qualidade deriva do modo como Li Songsong maneja a tela e do teor das suas emoções, desconectadas dos objetos efetivamente retratados mas inseparáveis do estado de espírito do pintor.

Se há uma relação necessária entre a expressão individual e o Estado-nação, a história nacional e o mundo, e se as teorias materialistas brutas da relação causa-efeito são de fato corretas, então o mundo que vemos hoje é mais abandono do que persistência, mais caos do que claridade, mais contradição do que ordem. As pessoas ficam cada vez mais emocionais, mais distantes da racionalidade. A emoção é fraca e tem fronteiras ilimitadas, mas a lógica é diferente, ela é teimosa mas facilmente rompida, inequívoca mas limitada em possibilidades. Nesta extensão de terra oriental apenas a lua brilhante é real, espírito eterno, mesmo se suspensa no outro lado da terra. Quarenta anos atrás, a lua sobre a qual o homem tinha caminhado pouco tempo antes era apenas outro trecho de ruínas. Mas as pessoas aqui não precisam ir redescobrir essas ruínas; essa lua que os norte-americanos gastam tanto tempo e energia para alcançar não é a lua que está no coração do povo chinês.

*ESCRITO EM OUTUBRO DE 2006*[67]

# A documentação do eu desconhecido e do não eu: Rongrong e inri

**POSTADO EM 15 DE NOVEMBRO DE 2006**

Aqui há muitos gatos. São a prole da Dami.

Nos arredores de Pequim há muitos gatos; esta cidade é como Roma, pontilhada de ruínas. Os gatos não abandonam as ruínas – ou poderíamos propor isso de outra forma dizendo que as ruínas foram projetadas para os gatos. Essa também é uma razão para que gatos e seres humanos estejam juntos, pois onde há seres humanos há ruínas. O temperamento e o lar de qualquer pessoa que tenha gatos sempre terão uma característica de ruína. Os gatos podem desaparecer de repente, mas os seres humanos não podem simplesmente abandonar os gatos, que apenas passam de uma pilha de restos para outra. Os gatos são autoconscientes e orgulhosos, e perder-se e depois encontrar-se é algo instintivo para eles. Este é um mundo de gatos, mas eles não se importam de compartilhá-lo conosco. Toda vez que um gato muda de lugar, isso o torna mais melancólico. Os gatos têm sido melancólicos desde o início dos tempos.

A fotografia que está neste livro representa uma parte das obras de Rongrong e inri que se distribuem pelo período de 1994 a 2002. Essas obras documentam sua vida, suas atividades, reuniões, gatos, amor e, finalmente, a destruição de sua pequena vila no distrito pequinês de Chaoyang, local onde todas essas atividades ocorreram.

Rongrong tirou a maioria das fotos em preto e branco. Ele nunca teve grande afinidade com as cores. No mundo bidimensional de Rongrong, o preto e branco é uma manifestação do mundo exterior, a única relação possível com o mundo. A monocromia é uma das características básicas das suas obras, ao passo que o mundo de inri é cheio de cores.

Ao longo da curta duração do East Village de Pequim, Rongrong registrou a vida e a morte nessa colônia de artistas. Aquela foi uma época distorcida e plena de transformações, com os artistas lutando e exprimindo-se ali. A maioria das perspectivas desses artistas era muito diferente das da maioria das pessoas. Era esse o caso de Rongrong, que era uma parte inseparável da realidade do East Village. Suas fotos tornaram-se uma documentação rara da arte contemporânea chinesa; elas se tornaram um segmento da realidade física que foi o East Village.

Naquela época as obras de Rongrong não eram consideradas arte; elas faziam parte da nebulosa vida cotidiana do East Village, um estilo de vida fora da vida, outro tipo de ação. Elas eram um registro das obras cerimoniais de amigos e dos artistas que se reuniam ali; faziam parte daquele período sombrio. A ideologia popular considerava a arte moderna uma praga, uma conspiração que permitiria ao mundo ocidental desestabilizar a China. Numa época tão confinada, as atividades dos artistas pareciam ainda mais proezas underground – eles eram caçados e dispersados, e enfrentavam uma realidade que incluía detenção e prisão. Entre todas as obras de arte chinesas desse período, o East Village era o único lugar que preservava formas visuais relativamente íntegras, e estas eram inseparáveis das atividades de Rongrong.

Com as atividades do East Village, pela primeira vez a arte contemporânea chinesa tornou-se autoconsciente e sensatamente interessada no estado das coisas no país, tratou da relação efetiva entre arte e realidade, focalizou a personalidade dos próprios artistas e gerou experiências com seus corpos. Com relação às esclarecedoras e declarativas atividades performáticas ou de arte de ação, o East Village foi inteiramente autóctone, o início de uma consciência e de um pensamento do aqui e agora. Produziu-se ali um grupo de seres iluminados, entre eles Ma Liuming, Zhu Ming, Zhang Huan, Zuzhou, Zhu Fadong, Cang Xin e Rongrong. É simplesmente difícil acreditar que as publicações underground do atualmente renomado East Village – os *Black*, *White* e *Gray Cover Books* – tenham atingido uma posição de tanto destaque[68]. Na verdade a vida efetiva dessa aldeia durou apenas pouco mais de um ano. Lembro-me dos artistas discutindo suas obras e a possibilidade de implementá-las na casa número 13; essas conversas incluíam o modo de se esconder e de se preparar para fugir.

Se a fotografia pode ser considerada arte, então ela deve necessariamente ser uma disseminação de qualidades inerentes à arte, uma pressão inocente do obturador, uma mentira diante da realidade. Naquele momento do registro, o mundo que ela encara se dissolve como fumaça. Qualquer coisa realista que perdure torna-se uma mentira confiável.

Parece que a fotografia é entre todos os meios o menos confiável; ela é tão íntima com a vida, ainda que seja a sua manifestação mais extrema. Força-nos a acreditar, tenta-nos a reimaginar e criar um mundo que nunca pode existir. Parece ser a mais autêntica com aquilo que chamamos de visão e lógica racional próprias, ela nos diz como é o mundo agora e como ele era no passado. Todos nós acreditamos sinceramente que nossas lembranças exigem provas, e esse exemplo de prova é o caminho para as nossas próximas ações, ou talvez seja uma armadilha ou um obstáculo.

Em suas obras desse período, o que mais preocupava Rongrong e inri era a sua vida pessoal, cada detalhe mínimo, mesmo se nada estivesse acontecendo. A vida era simplesmente assim, e os dias simplesmente passavam um após o outro. Nesse período a fotografia deles entrou num estágio singular quando começaram a prestar mais atenção ao processo de fotografar. Um mundo totalmente novo se desdobrou, como se estivesse saltando do lago inesgotável do eu interior, introspectivo. Foi esse estado de injustificável falta de objetivo, simultaneidade, desordem e caos que fez surgirem histórias infinitas e emoções indescritíveis, coisas que não podemos explicar na vida – um mundo pessoal atrás de uma porta de madeira fechada, num lugar que ninguém conhece.

Sempre é possível uma pessoa adentrar em si mesma, voltar o olhar profundamente para dentro, onde a alma é como um deserto. Lugares desolados e autoexílio estão entre os territórios de vida mais comuns; são o caminho mais conhecido para a violência e o resultado mais direto da violência.

As ruínas são a prova dos sistemas e das civilizações que floresceram em outros tempos. As ruínas eternas são pedaços inertes de terra abandonada, lugares sem potencial, destituídos de qualquer confiança e boa vontade, esperanças ou expectativas. São lugares que buscam ser esquecidos e fornecem evidências da violência que uma vez neles ocorreu. Vivemos numa época de ruínas abandonadas; celebrando as ruínas, apontamos o dedo para elas e nos declaramos parte delas. Essas ruínas existiram muito antes de nos tornarmos nós mesmos; nossa existência somente prova a força da sua eternidade.

Ruínas, terreno não cultivado e a força selvagem que corre no sentido contrário da civilização comprovam a verdade inegável da morte; comprovam as enormes sombras escuras e a possibilidade ilimitada da destruição em larga escala.

Enredados nas tendências ocultas de uma época dolorosa, precisamos morrer cem vezes, mil vezes, 10 mil vezes. Com nossa morte levamos conosco uma época pecaminosa, uma época de atrocidade e sem humanidade. Cada vez que contemplamos essas ruínas, um sentimento de alegria queima em nós, no nosso mundo, no mundo inteiro.

A arte vigorosa é como um governo vigoroso, mas que, ao enfrentar escolhas pessoais, são igualmente fracos e caem ao primeiro golpe. Vivemos numa época em que o preto e o branco estão invertidos, em que há total ausência de certo e errado, uma época sem história nem futuro, em que as pessoas se envergonham da própria sombra e ficam embaraçadas com o próprio rosto, uma época em que nossos maiores esforços são aplicados na ocultação da realidade e da verdade. É uma época em que nossos maiores e mais diligentes esforços se voltam para a camuflagem da realidade, uma época que gradualmente desaparece dos nossos arquivos pessoais, dos detalhes da nossa existência, das nossas mais vagas emoções. Como neve que derrete ao sol, esses detalhes podem ser apenas lembranças obscuras e ensombrecidas, e serão substituídos pelas alegrias e irritações diárias da vida que continua.

Rongrong nasceu numa aldeia dos arredores de Quanzhou, na província de Fujian, em 1968. Seu nome verdadeiro é Lu Zhirong. Em 1992 ele veio para Pequim a fim de estudar fotografia e nós nos conhecemos logo depois. Rongrong e outros artistas viveram no East Village por mais de um ano até serem forçados a se mudar dali. Na época a polícia estava sempre perturbando e expurgando as comunidades de artistas de Pequim; houve um período em que a situação dos artistas de Pequim era igual à de camundongos apavorados em fuga disparada pela rua.

O nome completo de inri é Inri Suzuki. Ela e Rongrong se uniram em 2000. Ela é dotada de uma energia calma, elegante e ingênua, e seus olhos têm um brilho claro e duro. Isso contrasta com a introversão tímida e afeminada de Rongrong. Raramente se vê na China a aura de uma mulher japonesa como ela.

Dami, que significa "Gatinha Grande", é a gata deles. Lembro-me de que depois de ter parido quase oitenta gatinhos, depois de ter sido castrada, ela pariu

**1.21** Um dos gatos de Ai Weiwei e "Table with Two Legs on the Wall" [Mesa com duas pernas na parede], 31 de janeiro de 2007.

misteriosamente outra ninhada. De certo modo os gatos demonstram a estupidez e a impotência dos seres humanos. Todo mundo adora Dami e fala dela, ela testemunhou tudo o que aconteceu com Rongrong ao longo dos anos, lembra-se da vila onde Rongrong viveu por oito anos, lembra-se da sua demolição e conhece igualmente bem a nova casa de Rongrong. Mas como ela vê tudo isso será um eterno mistério.

ESCRITO EM 1º DE OUTUBRO DE 2006[69]

## Crenças muito comuns

**POSTADO EM 20 DE NOVEMBRO DE 2006**

### Navio velho detonado

Qualquer pessoa que já tenha tido um vislumbre do oceano sabe que esse é apenas um navio detonado flutuando, um navio abominável, um navio sem destino que se fez ao mar com uma sina maldita e nunca será capaz de voltar à sua terra, tampouco chegará a algum porto. Para onde ele está navegando? E qual é a sina desse navio ou de seus passageiros? O preço será nada mais nada menos do que a sina dos sentimentos de seus passageiros e a sina da realidade. A sina desse navio foi predestinada décadas atrás, cem anos atrás.

Esse navio não foi destinado a viajar em canais claros e gloriosos, mas será eternamente oculto na interminável escuridão do declínio, da vergonha e da má conduta. Como um navio que viola os ideais e a sina comuns da humanidade, ele flutua em águas sombrias. Ou talvez não seja um navio; não tem capitão, passageiros, direção e destino. É apenas um objeto flutuando – não pode nem mesmo afundar –, só pode esperar que uma tempestade o destrua em pedaços.

### Honra nacional

Se existisse honra nacional, ela seria simplesmente algo que os autocratas se ocupariam de arruinar. O Povo, o chamado Povo, é na verdade constituído por simplórios desocupados que sobrevivem em qualquer situação em crescente deterioração, pessoas que foram embotadas e abandonadas pelas desilusões da cultura, com uma personalidade espoliada e perdida, pessoas que abandonaram seus direitos e responsabilidades, que andam como fantasmas nas ruas cada vez mais largas, e cujos verdadeiros sonhos, emoções e lares se perderam há muito tempo. Elas não mais estarão aquecidas na madrugada, não terão mais expectativas e não voltarão a sonhar.

### Povo

O povo é a substância mais rudimentar, mais simples, sobre a face da terra. A ideia de ser "senhor das suas próprias questões" ou um "representante do progresso" tornou-se mera piada, uma piada que revela as sensibilidades e intenções da ditadura, assim como a tentativa de agradar feita por esses escravos instintivamente humildes. Os direitos do povo – e qualquer coisa que possa ser chamada de direito – precisam se originar na autoidentificação e na expressão de valor de quem os possui. Os direitos são necessariamente parte da vitalidade e da consciência de qualquer indivíduo. Essa palavra inexoravelmente implica um status de procedência divina. Não há nenhuma pessoa que possa conceder direitos aos outros, assim como não há dia sem sol e não há noite quando o sol está alto no céu. No tocante a essas questões, por que o povo prefere acreditar em mentiras desse tipo?

### Nação eterna

Quando podemos chamar uma nação de "eterna"? Quais são os tipos certos de soberanos ou de súditos necessários para estabelecer o status inexpugnável de um lugar sem crises, sem obstruções nem potencial para o declínio? Deve ser uma terra sem verdade, sem justiça e sem alma. Deve ser um lugar que de modo unânime não se cumpre a palavra para com seu povo. Isso não é absolutamente difícil de se realizar, pois essa tem sido há muito a realidade desta terra. Nesses aspectos, esta nação já possui alguns atributos sagrados – ela exclui a si própria das leis da evolução; não há bem nem mal, não há força de vontade, não há escolha. O suposto destino só pode indicar um estado de alteridade.

### Crenças muito comuns

Aqui não há fim para os extremos de corrupção e degradação; tanto a ignorância quanto a fraude têm uma força à qual é difícil resistir. De modo geral o povo acredita que a consciência individual está entre os ideais sociais menos úteis, que o destino impõe à pessoa a resignação em face das suas adversidades e provações e a opção por pacientemente transigir ao longo de uma vida arbitrária. Uma sociedade que não tem consciência individual é verdadeiramente sombria e fria, e o abandono generalizado levará a derradeira folha verde a murchar e a derradeira vela a se apagar.

Estimar sua vida, restaurando-lhe o valor original, e insistir na consciência individual são as únicas possibilidades verdadeiras para a existência. Por toda a nossa vida isso será uma fonte inatacável e inesgotável de vitalidade; esses são os bens protetores que iluminarão o ambiente à nossa volta. A defesa da consciência individual salvaguarda os outros e os ideais societais: essa é a busca da verdade e uma apreciação da beleza.

**Conceitos históricos**

No mundo de hoje, que tipo de pessoa não tem um conceito de história? Quem acreditaria que a humanidade iria abandonar seu instinto para perseguir a beleza, ou que os direitos e interesses de uma nação e o seu povo poderiam ser permanentemente consumidos pela estupidez e pela humilhação? Quem acreditaria que o poder do Estado centralizado seria maior do que a verdade e a boa vontade, ou quem acreditaria que a realidade se resignaria eternamente a falsidades, que a sabedoria permaneceria inacessível para sempre, ou que a beleza se renderia ao repulsivo? Que tipo de pessoa gosta de ficar preso a interesses egoístas e de perder toda a boa consciência? Essa seria no mínimo uma pessoa de vista curta. Essa miopia tem sido mantida há várias décadas e custado a vida de muitas gerações; transformou o destino de uma nação num instrumento de obtenção de lucros para uma meia dúzia de indivíduos e para o partido governante. Para o universo, essa é apenas uma tragédia minúscula que afeta uma pequena quantidade de pessoas e que num piscar de olhos será passado, algo a ser desprezado pelas gerações posteriores.

## A base ética da justiça

**POSTADO EM 30 DE DEZEMBRO DE 2006**

Nos últimos dois dias duas pessoas foram punidas com a pena capital.

Saddam Hussein, ex-presidente do Iraque, foi feito prisioneiro três anos atrás e enfrentou um longo processo. Hoje às seis da manhã, hora de Bagdá, cumprindo a sua sentença de "crimes contra a humanidade", o novo governo do Iraque executou-o por enforcamento. Esse é um símbolo do sucesso dos Estados Unidos nos seus ganhos estratégicos no Oriente Médio. Suas ações sob a bandeira do antiterrorismo deixaram o resto do mundo perplexo.

No outro lado do planeta, certo Qiu Xinghua da aldeia de Houliu, no condado de Shiquan, província de Shaanxi, um cidadão da classe mais baixa na sua sociedade pós-socialista e pré-capitalista, matou cruelmente dez inocentes[70]. Há dois dias ele foi executado com um tiro em Ankang, na margem setentrional do rio Yangtzé. O tribunal superior de Shaanxi ignorou os vários pedidos de sociólogos para que fossem realizados testes psicológicos no criminoso e rejeitou processos judiciais que poderiam levar à perfeição dos débeis procedimentos chineses, eliminando a única possibilidade de revelar a verdade com o som de um tiro na madrugada.

Em lados opostos do planeta, um monarca sem paralelos na sua época e um homem da mais baixa casta, que em toda a sua vida nunca havia sido olhado com respeito, foram julgados por duas sociedades totalmente diferentes, acusados de dois crimes diferentes e tiveram o seu espírito fundido no mesmo destino.

Deixando de lado o destino dos dois e todos os seus caminhos criminais possíveis, deixando de lado quaisquer ideias nobres relacionadas à esperança da humanidade de sustentar a justiça, deixando de lado a ética e a moral e falando com a força da justiça que acompanha o desenvolvimento da civilização social, no momento em que a vida é eliminada por outra pessoa todos os possíveis males que um indivíduo possa ter cometido, tudo volta ao silêncio. Nesse momento o valor da vida é subjugado por outra força. Nesse mesmo momento em que a vida é tirada, uma força destrói o halo da coroa da justiça e mancha a dignidade essencial que deveria estar sustentando a bondade e o amor.

A própria base da justiça desmorona quando a humanidade usa qualquer tipo de pretexto presunçoso para negar a vida a alguém. O uso da nação, da etnia ou do nome de outra pessoa como justificativa para acabar com a vida de alguém ou como o preço da vingança é um comportamento que carece de justiça ou integridade.

O julgamento com pena de morte constitui uma base ética da humanidade. Um estado de existência tão desprezível e bárbaro torna as vidas inocentes ainda mais desamparadas.

# TEXTOS DE 2007

# Vida, crime e morte

**POSTADO EM 7 DE JANEIRO DE 2007**

Dizer que todos nascemos iguais equivale a dizer que a vida de todos é dotada de um valor idêntico e que não há baixeza nem nobreza. A vida em seu estado original inclui tanto a honra quanto o mal; existe independentemente de qualquer sistema de valores humanos e é somente um veículo, não diferencia entre o bem e o mal. A vida de cada pessoa é somada à vida de outras para compor um todo inseparável, que é a vida da humanidade.

O valor da vida deriva do fato de que cada um de nós tem apenas uma chance. A vida é irreversível, única, imprevisível e foi dotada a contento. Seu significado não pode nunca ser verdadeiramente entendido. É um veículo, e apenas a morte pode lhe trazer o fim. A simpatia é um atributo valioso em todos os seres humanos, pois nos permite integrar nossos sentimentos pessoais aos dos outros e ao nosso ambiente. É ela a base da confiança, da comunicação, da compreensão e de outros desejos. Um mundo sem simpatia é um mundo desumano; um mundo sem sorrisos ou música é um mundo insensível e sufocante. Esse mundo é necessariamente cheio de temores, desconfiança, inveja, ódio – é a hora final da humanidade. Os valores mais reverenciados da humanidade, tais como liberdade, igualdade, amor universal, direitos humanos e mundo espiritual, enraízam-se todos na identificação e veneração do valor da vida. Mas sem essa identificação não pode haver honestidade, determinação, tolerância, compreensão, dignidade, fé ou sacrifício, e não pode haver uma substância verdadeira para o mundo espiritual, não pode haver sentimentos elevados ou princípios independentes, almas dedicadas ou ideais sociais.

A vida é dada e tirada apenas por forças da natureza. Obstruí-la por qualquer outra razão ou meio equivale a um pecado. Qualquer ideologia, espírito ou doutrina religiosa que contrarie o curso natural da vida tem o mesmo caráter maligno.

Qualquer distorção ou subestimação do verdadeiro valor da vida também é crime, e conceder cegamente a vida ou avaliá-la com um significado alternativo é uma ofensa à sua honra fundamental.

Qualquer ação ou tentativa de mudar o curso natural do desenvolvimento ou da morte é uma ação maligna.

A morte é o término da vida. Num sentido é má conduta no mundo humano; em outro, é um vácuo infinito. Depois da morte a vida se torna um vazio. Os valores e a ética acompanham nossa vida do início ao fim; felicidade, alegria e esperanças ligam-se ao valor da vida.

Contudo, fazer com que alguém pague dívidas com a própria vida é blasfemar contra o valor desta, e tal ação seria comparável ao assassinato. Usam-se a ética e a persuasão para eliminar a vida e seu potencial para o progresso. Confundir ideologia estreita e vida é uma automutilação moral e ética.

A pena capital é incapaz de inibir o crime e ainda menos capaz de fomentar a igualdade ou a justiça. Mesmo os atos criminosos são incapazes de destruir os valores inerentes e a integridade da vida em si. Pelo contrário, a pena capital sustenta o crime e inocenta o mal. É impossível expurgar o mal com punições que encerram a vida. A pena capital é incapaz de sustentar a dignidade da vida, incapaz de salvaguardar as boas intenções ou a boa consciência. Qualquer tipo de desculpa para terminar uma vida é um crime em si. A pena de morte é uma manifestação de ética selvagem erguida sobre o conceito atrasado do "olho por olho". É a incompetência de uma nação, religião, comunidade e indivíduos; é desprezo e punição irremediáveis em relação a um criminoso ou aos crimes de um provável delinquente, é uma sociedade pública renunciando à sua crença na salvação. O desprezo pela vida de um indivíduo sempre irá lesar a honra comum da vida da coletividade, ferindo essa parte valiosíssima que é cada pessoa que a integra. Qualquer pessoa que tira a vida de outra por qualquer meio – inclusive a punição de criminosos ou a vingança em nome da justiça – é um criminoso.

A pena capital é um crime. É o manejo do sofrimento encarnado por meio do desprezo e violação da vida. Ela ameaça e mutila a dignidade das pessoas, explora a crise de vida de um indivíduo por prazer ou diversão, ou para fazê-lo pagar e com isso obter a satisfação da vingança. Esse é um preceito primitivo e não civilizado e um desvio do espírito humanitário que impulsiona a civilização para a frente.

A morte é a conclusão da vida, é um estado de vida antitético e infinito; a morte é uma parte de uma existência completa, um direito inalienável e um atributo essencial da existência. Com a vida, a morte toma forma em torno de um sistema de valores que acredita na existência de uma classificação ética além da vida. Ela possui também uma qualidade suprema: ninguém tem o direito de interpretar ou julgar a morte.

Até agora qualquer tentativa de fazer julgamentos de vida ou morte seria o autoengano de um argumento unilateral, uma suposição incompleta distante da realidade. Nenhum julgamento é capaz de tocar a natureza essencial da questão. Isso porque a natureza essencial da questão é a própria vida e morte; ela não implora por simpatia, explicação ou inferência. Tanto a vida quanto a morte são dotadas das próprias qualidades completas e independentes; sua perfeição e seu valor se baseiam no fato de que elas ultrapassam o âmbito da compreensão humana. A natureza eternamente misteriosa da vida determina a eterna santidade da vida.

Qualquer que seja a época e o lugar, os pensamentos e as ações mais nobres da humanidade, o comportamento mais corajoso e os sentimentos mais românticos – independentemente de serem eles políticos ou religiosos, culturais e históricos ou pertencentes a ideais espirituais – apenas ilustram e salvaguardam a estima pelo privilégio da vida.

Por outro lado, o governo cruel, a tirania, os vilões, toda a ignorância do mundo, o mal e a calamidade, tudo isso são práticas blasfemas que espezinham o privilégio da vida.

Viva feliz. Valorize a vida. Aprenda com a prática do caráter moral e com as experiências da vida. Em meio às tristezas mais profundas do mundo, nada se mostrou mais valioso do que defender o valor da vida.

## Padrões e pegadinhas

**POSTADO EM 17 DE JANEIRO DE 2007**

Padrões e pegadinhas... Tentam padronizar tudo, ainda que no final das contas nada possa ser padronizado. O que deveria realmente ser padronizado é o poder do governo, a opinião do governo sobre si mesmo, sua compreensão do poder, da responsabilidade e dos limites desses poderes. De certo modo, para algumas poucas pessoas, essas questões simples são eterna e infinitamente mal interpretadas.

O Ministério da Cultura quer padronizar as formas artísticas. Isso é tão engraçado quanto um cachorro caçando camundongos. Além do mais, criar uma "Broadway chinesa", construir "dez teatros ao ar livre antes de 2008" e instalar "trezentas telas de cinema no ano de 2008" são práticas igualmente corruptas que desrespeitam o dinheiro do povo. Mesmo que se construam 10 mil "Broadways chinesas", 100 mil teatros ao ar livre ou 3 milhões de telas, a China sempre será uma nação com uma predominante pobreza cultural. Por quê? Porque os governos que querem fabricar cultura estão cometendo um crime que nem os homens nem os deuses jamais poderiam perdoar.

O Ministério da Cultura é o departamento que menos entende de cultura; é impossível eles terem alguma relação com a cultura. Esse é um princípio universal e a grande tragédia da cultura chinesa. Aparentemente o nosso Ministério da Cultura não é apenas incapaz de administrar a cultura. Eles poderiam fazer um

**2.1** Portas de templos antigos no mercado de antiguidades Lujiaying de Pequim, das quais uma parte está sob um viaduto, 2 de março de 2007. Algumas dessas portas foram selecionadas para uso em *Template* (2007).

curso de reciclagem: a insígnia das Olimpíadas é somente um logotipo; se as pessoas não a estão usando para ganhar dinheiro, não há infração de direitos autorais. As Olimpíadas são para toda a população – se alguém quer fazer pegadinha com o logotipo, ótimo! É uma sorte termos gente com criatividade suficiente para isso.

## APÊNDICES

### Arte performática será padronizada na categoria "performance"
**Publicado em *Xin Beijing News*, 17 de janeiro de 2007**

As várias formas de arte performática deverão ser padronizadas conforme a lei. Ontem, em uma entrevista dada à Administração da Cidade na rádio, o diretor do Ministério da Cultura de Pequim, Jiang Gongmin, revelou regulamentações que o Ministério da Cultura usará a fim de estabelecer diferentes limites e parâmetros para o mercado de arte, especialmente com relação ao mercado de obras de arte. A arte deve se conformar às convenções estéticas, e Jiang ressaltou que, com relação à nudez e à seminudez na tela e nas performances públicas, "esses problemas já são bastante graves na sociedade".

Guan Yu, assistente do Ministério de Cultura e diretor de política, disse que o mercado de arte de Pequim, em lugares como 798, Songzhuang etc., desenvolveu-se muito rapidamente; ao mesmo tempo uma grande quantidade de problemas apareceu em algumas das obras. "De uma perspectiva tradicional é muito difícil aceitar essa natureza das coisas." Desde o ano passado, o Ministério da Cultura reforçou sua investigação e as pesquisas no mercado de arte, desenvolvendo cada vez mais programas de gestão pertinentes em resposta. Jiang Gongmin disse: "Somente quando cem flores desabrocham podemos ter a primavera", mas ressaltou que isso acontece sob a condição básica de que nós sustentemos a constituição e nos conformemos aos benefícios das pessoas comuns. Além disso, eles esperam que a arte seja adequada às tradições estéticas da maioria das pessoas. Essas são as condições pertinentes a serem seguidas respeitando-se a "lei".

Jiang deixou também subentendido que Pequim está planejando a construção de um distrito de teatros, ou uma "Broadway chinesa", e indicou que algumas associações da indústria de performances estão atualmente em negociação com companhias intermediárias, que esperam que dez a vinte casas de espetáculo possam ser construídas numa área concentrada de Pequim, formando uma Broadway chinesa. Devido ao fato de a construção de uma área com muitos teatros concentrados exigir um corpo administrativo competente, a ideia não foi programada em estágios específicos e não foi posta no plano de trabalho deste ano do Ministério da Cultura.

Quanto a construir teatros ao ar livre com ingressos baratos, Jiang Gongmin diz que dez teatros ao ar livre serão construídos em 2008 e que nesses teatros atuarão trupes profissionais com subsídio financeiro do governo.

O Departamento de Questões Culturais também criará uma estrutura de cinemas quatro estrelas. Entre os anos de 2003 e 2004, havia em Pequim apenas 94 telas, com uma média de 120 mil pessoas por tela. Em 2006 houve um aumento para 199 telas, com uma média de 75 mil pessoas por tela. Agora estima-se que o número de telas em Pequim vai aumentar para cerca de trezentas. O Ministério da Cultura está começando a construir uma estrutura para cinemas quatro estrelas: cinemas urbanos com características especiais, cinemas um pouco inferiores para a periferia, cinemas digitais de várias salas para as aldeias e cidades pequenas e centros de filmes em aldeias administrativas. Entre estes, os cinemas rurais oferecerão filmes de baixo custo e entrada livre para moradores.

A zombaria em torno do logotipo das Olimpíadas é uma infração de direitos
*Xin Beijing News*, 17 de janeiro de 2007

O logotipo das Olimpíadas de Pequim, o "selo chinês", tem sido deturpado e transformado em logotipo de banheiros públicos, ao passo que a cabeça das mascotes, os "Amistosos"[1], vem sendo substituída pela cabeça de astros e estrelas de cinema e televisão. Numa entrevista veiculada pela internet, o diretor de questões legais da organização das Olimpíadas observou que essa tendência a deturpar o logotipo das Olimpíadas e as mascotes é não só uma blasfêmia contra o espírito olímpico como também uma violação das leis nacionais. O comitê das Olimpíadas de Pequim vai acompanhar os acontecimentos a ela vinculados e com relação aos violadores da lei exercerá plenos direitos na aplicação das leis e estatutos pertinentes.

## Remar no Bund: Wang Xingwei

**POSTADO EM 3 DE FEVEREIRO DE 2007**

Os sonhos de Wang Xingwei são sempre do tipo viril, e qualquer homem que é atormentado por desejos sexuais e ao mesmo tempo os reprime estará sempre vagueando na fissura estreita situada logo antes de a carne sair do trilho e logo depois de o espírito descarrilhar[2]. Ninguém duvida que ele seja um pintor hábil. Para ele, a pintura é como contemplar a esposa com quem se cresceu junto – qualquer que seja o ângulo do qual se olha para ela, nada parece novo. Wang Xingwei é uma pessoa problemática; nunca está contente com a sua pintura, e assim toma o que são detalhes originalmente insignificantes e os transforma em coisas laboriosas.

Quando ele é capaz de liberar na tela toda a sua emoção (como é o caso daquele grande cogumelo)[3], isso sempre acontece numa tela retangular, que depois é pendurada numa parede branca homogeneamente iluminada. Ele espera se libertar de suas preocupações inesgotáveis para simplificar, popularizar e simbolizar seu eu, sua vida, sua pintura e tudo o mais que há em torno dele, e isso lhe proporcionará nada mais nada menos que um tipo de prazer óbvio, simples. É tão simples quanto o vento abrindo uma janela e deixando o sol entrar, a torneira sendo aberta para que a água escoe, ou o chocolate derretendo na boca.

Wang Xingwei saiu de uma província a nordeste do país e migrou para Xangai. Sonhou em tornar-se uma daquelas figuras lendárias do Xangai Bund[4], com sua estrutura esguia e seus garbosos ângulos retos num elegante terno Prada... a expressão do seu rosto era capaz de por si só levar as pessoas cem anos atrás. Xangai é uma cidade sem vitalidade, nunca a teve e nunca a terá; antes disso sua população hábil e calculista afogará tudo com sua cumplicidade mesquinha. Mas, sob as luzes de neon do Bund, a pele de Wang Xingwei brilhou, seu rosto ficou cor-de--rosa e a única coisa que não mudou foram os galhos de árvore vibrantemente exuberantes com suas gavinhas de folhas dependuradas.

Em algum lugar entre a escolha do poder expressivo e o poder de expressar, ele desistiu do último. As únicas coisas que permaneceram foram sugestões transparentes e ilusões produzidas pelo obstáculo dos desejos eternamente irrealizáveis. Essas ilusões muitas vezes o levam a esquecer o significado maior da vida, e assim, em vez de atentar para ele, Wang Xingwei fica verificando o cinto e o zíper de sua calça várias vezes diante do espelho.

Em sua pintura vemos claramente um homem sábio vencido pelas próprias brincadeiras divertidas e ingênuas. A arte não tem sido uma questão há anos, e a pintura já se tornou uma coisa impossível. A menos que ele esteja tentando seriamente um truque sujo, isso está exaurindo-o completamente, até ele se consumir feito um cigarro aceso. Suas pinturas existem apenas para chamar atenção para coisas que já aconteceram ou coisas que ele espera que venham a acontecer.

Muitos anos depois de sua incursão na história da arte, houve um período em que Wang Xingwei pintou obras brilhantes, violentas, cruas e toscas. A série que ele começou no ano passado era rósea e quente, mas é muito importante para ele o fato de suas pinturas futuras virem a ser ou não de um vermelho áspero. Se isso continua sendo tão importante, realmente nós não podemos deixar de nos preocupar.

Eu o conheço há mais de dez anos e ele sempre pareceu ter a minha idade ou ser até mais velho. Apenas mais tarde descobrimos que isso não era verdade.

## Confiança perdida para sempre

**POSTADO EM 11 DE FEVEREIRO DE 2007**

Num dos mercados de pássaros e flores de Tianjin, voluntários apaixonados por gatos descobriram alguém que os estava traficando. Graças a um trabalho tenaz e depois de altercações com esses traficantes e posterior persuasão deles, de

**2.2** Centenas de gatos amontoando-se num armazém perto de Tianjin depois de serem resgatados, 7 de fevereiro de 2007.

policiais e de empresários, mais de quatrocentos gatos foram confiados em segurança aos cuidados desses voluntários e depois transportados para um armazém nas redondezas.

Saímos de Pequim às duas da tarde e rumamos para Tianjin, onde acompanhei a equipe pequinesa de resgate até o armazém. Estávamos bem no começo da primavera, o dia estava ensolarado e fazia calor; o ano-novo lunar seria dentro de poucos dias.

Depois de passar por várias rotatórias chegamos à porta do armazém, uma entre as muitas portas dispostas em uma longa fileira em um distrito de depósitos. Ao abrir as duas portas de aço, deparei-me com uma das visões mais tristes da minha vida: mais de quatrocentos gatos estavam espalhados em grupos e amontoados em vários cantos desse armazém de cem metros quadrados; grupos de trinta ou cinquenta aninhavam-se em pilhas, atrás de tábuas de portas ou em uns armários de cozinha abandonados, e emitiam gemidos famintos e aterrorizados. Outros gatos estavam escondidos nas vigas do teto, amedrontados, ou nos espaços entre as paredes e as vigas de suporte. Havia raças de gatos do mundo inteiro, uma variedade de cores, tamanhos, idades, e era óbvio que muitos daqueles gatos já tinham sido amados por seus donos, pois alguns deles chegavam de mansinho e esfregavam a cabeça em nossas pernas, esperando ganhar um pouco do amor e da proteção de outrora. A principal semelhança entre eles era o olhar de indisfarçável terror. Eles tinham perdido a fé nos seres humanos.

Esses gatos tinham sorte; graças à ajuda dos jovens voluntários, eles escaparam de serem mortos ou vendidos. Os jovens voluntários resistiram a ameaças e à intimidação dos traficantes de gatos; um deles foi até espancado por policiais perversos e precisou ser hospitalizado.

Ao colocarem os gatos nos carros de resgate para levá-los a Pequim, os voluntários tiveram as mãos arranhadas e mordidas. E embora o sangue estivesse escorrendo, eles não se queixavam, e sua abnegação e compaixão fizeram com que todos se esquecessem temporariamente da dor e da tristeza. Eles esqueceram o desprezo e o desapontamento suscitados pelos atos perversos dos homens.

Qual é a relação entre 430 gatos maltratados e feridos, vinte voluntários, o mercado de pássaros e flores de Tianjin, a conduta reprovável da polícia, milhões de cães mortos, as Olimpíadas de 2008 e todo o rebuliço sobre uma sociedade harmoniosa? Esses gatos, que provavelmente seriam mortos, foram descobertos por acaso. Existem vários mercados como aquele em Tianjin, onde ano após ano um número inimaginável de gatos e cães são mortos. Em todo o país, todos os dias, a toda hora e a todo momento, incontáveis animais têm um destino semelhante; eles são incapazes de falar uma língua inteligível para os seres humanos e são eternamente incapazes de lutar por uma vida digna. Aos olhos deles, tudo o que a humanidade pode lhes oferecer é uma invencível e extrema impressão de terror.

Dada a inexistência de leis de proteção aos animais, esse mal não sofre repressão e os assassinos jamais serão punidos. Quando essas leis inexistem, o conhecimento intuitivo e a boa vontade dos seres humanos são desconsiderados, infinitamente destruídos, e tudo o que sobra é apenas um mundo ignorante e distorcido, cheio de desumanidade. A maior punição que o povo chinês sofrerá é que ele nunca terá a confiança e o respeito das outras raças e formas de vida.

# Massacre de cães em Wan Chuan

## POSTADO EM 16 DE MARÇO DE 2007

Wan Chuan, na província de Sichuan, está se preparando para matar todos os seus cães[5]. Desde setembro de 2006 houve três mortes de pessoas por raiva, e nos últimos dias ocorreu mais uma morte pela mesma causa. Assim, o governo local de Wan Chuan resolveu matar todos os seus cachorros. Começando no dia 16 de março (hoje), todos os cães de Wan Chuan (são milhares) serão caçados e sumariamente executados, independentemente de serem animais de estimação de famílias ou cães de guarda, e por mais mansos que sejam.

As pessoas criam cachorros, que vivem em contato próximo com os seres humanos e assim se tornam seus companheiros. Em outros países os cachorros aparecem frequentemente na televisão: Reagan, Clinton e a família dos dois Bush apareceram na televisão acompanhados do cão da família. Esses governos sabem como montar um espetáculo ou pelo menos sabem que precisamos ver o homem interagir com outros animais para demonstrar sua natureza humana. Poucos dias atrás a Rússia e a Alemanha mantiveram uma série de conversações, e as matérias na Alemanha destacaram o enorme cachorro negro de Pútin – o tipo que a legislação chinesa quer exterminar – em primeiro plano, tendo no fundo os dois dirigentes: o dono do cão e seu convidado.

Os chineses não acreditam em espíritos e, fora os apertos de mãos, não farão nada para a mídia. As fotos robóticas, previsíveis, não mudam há cinquenta anos; tudo o que se precisa fazer é mudar o dirigente, e ninguém se cansa disso.

Além do mais, o governo deveria ser um servo do seu povo. O que é o governo? No vernáculo simples, o governo deveria ser o cachorro do povo, e há apenas dois tipos de governo no mundo: cães de guarda e cães de estimação. A maioria dos governos democráticos é como cães de estimação. O governo dos Estados Unidos encarna dois tipos de cães: é servil para os norte-americanos e feroz para os outros povos. Obviamente há também o oposto, cães esquizofrênicos, governos que põem o rabo entre as pernas quando veem forasteiros e mordem apenas seus senhores. Se as pessoas têm medo do seu governo, então esse governo-cão está louco, porque um bom governo é o bichinho de estimação dos seus cidadãos; mesmo amar até a morte seus cidadãos não seria um excesso. A relação de qualquer bom governo com seu povo é igual à de um cão com seu dono: se o dono indica o leste, é proibido ir para oeste.

Mas na China parece que o governo nunca entendeu isso, porque esse cão está sempre na posição de dono e tentando tomar decisões em nome dos seus cidadãos. Para piorar as coisas, esse cão frequentemente morde seu dono – sempre vemos cidadãos que foram espancados e até aleijados pelo governo. Embora as coisas sejam assim, pouquíssimos donos tentam exterminar seus cães, porque os seres humanos são bons, racionais, solidários e compassivos. Mesmo se um governo fere seu povo, não é necessariamente um mau governo; talvez ele seja estúpido ou tolo, ou talvez seja apenas insensível e irracional. Esse tipo de governo também pode existir.

Um bom governo precisa aprender com os animais de estimação, brincar com seus cidadãos e com isso tornar seus donos jubilosos a ponto de esquecerem suas preocupações. Somente assim podemos comer e beber o que nos cabe numa sociedade harmoniosa.

## Um "conto de fadas" se torna uma obra de arte

### POSTADO EM 20 DE JULHO DE 2007

**Fu Xiaodong**[6]: Por que 1.001 pessoas?

**Ai Weiwei:** Eu estava escalando montanhas na Suíça e vi passar uma enorme quantidade de turistas italianos arrastados pelos filhos pequenos. Então pensei em levar um grupo de chineses para viajar. Isso parecia uma fatia de bolo mais completa, e a fatia incluiria todos os elementos especiais do próprio bolo. Essa também foi a razão pela qual eu não escolhi cinquenta ou cem; a soma tinha de chegar a uma quantidade especificada. As características de status, idade e o fato de haver participantes provenientes de quase todas as províncias e regiões influenciaram as características desse intercâmbio cultural.

**FXD:** Qual desses participantes lhe interessa mais?

**AWW:** Todas as pessoas vivas me interessam, desde que sejam capazes de abrir os olhos, que queiram sair e respirar ar fresco, pessoas que chegam em casa à noite com os pés doloridos, que querem pôr mais uma coberta na cama, pessoas que não querem sentir frio; todas elas são extremamente interessantes para mim. Os participantes também vão se defrontar com a questão da rapidez com que encontrarão seu lugar num ambiente completamente novo. Devemos conhecer a comunidade em que estamos localizados e as relações entre diferentes comunidades. Só podemos saber como são as pessoas amarelas depois que vemos pretos ou brancos.

**FXD:** Os participantes de *Conto de fadas* responderam a um questionário de 99 perguntas que abordavam religião, crenças, diferenças culturais entre Ocidente e Oriente etc. Por que você fez essa investigação?

**AWW:** O questionário foi um procedimento prático provisório. Quero afirmar para essas pessoas que nós estamos num trabalho sério, não estamos brincando. Levá-las a começar a pensar nas questões do panorama cultural ocidental e em suas situações pessoais tinha relação com a natureza da obra de arte inteira. Os fazendeiros apenas escreveram "Não sei", mas conforme eles completam o questionário todo e assinam seus nomes no final, isso mostra que estão se identificando com a atividade. Esta deve ser voluntária.

**FXD:** Que outras obras você criou ligadas a *Conto de fadas*?

**AWW:** Com a participação de quase vinte diretores da China e de outros países, completamos um documentário que segue alguns dos personagens interessantes de *Conto de fadas*. Registramos sua vida, seu trabalho e suas experiências cotidianas na China, e os muitos custos e esforços físicos e mentais que despenderam durante sua participação. Esta incluiu suas experiências de vida coletiva, suas expectativas e ansiedades, seus objetivos e condições atuais, educação e família. Esse material já tem um total de mais de mil horas. Também vamos publicar um livro, um livro de entrevistas com pessoas que participaram de *Conto de fadas*, para lhes dar a oportunidade de falar sobre a difícil situação da China nessa época, e há também um registro fotográfico. Não sei o que esse material se tornará, geralmente eu não penso muito lá na frente.

**FXD:** E você distribuiu maletas iguais para todos os participantes.

**AWW:** É verdade, e nós também projetamos alguns produtos. Não quero que isso se torne uma grande exibição de arte, o que contrariaria o significado da obra como um todo. Quero perturbar o menos possível a vida cotidiana, preservando os hábitos e os ritmos originais. Ao mesmo tempo deveria haver um sentimento de consenso entre os participantes. Existem algumas poucas exigências, como camas, lençóis, cobertas, travesseiros, divisórias, e nós queremos que a sala se converta em pequenos espaços privados. Morando nessa cidade desconhecida, algumas ferramentas que constituem memória histórica e um status especial são importantes; por exemplo, 1.001 cadeiras, maletas e braceletes de USB. Esses símbolos que testemunham seu status são ligados a uma autoconfiança e a um senso de orgulho

**2.3** Artesão marca cadeiras antigas para *Conto de fadas* (2007) no armazém-estúdio do artista.

definidos. Os detalhes não são importantes, mas sem eles a coisa se desagregaria, não haveria experiências iguais nessa jornada coletiva.

**FXD:** Depois da chegada a Kassel não foram exigidas atividades coletivas de nenhum dos participantes de *Conto de fadas*. Todo mundo estranhou isso.

**AWW:** Não quero me enquadrar em nenhum padrão convencional. A integridade e a vivacidade de uma obra têm continuidade com a sua motivação original e os meios pelos quais a completamos; ela fica sob controle. Optar por não incluir algo é mais importante do que incluir tudo. Quando não fazemos algo, a obra fica extremamente grande; se fizéssemos algo, a qualidade da obra mudaria.

**FXD:** A mídia publicou um investimento de 3,1 milhões. Como vocês farão para recuperar todo esse capital?

**AWW:** Eu assinei um contrato, que estava em alemão, e, embora ainda não o tenha lido, sei que ele não me limita demais. Até agora ninguém me perguntou sobre a minha lógica no uso dos fundos. Confiam na minha arte e me deram muita liberdade; eu também respeito a confiança deles. Reciprocidade é uma questão que inevitavelmente eu serei forçado a considerar.

**FXD:** O projeto já está em andamento há cinco dias. O que você fará no restante do mês?

**AWW:** Parece que já se passou muito tempo, mas são apenas cinco dias. Pra falar a verdade, todo dia é bem estonteante. Eu não penso demais. Esse carro irá avançar mais um pouco e vai parar quando for o caso.

**FXD:** Por que *Conto de fadas* está recebendo tanta atenção da mídia ocidental?

**AWW:** Em primeiro lugar, *Conto de fadas* foi um dos cem projetos da Documenta que se tornaram públicos muito cedo. Ele se tornou público instantaneamente quando eu recrutei pessoas no meu blogue. Em segundo lugar, essa obra está fadada à discussão; qualquer coisa – inclusive o status dos participantes, como eles foram escolhidos, o financiamento –, tudo excedeu o âmbito habitual de uma obra de arte. O estado dos participantes, suas razões para participar e o significado, tudo isso envolve diretamente a sociedade, a política e o panorama cultural, e assim o evento se tornou uma história interessante para todos os principais jornais, revistas e canais de televisão europeus. Nunca houve tal volume, tal quantidade de artigos ou profundidade de informação. Se você busca "Documenta" on-line, três em cada dez artigos são sobre *Conto de fadas*. Todos os meus amigos me dizem que nenhuma obra jamais recebeu notícias tão positivas, a maior parte das quais sobre o seu conceito novo, sua integridade e o modo perfeito como ela tomou forma.

**FXD:** Ao mesmo tempo essa obra atraiu uma tremenda curiosidade do Ocidente.

**AWW:** Embora isso não tenha sido premeditado, pelo menos umas cem pessoas me procuraram para manifestar seu interesse. Essa obra é tão simples que qualquer pessoa a entende. Os velhos, as pessoas comuns, os vendedores de sorvete, todos disseram que gostam dela, que ela é interessante. Uma pessoa disse que ela é poética. Mas eu não pretendo fazer com que eles digam outras coisas ou introduzir qualquer academicismo. A obra de arte é um meio; o fato de ela dar o que pensar a pessoas sem nenhum interesse pela arte contemporânea é suficiente para me deixar impressionado. Ela evidentemente influenciou a vida dessas pessoas. A mídia está sempre esperando encontrar mais possibilidades, mas eles ainda estão incrédulos, mesmo quando eu lhes digo que não tenho mais nada.

**FXD:** Que tipo de efeito essa discussão e disseminação causam?

**AWW:** A minha experiência, tendo morado no exterior durante mais de uma década, é de que a intensidade da disseminação ultrapassa em larga medida qualquer esforço de intercâmbio cultural. Nunca houve esse interesse pelo povo chinês;

quando as pessoas falam dele, seus olhos se iluminam e a expressão do rosto se modifica. Mas tudo isso logo terá passado, e no final será apenas uma lenda... era uma vez um louco que trouxe 1.001 loucos para cá. Embora a mídia esteja aplaudindo, o significado de *Conto de fadas* ainda não foi realmente entendido; a todo momento eu ainda tenho de expressar claramente meus pensamentos. No futuro, daqui a muito tempo, as pessoas entenderão essas implicações.

**FXD:** Essas massas de chineses de diferentes estratos sociais refletem questões sociais?

**AWW:** *Conto de fadas* está mais voltado para a experiência pessoal e a consciência individual. No logotipo está escrito "1 = 1.001" porque a experiência pessoal, o status individual e a imaginação são o mais importante, são insubstituíveis. A obra foi pensada para a participação de cada pessoa; não houve acréscimo de nenhum conceito da vontade coletiva. A maioria dos artistas usa as multidões para realizar uma forma particular, mas *Conto de fadas* é exatamente o oposto. Mais tarde eu percebi que essa era também uma das características que permitiam a *Conto de fadas* realizar uma identificação tão ampla. *Conto de fadas* não exige que as coisas sejam representadas de forma artística, mas sim que a arte seja vida, normalizada. Essa é uma interrogação da própria arte, e finalmente eu tive oportunidade de perceber isso.

**FXD:** Comparada com as suas obras anteriores, *Conto de fadas* demonstra uma enorme transformação de forma.

**AWW:** *Conto de fadas* tem conotações semelhantes, juntando dois ou mais elementos, mas é claro que os materiais e o âmbito que ela atinge são totalmente diferentes. Dessa vez ela envolve pessoas: os produtores e apreciadores de arte foram fundidos em um só. As pessoas se tornaram um meio, e são também os herdeiros, beneficiários ou vítimas, o que aumenta a sua complexidade. Mas ela continua coerente ao fazer perguntas fundamentais sobre cultura, valores e julgamento.

**FXD:** *Conto de fadas* é outro tipo de obra de arte. Podemos continuar acreditando que a arte ainda não morreu?

**AWW:** Independentemente dos seus recursos sociais ou psicológicos ou do nosso conhecimento da vida e da cultura, as pessoas estão todas num estado de crise. O desejo de transformar, redefinir ou usar métodos alternativos já é um estado normal. Estou apenas pensando em como posso prosseguir com o meu jogo pessoal. Se você não pode prosseguir, ninguém continuará interessado em como você joga seu jogo. Isso é absolutamente normal.

**FXD:** Você está satisfeito com a obra?

**AWW:** Estou insatisfeito com todas as minhas obras. Não estou tentando me agradar, não estou tentando atingir nenhum objetivo. As obras de arte em si inspiram as pessoas com um senso de realidade. Por exemplo, um criminoso pode cometer um assassinato para mitigar o seu desejo de se matar. A criação do artista se dá num estado semelhante.

**FXD:** Qual é o seu papel pessoal nessa obra?

**AWW:** Normalmente eu tenho um papel muito ativo nas minhas obras, o papel de produtor. *Conto de fadas* é o exato oposto. Não posso determinar o estado de cada participante. Não estou familiarizado com a maioria das pessoas, e mesmo se estivesse não as entendo. É também por isso que eu gosto da obra. Essa é a primeira vez que uma das minhas obras tem um sentido tão grande de incerteza, potencial para desenvolvimento, imprevisibilidade, e uma natureza incontrolável. Todos os dias eu preciso resolver novos problemas, coisas sobre as quais nunca pensei antes. Não sou produtor, ou líder; é mais como se eu fosse um observador que vê quais métodos estão mudando a obra. Sou um aluno, e sou mais atento que outros.

**FXD:** *Conto de fadas* é uma obra que abrange diversas culturas, religiões e conceitos. Que ponto de vista você está sustentando?

**AWW:** Eu não tenho um ponto de vista. Estou apenas muito disposto a observar um grupo de contradições surgir de modo natural. Exatamente como o crepúsculo, que inevitavelmente está em relação com a nossa posição na terra e os raios de sol, as nuvens e a umidade do ar são elementos contribuintes. No entanto, isso não quer dizer que o crepúsculo seja significativo, mas somente que as pessoas podem dotá-lo de significado.

**FXD:** Desde o início da publicação dos livros "de capa branca" e "de capa preta" na década de 1990, que viam a arte contemporânea chinesa entrar num estado de agitação selvagem, até a exposição Fuck Off, de 2000, quando a arte na China atingiu seu status legal, é possível que *Conto de fadas* vá representar o momento decisivo em que a arte da China chega ao palco internacional?

**AWW:** Acho que para uma obra se tornar um evento cultural ela precisa ter vários elementos independentes. Seja o modo como se expressa a forma e a linguagem ou então o vocabulário básico que a constrói, tudo deve ter suas características individuais próprias. Embora *Conto de fadas* seja uma obra enorme, ela manifesta a vontade de um lugar, e o modo como expressa a existência pessoal poderia até ser descrito como antiglobal. A maioria das pessoas que participam não entende o sistema da língua anglo-germânica; elas não têm nenhum conhecimento da arte contemporânea e são anticulturais. Essas duas contradições compõem o enorme conflito fulcral que essa obra tem com a cultura global, a política e a economia contemporâneas.

**FXD:** Você acha que há alguma continuidade entre esses dois aspectos em conflito?

**AWW:** Dois pontos estão em questão com relação a isso. O primeiro, embora eu diga que isso não me diga respeito, expressa algumas dúvidas sobre a condição cultural e sobre a própria cultura. Com relação ao segundo, tudo está discutindo a iniciativa e a possibilidade do individual dentro do contexto maior, apresentado num tom extremamente individualizado, e na análise final está procurando meios individualizados. Evidentemente, assim que apresentamos características distintas, surgem limitações.

**FXD:** O que você pensa sobre o cenário que esta época oferece?

**AWW:** Estamos vivendo numa época completamente diferente de qualquer outra. Essa época irá arruinar todos os sistemas, poderes e centros de discurso anteriores, e com isso produzirá um sistema completo. Por meio da digitalização, da internet e de outros métodos novos de propagação, por meio das consequências de uma estrutura econômica e política de globalização, a relação entre indivíduos e o sistema de direitos verá uma mudança fundamental. Do mesmo modo, a arte da consciência e da emoção humanas também enfrentará novos métodos de linguagem.

**FXD:** Que ponto de vista político você quer expressar com essa obra?

**AWW:** Meu ponto de vista político, se é que tenho um, é o individualismo, o antipoder e os padrões de antivalor formados em torno do lucro. Os melhores sistemas de valor mútuo em funcionamento no mundo são frequentemente realizados com base em algum tipo de lucro. Na maioria dos casos eles são muito simples e imperfeitos, e não são convincentes, quer sejam econômicos ou culturais.

**FXD:** Você pode falar sobre o seu trabalho com as portas em *Template*?

**AWW:** É melhor falar apenas sobre uma obra; poderíamos continuar discutindo *Conto de fadas*, discutir apenas ele, porque de outro modo falaríamos sobre tudo, e isso é irritante. Talvez da próxima vez possamos fazer uma entrevista inteira sobre *Template*. Não há muita coisa para falar sobre obras de instalação de escultura, elas não são tão interessantes; é apenas uma coisa, embora muita gente esteja dizendo que essa é a obra de maior impacto na exposição. Mas eu acho isso muito chato;

seja ou não uma obra minha, não estou muito interessado. Eu desconfiava de que ela ia acabar caindo ou que a iluminação a estragaria, ou algo do tipo, ou que ela pegaria fogo...[7]

ENTREVISTA REALIZADA EM 20 DE JULHO NO ESCRITÓRIO DA DOCUMENTA PARA CONTO DE FADAS

## Dia Nacional

**POSTADO EM 1º DE OUTUBRO DE 2007**

Hoje é outro Dia Nacional e Pequim espera o seu 58º aniversário sob uma chuvinha fina.

Nesta "República do Povo" fundada 58 anos atrás, ainda temos de realizar "eleições gerais". A educação universal ainda está para ser implementada, a assistência médica básica ainda não foi concretizada e ninguém ousa perguntar como perdemos os nossos direitos fundamentais.

Todo o solo da nação e os seus recursos foram destruídos. Os funcionários do governo são corruptos; nosso meio ambiente é poluído; a educação humanística é degenerada; os padrões de administração são tão baixos que as pessoas perderam a esperança. Ninguém pensa em perguntar quem adquiriu os bens que originalmente pertenciam ao povo e à nação.

Imediatamente depois da celebração de aniversário deste ano saudaremos o grande, honrado e justo 17º Congresso do Povo realizado pelo Partido Comunista Chinês.

Saudaremos a atenção mundial trazida pelas Olimpíadas.

Saudaremos...[8]

De acordo com o noticiário, durante o feriado do Dia Nacional Pequim receberá uma equipe de 740 mil seguranças, que auxiliará a Polícia do Povo em suas atividades.

Hoje de manhã não lavei o rosto nem escovei os dentes. O abastecimento de água de Caochangdi, o subúrbio de Pequim onde moro, foi novamente cortado.

**2.4** *Template* em Kassel, na Alemanha, 6 de junho de 2007.

**2.5** *Template* em Kassel, na Alemanha, depois do desmoronamento, 20 de junho de 2007.

# Andy Warhol

**POSTADO EM 3 DE OUTUBRO DE 2007**

Vinte anos atrás eu estava no Lower East Side de Nova York. Morei lá muito tempo.

No dia 22 de fevereiro de 1987, Andy Warhol morreu de repente em Nova York por negligência médica. A notícia deixou toda a cidade banhada de cinza, e muitas pessoas ficaram tristes e enlutadas. A partida de um homem incrível levou para longe um mundo certamente incerto, assim como as pessoas e acontecimentos vãos e lendários que giravam em torno dele. Foi como se um enorme ímã tivesse subitamente perdido seu poder de atração.

Os textos sobre pessoas mortas são sempre fragmentados. Mesmo quando escrevemos sobre acontecimentos de ontem e sobre alguém que está vivo, os textos evocativos não só parecem indefinidos, como também são frívolos. Isso porque ao partirem as pessoas levam consigo seu espírito, o qual só pode ser agregado ao corpo de pessoas vivas. As pessoas se sentem perdidas e são incapazes de verbalizar claramente o que foi que perderam.

A ilha de Manhattan tem trezentos anos de história. Colonizadores holandeses foram os primeiros a comprar a terra dos índios americanos por vinte e poucos dólares, e na extremidade meridional da ilha há um monumento de pedra com a inscrição: "Os empobrecidos e sofredores, os desamparados e exilados, deixe-os vir até mim", e mais um bláblá sobre liberdade e igualdade que parece conversa de bêbado. Mais tarde, pessoas vindas de todos os cantos do mundo não deixariam essa ilha sossegada um só momento: aventureiros, ignorantes, fugitivos, desertores, trotskistas, anarquistas e poetas foram viver ali durante essa selvagem e lendária era de ideais. Essa nova terra, com sua generosidade, liberalidade, igualdade e tolerância, realizou seus sonhos, e a cidade e a nação adquiriram uma camada mágica de cor.

Andy Warhol nasceu em Forest City, na Pensilvânia. Enquanto seu pai, um imigrante eslovaco, trabalhava na mina, ele rodeava a mãe. Ele adorava comer doce e ouvir histórias. Comparada com seu futuro estonteante, a infância monótona e apagada criou um espaço de transição com o qual ele tinha dificuldade de lidar. Em 1949 ele se mudou para Nova York, onde sua sensibilidade inata e sua mão refinada o ajudaram a se tornar um hábil ilustrador de propagandas. Foi uma época em que os artistas eram considerados seres beatos, mártires, e o mentor de Andy, Emil de Antonio, disse-lhe: "Um dia os artistas da propaganda serão os verdadeiros artistas". Essa frase ainda estava muito longe de se tornar realidade, pois era preciso uma pessoa com uma vida extraordinária para pô-la em prática.

A quantidade de boatos não confirmados sobre Andy foi tão profusa quanto a dos que puderam ser confirmados. Seu nome era o mais famoso dos Estados Unidos, mas somente umas poucas pessoas realmente sabiam o que ele fazia. O nome original de Andy era Andy Warhola; ele nasceu entre 1928 e 1931; a data está anotada diferentemente em diferentes documentos, embora Andy dissesse que a data de 28 de outubro de 1930 era incorreta. A data amplamente aceita do seu aniversário é 6 de junho de 1928. Todos nós temos certeza da data da sua morte.

Existem muitas publicações sobre Andy, e ele teve uma exposição incrivelmente alta na mídia. O significado de Andy Warhol está no fato de que, embora ele não tenha sido muito reconhecido como um artista sério durante sua vida, seu meio social e suas obras superaram tanto as expectativas da época que ele mudou a realidade e os ideais da arte norte-americana. Podemos ver a sua importância nos vários equívocos sobre ele: homossexual acanhado; apaixonado pelo materialismo; workaholic incoerente; intérprete feminino; nascido para festas e vaidade, com o olhar voltado apenas para as alegrias superficiais da moda. Ele era obcecado pelo valor da imagem. Repetia as mesmas frases para pessoas diferentes em lugares diferentes; nunca era sério ou profundo, mas era como um homem esculpido em cera. Talvez ele fosse mais como uma flor exótica, uma flor capaz de sobreviver apenas em grandes altitudes. Compreenda-o e você compreenderá os Estados Unidos, pois ele é a lenda mais tragicamente bela da história da arte norte-americana, um artista ímpar de valores puramente norte-americanos; ele aprimorou a arte e sua morte foi o fim de uma época.

Marilyn Monroe, a cadeira elétrica, Mickey Mouse, Mao Tsé-tung, papel de parede, calamidades, histórias em quadrinhos, o Empire State Building, notas de dólar, Coca-Cola, Einstein – ninguém sabe quantas obras ele deixou; elas são variadas e tratam de tudo, envolvendo quase todas as personalidades importantes de seu tempo e abrangendo quase todos os meios de expressão possíveis: design, pintura, escultura, instalação, discos, fotografia, vídeo, textos, publicidade. As criações de Andy Warhol se rebelaram contra a arte tradicional, comercial, consumista, plebleia, capitalista e globalizada. Os modelos que o cercavam ajudavam-no a escolher as cores que queriam para as suas pinturas; sua mãe assinava o nome dele nas obras; não importa quando ou onde, ele estava sempre tirando fotos e gravando. Ele estava muitas décadas à frente do seu tempo.

Os valores da geração da década de 1960 substituíram tradições antiquadas. Palavras como "profundo", "elite", "história", "eternidade", "superioridade", "estabelecido", "absoluto" e "único" já não eram importantes; elas foram substituídas por "realidade", "superficial", "extravagante", "efêmero", "desejo", "alegria", "liberdade", "igualdade", "simplicidade", "mecanização" e "cópia". Esses conceitos atualizaram a qualidade da democracia e da liberdade norte-americanas. Naquela época os Estados Unidos criaram inadvertidamente muitos dos seus heróis.

Andy Warhol foi um produto que se criou sozinho, e a transmissão desse produto foi uma característica da sua identidade, incluindo todas as suas atividades e a sua própria vida. Ele era um complicado composto de interesses e ações; punha em prática as paixões, os desejos, as ambições e as imaginações da sua época. Moldou uma ampla percepção do mundo, um mundo experimental, um mundo popular, um mundo não tradicional, antielitista. Esse é o verdadeiro significado de Andy Warhol que as pessoas não estão dispostas a aceitar, e a razão pela qual ele ainda não é reconhecido por todos como um verdadeiro artista.

Sobre o tema de Andy Warhol ninguém poderia falar melhor do que ele:

"Minhas pinturas são apenas isso, não há significado oculto."

"Se vocês querem saber tudo sobre Andy Warhol, apenas olhem para a superfície das minhas pinturas e filmes e para mim, e lá estou eu. Não há nada por trás disso."

"Minha arte não tem futuro, isso está muito claro para mim. Daqui a alguns anos tudo o que eu produzi será inútil."

"No futuro todos serão famosos por quinze minutos." Poucos anos depois ele disse: "Dentro de quinze minutos todos serão famosos."

"Minha ideia de uma boa foto é uma que esteja em foco e que seja de uma pessoa famosa."

"Vou a toda inauguração que tenha um toalete."

"Não gosto de grandes momentos como casamentos e enterros. (...) Nunca gostei de férias, acho que férias são um tipo de doença. Nunca viajo, a não ser a trabalho."

"Acho que todo mundo devia ser uma máquina, todo mundo devia ser exatamente igual aos outros."

"Gosto de coisas entediantes. Também gosto de coisas que podem ser infinitamente repetidas."

"Minhas pinturas nunca são como as quero, mas eu já acho isso normal."

"Se todo mundo não é bonito, então ninguém é bonito."

"Olhe mais de perto; a loja de departamentos parece um museu."

"Todos os meus filmes são artificiais, tudo o que eu vejo é um elemento de faz de conta. Não sei onde acaba o artificial e começa o real."

"Nunca leio. Somente vejo arte."

"O que há de formidável neste país é que os Estados Unidos começaram a tradição em que os consumidores mais ricos compram essencialmente as mesmas coisas que os mais pobres. Você pode estar assistindo à TV e ver Coca-Cola, e você sabe que o presidente bebe Coca-Cola, que Liz Taylor bebe Coca-Cola, e, imagine, você também pode beber Coca-Cola. Uma coca é uma coca, e um montão de dinheiro não lhe dará uma coca melhor do que a que bebe o vagabundo da esquina. Todas as cocas são iguais e todas as cocas são boas. Liz Taylor sabe disso, o presidente sabe disso, o vagabundo sabe disso e você sabe disso."

"Sempre acho que o que estou dizendo é insincero, não é o que eu quero dizer. O entrevistador devia simplesmente me dizer as palavras que ele quer que eu diga e eu as repetiria depois dele. Isso seria ótimo, porque eu sou vazio, não posso pensar em nada que eu queira dizer."

"Eu não ajo com coerência, porque eu nunca fui coerente."

Embora Andy Warhol fosse o animal social mais renomado do mundo, depois de sua morte muitas de suas realizações ainda parecem inacreditáveis. Diariamente ele voltava para a sua casa no Upper East Side, onde vivia discretamente com a mãe, um gato e duas empregadas filipinas. Não havia ali nenhuma aparelhagem moderna nem arte contemporânea, apenas mobília em estilo "Louis" e pinturas a óleo. Entre as coisas que ele colecionava fanaticamente constavam relógios antigos, joias de pérola, o urinol de Duchamp, maquiagem, brinquedos; não havia coisa fantástica que ele não tivesse. Depois de sua morte, na venda especial que a Sotheby organizou para os seus objetos pessoais, muitos desses itens foram abertos pela primeira vez. Todo Natal ele trabalhava com um grupo que preparava uma refeição para os pobres no Harlem; diariamente, às nove e meia da manhã, ele telefonava para a sua secretária e contava-lhe todas as pequenas coisas que haviam acontecido no dia anterior. Não se passava um único dia sem que ele fizesse isso, e esses registros se tornaram uma história pessoal detalhada e encantadora*.

Aquele mundo era desconhecido; era oco e insípido e contudo fingia ser sério. Mas que tipo de vazio permaneceu depois da perda desse mundo oco e insípido? No dia 14 de fevereiro de 1987, uma semana antes de morrer, ele escreveu em seu diário: "Um dia realmente curto. Quase nada aconteceu. Fui às compras, vaguei por aí, voltei para casa, falei ao telefone... É, foi isso. De verdade. Foi um dia realmente curto".

*ESCRITO EM 4 DE MAIO DE 2006*

**2.6** Ai Weiwei diante de *Autorretrato* (1966), na primeira exposição de Andy Warhol no MoMA, um ano depois da morte do artista, por volta de 1988.

## *Designatum*

### POSTADO EM 24 DE OUTUBRO DE 2007

A interpretação da liberdade e dos direitos e sua posterior prática constituem o verdadeiro valor da vida; são as conotações centrais da revolução e do progresso.

Um governo que tem como característica definidora a destruição das liberdades e dos direitos pessoais é repulsivo, pois essa é a verdadeira razão para os limites à mídia noticiosa e à liberdade de expressão. Como todos sabemos, se houvesse liberdade de imprensa e liberdade de expressão, seria difícil preservar motivações monárquicas fátuas e proteger instituições que fomentam lucros ilícitos, embustes traiçoeiros e uma cultura devastadoramente intimidadora.

Uma característica psicológica inevitável do poder autoritário é a fraqueza. Por serem fracos, esses governos evitam o povo, abstêm-se da transparência e fogem das explicações claras; por serem frágeis, eles discriminam os divergentes e cultivam lacaios para projetar uma imagem falsa de paz e prosperidade. Atos colossais de boa vontade por parte de um governo que incessantemente diz bobagens sobre suas boas intenções precisam de fato ofuscar os praticados por outros? Já não se trata de uma conspiração; a coisa está mais para um ciclo interminável de incompetência, e todos sabem disso.

As características de arruinamento são celebrações nacionais e cortinas de fumaça teatrais destituídas de rima e razão. A ascensão e a queda de qualquer nação não devem ser ditadas pela morte de uma pessoa.

O valor do sacrifício está ligado a uma reverência pela vida, e a morte implica a existência da vida. O valor da vida é demonstrado por sua perda, e uma morte valiosa prova a possibilidade da honra na vida. A questão da vida e da morte ficará para sempre sem resposta.

A dificuldade de esforçar-se arduamente é necessária, é o ímpeto que está por trás dos grandes esforços que aplicamos quando nos esforçamos arduamente.

Independentemente da direção que indicamos, estamos sempre apontando para nós mesmos.

## Alguns números anormais

**POSTADO EM 22 DE DEZEMBRO DE 2007**

O modo como os chineses tratam os números, assim como o papel que os dados numéricos têm nas ideias chinesas de história e realidade, ilustra a distância que há entre esta nação e o mundo externo. Ilustra também a natureza da cultura e da história que existem aqui e como ela se transformou.

Poucos anos atrás noticiou-se que altos funcionários corruptos – quantos eram eles não nos foi informado – fugiram para o exterior, escapando com o dinheiro e deixando para trás livros de contabilidade ininteligíveis. Os ladrões sabem exatamente quanto eles açambarcaram, mas o povo roubado não tem ideia de quanto perdeu – terão sido 5 mil, 10 mil ou 15 mil? Ou será que foi algo entre 400 bilhões e 1 trilhão? Isso foi sempre um mistério. Tudo o que vem fácil, vai fácil, e embora haja várias políticas neste mundo e variedades de partidos e facções que podem ser bons ou maus, democráticos ou totalitários, prósperos ou em declínio, nem mesmo um único entre eles pode se vangloriar de um feito tão notável.

Pior ainda: na região do delta do Pérola, a cada ano mais de 40 mil trabalhadores perdem dedos nos maquinários. Durante os trinta anos em que um pequeno grupo teve permissão para ficar rico antes dos demais, quantos trabalhadores sacrificaram seus dedos? Por todo o país quantas pessoas perderam braços ou pernas? Esse número pode também rivalizar com as estatísticas de qualquer guerra já ocorrida.

E qual é a população de Pequim? O povo não sabe, tampouco o prefeito sabe. Num relatório recente surgiu subitamente o número 17.430.000[9], acrescentando abruptamente mais de 3 a 4 milhões ao dado comumente mencionado de 13 a 14 milhões. Nós nos vangloriamos por termos um vasto território, recursos abundantes

**2.7** Ai brinca com policiais militares em Caochangdi, junho de 2006. A primeira linha do cartaz atrás deles diz: "Implemente com seriedade as exigências da 'tripla representatividade'".

e uma grande população, mas ninguém sabe com certeza o tamanho exato dessa população. Apesar de manter a política de registro de residência familiar mais antiquada e severa do mundo, ainda somos incapazes de apresentar um número seguro.

Então houve aquele ano em Nanjing em que os chineses levaram uma surra e milhares de cabeças rolaram[10]. Passaram-se sessenta anos, mas nós temos o número exato de mortos? Foram 300 mil? Não há pesquisas conclusivas nem recursos históricos convincentes. Os chineses nunca entenderam que também precisamos dar conta dos mortos e que, uma a uma, as almas dos que morreram injustamente devem ser contadas mesmo assim. Não pode haver um "mais ou menos": a China gostaria que fosse mais, mas as contas ficcionais desrespeitam do mesmo modo os fantasmas. Essa é uma parte humilhante da história, ao mesmo tempo uma calamidade nacional e um crime contra a humanidade, mas todos os números relacionados a esse incidente são ambíguos. Isso não decorre da crueldade e ignorância dos assassinos, pois eles nunca tiveram consciência. Mais exatamente a desgraça dos chacinados é não terem sido reverenciados nem lembrados pelos que tiveram mais sorte do que eles. Essas pessoas nunca tiveram um status definido, nem em vida nem depois de mortas.

Na China, dados históricos desse tipo nunca são claros. Durante muito tempo passou-se ao largo e se ocultaram os dados numéricos sobre os inocentes lesados ao longo dos tempos de tirania e também o modo como eles morreram. Essa parte ausente da realidade tornou-se a desgraça da nação e surge da alma de cada cidadão. A dor causada pelo abandono por parte dos nossos compatriotas não é menor do que a causada pela depreciação e humilhação por parte das potências estrangeiras; ambos desconsideram o valor humano.

Talvez seja por essas razões que os políticos mais práticos estejam ficando doidos na busca de algum recurso engenhoso capaz de usar números para demonstrar sua inteligência super-humana e sua sólida racionalidade; por exemplo, a "Tripla Representatividade"[11], testada ao longo do tempo, rege de modo tão inequivocamente claro e preciso que em qualquer *continuum* de espaço e tempo e em qualquer universo ela nunca poderia ser reduzida a "Dupla Representatividade" ou ampliada para "Quádrupla Representatividade".

Os números já não são mais uma medida entre o homem e a realidade. Eles são incertos, dúbios e insignificantes, e não constituem mais a relação do povo daqui com o mundo externo. Tampouco podem sustentar emoções ou a imaginação humanas. Anormais, ilusórios e zombaria pura, os números permitiram a este país finalmente se desligar do mundo dos fatos concretos e das leis físicas, e mergulhar no autoengano e no prazer ambíguo.

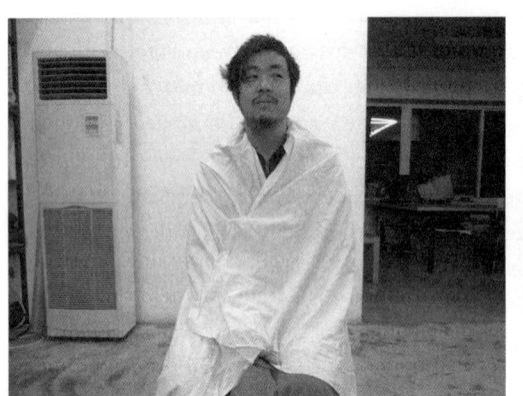

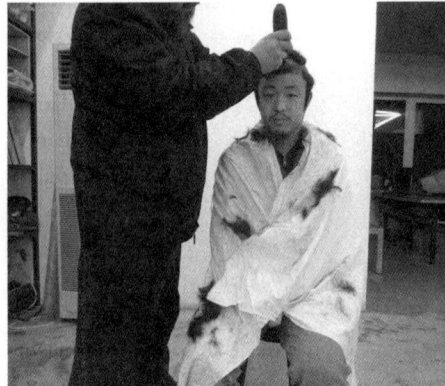

**2.8, 2.9, 2.10, 2.11, 2.12, 2.13** O assistente de Ai, Xu Ye, tem seu cabelo cortado pela terceira vez. Em 2007, um dos temas fotográficos prediletos de Ai em seu blogue eram essas séries de "cortes de cabelo", 22 de dezembro de 2007.

Alguns números anormais

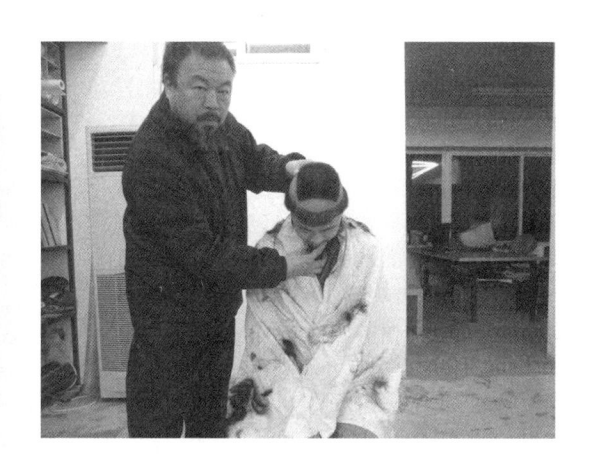

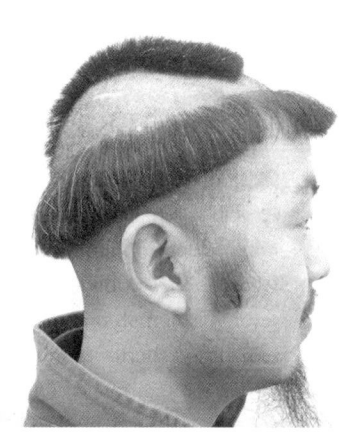

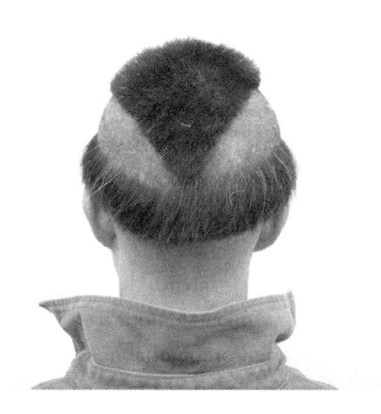

# TEXTOS DE 2008

# Alucinações e "inalação de venenos"

**POSTADO EM 1º DE JANEIRO DE 2008**

O uso de metanfetaminas é inquestionavelmente mau: elas nos prejudicam tanto quanto fumar, beber ou passar no sinal vermelho. Contudo elas não lesam diretamente a sociedade nem causam danos físicos aos outros. Isso porque usá-las é uma escolha pessoal; mesmo sendo prejudiciais ao seu usuário, a decisão de usá-las é individual, algo como suicídio.

Por outro lado, quando a polícia entra sem um mandado em uma residência privada, isso é uma questão de outra natureza. A entrada casual da polícia em uma residência para buscar e prender em nome do cumprimento da lei e agir como ferramenta do Estado tornou-se há muito tempo um fato comum.

Depois de receber uma denúncia de um "cidadão", a polícia invadiu uma residência no meio da madrugada[1]. Isso foi uma ameaça genuína aos direitos civis individuais e uma forma latente de intimidação que em última análise é mais significativa e destrutiva do que as ações ou o comportamento de qualquer usuário ilegal de narcóticos. O 39º item da Constituição afirma: "As residências privadas da República Popular da China são invioláveis. É proibido fazer buscas ou entrar ilegalmente em residências privadas. A inviolabilidade do lar dos cidadãos é um direito fundamental da liberdade pessoal dos indivíduos e da dignidade humana. O direito é protegido pela lei".

Além disso, a oitava lei da "Decisão sobre Leis Antidrogas do Comitê Permanente do Congresso Nacional do Povo" estipula o seguinte como punição para o uso de drogas: "Os usuários de drogas podem ser detidos pelas autoridades da segurança pública por no máximo quinze dias, recebendo multas não superiores a 2 mil *renminbi* [cerca de seiscentos reais]; as drogas e outros objetos utilizados para fumá-las ou injetá-las podem ser confiscados". Essa lei indica que o uso de drogas por si só não pede lei criminal. A 87ª lei do mesmo documento estipula:

> Os órgãos de segurança pública, quando houver atos de violação da segurança pública, podem empreender buscas de artigos pessoais. Quando uma inspeção for necessária, a Polícia do Povo deve apresentar documentos identificadores e um mandado, emitido por um Órgão de Segurança Pública do Governo Popular no nível do condado ou acima dele. Se for necessária uma inspeção imediata, a Polícia do Povo deve apresentar documentos identificadores antes de investigar o local, mas no domicílio

dos cidadãos é preciso apresentar documentos no nível do condado ou acima dele emitidos por um Órgão de Segurança Pública.

Essa questão está no centro do "caso de narcóticos" de Zhang Yuan, mas ninguém está questionando a legalidade das buscas feitas na casa dele.

Ao mesmo tempo, seja no noticiário de televisão, no Canal Legal ou em qualquer outra mídia, até certo ponto devemos pôr em prática um tratamento ético dos criminosos; isso é chamado de compaixão. Uma vez que as autoridades assumiram o controle, a legitimidade e a imparcialidade da lei devem estar implícitas.

Contudo, a polícia repreendeu aos berros esse suspeito e depois lhe colocou algemas, tudo isso com elementos de espetacularização. Arrastar para fora de sua casa artistas "com um vazio espiritual" parece uma punição excessiva e demonstra que os fiscais da lei não só desconhecem os procedimentos prescritos como também são desprovidos de qualquer humanidade.

A Polícia do Povo também convocou para o tribunal o escritório local de administração da propriedade, uma versão moderna do "punir nove gerações de uma família". Todos os diversos modos desconcertantes de implicar as pessoas num processo criminal são incompetentes e imperfeitos. Como quer que os apresentem, os nomes que eles atribuem aos crimes nunca se parecem muito com algo que uma pessoa realmente faria.

O termo habitual para o uso de drogas, "inalação de veneno", sugere uma pessoa que usa drogas para atingir um estado de estimulação ou alucinação. Enquanto a humanidade se arrasta nesse longo caminho para a civilização, cada avanço da consciência e da percepção pessoal é acompanhado de experimentações com diversos estados psicológicos e consciências alternativas. Isso é válido desde as práticas de alquimia religiosa até a capacidade dos soldados revolucionários de encarar resolutamente a morte; ambos estão associados a secreções químicas. Desde uma xícara de café até um cigarro, pílulas de *ecstasy* ou o "invencível, universal, pensamento marxista-maoísta", há evidências concretas provando que tudo isso é ópio espiritual ou físico. A música "Flores perfumadas num cesto", da Revolução Cultural, poderia assim ser considerada a primeira "música narcótica" chinesa, pois era essa a melodia que inundava os corações jubilosos de Nanniwan quando aquele deserto começou a produzir ópio[2]. Na minha juventude eu certa vez cuidei de campos de papoulas apelidadas de "100" numa referência à revolução cultural, e vi o deserto de Gobi transformado num vastíssimo e infinito mar de flores resplandescentes.

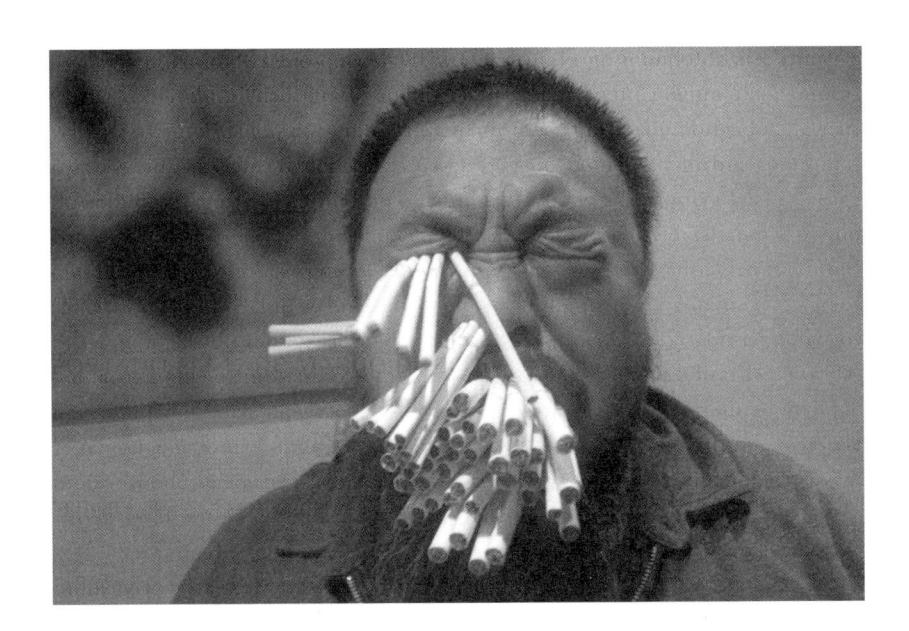

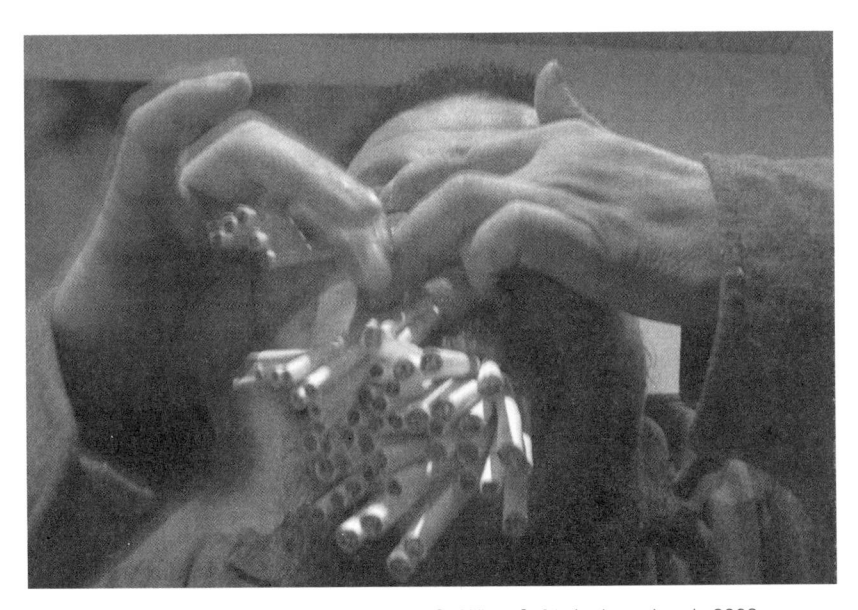

**3.1, 3.2** No restaurante do artista em Pequim, Go Where?, 31 de dezembro de 2006.

A maldade deliberada que é a ira da opinião pública e a brutalidade da mídia são bem superiores e estão muito além de qualquer dano causado pela fraqueza da vontade pessoal. Ninguém simpatiza com os fracos ou doentes; deixam-lhes seguir a vida. Na verdade as pessoas se dispõem mais a se tornarem parte da força coletiva, a se tornarem cúmplices cruéis e desdenhosos. Mas ao agir assim você já não é uma simples alma com um corpo – você não tem alma.

Rotular os estimulantes e os alucinógenos de "venenos" e quem os consome de "inaladores de veneno" é uma característica chinesa; isso reflete o extremo desconhecimento da cultura local em relação à experiência humana e ao mundo espiritual, e o alto valor que ela atribui ao medo e à hostilidade. Se não podemos dizer que esse tipo de preconceito e predisposição vem da ignorância, ele é no mínimo anticientífico e irracional.

Mas uma calamidade ainda maior ocorre quando as pessoas aprovam tacitamente o desrespeito aos direitos do cidadão. Quer seja em nome de uma nação ou de uma lei, essa é uma calamidade que em última instância afeta toda a população.

# Não temos nada

### POSTADO EM 30 DE JANEIRO DE 2008

Uma noite, num jantar festivo, comentei que vivemos na era mais carente de criatividade, mas esse comentário foi feito muito apressadamente[3]. Quase nunca uso a palavra "criatividade". Em vez dela, prefiro usar "fantasia", "desconfiança", "descoberta", "subversão" ou "crítica", palavras cuja potência acumulada, em minha opinião, define a criatividade. São essas as exigências fundamentais da vida, ou sua própria substância. Elas são indispensáveis.

Criatividade é o poder de rejeitar o passado, mudar o *status quo* e buscar novas possibilidades. Dito de modo simples, fora o uso da nossa imaginação – talvez de modo mais importante –, a criatividade é o poder de agir. Somente por meio de nossas ações nossas expectativas de mudança podem se tornar realidade, e somente assim nossa suposta criatividade pode erguer uma nova base, e somente assim é possível prolongar a civilização humana.

Contudo, nós não pertencemos a tal era, ou, em outras palavras, nós vivemos muito separados das pessoas contemporâneas a nós.

É verdade. Vivemos numa época que elimina a criatividade e a envenena até a morte. Quando a criatividade é incluída de modo tão convencional em todos os artigos oficiais e em todos os bordões da publicidade, todos sabem que estamos vivendo precisamente em uma época desesperançada que é deficiente – completamente carente – de imaginação. A política está muito longe dos ideais comuns da sociedade humana e dos valores universais. Claro, nenhum outro partido político se separaria da própria terra da qual ele sobrevive ou seria tão desprovido de intuição e capacidade a ponto de poder pateticamente colocar acima do Estado e da nação um grupo reduzido.

Não há esperança para um país que rejeita a verdade, recusa a mudança e não tem espírito de liberdade. A liberdade de expressão é um dos direitos básicos da vida, e a liberdade de se exprimir e de conhecer é a pedra angular da civilização. A liberdade de expressão é apenas uma parte do espírito de liberdade; é uma das virtudes da vida e a própria essência dos direitos naturais. Sem ela a modernidade não pode existir.

Nas últimas décadas houve nesta terra várias lutas e intermináveis movimentos políticos. Abundaram perseguições desumanas e mortes, e houve apenas incessante decomposição de direitos, inação e abandono, perfídia moral, falta de consciência e abandono da esperança. Mas nada mais mudou; é como se absolutamente nada tivesse acontecido. Num país assim, com um povo assim, sob um sistema que controla a produção da cultura da forma como acontece aqui, o que poderíamos ter a dizer sobre criatividade?

Em todo o mundo não há Ministério da Cultura com um aparelho cultural tão distante da cultura quanto o nosso. O Ministério da Cultura chinês é um órgão burocrático que, culturalmente falando, nunca fez nada que se aproximasse de uma contribuição. A Associação dos Escritores, a Associação dos Artistas e as academias de pintura, cujos membros apenas cultivam seu privilégio pessoal e nele vivem, estão colhendo os frutos do trabalho de outras pessoas. Essas organizações incorporam toda a hipocrisia e fraude da sociedade: além de serem culturalmente antiquadas, elas não têm criatividade – coisa que elas próprias são incapazes de perceber.

Quanto a isso o mundo está igual, em equilíbrio quase perfeito. Que aqueles governantes totalitários, aquelas pessoas ricas e impiedosas, aqueles que passam a vida traindo e profanando, sem vontade nem consciência, que eles usem seus meios bárbaros de adquirir riqueza e poder tão ambiciosos. O que nunca lhes pertencerá é a confiança que vem com a honestidade, a esperança advinda da criação ou a felicidade trazida pela democracia. Por maiores que sejam as suas riquezas e independentemente da sua astúcia ou do seu status, nem você nem a sua descendência jamais conhecerão esses prazeres ou esperanças.

Podem ficar com os "Amistosos", esse bando de interesseiros de expressões confusas e risinhos idiotas, com todos os pesadelos com dragão que vocês puderem enfrentar, com esses podres Festivais da Primavera anuais, cheios de sorrisos forçados, histéricos e desprezíveis, sem nenhuma intenção decente, e com todas aquelas celebrações vergonhosas, sem sentido e extravagantes[4].

Porque a questão é simples: esta é uma terra que rejeita tanto a liberdade da vida quanto a do espírito, uma terra que rejeita o fato e teme o futuro. Esta é uma terra sem criatividade.

## Telas tremeluzentes

**POSTADO EM 5 DE FEVEREIRO DE 2008**

Quando eu era jovem exibiam-se filmes na praça da aldeia. Logo que chegava um filme a aldeia inteira se animava. Não havia eletricidade, apenas lampiões a querosene, e, embora a única luz fosse a do filme, nós involuntariamente cobríamos os olhos com as mãos, achando-a muito clara.

Toda vez que terminava a projeção na aldeia o filme ia para a aldeia vizinha, para ser exibido ali. Nós viajávamos com ele, caminhando cuidadosamente um atrás do outro no chão irregular dos campos e nas estradas escuras. Parecíamos devotos numa peregrinação religiosa.

Na verdade aqueles tempos eram tediosos e chatos, e os filmes nem eram muito interessantes. Talvez fosse exatamente por isso que os vilões da tela nos agradavam tanto; eles sempre pareciam diferentes do resto.

Falando de modo geral, eu gosto dos filmes de Hollywood e nunca prestei muita atenção nos filmes em chinês ou no cinema asiático. Mas agora não me limito a Hollywood, porque minha afeição pela Ásia e pela China está aumentando pouco a pouco, inspirada pela última geração, por seu estilo de vida, por sua maneira de expressar emoções e sua capacidade de resistir à dor.

A maior diferença entre os filmes asiáticos e os europeus ou norte-americanos é a fé. Algumas pessoas têm fé e alguns filmes são uma expressão da fé, mas isso raramente acontece na China.

Quando dizemos que os filmes de certa cultura são "bons", não acho que estejamos falando apenas do filme em si. Podemos ver o estado de toda a cultura a partir do filme. Há coragem e paixão? A cultura é rica em fantasia? Que tipo de adversidades eles enfrentam? Os filmes chineses não têm capacidade de expressar em que tipo de época nós vivemos e quais são as características dessa época.

Como um todo, a estética e a filosofia dos filmes chineses podem ser muito frenéticas, até desordenadas. Mas se nos perguntamos se o cinema chinês irá para a frente, acho que ele irá. Afinal de contas a China é um país que gosta de se expressar – basta dar uma olhada nos caraoquês. Acho psicótico tantas pessoas amarem cantar em caraoquês.

Se o cinema chinês pudesse ser como a indústria do caraoquê e todos pudessem fazer seus filmes... As pessoas da indústria cinematográfica me cercam, e parece que o sistema não lhes dá absolutamente nenhum apoio, por isso eles buscam incentivos em outros lugares; os festivais de cinema no exterior são apenas um exemplo. Ao mesmo tempo é raro as pessoas terem como fazer filmes, trabalhar com entidades mais poderosas ou visar benefícios para si próprias.

Quando trabalhamos com padrões injustos, a única coisa que podemos fazer é criar deformidades. Em última análise, esse contexto produz dois tipos de pessoas: vítimas do ambiente mais amplo e oportunistas. Não há autorrespeito nem classe cultural esclarecida aqui; em vez disso as pessoas estão todas buscando a sua fatia do bolo. Mas esse é o estado da cultura na China; todos ficaram assim, não há uma única exceção. Muitas vezes os jovens diretores querem vorazmente receber seus benefícios o mais rápido possível e apenas se atrapalham; o estado atual da cultura é uma grande porcaria e você espera alcançar com ele alguma glória? A feira já é puro lixo e você espera roubar algumas frutas no chão? É constrangedor ser imaturo demais para saber das coisas.

Se estivesse fazendo um filme sobre a vida, eu prestaria mais atenção à realidade. A realidade é extremamente desagradável, mas é um tema que precisa ser tratado. Já disse antes que todos os defeitos da minha era estão refletidos na minha pessoa, e, se eu estivesse filmando, eu seria inescrupuloso. Você está envergonhado com seu estilo de vida? Ou você gostaria de viver conforme os padrões de outra pessoa? Não deveríamos prestar atenção aos tabus sociais, e sim ao que deveríamos estar fazendo. Uma tempestade se aproxima, o que você vai fazer?

Assisto a filmes tão arbitrariamente quanto como num banquete ou peço comida para viagem; para mim é tudo igual. Geralmente não vou ao cinema sozinho, mas sempre com amigos. Em Nova York o cinema é um ritual público em que todos ficam de pé na fila conversando enquanto esperam. Mas assistir a DVDs em casa é um modo diferente de ver: você pode assistir a dez filmes numa noite, pode acelerar ou então começar a ver a partir do meio. Você pode integrar os filmes na sua vida real. Esse modo de ver mudou a narrativa do filme e o modo como o interpretamos.

Os filmes não precisam necessariamente vender ingressos nem precisam ser divertidos. Se fosse assim, o mundo seria terrivelmente chato. O gosto popular está influenciando a cultura ou os filmes estão influenciando o interesse do público? A resposta não pode ser uma só. Gosto de filmes fáceis de assistir, mas os "difíceis" me agradam mais. Dos filmes a que assisti ultimamente, *The Sun Also Rises* [O sol também se levanta], de Jiang Wen, foi o que mais me impressionou. Todo mundo diz: a bilheteria está baixa; o diretor Jiang Wen já era. Mas usando uma lógica muito pior, o simples fato de um diretor "velho" como Jiang Wen fazer um filme como esse merece o meu respeito. Como ele é um artista muito em evidência, o público paga uns poucos *renminbi* para ter o direito de prejudicá-lo[5].

Nossos filmes estão se tornando cada vez mais voltados para o puro entretenimento. Quando as multidões se espremem no cinema, os diretores saltam de alegria.

Recentemente assisti a *Dodes'ka-den – O caminho da vida*, de Kurosawa. Acho que a maioria das pessoas também iria gostar do filme. Quinze anos atrás eu vi *Tempo para viver, tempo para morrer*, de Hou Hsiao-hsien, num cinema de Nova York. Seu estilo de narrativa, as lembranças pessoais e o controle são muito realistas e me puxaram para dentro do filme. Quanto aos filmes atuais a que assisto, é frequente eu nem mesmo me lembrar do que aconteceu.

Tarkovsky. Todo mundo fala com muita frequência sobre Tarkovsky, mas eu ainda acho que ele é o melhor. Todos os seus filmes são bons: *Nostalgia* ou *O espelho*. Ele é capaz de unificar fé individual, literatura, poesia e linguagem cinematográfica num todo íntegro. Muita gente dominou uma dessas qualidades, mas é difícil alcançar tantas simultaneamente. Ele dominou todas elas.

## Uma palavra de agradecimento

**POSTADO EM 14 DE FEVEREIRO DE 2008**

Contado, parece algo que só um contrabandista de gente tentaria fazer. Em primeiro lugar quero agradecer ao *Nanfang zhoumo* [*Southern Weekly*] e aos corajosos 1.001 chineses que se aventuraram e foram audaciosos o suficiente para voltar[6]. É óbvio que atualmente a China está numa época de depressão cultural, extremamente carente de criatividade. Isso é inegável, e eu espero que todos possam confrontar serenamente essa verdade. Estou também envergonhado por esse fato.

A criatividade no mundo da arte é algo não mencionável, é melhor não falar nisso. Na verdade, a nação está carente de criatividade em todos os aspectos: política nacional, cultura e sociedade. Com a indústria de entretenimento não é diferente, ela não se compara a Hollywood. É como um tipo de fadiga muscular em que todo o corpo fica num estado de debilidade.

As Olimpíadas, para as quais estão todos voltados, não têm um mínimo teor criativo. O design da tocha, as mascotes chamadas de "Amistosos" e o ideograma de "harmonia" reproduzido no caminho a ser percorrido na China pela tocha... nada foge à rotina. Se você quer falar de si mesmo precisa ter uma história, mas ninguém resolveu qual é a nossa verdadeira história.

Abra um jornal e encontrará migração em massa, desastres causados pela neve, o Festival da Primavera na televisão – vários assuntos que são tratados sem inspiração ou inovação, e nisso se inclui a festa anual de tributo do *Southern Weekly*. Você é capaz de encontrar um vestígio de criatividade na decoração ou na iluminação do palco? Quem consegue continuar assistindo depois de ligar a TV? Pequim ainda põe para tremular as velhas bandeiras durante a Assembleia Geral porque esse é um sistema incapaz de se comunicar com os outros, ou até consigo mesmo.

Na fonte, a vontade individual e a consciência pessoal foram as que sofreram a longo prazo; os direitos e obrigações pessoais ainda precisam obter proteção ou manifestação inequívocas; as pessoas perderam o senso de responsabilidade com relação aos direitos e obrigações sociais, abandonando seus pontos de vista até mesmo sobre as questões mais fundamentais. Para manter essa situação, as autoridades conservam o controle sobre a cultura, mas, depois de estabilizadas as coisas, qual a utilidade de toda essa autoridade? Se diariamente espalhamos pesticidas sobre a terra, o que poderia brotar?

# Leve como uma pluma

### POSTADO EM 17 DE FEVEREIRO DE 2008

Vinte anos atrás, por um acidente, Andy Warhol deixava a sua cidade e as pessoas que o conheciam, os sons, as cores e o clima. No momento em que ele se foi o mundo mudou: não era uma flecha impulsionada por um arco, mas o arco (e o mundo que o sustentava) abandonando a flecha, separando-se naquele instante e para sempre.

Tudo na vida de Andy parecia cercado de pretensão, um caleidoscópio de cores e extravagância. Como um profeta que pode verdadeiramente enxergar através dos confins do tempo muito antes da época profetizada, algo dentro da sua visão era explosão, repetição infinita, resultando, assim, em algo emocionalmente fraturado e vazio. Tanto a época quanto as pessoas são igualmente esplêndidas e extraordinárias, ainda que, ao mesmo tempo, possam ser tão insignificantes.

Andy adorava o seu mundo de incerteza, embora o mesmo mundo desconfiasse dele com a mesma intensidade. Até o último momento eles compartilharam um ressentimento mútuo difícil de definir; juntos temporariamente e também separados para sempre, algo como um decreto extraordinariamente original emitido de forma intempestiva mas tragado de volta, tudo o que ele deixou atrás de si foi perplexidade.

O que é absurdo é o fato de que, num dia de novembro de 1982, Andy chegou por acaso a este país desconhecido. As pessoas daqui ainda estavam apáticas sob o artifício de um regime comunista e todos os rostos tinham a mesma timidez simples. Com essas coordenadas geográficas, nem uma única pessoa manifestou interesse no artista. Ninguém reconheceu seu rosto que parecia uma máscara, o rosto que para todo o resto do mundo era infame.

Embora Andy tivesse feito incontáveis retratos de figuras famosas, o mais famoso entre eles era ironicamente a representação arquetípica do líder desta nação, que ele pintou centenas de vezes. Na China o retrato ubíquo fez com que Mao Tsé-tung fosse visto como um deus. Contudo, na representação de Andy, a força alegórica do retrato de Mao tornou-se convencional; seu tamanho enorme e as múltiplas repetições neutralizaram-no, tornando-o um objeto cotidiano, apagando seu valor moral assim como quaisquer tentativas estéticas.

A China era um lugar desconhecido para Andy, com uma rotina que ele não podia entender. Ele estava no lugar errado e na hora errada. Só podia mesmo se admirar com a extensão da Grande Muralha; até disse que a uniformização da roupa como o "look" de milhares incorporava a sensibilidade fashion pela qual ele ansiava. Mas considerando tudo, ele jamais acreditou que um mundo sem McDonald's pudesse ser simpático ou bom – e aos olhos de uma criança um lugar sem McDonald's nunca poderia ser bom, independentemente do que houvesse além nele. Numa época em que o pingue-pongue e os pandas eram reverenciados como objetos sagrados, muitas coisas certamente estavam ausentes: não havia batom nem *pop music*, nem luzes de neon, nem discotecas, nem homossexualidade, nem automóveis ou apartamentos privados, nem, obviamente, luxo ou corrupção – aquela porção da população ainda não tinha ficado rica.

O mundo de hoje e o mundo da época de Andy são essencialmente o mesmo, espantosamente bonito, elegante ou ameno, e com uma perfeição semelhante. O que é diferente é que ninguém como Andy poderia jamais existir aqui, um *megastar* vindo de uma família comum, convencional, que cultivava valores democráticos e humanistas.

Encarando um mundo que se tornava cada dia mais estranho, ele contava sem parar aquelas histórias patéticas: "Cuidado com o que pede, pois você pode ser atendido".

ESCRITO EM 21 DE JANEIRO DE 2008[7]

## O espaço entre a realidade e os ideais: Zhao Zhao

**POSTADO EM 20 DE MARÇO DE 2008**

Além de encher nossas conversas de ironia e absurdo, o que mais podemos fazer?

Há um tipo de ação que se tornará parte da existência e chamará a atenção das pessoas para novas possibilidades e resultados diferentes. Como um discurso deliberadamente divergente, tal ação tem um objetivo claro que atrai a atenção das pessoas para seu lado alternativo e absurdo. Os menores movimentos de uma pessoa, a persistência que beira a arrogância e os esforços sinceros sempre permitem que se desfrute a excitação inicial de divagar dos temas principais e mover-se em direção às encruzilhadas.

Depois de importantes acontecimentos e incidentes históricos, depois de a sua apresentação "adequada" ao público e o seu "significado definitivo" terem sido determinados, surgirão hiatos. Depois que se materializarem indizíveis novas possibilidades e métodos, surgirão fendas e vazamento.

O mundo está mudando. Isso é um fato. Os artistas trabalham arduamente esperando mudá-lo de acordo com as próprias aspirações. A arte é apenas uma representação do mundo pessoal do criador. Confrontadas com fatos nos quais não acreditam, as pessoas estão na verdade usando seu olhar e seu toque para transformar a realidade em algo mais fácil de reconhecer e entender.

Nenhuma outra linguagem na terra existe para nós, a menos que comecemos a descrevê-la de um modo conhecido. A linguagem se torna possível no momento em que começamos a falar, quando nossas palavras se tornam parte da realidade, tornam-se uma relação possível entre a realidade e os ideais ou uma moeda de troca em transações entre os mundos material e espiritual.

As ações na luta pela sobrevivência tornam-se proativas, tornam-se o principal tema do autoconhecimento conforme ele se dá; elas são possibilidades mas não têm um significado maior do que esse. Ou poderíamos dizer que elas excluem outras possibilidades e ao mesmo tempo estão fadadas a ser outro estado de absurdo. Esse absurdo se torna a base plausível que permite a possibilidade da sua existência.

O "terrorismo cultural", assim como o terrorismo propriamente dito, é uma oposição ao poder e um ataque a ele, à política e à ordem social. Esse ataque surge do conflito com as estruturas de poder e suas representações. A eficácia do ataque é demonstrada no espaço para a imaginação que vem depois do desmoronamento do poder e nos vários prazeres indizíveis que acompanham as pegadinhas.

A autoconsciência é um confronto mútuo com a ignorância e o abandono disseminados. Uma ação autoconsciente é sempre uma manifestação da sua viabilidade e justificativa, que é a base da existência de um ponto de vista pessoal. É apontar para outro tipo de realidade – uma realidade racional, ordenada, que desafia as crenças populares. Essa nova realidade é leve, destemida e ordeira na mesma medida em que o nosso mundo atual é pesado, ininteligível e caótico.

Essa nova realidade é como um mapa bem definido com estradas e rios dos quais ninguém jamais ouviu falar, um lugar ou país no qual ninguém nunca pôs os pés. Ela subentende indubitavelmente uma impressão de estranheza, ainda que pareça familiar. Incorpora as tentativas dedicadas de uma pessoa de se comunicar e seus sentimentos de alienação e desamparo insuperáveis.

O que você está dizendo? É possível dizer isso claramente? Você está dizendo o que realmente está pensando? Qual é a intenção de toda essa divagação? Ou é certo que o real significado está longe dos fatos ou da verdade? Se for assim, aonde ele leva?

As ações de uma obra de arte indicam o principal tema da sua "autoestrutura"; elas são a única representação legível dessa estrutura. Sua natureza peculiar vem da transformação de sua aplicação prática, que torna possível a sobrevivência de uma cultura espiritual moderna.

Aqui em Caochangdi, uma aldeia que fica ao lado da Fifth Ring Road, a quase vinte quilômetros do centro de Pequim, Zhao Zhao viveu por quase quatro anos trabalhando como assistente no estúdio de um artista. As obras apresentadas nessa exposição foram criadas no seu tempo livre, por prazer ou diversão[8]. Algumas são leves, outras são pesadas, mas nenhuma delas deixa de ter humor; elas são cheias de uma travessura bem-intencionada e de um gracejo inocente.

Num mundo que anseia pelo mais veloz, mais alto e mais forte, essas obras sugerem a possibilidade de o menor, mais lento e mais fraco sobreviver. Nos olhos de Deus, os jogos são uma das poucas coisas em que todos os homens podem encontrar prazer.

## Adivinhação e democracia

**POSTADO EM 29 DE MARÇO DE 2008**

Durante um banquete, o tema das recentes disputas étnicas foi levantado na conversa[9]. Uma pessoa mais idosa disse: "Cinquenta anos atrás os líderes religiosos deles estavam usando a adivinhação para ajudá-los a tomar decisões importantes. Imagine, quanto atraso!".

Embora isso seja verdade, ainda não sei por que gostaria sinceramente que os líderes do nosso grupo étnico fossem tão admiráveis quanto os deles, mesmo que já tenham praticado a adivinhação uma ou duas vezes nos últimos cinquenta anos.

Infelizmente esse não é o caso. Nos últimos anos as ações e a conduta dos nossos "libertadores" – os que se reúnem sob uma sofisticada armadura ideológica a fim de corajosamente tomar para si responsabilidades históricas –, quando comparadas a esses comportamentos antigos e místicos, não podem honestamente ser consideradas muito melhores. Ou seja, o mal sempre será inferior à ignorância, e o fato é que a intolerância desenfreada não é melhor do que uma civilização atrasada.

Tudo pode ser culpado pela falta de habilidades de adivinhação, ausentes a ponto de cometermos um erro atrás do outro. É difícil mudar os maus hábitos, e a cada passo ficamos mais próximos de um abismo espiritual, ético. Ninguém compreende as alusões místicas, ninguém tenta decifrar linguagens ou gráficos obscuros, ninguém observa o céu noturno nem escuta o vento, e ninguém explica o significado absoluto da vida e da morte. Não respeitamos as advertências, profecias ou repreensões. Somos uma vasta e poderosa massa de pessoas destemidas que não dão valor a fatos, não têm estima pela história e não prestam atenção aos temores e esperanças comuns da humanidade.

Numa época sem adivinhação, tudo o que resta é o desprezo do mundo espiritual, caluniador e blasfemador da fé.

Uma demonstração de força em larga escala, mesmo uma revolta, ocorreu. Para recuarmos um pouco: uma nação que professa o materialismo, controlada pela força militar e policial mais populosa do mundo, pode libertar esses escravos de seu destino? Ela fez deste século uma nova época de prosperidade e força crescentes, um deserto tosco com uma harmonia sem precedentes. Isso, no mínimo, não prova a hipocrisia, o engano e os julgamentos equivocados de nossa parte com relação às políticas religiosas dessa consciência étnica?

Uns poucos "malfeitores" e "ladrões fora da lei" feriram inesperadamente muitas centenas de soldados e a polícia armada, e um número ainda maior foi ferido entre as massas bondosas e inocentes. Se isso é verdade, fica difícil para os nossos "filhos e irmãos do Exército de Libertação Popular" cumprirem seus deveres no seu estilo típico.

As reportagens da mídia noticiosa, seja ela estrangeira ou nacional, estão sempre longe da verdade. É por isso que o povo cético em relação à arte da adivinhação teme a verdade tanto quanto as coisas imprevisíveis. Jogos intelectuais ardilosos, que habitualmente distorcem os fatos e incitam a várias desconfianças e ao ódio, são bem mais fáceis de engolir do que a dura verdade.

Os esforços feitos pelos não esclarecidos tornaram o mundo inteiro ignorante; mas para manter esse estado é necessário controlar e confundir a opinião pública.

Aos olhos de muitos, aquele planalto distante não é mais o lugar onde mora uma minoria étnica pacífica, não é mais uma região de turismo com lindas paisagens e não é mais o lugar "superexcelente" onde os pequeno-burgueses urbanos e os boêmios vão para buscar a Shangri-la ou o amor. Deixem sua terra natal espiritual na Praça da Paz Celestial, no Bund ou em Xintiandi! Vocês podem distorcer um lugar que não conhecem, podem progredir e enriquecer, mas nunca poderão convencer o coração incorruptível de um monge.

Voltando ao assunto, por nos faltar a insensatez da adivinhação, não temos chance. Continuaremos tropeçando no escuro.

A adivinhação é uma forma primitiva de democracia. No mínimo ela é mais próxima da vontade divina, porque a democracia parece uma adivinhação moderna. A democracia decorre de decisões baseadas na vontade das massas, em vez de um destino resolvido pelos velhos da comunidade. Sua eficácia é quase a mesma da adivinhação e é igualmente absurda e ardilosa. Temos razão para acreditar na vontade caprichosa e misteriosa das massas humanas.

Essas questões não exigem um grande intelecto, porque se referem ao povo.

Reze para os seus líderes tribais, reze para que eles possam simplesmente tentar um pouco de adivinhação, mesmo que seja uma única vez. Deixe que esse profundo e imprevisível vazio determine o destino e o futuro das massas; pelo menos ele é superior a essas mentes destituídas de inteligência e criatividade nas quais confiamos agora.

Mencionando as práticas comuns como a adivinhação e a servidão que existiram antes de os comunistas "libertarem" o planalto tibetano, a mídia chinesa pintou os tibetanos como atrasados e medievais. O Exército de Libertação Popular foi apresentado como o libertador que levou "a luz da civilização" para uma sociedade feudal – essa ideia e a noção de que o Tibete é um território indiscutivelmente pertencente à China são hoje as visões mais amplamente aceitas entre os chineses.

# Luto

### POSTADO EM 22 DE MAIO DE 2008

Silêncio, por favor. Sem tumulto. Deixem a poeira baixar, deixem os mortos descansarem[10].

Estender a mão para quem está em dificuldade, socorrer os agonizantes e ajudar os feridos é uma forma de humanitarismo que não tem nada a ver com o amor ao país ou ao seu povo. Não menospreze o valor da vida; ele rege uma dignidade maior, mais justa.

Durante todos esses dias de luto, as pessoas não precisam agradecer à Terra Natal e a seus defensores, pois eles foram incapazes de lhes oferecer uma proteção melhor. Tampouco foi a Terra Natal que, no final das contas, permitiu a fuga das crianças mais sortudas de suas escolas prestes a desmoronar. Não é preciso louvar os funcionários do governo, pois essas vidas apagadas precisam bem mais de medidas eficazes de socorro que de lágrimas e discursos de solidariedade. Ainda menor é a necessidade de agradecer ao exército, pois isso seria dizer que, ao reagirem ao desastre, os soldados ofereceram algo além do cumprimento do seu dever.

Fiquem tristes! Sofram! Sintam isso nos recantos do seu coração, na noite despovoada, em todos esses lugares sem luz. Nós nos lamentamos apenas porque a morte é uma parte da vida, porque esses mortos do terremoto são uma parte de nós. Mas os mortos se foram. Somente quando os vivos continuam vivendo com dignidade, os que partiram podem descansar com dignidade.

Viver franca e honestamente, respeitar a história e encarar a realidade. Acautelar-se contra quem confunde o certo e o errado: a mídia hipócrita que tanto gosta de provocar paixões e oferecer tentações; os políticos que exploram a tragédia dos mortos em benefício do país; os empresários insignificantes que trocam a alma dos mortos pelo vinho falso da moralidade.

Quando os vivos se afastam da justiça, quando sua caridade são apenas lágrimas e uns trocados, então o último suspiro digno dos agonizantes estará extinto. Um desmoronamento da vontade e um vazio do espírito traçam essa linha tênue entre a vida e o reino fantasmagórico da morte.

Esse vazio da memória coletiva e essa distorção da moralidade pública enlouquecem as pessoas. Quem, exatamente, morreu naquele terremoto ainda maior ocorrido trinta anos atrás? Os acusados equivocadamente nas lutas políticas da história recente, os trabalhadores presos em minas de carvão, os gravemente doentes a quem foi negado tratamento médico – quem são eles? Que dor eles suportaram quando vivos e que dor eles provocam agora que estão mortos? Quem antes deles chorou por esses corpos sofredores, essas almas atormentadas? Onde estão os sobreviventes que verdadeiramente pertencem a eles?

Antes de deixarmos as lágrimas turvarem nossa já nebulosa visão, precisamos enfrentar o modo como o mundo funciona. A verdadeira infelicidade dos mortos está na inconsciência e na apatia dos vivos, na ignorância do valor da vida por parte

**3.3** Ai Weiwei filmando no meio dos destroços da cidade devastada de Yingxiu, na província de Sichuan, 30 de maio de 2008.

**3.4** Soldados treinados para operações de guerra química descansam durante a remoção dos destroços, 30 de maio de 2008.

**3.5** Soldados em fila numa rua destruída da cidade de Yingxiu, 30 de maio de 2008.

dos que simplesmente flutuam por ela, em nosso entorpecimento em relação ao direito à sobrevivência e à expressão, em nossas distorções da justiça, da igualdade e da liberdade.

Esta é uma sociedade sem cidadãos. Uma pessoa sem direitos reais não pode ter uma compreensão plena de moralidade ou humanidade. Numa sociedade como esta, com que tipo de responsabilidade ou dever um indivíduo pode arcar? Que tipo de interpretação e compreensão da vida e da morte ele terá? A *samsara* da vida e da morte nesta terra – ela tem alguma ligação com o valor da vida no resto do mundo?

Quanto a todos os órgãos da cultura e da propaganda política que subsistem sugando o sangue da nação... que diferença há entre sua generosidade e o roubo? Ninguém quer a caridade de parasitas; sua maior bondade seria deixá-los morrer, só um dia mais cedo.

## Feriado silencioso

**POSTADO EM 1º DE JUNHO DE 2008**

Se já houve um dia em que crianças puras e inocentes começaram a desconfiar do mundo e a perder a esperança nas pessoas, esse dia seria hoje[11]. Vinte dias atrás, quando um trauma do mundo natural fez com que milhares de salas de aula na área do terremoto desmoronassem, cerca de 6 mil estudantes foram sepultados com tijolo e concreto.

Todas as pessoas de todas as pequenas aldeias dentro da zona do terremoto vão estender o braço e apontar para onde antes ficavam as escolas de educação infantil e as de ensino fundamental e médio. A realidade que todos os sobreviventes, todas as pessoas que vieram para socorrer e todos os voluntários ou soldados de lugares próximos ou distantes não podem aceitar é: aquelas crianças nos deixaram. Por que esse destino as escolheu? Ao lado de fileiras de escolas e dormitórios desabados, muitos prédios estavam de pé, exatamente como antes.

Hoje esses prédios arruinados escondem os corpos de crianças que nunca serão encontrados, pois a equipe de resgate não demorou a cessar as buscas, com o coração sombrio e desesperançado. Teria sido melhor se aquelas crianças nunca tivessem caminhado no mundo humano, mas, dormindo pacificamente entre as ruínas de concreto, elas não voltarão a ser perturbadas pelo tumulto. A única coisa que pertence a elas agora é o terror, a angústia, o desespero e a escuridão condensados.

Não fique tão ansioso para alardear que as calamidades fortalecem a nação ou orgulhar-se com a "unidade sem precedentes", e não use palavras arrogantes para encobrir os fatos duros e frios. Primeiro puxe dos destroços as crianças esquartejadas, limpe-as, encontre um lugar tranquilo e enterre-as bem fundo.

**3.6, 3.7** Desenhos que estavam na parede da escola de ensino médio de Juyuan, uma das escolas de "resíduos de tofu" que desmoronaram no terremoto de Wenchuan, 29 de maio de 2008.

Vinte dias se passaram desde o terremoto e ainda não há uma relação dos nomes das crianças desaparecidas nem uma contagem exata dos mortos. O público ainda não sabe quem são essas crianças mortas, quem são suas famílias, quem negligenciou o reforço das estruturas das escolas com aço e quem misturou concreto inferior aos alicerces e aos pilares quando elas foram construídas.

As pessoas derramaram lágrimas suficientes para uma vida inteira; o que agora aflige seu coração é que elas estariam dispostas a dar tudo para proteger aquelas crianças ou para trocar a própria vida pela dos que se foram.

Este é um feriado aterrorizante. Neste Dia das Crianças todos os adultos com um mínimo de decência estarão intensamente conscientes de não ter cumprido as expectativas dessas crianças, dessas crianças distantes que para sempre desconfiarão deste mundo. O destino das crianças é o da nação, seu coração é o coração da nação. Não pode haver outro.

Que os responsáveis passem o resto de suas vidas em humilhante condenação. Independentemente da posição, do status ou da honra, pelo menos uma vez em sua vida levantem-se e assumam a responsabilidade. Ajam como se tivessem uma consciência e arquem com a culpa. Ainda assim isso não seria suficiente para reduzir nosso sentimento de vergonha.

Não só aquelas escolas instáveis desmoronaram; a boa consciência e a honra da nação esfacelaram-se com elas. Naquele dia a beleza pereceu. Vocês não notaram a ausência de tantas vozes alegres?

Aquelas crianças nos deixaram antes de aprender a ser indiferentes, antes de aprender a trapacear. Isso passará a ser visto como um desprezível extermínio da decência, uma fábula na qual as mentiras usurpam a verdade. Isso será lembrado[12].

## Sacrifício

**POSTADO EM 4 DE JUNHO DE 2008**

Todo mundo sabe que hoje é 4 de junho[13].

Que tipo de dificuldades precisamos suportar antes de nosso coração começar a sofrer? Que tipo de sofrimento pode ser trocado por esclarecimento? Não pode haver presunção mais leviana nem ignorância mais negligente. O que é uma pequena calamidade? Ela passará depressa e será esquecida; essas pessoas serão consideradas o segmento que morreu. Se a morte é um incidente inevitável à vida, para onde foram essas vidas?

Na China há um excesso de infelicidades duradouras e demasiada escassez de boa sorte. A diferença é que, qualquer que seja a natureza da calamidade, no momento em que ela ocorre, esta nação sempre acaba se ocultando sob uma "unidade sem precedentes", e nós acreditamos que a unificação inexoravelmente porá fim à calamidade. Os bordões revolucionários de décadas atrás "força na unidade", "quanto maior o obstáculo, maior a nossa coragem" e "os desastres revitalizam uma nação" têm aquele espírito de audácia que diz: "Que venham calamidades mais violentas!". Então acontecem as celebrações do sucesso satisfatórias e absolutas, saudando "feitos profundamente emocionantes, grandiosos" e "vitórias decisivas". De modo geral as pessoas gostam de evitar os sofrimentos da realidade e de se opor às emoções que brotam da natureza humana, mas qualquer espécie que existe em meio a um sofrimento excessivo durante um tempo demasiadamente longo desenvolverá características e emoções especiais, assim como meios e aptidões alternativos de lidar com ele.

Uma nação sem crenças espirituais é uma nação sem medo, e aqui temos falta de luto genuíno. Não há sofrimento do qual esta nação não possa se libertar, assim como não há responsabilidade moral ou dúvida ética. A simulação implacável da paz e da prosperidade, cegamente se exaltando enquanto desavergonhadamente oculta a verdade, resultará finalmente em ignorância e confusão desencorajadoras, e a efetiva hipocrisia acabará se tornando uma parte cruel e impiedosa da realidade. Até o dia em que a desventura se tornar a norma, esta terra não voltará a ver uma calamidade como essa; a desventura já está profundamente impressa no coração de todos. Esta terra é a própria calamidade.

Quando chegar a época em que essas pessoas sentirem uma ponta de dor, os mortos terão partido para sempre e não poderão responder. A indiferença e a loucura se solidificaram e foram negligenciadas, e não mais são compreendidas ou perdoadas. Os mortos já não estão preocupados se a sociedade é ou não estável, tampouco se o coração das pessoas está em paz. O afrodisíaco do nacionalismo não pode compensar a perda da confiança pública ou a crise de consciência da sociedade, pois a realidade mórbida de um nacionalismo fictício é um tratamento muito pior do que a cura.

Na rua, multidões de assassinos da ética vivem desconsiderando completamente o esclarecimento pessoal; as autocracias corruptas, incompetentes, os autoenganadores e traidores dos homens que as louvam estão correndo de lá para cá às cegas – Para onde eles estão indo?

# Retorno cármico para o carma

**POSTADO EM 8 DE JUNHO DE 2008**

A senhora Sharon Stone fez uma grave declaração e todos entenderam o que ela quis dizer, embora fingissem não ter entendido[14]. Outro que se manifestou se chama Yu Qiuyu[15], e não seria demais dizer que ele é um intelectual degenerado ou a escória da escória. O simples fato de esse tipo de erudito indecente ainda passear por aí completamente livre não é nada menos do que um milagre.

Essas duas pessoas se pronunciaram emocionadamente sobre o terremoto e ambas citaram conceitos budistas.

A sra. Stone é seguidora do dalai-lama. O "carma" a que ela se referiu subentende que todas as ações têm necessariamente consequências e que todos os sentimentos precisam necessariamente invocar uma resposta. Assim, tudo o que nós conseguimos, nossa boa sorte ou nosso azar, deve-se ao carma, não implicando necessariamente uma punição secular. Disse ela: "Esse terremoto e todas essas coisas aconteceram, e eu pensei: isso é carma? Quando você não é bom, essas coisas ruins acontecem com você?". Essa é uma ideia simplista que falha em lidar até mesmo com os princípios. Se Sharon Stone está se referindo a punições terrestres, ela simplesmente está errada, porque nesta terra o dia do ajuste de contas nunca chegará para as pessoas, e os acontecimentos que causaram devastação prolongada, como Yu Qiuyu ou os imperdoáveis Ministério da Educação e Departamento de Educação de Sichuam. Ao contrário do que esperávamos, as inocentes pessoas comuns invariavelmente são atingidas pela má sorte. Na próxima vez que tiver oportunidade de falar com o dalai-lama, Sharon Stone poderá descobrir o porquê disso.

Yu Qiuyu, um intelectual de Xangai, não acredita em carma. Com lágrimas nos olhos, ele advertiu os pais de milhares e milhares de crianças mortas injustamente, recomendando: "Não causem problemas, não fiquem emocionalmente perturbados". Disse ele: "Seu excelente comportamento desde o desastre já conquistou o mais elevado respeito de todo o povo chinês. (...) Precisamos que vocês mantenham o moral e evitem criar turbulências desnecessárias". Esse último comentário me encheu de especial respeito pelos intelectuais chineses.

Hoje eu o ouvi dizer isto: "As organizações contrárias à China, que há décadas antipatizam com a China, estão esperando que nós cometamos erros, e vocês não podem se tornar um instrumento delas". Essas são as palavras incrivelmente desprezíveis e vergonhosas de um lacaio, uma conversa descaradamente anti-humanista.

Claro, não haverá punição. Então Yu tomou emprestada uma frase de algum monge careca quando disse que as crianças injustamente mortas "tornaram-se todas Budas e para sempre irão cuidar da China e abençoá-la". *Rá, rá!* Ele também disse: "Independentemente de todas as escolas mal construídas, o terremoto foi, afinal de contas, um desastre natural. Teoricamente, todos os prédios irão desmoronar quando o terremoto tem magnitude 7 ou 8". Como devemos responder-lhe? Você e seus asnos carecas podem ir com o seu "mais elevado respeito" abençoar uns aos outros.

Percebi a vingança que é a ausência de retorno cármico – e assim a sobrevivência da China é a sua forma de punição mais genuína.

# O comportamento do professor Fan e a ética no Ministério da Educação

### POSTADO EM 16 DE JUNHO DE 2008

A dificuldade em se fazer o bem é que frequentemente os princípios da bondade parecem simples demais ou demasiado abrangentes. Contudo a verdadeira bondade é concreta.

Na demonstração dos procedimentos de emergência antes da decolagem dos aviões, dizem-nos que, havendo uma emergência, devemos cuidar primeiro de nós mesmos e vestir a máscara de oxigênio antes de ajudar as crianças e os idosos. Isso é senso comum. Não acredito que nenhum indivíduo, partido político ou nação impotente possa oferecer uma ajuda genuína e confiável a outros. Todos os fundamentos éticos e morais se originam na relação entre a vida do indivíduo, sua vontade e sua natureza. Nessa relação o eu é sempre o primeiro; mesmo se estamos fazendo sacrifícios pessoais, eles também derivam da escolha pessoal. É por isso que a ideia amplamente moralista de que devemos separar o valor da nossa vida pessoal da nossa vontade pessoal é tão irresponsável quanto hipócrita.

Fan Meizhong ama a vida e adora ensinar, e ousou dizer a verdade[16]. Suponha que digamos que Fan Meizhong tem uma ética questionável. Isso equivale a dizer que a vida de algumas pessoas não é importante ou que há condições para os meios como preservamos a vida. Mas isso é contra a ideia de que toda vida goza de um status igual e de que ninguém deve ser discriminado quando confrontado com a escolha de honrar a vida. E mais: pode-se considerar que um professor que protege a própria vida também está protegendo um tesouro nacional precioso; se ele não pode ser condecorado, pelo menos não merece críticas tão duras. A área onde centenas de escolas desmoronaram é jurisdição do Ministério da Educação, e o mundo inteiro ficou chocado com a morte de milhares de estudantes, ao passo que a própria corrupção e a negligência são tratadas calmamente, como se nada tivesse acontecido. Contudo recusamos o perdão para a falta de "responsabilidade ética" de um professor da escola de ensino médio que, em pânico, correu para salvar sua vida. Isso é na verdade uma piada com características socialistas.

## Esqueça

**POSTADO EM 21 DE JUNHO DE 2008**

O carma existe realmente neste mundo? Eu, pelo menos, não acredito. Se existisse, o retorno teria vindo há muito tempo e as coisas não teriam se arrastado tão longamente. Tanto o destino quanto a eficiência se mostraram duvidosos. Se o carma existisse efetivamente, pelo menos ele se mostraria até certo ponto ou deixaria uma fração do seu espírito se revelar, em vez de permitir que dezenas de milhões de pessoas dentro de uns poucos milhões de quilômetros quadrados caíssem coletivamente em completo desespero. É tudo muito vago e impreciso, o suficiente para se acrescentar à Fé agonizante de um cético.

Não é difícil chegar à conclusão de que nós absolutamente não vivemos num mundo com carma. Eu vi a luz, meu peito está mais leve e muitas coisas ficaram mais claras. Não traga à baila acontecimentos de tempos atrás. No início deste ano houve uma enorme nevasca que fez com que dezenas de milhões de pessoas nas estradas a caminho de casa para os feriados passassem frio e fome[17]; antes mesmo que a neve derretesse, o Tibete se rebelou enquanto as pessoas se aglomeravam em torno de uma chama que nem mesmo podiam ver conforme ela viajava pelo mundo. Se nossos irmãos norte-coreanos não estivessem ainda por perto, poderia parecer que o mundo inteiro estava contra nós, e, ainda por cima, com grande frequência todos ferem nossos sentimentos[18].

A questão da tocha não para de esfregar sal em nossas feridas e de sacudir o nosso mundo, e depois disso vieram as inundações e a queda das ações no mercado... e estamos apenas em junho, ainda temos algumas semanas antes das Olimpíadas. Os céus têm seu modo de funcionar, e num mundo sem nenhum carma tudo chega trágica e furiosamente mas se vai com elegância e tranquilidade.

Você pode ser tão inescrupuloso e voluntarioso quanto quiser, basta esclarecer exatamente o que é o socialismo com características especiais[19]. Uma companhia aérea nacional pode manter reféns em vários aviões como se isso fosse muito natural[20]; o Ministério da Cultura pode usar métodos de baixa qualidade para controlar e monopolizar o mercado a fim de fabricar uma falsa impressão de prosperidade cultural; e todos juntos fazem papel de bobo. Embora milhares de escolas precárias tenham desmoronado e milhares de alunos tenham morrido muito precocemente, esses fatos não têm nenhuma relação com o Departamento de Educação; eles são resultados inevitáveis de terremotos de grande magnitude. Não é preciso refletir sobre isso ou cogitar uma provável razão pela qual as coisas acontecem assim, pois há muito tempo o sofrimento tem sido uma inesgotável fonte espiritual na "regeneração da nação". Lágrimas e "doações compulsórias" ao longo de milhares de anos de calamidades já se transformaram em "boa sorte" sem precedentes[21]. Durante anos as mortes em grande escala criaram "fantasmas sortudos"[22]. Pelo menos eles nunca terão de experimentar outra morte assustadora.

Nada do que acontece nesta terra é surpreendente. Nada pode ter sentido e a tudo falta a inevitabilidade da causa-efeito. A causa é o efeito e o efeito é a causa; que carma existe para falarmos dele? Quem está aquinhoando o retorno? Os seres humanos sempre tiveram o poder de empurrar o presente e o futuro para dentro do passado; o futuro é incerto e o passado pode ser alterado à vontade. Não há dificuldades que nós, povo heroico, não possamos superar.

Os crimes totalitários começam negando aos indivíduos o valor da vida, evitando a realidade e recusando a responsabilidade. Isso equivale a dizer que a vida é insignificante, tão inútil quanto desesperançada.

Mas esqueça! Fora você mesmo e seus dias nem longos demais nem breves demais, não há outro futuro para você. Esse é o seu tudo completo e consumado, não haverá vida melhor. Quer este mundo seja cálido ou frígido, a indiferença está em todas as suas raízes. Esse é o tipo de mundo em que você vive, onde a vida de todos é trivial demais para ser mencionada, e ainda assim os heróis avultam. Eles despertam fervor com amor, lisonjas com moralidade e ostentam seu descaramento, tudo a fim de manter uma lenda. Este é um mundo falso sem justiça, parcial com a ignorância e a cobiça da pequena minoria, dependente da trapaça e dos ganhos sujos.

# Tigres de papel e caçadores de papel

**POSTADO EM 29 DE JUNHO DE 2008**

No dia 29 de junho, meio ano depois do incidente do tigre-do-sul-da-china, o governo da cidade de Xi'an cedeu à pressão da opinião pública e revelou o status da sua investigação sobre as fotos do "tigre-do-sul-da-china"[23].

Essa é uma vitória da opinião pública. Em meio à contestação prolongada, a verdade finalmente prevaleceu sobre as aparências, o falso é falso, e a máscara já caiu. Numa nação onde o conhecimento é lamentavelmente insignificante, onde a mídia não tem consciência nem princípios, engole-se o que quer que o governo diga. Num lugar onde o carro na frente dos bois é uma situação irreversível, essa não é uma vitória pequena. Ela prova que agora tudo o que encobre a verdade e é contrário ao poder da opinião pública é apenas um tigre de papel. As coisas podem parecer assustadoras, mas na verdade tudo é risível.

Nesse teste de força os erros de cálculo de um dos lados deixaram de tocar na natureza essencial da verdade e, usando apenas medidas convenientes de "sacrificar o peão para salvar a torre", continuaram jogando areia nos olhos do público e ocultando a verdade num profundo abismo virtual. Mas as pessoas perceberam que esse tigre é falso, e até os tigres de papel podem alardear suas relações poderosas para provocar os outros.

Se formos procurar os responsáveis, os primeiros que deveriam ser investigados são a Administração Florestal Nacional e o governo provincial de Shaanxi. São exatamente eles os departamentos que estão falando tão vagamente, ocultando fatos, recusando-se a agir e protegendo os mentirosos. Se eles se recusam a assumir a responsabilidade, a sua suposta administração será apenas a enganação do público por evitar os fatos importantes. Se acreditamos que na nossa sociedade a honra pertence a organizações tão sofisticadas, elas não deveriam compartilhar do mesmo modo a responsabilidade e a vergonha?

Ou Zhou Zhenglong é um camponês ou é um caçador. Certamente ele não é um grande conspirador, é apenas um foco. Ele não é o verdadeiro mentiroso, e isso porque a sua motivação para o logro não resiste a um exame minucioso. Se as organizações locais que buscam lucros não o estivessem manipulando e instruindo, ele não teria espaço para enganar os outros, a menos que acreditemos que um tigre de papel possa despertar esse caçador para a caça.

Quanto a esse tipo de "homem de papel", os órgãos de segurança pública não são frouxos quando julgam necessário[24]. Mas não se esqueçam: abusar do poder para punir ilegalmente cúmplices presos e ao mesmo tempo permitir que os atores principais continuem soltos é usar o termo "aplicação da lei" para mais uma vez envergonhar a lei. Esse processo não teve uma audiência pública, mas transcorreu em julgamentos secretos. Que tipo de verdade estão encobrindo?

Os tigres de papel não nos alarmam porque não comem pessoas, mas esse "tigre de papel" manteve toda a nação agitada por mais de meio ano. Num mundo de cães e gatos falsos, onde tudo é falso, a caça até mesmo de um tigre falso certamente terá suas dificuldades. É fácil descobrir que não somente o tigre é falso, mas que Zhou Zhenglong, o caçador que o criou, também é falso. A caçada durou meio ano, e tudo o que se refere a esse tigre é falso. Como podemos começar a combater esse tipo de falsidade?

## Depredação e incêndio

**POSTADO EM 1º DE JULHO DE 2008**

No dia 29 de junho o noticiário on-line da Xinhua relatou que na tarde de 28 de junho na província de Guizhou, no condado de Weng'an, multidões de depredadores e incendiários cercaram os escritórios locais do governo.

A notícia resumida da Xinhua dizia: "Multidões de agitadores que desconheciam os fatos atacaram os escritórios da segurança pública do condado, escritórios do governo e prédios do condado" e "Alguns desses fora da lei aproveitaram a oportunidade para depredar e incendiar salas e alguns veículos"[25].

Comparado aos recentes incidentes envolvendo os ativistas pró-independência do Tibete, mencionados como episódios de "depredação, roubo e incêndio", em Guizhou trata-se apenas de "depredação e incêndio". A característica nitidamente diferente em ambos os casos nos permite eliminar com segurança a possibilidade de que os ativistas pró-independência do Tibete tenham estimulado Guizhou a lutar pela independência ou que há alguma ameaça de fragmentação da pátria.

Devido ao baixo caráter moral geral dos "fora da lei" do condado de Weng'an, outros canais da mídia nacional, em sua ignorância do contexto da história, foram incapazes de veicular qualquer notícia referente ao primeiro, ao segundo e ao terceiro incidentes, que mereceriam um "Plantão de Notícias". Devíamos nos congratular pelo fato de a CNN "antichinesa" e a "irresponsável" mídia alemã não terem reagido de imediato e estarem gradualmente perdendo o interesse por esse tipo de reportagem. Esse desinteresse tornou-se comum na mídia internacional e também expõe o favoritismo da mídia ocidental pela conspiração para a independência do Tibete. O que deve ser ressaltado aqui é que esses métodos ferem enormemente os sentimentos do povo chinês. Em consideração à situação de mudança internacional, devemos manter firme clareza mental e persistir efetivamente na postura de "Se a mídia ocidental noticiar o fato não reajamos com exagero; se ela não o noticiar, não fiquemos surpresos".

Essa cena de "depredação e incêndio" foi um sério ataque criminoso. Com a ajuda das mediações do governo, incrivelmente comedidas e pacientes, a questão foi atenuada de modo satisfatório e a situação voltou ao normal. O público em geral está cheio de confiança e ansioso para participar das comemorações do aniversário do Partido Comunista Chinês no dia 1º de julho. Esse incidente foi outra lição vívida para as massas gerais e para os dirigentes: o processo de reforma e abertura não está ocorrendo tranquilamente, e o poder do Estado aumenta cada vez mais. Não foi fácil chegar à sociedade harmoniosa de hoje. Desde que continuemos sob o firme comando do Partido Comunista Chinês, quaisquer tentativas ilegais de fragmentar nossa terra natal, assim como quaisquer atividades criminosas que não tentem fragmentar nossa terra natal, não terão um final feliz.

## Yang Jia, o tipo excêntrico e antissocial

**POSTADO EM 4 DE JULHO DE 2008**

Quando fala de Yang Jia, a mídia sempre diz que ele é um tipo excêntrico e antissocial[26].

É possível que as pessoas excêntricas e antissociais sejam tímidas ou talvez simplesmente não gostem de ter gente em torno de si. As pessoas excêntricas e antissociais podem ser cidadãos competentes, podem ser úteis à sociedade e aos outros, e numa sociedade normal elas podem continuar sendo excêntricas e antissociais pelo resto da vida. O que há de errado nisso? Isso também o incomoda?

Yang Jia nasceu em Pequim em agosto de 1980 numa família de trabalhadores. Era um leitor ávido. Seu pai se lembra dele como "uma criança obediente, sempre se comportando corretamente". Em Xangai ele foi violentamente humilhado e resolveu fazer justiça com as próprias mãos. O caso Yang Jia mais uma vez nos lembra que é possível ficar longe dos infelizes e permitir que eles sigam o seu caminho autodestrutivo, mas que se os provocamos o erro é nosso. Se não respeitamos a infelicidade dos outros, acabamos nos deparando com demônios. Essa pessoa dirá: "Agora que eu estou completamente desamparado, quero trocar minha infâmia por justiça, mesmo que eu tenha de morrer desonrado".

Yang Jia foi rotulado como criminoso antes mesmo de seu caso ter sido investigado. As pessoas podem nascer criminosas? Quantas oportunidades de se tornar um criminoso irão surgir na vida de uma pessoa desamparada ou bondosa imbuída do senso de justiça? Quantas chances haverá para uma pessoa comum, sem inclinação para a malícia, ter autorrespeito?

Se uma pessoa defende a justiça, agredir os oficiais da polícia não é necessariamente um ato criminoso, pois, mesmo que a justiça deles pareça pessoal, não pode haver justiça que pertença aos indivíduos neste mundo. Qualquer pessoa que confronta o poder do Estado deve ser um criminoso? Que tipo de lógica é essa? Se isso for verdade, então todo o Partido Comunista antes de 1949 estava repleto de criminosos, e a República Popular naturalmente tornou-se uma nação de criminosos. Essa seria a lógica da CNN. Essa é a lógica derivada de um único poder, e não da justiça.

Num lugar tão cruel, por que o filho de pais separados, de uma família de operários, não pode ser um pouco excêntrico e antissocial? Por orientação de psicólogos experientes, a polícia de Xangai resolveu aumentar as medidas policiais de precaução para enfrentar esses excêntricos. Mas, com tanta gente enquadrando-se no perfil, apenas uma bomba nuclear daria conta do problema.

Multidões de pessoas desamparadas que têm sido vitimizadas, intimidadas, rejeitadas e negligenciadas pelos poderes burocráticos e judiciais estão hesitando entre optar pela violência ou deixar as coisas serem esquecidas. As pouquíssimas entre elas que ainda não aceitaram a inevitabilidade do seu problema irão, uma a uma, incontáveis vezes, buscar a justiça dentro de canais legais. Para essa infeliz minoria não haverá justiça pela frente, apenas uma sociedade indiferente e injusta. A justiça só pode acontecer se partir da própria pessoa.

A polícia de Zhabei desconfiou que um turista de outra cidade havia roubado uma bicicleta e espancou-o até deixá-lo quase aleijado. Se isso for verdade, os policiais deveriam ser punidos para deixarem de agir com tanta violência, perceberem melhor as coisas e aprenderem a distinguir a verdade. Os habitantes de Xangai precisam usar sua percepção arguta para pensar um pouco mais na própria segurança e utilizar melhor seus recursos.

Em todos os incidentes nacionais que envolvem uso excessivo da força pela polícia, essas pessoas que praticam a violência são a escória, contam com seus poderes sinistros para satisfazer suas inclinações desprezíveis e fracas. Mas dessa vez ninguém se ofereceu para negociar com elas um preço, e quando indivíduos buscam justiça, esse comportamento será punido. Nesse incidente, Yang Jia não só se desfez de alguns policiais que ele não conhecia ou que o desrespeitaram; ele zombou do entorpecimento da sociedade em relação à injustiça social. Mas é óbvio que toda intimidação injusta, toda falta de solidariedade e injustiça deste mundo não poderia ser harmonizada em apenas um dia. Numa sociedade harmoniosa, os direitos e interesses de toda e qualquer pessoa precisam ser respeitados. Se uma pessoa se torna criminosa, toda a sociedade paga o preço. Se uma pessoa é assassinada cruelmente, no final todos serão julgados.

A verdade pode ser alterada, mas hoje uma verdade nunca será apagada: essa é a verdade de Yang Jia, que veio de Pequim, um jovem nascido na década de 1980 que matou seis policiais na delegacia de polícia de Zhabei. Mais um detalhe: ele não tocou uma única funcionária.

Quando a consciência individual é forçada a buscar a justiça por si só, a própria justiça se torna igualmente vulnerável, pálida e exangue.

Esse incidente pelo menos alertará a polícia de Xangai: não intimidem pessoas como Yang Jia nem insultem petulantemente tipos excêntricos e antissociais, sobretudo os que vêm do norte, mais precisamente de Pequim, e especialmente os que nasceram na década de 1980.

Seis funcionários do Departamento de Segurança Pública de Xangai, delegacia de Zhabei, se foram. Yang Jia, um tipo excêntrico e antissocial, será lembrado.

## Sobre o Ninho de Pássaro

### POSTADO EM 9 DE JULHO DE 2008

**Business Week China**[27]: Você participou em primeira mão de todo o processo do "Ninho de Pássaro", desde a elaboração do projeto até a sua escolha. Qual foi a experiência mais emocionante de todo o processo?

**Ai Weiwei:** Falando de modo geral, tivemos muita sorte em tudo. Havia propostas de quase vinte países e o "Ninho de Pássaro" ficou em primeiro lugar. Sem falsa modéstia, se a proposta que ficou em segundo lugar tivesse ganhado, os resultados não seriam tão felizes. Desde que o Ninho de Pássaro foi escolhido, ele encontrou muita frustração, até tormento. O plano original foi continuamente alterado, as razões para as alterações vieram da necessidade de equilibrar os grupos de interesse nacionais e pedidos de políticos. O Ninho de Pássaro tornou-se uma plataforma para encontrar o equilíbrio; essas alterações não têm nada a ver com o projeto em si. Os projetistas relutaram em fazê-las; ceder um pouquinho poderia ser fatal ao projeto.

**BWC:** Depois que você se juntou a Herzog & de Meuron e à equipe de projeto deles a proposta foi radicalmente modificada. Por que houve essa mudança e como ela se relaciona à sua participação?

**AWW:** Eu apenas compartilhei algumas das minhas opiniões. Quando cheguei à Suíça, vi que o escritório deles já havia preparado duas propostas. Herzog & de Meuron, muitos dos arquitetos de maior peso do seu escritório e quatro dos sócios da empresa estavam presentes, o que me fez perceber que essa proposta era extremamente importante para eles. Discuti algumas das minhas reações àquelas duas propostas, começando em um nível fundamental, inclusive se o estádio deveria ser elevado ou térreo, o modo como o teto deveria se abrir e a composição da própria estrutura, entre outras coisas. Eu gosto muito de dar consultoria; e mais tarde eles hesitaram quanto a essas duas propostas. Logo depois fizemos um *brainstorming* sobre a estrutura e o aspecto externo. Naquela época um ponto importante de discussão era o "teto dobrável", um teto retrátil do tamanho de um campo de futebol, que era um enorme desafio para todos os projetistas participantes. Algumas das minhas sugestões foram usadas, e depois de um dia inteiro de esforços conseguimos elaborar uma nova proposta potencial e uma direção para o seu desenvolvimento.

Naquela época Herzog disse entusiasmado para o ex-embaixador da Suíça, Uli Sigg: "Quando convidei Ai Weiwei nós esperávamos dar um passo à frente, não esperávamos que daríamos dois". No dia seguinte, quando me preparava para ir embora, ele me disse: "Sabe, nós já quase ganhamos com essa proposta". Aquilo foi muito importante para eles ganharem a proposta? Herzog também me disse: "No futuro, quando você vir as várias opções, nove em cada dez serão a mesma coisa, mas a nossa é totalmente diferente".

**BWC:** Vocês tiveram algum desentendimento durante as discussões?

**AWW:** O ritmo da discussão foi muito veloz, e houve debates acalorados sobre tudo, desde o formato da arquitetura até como a multidão entraria. Correu tudo muito bem, e o clima de trabalho estava ótimo, liberal e livre. Todos podiam simplesmente compartilhar suas opiniões sobre o que era bom e o que era ruim, e não havia tempo para sustentar um determinado tipo. Nunca participei de um processo de trabalho tão agradável.

Houve alguns problemas sobre questões específicas, por exemplo, como determinar a "forma" do Ninho de Pássaro. No início era algo com a forma de uma "lanterna" [chinesa]; todos os estádios de futebol europeus nos quais eles trabalharam têm aproximadamente a mesma forma de lanterna iluminada, e são muito bonitos. Contudo, acho que falta aos círculos um senso de orientação. De Meuron perguntou: "Como uma forma circular pode oferecer orientação?". Eu respondi "É possível", e elevei dois pontos da esfera, afundando outros dois; depois de um período de ajuste, a forma se tornou a que se vê hoje.

**BWC:** Algumas pessoas estão dizendo que você era o "consultor chinês" da empresa de projetos estrangeira; nesse sentido eles estão dizendo que você introduziu elementos chineses no projeto?

**AWW:** Isso é bobagem. Durante a elaboração do projeto, nós nunca falamos em "elementos chineses". O raciocínio é muito simples: sou chinês e por isso tenho o raciocínio e um modo de pensar que pertence à minha cultura nativa. Quando o trabalho foi concluído e antes de ser mandado para a competição, eles disseram que deviam identificar alguns elementos chineses no projeto. Nesse momento isso foi necessário, então falamos em efeito de craquelado em cerâmica vidrada ou nas decorações da cerâmica antiga pintada, as quais eu conheço bem. Falamos disso também na proposta, um suposto "caos ordenado" e ideias como a de "vasos perfeitos" que demonstram uma compreensão dos clássicos da China antiga. Isso apenas para ajudar a identificar um pretexto.

**BWC:** "Estrutura é forma, forma é estrutura" é claramente uma característica importante do Ninho de Pássaro. Como você interpreta isso da perspectiva de um *designer*?

**AWW:** Essa é uma parte muito importante do projeto. O Estádio Nacional é chamado de Ninho de Pássaro, nome que se originou ainda na proposta: "Semelhante a um ninho de pássaro, seu aspecto exterior e sua estrutura são unificados". Agora todos estão acostumados a chamá-lo de Ninho de Pássaro. A sua descoberta mais importante está expressa na sua inteireza; essa característica o torna diferente dos outros estádios. Por que nós queríamos fazer algo inteiriço? Porque a resistência de suporte necessária para sustentar um teto enorme é enorme; assim, fomos forçados a pensar em como reduzir a estrutura dos seus suportes e ao mesmo tempo fornecer os melhores meios possíveis de assistir à competição.

Em segundo lugar havia uma questão de direcionamento. A estrutura do projeto, semelhante a uma teia, é uniforme: em qualquer lugar que a pessoa se instale

**3.8** *Estádio Nacional de Pequim*, 4 de junho de 2006.

durante uma competição, ela se sente como se estivesse numa posição central; assistir a jogos torna-se mais conveniente, o espectador tem seu campo de visão livre. Não é apenas uma questão de estética; é preciso se integrar à funcionalidade, manifestada na integridade da funcionalidade.

**BWC:** Nos primeiros estágios do projeto foram considerados a possibilidade de implementação e o nível de dificuldade?

**AWW:** Teoricamente falando, qualquer forma estrutural pode ser realizada. O escritório Herzog & de Meuron tem muita experiência, eles sabem como chegar aos resultados desejados. O projeto é um produto, não é apenas uma couraça; exatamente como uma pessoa, ele tem um coração, uma alma e um sistema circulatório, ele inclui todos esses elementos. Sobre a possibilidade de implementação estrutural, a empresa Arup, da Grã-Bretanha, realizou muitos testes e avaliações; sem o apoio da engenharia de estruturas dado por essa empresa teria sido impossível criar o Ninho de Pássaro. Ninguém faz cálculos profissionais como eles, e antes de ser apresentada a proposta final para a competição eles já haviam dado sua análise teórica profissional e sua aprovação. Posteriormente, mais de dez arquitetos renomados da Suíça trabalharam duro na China por muitos anos, fazendo o possível para completar uma enorme quantidade de trabalho.

**BWC:** Nos primeiros estágios da licitação, o Ninho de Pássaro se deparou com muitas dúvidas por parte de profissionais. Olhando retrospectivamente para isso, o que você acha dessas críticas e desconfianças?

**AWW:** Essa oposição e essas dúvidas quase enterraram o Ninho de Pássaro, e no início foi muito difícil imaginar qual seria o resultado. Nessa época, arquitetos da China continental assinaram coletivamente uma carta questionando-o como arquitetura "colonial", dizendo que a China havia se tornado um "terreno de experiências para arquitetos estrangeiros", que ele era dispendioso etc. Herzog & de Meuron tinham ganhado a concorrência de modo limpo; o financiamento destinado era de 4 bilhões de *renmibi* e o custo estimado do Ninho de Pássaro era de 3,8 bilhões, cifra que atendia às exigências quanto ao orçamento. As notícias da mídia em 2005 estavam impregnadas das vozes da oposição. Então outros profissionais disseram que a alteração do Ninho de Pássaro "prescrito" poderia economizar muito dinheiro. "Desistir da couraça e fazer apenas a plataforma" economizaria muito dinheiro, foi o que disseram acadêmicos chineses, imagine você.

Houve muitas objeções, e o governo hesitou quanto à decisão. No meio de tudo isso, circulou um boato de que eles iam mudar o projeto. Eu me lembro do dia em que o secretário do Partido em Pequim disse: "Quanto à questão da arquitetura do estádio olímpico, os princípios de abertura e reforma não serão alterados". É possível que essa declaração tenha sido importante na ressurreição do Ninho de Pássaro. O resultado final foi tirar do projeto original o teto retrátil. A composição original do projeto tinha sido construída em torno do suporte do teto; sem ele, a forma como um todo adquiriu um sabor diferente. Mas agora ele não pode ser acrescentado. O aço foi reduzido à quantidade mínima adequada.

**BWC:** Você foi ver o Ninho de Pássaro depois de pronto? Quais aspectos coincidem com as suas expectativas e quais – se houver algum – superaram-nas?

**AWW:** Em última análise é um bom projeto que se conforma à nossa imaginação e às nossas expectativas. Mas em nenhum aspecto ele superou as minhas expectativas, e deixa a desejar em outros pontos, embora isso não chegue a ser um problema. Um bom projeto com um conceito forte não precisa ser executado com perfeição. Fui três vezes ao local da construção; uma vez um ano atrás, quando fomos ver o código de cores e resolver qual seria o tom de vermelho mais apropriado. Depois de concluído, voltamos lá para ver como estava evoluindo a implementação dos assentos e depois para inspecionar as instalações VIP. Herzog e De Meuron acharam tudo excelente. Na verdade o acabamento foi muito tosco em alguns lugares, mas os arquitetos não se importam com esse tipo de coisa; eles acham que nos lugares mais toscos os esforços dos construtores são visíveis, que eles têm um tipo próprio de beleza.

**BWC:** Certa vez Herzog manifestou a preocupação de que "a China construísse o Ninho de Pássaro de acordo com os próprios métodos", o que significa que há muitas incompatibilidades e conflitos entre os arquitetos estrangeiros e os chineses. Isso é verdade?

**AWW:** No início os arquitetos quase enlouqueceram. De Meuron assumiu a responsabilidade pelo projeto e o chamaram para várias reuniões, nas quais ele repetiu o mesmo relato para vários funcionários. Num sistema governamental que não atingiu a maturidade é inevitável que se fique num beco sem saída ao ser frequentemente confrontado com essas questões. Você não sabe quem irá controlar o seu destino, porque é possível que qualquer um possa subitamente apresentar um problema ou sugestão inexplicável; quanto a isso eles estavam desamparados na China.

Mais tarde essas incongruências e conflitos não tiveram muita importância. Na opinião deles, é mais importante as pessoas do lugar gostarem do seu projeto do que mencionarem os seus nomes. Eles acham que foi uma tarefa extremamente difícil ter um número tão grande de pessoas trabalhando juntas para completar esse projeto num período de tempo tão curto. Eu também estou muito feliz; se Pequim tem ou não um "Ninho de Pássaro" para essas Olimpíadas já é uma grande diferença; uma obra arquitetônica pode ter uma grande influência na cidade.

**BWC:** Sem falar na estrutura em si, mas revendo todo o processo de conclusão do Ninho de Pássaro, você o considera um marco na abertura da China para a arquitetura do mundo externo?

**AWW:** O Ninho de Pássaro é a consequência da ambição e dos ideais conflitantes desta época. Só poderia ter sido realizado numa era globalizada, embora, ao mesmo tempo, só pudesse ser construído no sistema chinês existente, que enfatiza fortemente a eficiência. A China será sede das Olimpíadas e fez uma promessa para o mundo, e agora deve ser submetida à supervisão. A "abertura e reforma" da China não é apenas um *jingle* cativante; "reforma" é a mudança de hábitos feios e "abertura" é a introdução de outros modos de pensamento e tecnologia. O processo será inevitavelmente penoso. O processo de seleção pública e transparente pelo qual o Ninho do Pássaro foi escolhido estava de acordo com os padrões globais.

**BWC:** Quanto tempo você investiu em todo o processo e qual é o seu próximo projeto?

AWW: Considerando tudo, apenas dois meses. O conceito posterior para o projeto ambiental foi ideia minha, por exemplo, as calçadas que partem do estádio, uma praça, as entradas etc. Os resultados não foram absolutamente bons e muitas coisas não foram feitas. Em setembro volto a colaborar com o Herzog & de Meuron numa instalação relacionada com a arquitetura, que deverá estar na Bienal de Arquitetura de Veneza.

## Surpresa infinita

**POSTADO EM 10 DE JULHO DE 2008**

A maior parte do tempo, quando encaramos o desejo de discutir ou conhecer a verdade de qualquer questão, a intuição nos diz que isso é impossível. Essa é uma queixa quase permanente do nosso povo.

Esquivar-se de tudo o que envolve os elementos fundamentais e as contradições que compõem a situação presente ou evitar a responsabilidade são atitudes ostensivamente destinadas a beneficiar os que estão no controle. Contudo, isso contraria a razão, porque somente quando a verdade de uma situação é totalmente exposta é que podem surgir as boas soluções. Do mesmo modo, somente quando a evolução natural dos acontecimentos é indesejável, os fatos verdadeiros são ocultados. Durante muito tempo os fatos reais que cercam todo acontecimento importante vêm sendo encobertos e distorcidos; é impossível expor ao público a verdade nua.

Uma habitual falta de autoconfiança e fraqueza estão atuando aqui, assim como um modo mecânico de autoproteção e precaução. O resultado é um público que desconfia do próprio poder e é generalizadamente cético quanto à existência de qualquer modo de poder legítimo. Hoje a democracia e a justiça já não são simples ideais políticos, e ao longo de toda a luta da humanidade pela existência ambas mostraram-se práticas eficazes que beneficiam o avanço da maioria. Usar vários pretextos para adiar ou atrasar o curso da democracia ou para evitar o surgimento de uma sociedade civil é jogar com um povo e com uma nação – e tudo pelo lucro temporário de uma pequena fração da população. É fácil compreender isso.

Uma sociedade civil ideal resistiria e eliminaria a vontade do poder centralizado, imobilizaria e fragmentaria as estruturas de poder. Na China os direitos políticos limitados resultam em consórcios, sindicatos e organizações religiosas sem significado real. Sem um equilíbrio das estruturas de poder ou restrições a elas e sem vozes dissidentes, tudo é uma volta à era soviética e leva à absoluta corrupção e à impotência. Os direitos civis foram arrasados e uma cultura de ideais desmoronou. Com isso, o que acontece é que, quando a China é confrontada, é impossível sustentar a coragem, a responsabilidade, os ideais e a identidade que uma nação tão grande precisa ter.

Somente quando a dignidade pessoal é coerente com os interesses e valores humanos, essas emoções dignas ou infames podem vir a ser consideradas "patriotismo". Isso envolve certo grau de dificuldade. Neste mundo, interesses absolutamente independentes não existem, e como nenhuma porção da humanidade pode existir em isolamento, o problema do indivíduo está inextricavelmente ligado aos valores de outros. O patriotismo tacanho deriva da miopia e da vergonha; em sua base está uma falta de compreensão. Os conceitos de nação, povo e governantes não podem ser confundidos. Confundi-los seria manchar a honra do país, plagiar e trair os direitos e a vontade do público.

Quando a crítica dos outros atinge pontos dolorosos, há declarações de que "os sentimentos do povo chinês foram feridos". Em termos de lógica linguística e de vida real, essa frase parece infantil, levando os chamados "chineses" a parecerem ainda mais uma mulher tola que foi desprezada. Um sistema social rumo ao desespero, os direitos civis pisoteados, um ecossistema cada vez pior, um sistema educacional atrasado, a impotência corrupta dos funcionários... nada neste mundo poderia ser pior, mais prolongado ou mais lesivo aos sentimentos do povo chinês, se alguém realmente se importasse, se verdadeiramente o povo chinês ainda tivesse sentimentos.

No final, em razão da fraqueza cultural, dos conceitos assimétricos e da opacidade da informação, essa sociedade acabará por se encontrar numa posição incômoda e aterrorizante. A falta de transparência, de exame da opinião pública e a escassez de canais públicos para a comunicação e para um discernimento racional resultarão em políticas aberrantes e distorcidas e farão com que a nação e o povo paguem um preço que é, em última análise, difícil de avaliar.

Qualquer sistema tem um potencial de erro. Quando um sistema só conhece o erro e todas as suas respostas são uma aberração, as pessoas não deveriam ser conscientes da sua relação com a realidade, da fidelidade aos fatos, da racionalidade da linguagem e da eficácia das políticas? Independentemente de os problemas serem internacionais ou internos, se não forem solucionados eles estarão sempre do lado oposto ao certo. Se não há um sistema de valores articulado, esse sistema não tem como reagir às mudanças reais ou a colisões com sistemas de valores diferentes. Ele distorce todos os apelos por valor incorporados em qualquer nova possibilidade.

Até a crítica ajuda no progresso da sociedade e atua na direção da sua transparência e imparcialidade sistêmicas. O oposto disso é a mídia como a China Central Television, um porta-voz distorcido, cujos fatos distorcidos e modos fraudulentos de orientar a opinião pública são claramente um programa de publicidade para a doutrinação política e uma mídia que não atende às necessidades da sociedade moderna. Esse tipo de mídia ameaça com seu poder, enganando-nos e induzindo-nos ao erro ao nos levar a acreditar no progresso da sociedade, e tem uma inequívoca responsabilidade por obstruir a transparência da informação. A história tornará isso claro. Quando qualquer uma dessas pessoas critica as "declarações falsas" de outro país ou pessoa, sejam elas do governo do dalai-lama no exílio ou de imperialistas estrangeiros, elas usam, todavia, todos os meios duvidosos e ardilosos para bloquear as partes mais críticas das declarações originais, a verdadeira face e a verdadeira intenção dessas críticas.

Numa sociedade que se esquiva das contradições e não pode fazer uma defesa plausível de si mesma, nenhum tema público é permitido, nem mesmo a mais básica das discussões, e as respostas inevitavelmente desaparecem num enorme buraco negro. O custo disso é a perda da fé essencial e da responsabilidade públicas, a expansão descontrolada de sistemas poderosos e corruptos e o adiamento inescrupuloso do progresso do povo e da nação.

Quando os direitos e a vontade do povo se limitam a um grau tão extremo, qualquer expressão desses direitos acabará por ser vista como uma ameaça ao poder ou como o produto de fatores sociais inconvenientes. Uma duradoura falta de restrições ao poder em si e a falta de um exame crítico da legitimidade do poder têm levado a políticas e situações embaraçosas e têm descartado todas as outras possibilidades. Assim, ou o governo não age ou age de modo errado. Por mais quanto tempo essa estrutura de poder será preservada? Trinta anos depois da abertura e da reforma e sessenta anos depois da "Nova China", questões básicas como a legitimidade do poder e seu uso adequado continuam sem resposta ou são evitadas.

A redescoberta das possibilidades e exigências do desenvolvimento, o reconhecimento dos valores comuns atuais e a busca de um novo sistema de civilização espiritual constituem o único caminho para alcançar respeito e diálogo cultural. Quando o governo admitir que é apenas um ator no drama maior do progresso social e histórico, ele começará a apreciar a crítica. Qualquer governo que rejeita os direitos democráticos e a vontade do povo só pode ser descrito como criminoso.

O fato de um governo assim poder continuar existindo, especialmente dada a velocidade e a estrutura do desenvolvimento global do mundo de hoje, é na verdade motivo de infinita surpresa.
ESCRITO EM 18 DE ABRIL DE 2008

# Quimeras

**POSTADO EM 12 DE JULHO DE 2008**

As Olimpíadas não estão distantes e já podemos ouvir o som das suas passadas cerimoniosas se aproximando. Durante o jantar na noite passada, muitos estrangeiros estavam falando sobre as recentes inconveniências causadas pelas Olimpíadas, e todos eles estavam espantados.

Um pai visitou um complexo de apartamentos de diplomatas com seu filho de 6 anos de idade que não tinha cartão de identificação, e a entrada de ambos foi taxativamente negada. Do mesmo modo estão negando vistos; como disse um estrangeiro: "Moro em Pequim há onze anos e agora preciso ir embora". O *Beijing News* noticiou que nas estradas que levam da vizinha Hebei até Pequim foram construídos 26 pontos de inspeção para acomodar funcionários que vão inspecionar cartões de identificação de todas as pessoas que entram na cidade, uma a uma. É como se eles estivessem enfrentando um inimigo mortal; se houver um único cartão de identificação suspeito, o carro terá de dar meia-volta com todos os seus passageiros. Terra, mar e céu estão confinados, os caças foram postos de prontidão para a guerra, mergulhadores examinam as águas e soldados com treinamento forense guardam a terra. Quem eles estão tentando amedrontar? Essa criança se amedrontou?

Num mundo inseguro, assustador e com artifícios sutis próprios, de qualquer ângulo que se olhe para os "Amistosos", eles parecerão fiscais do bairro[28]. Este é um vasto mundo com grandes sonhos, e o rosto dos chineses está coberto por um tempo longo demais – você pode ir em frente e limpá-lo, mas não precisa esfregar sua pele até ela desaparecer.

Devemos saber que os nervos já estão frágeis, assim é preciso estar sempre azucrinando as pessoas por causa dessas coisas? Um Estado totalitário não tem, por definição, desejo de se envolver na felicidade das massas. Apesar de todos os seus sorrisos forçados que revelam fileiras de dentes brancos, Pequim está rapidamente alcançando Pyongyang. É possível haver uma exibição mais espetaculosa de politicagem? Será a mesma rotina de sempre, que tortura o nosso diretor nativo de Shaanxi[29], aparentemente lançando mão de todos os seus velhos truques mas que no final será ridicularizado pelo mundo. Se pelo menos ele pudesse se divertir e fazer o que quer, seria bem melhor. Esqueça a política e no lugar dela militarize tudo; afinal de contas, esse é o nosso forte. Para os visitantes estrangeiros que virão de terras distantes, as Olimpíadas são pouco mais do que ver quem corre mais rápido. Elas não são uma questão de vida ou morte.

Uma sociedade que não tem democracia é incapaz de orquestrar verdadeira alegria para seu povo. Se tivéssemos desviado para Sichuan um milésimo desses recursos, aquelas escolas nunca teriam desmoronado. Com um mínimo de boa intenção, jamais veríamos a violência que é herdada na nossa sociedade. Com apenas um pingo de sinceridade, nós nunca teríamos visto um incidente sangrento como o de Yang Jia em Xangai. Esse é o seu mundo – não conte com outros para compartilhar o seu sonho. Claro, os sonhos dos outros não têm nada a ver com o seu mundo. Inundado com toda a pujante vanglória deles, se você realmente quisesse fazer algo humanístico, isso seria quase impossível.

Mundos diferentes compartilhando "um sonho"?[30] Continue sonhando.

# Fazendo flexões

### POSTADO EM 15 DE JULHO DE 2008

De acordo com o relatório de 13 de julho sobre o incidente "28/6*" no condado de Weng'an, emitido pelo vice-diretor do Departamento de Segurança Pública de Guizhou, "desde o dia 12 de julho, 217 pessoas foram presas por envolvimento no incidente '28/6'; 355 foram amplamente investigadas, das quais 90 foram identificadas como gângsteres locais. Dos 100 indivíduos que foram detidos, 39 são gângsteres locais. Alguns indivíduos suspeitos de atividades criminosas estão sendo procurados".

Com números que quase superam os do Taliban, não é possível não se perguntar: exatamente quantas pessoas fora da lei um condado pequeno como o de Weng'an pode ter? De acordo com a versão do governo, fora as pessoas com "motivos ocultos", os únicos que sobraram na China são gente "que ignora a verdade". A essas pessoas não se pode ensinar – tente durante duzentos anos e ainda assim seria em vão, porque elas são atraídas por qualquer estímulo, são enganadas por qualquer coisa.

O governo quer livrar a própria cara, mas as coisas estão fadadas a ficar contraproducentes porque ele transgride constantemente com matanças generalizadas. Intimidando as pessoas comuns com a prisão de centenas de outras sempre que há uma oportunidade, é possível que essas pessoas, seus amigos e familiares igualmente "ignorantes" se disponham a ficar do lado do governo?

Hoje revelou-se que uma delegacia de polícia do condado de Yuhan, na província de Zhejiang, foi cercada em mais um incidente "10/7"[31]. Os órgãos de segurança pública referiram-se ao incidente como "um grave obstáculo à execução dos deveres oficiais dos órgãos de segurança pública. Essas agressões aos órgãos de segurança nacional organizadas por multidões são delitos graves que serão investigados profundamente, tratados com severidade e sem piedade". Em primeiro lugar não falemos de quem está certo e quem está errado; hoje em dia todo mundo pode encher a barriga, então por que essas pessoas continuam dificultando a vida dos policiais? Eles ainda não se recuperaram dos terríveis distúrbios em Xangai, será que não dá para deixá-los descansar um pouco? Agora que penso nisso me ocorre que nem quando o exército da Oitava Rota combatia os "demônios japoneses" as notícias de vitórias chegavam com uma frequência tão alta!

Realmente as questões chinesas são muito engraçadas, com os sistemas de segurança pública, processuais e judiciais pondo-se em campo juntos para "reprimir, punir severamente". São exatamente essa desconsideração pela lei e a negligência em relação aos direitos humanos e às liberdades civis que levaram às intermináveis camadas de injustiça, artifício e casos mal julgados. As contradições estão ficando cada vez maiores, as disputas tornam-se mais numerosas e o ideal de realizar uma sociedade harmoniosa se distancia mais e mais.

Na verdade a razão é muito simples. Isso acontece porque nossos velhos oficiais aprenderam apenas duas coisas ao longo dos anos: quando precisam explicar a verdade de uma questão, seja para seus superiores, seja para as massas, eles só podem "fazer flexões"[32]. Mas quando suas flexões terminam, eles viram as costas e seguramente preparam os punhos para dar um corretivo.

## Julgamento público

### POSTADO EM 17 DE JULHO DE 2008

O caso de Yang Jia já dura mais de um mês. A suspeita de que a polícia de Xangai esteja ocultando a verdade e distorcendo os fatos resultou num processo singular que desencadeou uma crise na confiança do público. Tudo o que restou das duas semanas anteriores – fora o incidente cheio de suspense no qual o site oficial do Departamento de Segurança Pública de Xangai foi subitamente alterado e muitos órgãos da mídia divulgaram informações confusas e fragmentadas – foi a revelação, no dia 7 de julho, dos fatos detalhados sobre o caso da agressão policial. A declaração pública da polícia estava cheia de contradições e sem lógica. Parece que já é hora de o governo de Xangai avaliar a capacidade do conselho supervisor da Delegacia de Polícia de Zhabei de assumir a sua responsabilidade.

O Departamento de Segurança Pública de Xangai, que se vangloria de ter uma fabulosa tradição de integridade moral, não deveria reeditar claramente os fatos relativos ao julgamento de Yang Jia? Depois de uma inaudita perda de soldados na batalha, não deveria haver menos ocultação e mais inclusão de fatos? É bom não bancar o herói, mas é desnecessário se fazer de surdo e mudo. Vocês estão causando um grande desgosto às massas que se importam tanto com vocês e estão incapacitando-as de compartilhar com vocês a sua carga de preocupações e infelicidades.

Sem nenhuma explicação lógica, vocês prenderam e interrogaram um turista que nunca roubou uma bicicleta. Não se assustaram com o trabalhão que a longa viagem daria e vieram duas vezes a Pequim para os procedimentos legais. E por que é que agora, quando os olhos de toda a nação estão ansiosamente voltados para vocês, aguardando uma demonstração de coragem de sua parte, assim como a apresentação honesta dos fatos, vocês amolecem? Todos sofreram muito e apesar disso vocês ainda ocultam os fatos reais sobre a agressão – é por isso que as pessoas se preocupam com vocês. Essa questão em Xangai é verdadeiramente inconcebível.

Independentemente do resultado do julgamento de Yang Jia, ele já prova que décadas de "reforma e abertura" não puseram verdadeiramente a China no caminho da democracia e do estado de direito, e a nação ainda precisa se livrar das dolorosas consequências da corrupção oficial, institucional e legal.

No caso de Yang Jia é óbvio que Xangai encobriu pelo menos uma parte dos fatos importantes, em uma tentativa de obscurecer qualquer defesa plausível para a motivação criminosa. O resultado final, em última análise, enredou a polícia de Xangai em sua própria teia emaranhada. A desconsideração e o desrespeito pela lei, o abuso e o mau uso do poder resultaram na atual posição desvantajosa do governo e levaram a reforma judicial e o estado de direito a sofrer reveses. O poder do Estado, a reputação do governo e a dignidade da lei têm sido humilhados.

Em decorrência das reações costumeiramente absurdas da polícia, o caso de Yang Jia passou de um julgamento comum de um crime a um caso histórico que atinge a salvaguarda da justiça e a independência do sistema judicial. A reforma judicial é uma realidade inevitável na luta pela justiça e igualdade sociais.

Se alguém ainda acredita que a igualdade e a justiça são a base de um Estado forte, o que vocês podem fazer hoje é dar a Yang Jia um julgamento público. Façam a vida de Yang Jia esclarecida e sua morte compreendida.

# O julgamento

### POSTADO NO DIA 19 DE JULHO DE 2008

No dia 17 de julho, o centro de detenção de Xangai não permitiu a entrada de Xiong Liesuo, o advogado pequinês que o pai de Yang Jia havia contratado para o caso. Incapaz de confirmar se Yang Jia tinha conseguido o poder de designar o próprio advogado, o sr. Xiong voltou desanimado para Pequim. Isso mostra que as unidades de inspeção de Xangai desprezaram o procedimento judicial legal e rejeitaram o direito de Yang Jia de ser defendido por um advogado; recusaram a boa vontade e a consciência, e, numa tentativa precipitada de encerrar o caso, insistiram em fazer as coisas do seu modo.

Xangai deveria ser lembrada do seguinte: mesmo que seja esse o seu estilo de fazer as coisas, mesmo que vocês estejam sofrendo um tormento indizível com a perda e mesmo que sejam sempre confiantes no seu sucesso, eu considero que dessa vez vocês calcularam mal a situação e inevitavelmente enfrentarão dificuldades maiores. O "Caso de Yang Jia de 1º de julho" ocorreu no 87º aniversário do Partido Comunista Chinês e aconteceu em Xangai, a mais civilizada das cidades chinesas. Aconteceu dentro de um dos órgãos administrativos do governo e resultou em seis funcionários mortos e quatro feridos. A atenção do público voltou-se imediatamente para a questão da imparcialidade da lei, sendo o caso mais divulgado pela mídia sobre a falta de transparência do governo e a confiança que o povo tem nele.

O processo judicial é um instrumento social, um braço do aparelho do Estado e uma corporificação da ética social; deve ser integrado ao Estado e aos interesses nacionais. A natureza desse caso já ultrapassou muito qualquer possível processo criminal baseado na suspeita de roubo de uma bicicleta, na violência policial ou no assassinato por vingança. A polícia de Xangai foi reticente quanto à verdade, fez um trabalho improvisado, evitou e ocultou fatos. Isso, aliado à sua antiga tradição de iludir o público, fez com que o incidente de 1º de julho se tornasse uma investigação social mais ampla sobre a imparcialidade do Estado, das instituições públicas e do judiciário. Essa investigação tornou-se o centro das atenções, com a sociedade registrando as repetidas tentativas do governo de melhorar sua proficiência administrativa e o declínio de sua credibilidade, testando com isso a força de vontade do público e sua reivindicação de direitos. Ela é um barômetro que testa nossos meios de proteção dos direitos civis e humanos fundamentais nessa "sociedade harmoniosa".

Hoje todos esperam que o julgamento de Yang Jia seja público. Só assim haverá um verdadeiro esclarecimento dos fatos para o público. Só assim podemos esclarecer as origens, o desenvolvimento, a causa e o efeito da morte de seis pessoas e dos ferimentos em outras quatro. Somente um julgamento público pode evitar que esse caso se reduza às alegações falsas que levaram nossa República à humilhação. Os funcionários do Estado, das instituições públicas e do poder judiciário devem "fazer o que deve ser feito"[33] para que se tenha uma clara compreensão da situação. É nisso que vocês se sobressaem, façam isso apenas para evitar a infelicidade futura. Levem em consideração a sua carreira futura.

A justa e imparcial implementação da lei é uma providência necessária com a qual as sociedades legítimas se desenvolvem. A transparência é a pedra angular da justiça e da imparcialidade e uma condição básica para o bom e estável desenvolvimento de qualquer sociedade. Qualquer pessoa que tenta enganar ou livrar-se dessas questões está cometendo um ato criminoso ainda maior contra a sociedade. Neste pedaço de terra, questões simples como essa se arrastaram nos tribunais durante décadas e essa situação levou ao derramamento de sangue e ao sacrifício de inúmeras pessoas. Assim, vemos que a imparcialidade da lei chinesa ainda está atrasada, num nível extremamente primitivo, que a ética e a moral sociais ainda são incapazes de se separar do pesadelo das ideologias antiquadas, e a governança política ainda está paralisada na simples proteção de interesses pessoais. Esses são os estágios primários do socialismo com características chinesas, uma desconsideração pelos direitos e interesses das pessoas, pelo progresso da reforma social e pela opinião pública.

Enquanto luta para obter o direito à existência, a China deve fazer novamente da justiça e da imparcialidade a pedra angular da sua ética social. Quanto aos funcionários do governo, das instituições públicas e do judiciário de Xangai que tentam obstruir, contrariar ou enganar o público: vocês não se acham ridículos?

De acordo com relatos, a mãe de Yang Jia, uma cidadã que durante anos defendeu os direitos pessoais e um judiciário justo, empenhou-se numa situação desesperada, sem nenhum recurso legal. Depois que seu filho foi levado sob custódia, a polícia de Xangai a afastou para "cooperar com a investigação". Até hoje seu paradeiro é desconhecido. Do mesmo modo, depois de Zhou, o "caçador de tigres", ser detido e sentenciado, sua família em Shaanxi[34] ainda não recebeu a notificação da punição. A polícia começou uma nova série de "reprimendas" depois dos tumultos em Weng'an e Yuhuan. A organização das instituições e do sistema legal da China enfraqueceu-se e declinou. O poder absoluto tornou-se a corrupção absoluta, razão básica dessa persistente inquietação social. Isso não poderia ser mais claro, não finja que você não está vendo.

Para os membros do Partido Comunista Chinês que ainda perseguem a justiça: mesmo que essa seja a única vez que vocês tomam uma posição, defendam um julgamento público. Respeitem a vontade do povo. Respeitem os direitos civis.

# Vírus olímpico

### POSTADO EM 26 DE JULHO DE 2008

Fui à cidade duas vezes nos últimos dias. Meus ouvidos estão cheios das intermináveis queixas dos motoristas de táxi, e tudo o que eu via da janela do carro era de fato uma cena desoladora.

Há um monte de novas regulações de segurança. Precisamos de uma permissão de deslocamento até para entrar na nossa aldeia. Quanto às medidas de "antiterrorismo" global, já estamos à altura das praticadas pelos imperialistas norte-americanos ou até já as ultrapassamos. Um Estado policial construído em nome do combate ao terrorismo tornou-se a maior ameaça a uma sociedade civil harmoniosa. Além do dano à vida e outros custos correlatos que qualquer vitória terrorista no mundo possa causar, um preço ainda maior é pago com a consequente ameaça à psicologia coletiva da sociedade e a perturbação da natureza pacífica da vida das pessoas comuns. Essa é a verdadeira crueldade e esse é o verdadeiro atraso.

Quantos cidadãos terão seus direitos ainda mais violados em nome da proteção do Estado? O povo está pagando um preço muito alto pelo "benefício nacional". Essa é a marca de um país democrático ou a base da ditadura totalitária?

Depois de discutir por muitos anos a cultura e a criatividade, finalmente estamos despejando todas as nossas reservas nacionais no projeto das Olimpíadas.

Essa seria uma rara oportunidade de mostrar a cara da nação, e quem não quer visibilidade? *Rá, rá!* Dessa vez entramos pelo cano! Tragam os resultados para avaliação, porque é exatamente por isso que a transparência e a divulgação para o público são tão fabulosas. Tragam tudo o que se refere ao projeto das Olimpíadas, desde os mascarados de Pequim até os táxis, os "Amistosos", as medalhas, a tocha, a bandeira, os cartazes, as roupas, os logotipos, as letras, as cores e os símbolos de cada evento olímpico... Alguns anos atrás, quando os profissionais se reuniam, eles gastavam uma quantidade ilimitada de dinheiro, e o resultado final é uma transigência quanto à qualidade, que despencou até bem abaixo de qualquer um de seus precedentes e superou até os padrões mais baixos que se conhece. Esta nação grandiosa e vasta tem multidões de designers, e não houve um único projeto ou objeto que valesse a pena exibir.

A criatividade cultural não está indo para lugar algum, e mesmo se déssemos a milhões de membros do partido todo o dinheiro do mundo, nem assim sua criatividade seria estimulada. Eles são incorrigíveis. Esta sociedade nunca pretendeu encontrar o verdadeiro, o bom ou o belo: ela é imunda; nega a criatividade individual, zomba da cultura e é controlada por um sistema corrupto cujos esforços irão, em última análise, terminar como uma blasfêmia dos ideais culturais e da verdade. Hoje o projeto das Olimpíadas se atrapalhou diante do mundo inteiro – ninguém percebe que eles estão ficando ruborizados?

A alegria exuberante dessa sociedade quase sempre resulta de mentiras e fraude, e uma sociedade sem integridade necessariamente tem lacaios despudorados. Os nacionalistas chineses estão tentando impingir a mentira de que o Estádio Nacional projetado pelos suíços Herzog e De Meuron é chinês. Embora poucas pessoas saibam quem são os verdadeiros designers, ninhos de pássaros que estão aparecendo por toda a cidade começam a parecer culpáveis[35]. Já vi imoralidade, mas nunca vi esse tipo de estupidez. Imagine que você gastou o equivalente à poupança de três gerações da sua família para comprar um BMW e então insistem teimosamente que você comprou uma imitação barata – é possível que haja alguém tão idiota quanto você? Dessa vez eu entendo por que pessoas desavergonhadas temem a realidade e alteram a verdade; é a incompetência incorrigível e o senso de inferioridade que estão profundamente entranhados nelas.

Inúmeras vezes vocês me chamaram de "consultor que representa o lado chinês". Vou adverti-los mais uma vez: eu não tenho nada a ver com "o lado chinês". Nunca trabalhei do lado de vocês.

Em todos os projetos de empreendimento conjunto, os que colaboram com o chamado "lado chinês", para falar com indulgência, não são nada mais que amadores migrantes à procura de trabalho. Eles vêm em bando para a cidade e depois voltam para a sua aldeia dizendo às pessoas que todos os prédios da cidade são deles.

Quanto àquelas poses formidáveis depois de terem sido coroados os "principais designers chineses", talvez o público não saiba direito o peso do seu significado crucial. Por que vocês não sobem na escala agora? Nós lhes atiraremos uma escada e vocês podem subir até o topo. De qualquer maneira, tanto as massas quanto a história são idiotas. Excesso de trabalho a ponto de "desmaiar" e "perder o sono"?[36] Isso não é nada, mas agir de modo ingênuo e ignorante diante do mundo inteiro, fazer pirraça como uma criança, ousar plagiar e depois se pavonear pela cidade são comportamentos que não configuram apenas um "espírito arruinado", e sim um problema de caráter. Como se diz em Hebei, vocês precisam "examinar a sua imagem na poça da sua própria urina", ou então eles podem perguntar: "Que tipo de ervas estão crescendo no túmulo do seu ancestral?". Seu rosto infeliz já se tornou a própria pedra angular que os sustenta, vocês estão satisfeitos consigo mesmos? Vocês amam tanto a sua terra natal que mal podem esperar para esfregar lama na cara dela.

Um falso comandante militar que grita ordens, ateia fogo, belisca as senhoras da casa e agarra umas galinhas ao se arrastar atrás dos invasores japoneses já está lucrando o suficiente à custa de outras pessoas. Se você começa a fanfarronar que é Yamamoto Isoroku[37], você não estará procurando encrenca? E em que dia o exército imperial japonês se rendeu? Os seus dias também estão contados. Aliciando no bordel nacional, comendo à custa deles e alimentando o inimigo por debaixo da mesa, vocês irão lucrar com qualquer vencedor. A julgar por suas habilidades, vocês já deviam estar queimando incenso há muito tempo.

Transformar o preto em branco e confundir o certo com o errado está no centro do socialismo com características chinesas, a própria base e espírito de um Estado despótico e de um povo covarde.

# A nação tem uma lista?

### POSTADO EM 28 DE JULHO DE 2008

Esta manhã as manchetes diziam: "Wenchuan anunciou que vai erigir um memorial do terremoto".

A Guerra do Vietnã teve um profundo efeito sobre os Estados Unidos. Ela causou o tipo de ferida que dói fundo. Dez anos depois do seu fim, eles erigiram num campo gramado de Washington um memorial no qual estão gravados os nomes de mais de 58 mil soldados mortos. Quanto ao caso daqui, tudo o que nós conseguimos foi uma declaração vinda de instâncias superiores, como a que transcrevi acima, e o protesto agitado de um bando de especialistas canalhas fazendo um estardalhaço. Como você pode imaginar, esse memorial não está se preparando para registrar com precisão os acontecimentos reais. Os fatos históricos foram alterados antes mesmo de terem permissão para seguir seu curso completo. Ainda mais impossível teria sido realizar um memorial aos que morreram por negligência. Depois do banquete de uma calamidade anuncia-se a sobremesa de ocultação de erros e cantos de louvor. As perdas são incontáveis, com exceção de um "porco tenaz" que apareceu depois de sobreviver durante quarenta dias debaixo dos destroços. Ninguém pergunta sobre a "engenharia de resíduos de tofu"; em vez disso, acusamos cegamente o "professor Fan, o fujão".

O nacionalismo é apenas uma folha de figueira para os fracos de espírito, uma manobra ardilosa que impede que todos vejam o quadro completo. Quanto às vítimas das calamidades ao longo da história, sua sobrevivência ou sua morte será apenas esquecida, e esquecida em desgraça, embora essa desgraça seja mais merecida pelos sobreviventes. A justiça só é defendida seletivamente, e as lágrimas podem correr apenas sazonalmente. As lágrimas hipócritas e exageradas somam-se às contribuições caridosas, mas são incapazes de reduzir minimamente o entorpecimento e a ignorância penetrantes que vêm com a vida, não podem perdoar a hipocrisia, essas coisas desprezíveis que correm no sangue deles.

Quantas pessoas foram realmente mortas e feridas no terremoto de Wenchuan? Como foi que elas morreram e sobre quem deve recair a culpa? Confrontados com essas perguntas, o Ministério da Educação e o Ministério da Arquitetura se recusam a responder, querem eternamente se fazer de mortos.

Os pais dessas crianças estão desamparados, embora todos saibam agora o que aconteceu e por que a morte se abateu sobre elas. Tudo isso foi predestinado, essa era a sua realidade, a única realidade com a qual elas podiam se defrontar. Em sua realidade, não havia destino alternativo, nenhuma outra voz ou mão alternativa capaz de levá-los no caminho da integridade ou de estender-lhes uma partícula de justiça. Eles estão dizendo: "Não foi apenas um desastre natural", mas quem lhes dá atenção? A resposta é: na hora nós choramos muito, nós contribuímos com todas as nosssa forças, o que mais vocês querem?

A dor não resulta apenas da perda de carne e sangue; ela também é causada por um mundo indiferente que se recusa a ajudar ou pela desmesura de uma hierarquia social hipócrita. Nessa hierarquia, os sentimentos pessoais são insignificantes, são vítimas impotentes de um sacrifício necessário, sem relação com a crueldade da perda. O desamparo resulta da negligência e do deboche dos sentimentos pessoais, da opinião pública, da moralidade, da justiça e do estado de direito.

Neste mundo existem apenas dois tipos de história e realidade, dois tipos de instituições e governos: o ético e o não ético. O padrão para avaliação é a atitude com que tratamos a vida. Numa sociedade sem democracia, não haverá espaço para as massas dizerem o que pensam e não haverá possibilidade de salvaguardar o poder de subsistência do povo – o resultado é uma realidade enganadora e degenerada. As massas não precisam de compaixão depois do dano. Elas precisam mais de uma instituição forte de autoproteção, precisam conhecer os fatos e precisam de ação, do poder de participar e de refutar.

É fácil dizer que a democracia é boa; ela protege o fraco. Dentro de qualquer outro sistema, a maioria das populações fracas tem dificuldade de obter proteção. Somente nas sociedades democráticas é possível devolver poder e dignidade aos fracos e pobres. Não decida em nome das pessoas; deixe-as tomar a iniciativa. Devolver-lhes seus direitos é assumir responsabilidade e restituir a dignidade.

Quem irá responder pela China à pergunta de exatamente quantos alunos morreram por causa das escolas de resíduos de tofu? E para os vilões de Sichuan: isso realmente exige a ocultação de segredos de Estado? É realmente tão difícil falar a verdade até mesmo sobre essas coisas?

## Fechamento da cerimônia de abertura

### POSTADO EM 8 DE AGOSTO DE 2008

Aquelas marionetes incompetentes estragaram a cerimônia de abertura das Olimpíadas, tornando-a um exemplo arquetípico de bobagem "tradicional" falsa, um blasfemo "espírito de liberdade", um monte de merda visual de afeição barata e fervor hipócrita. Poluição sonora ofensiva e uma mentalidade monárquica foram revividas como um *vaudeville* de variedades. Foi a versão definitiva de uma cultura sob o poder centralizado do Estado, uma enciclopédia de sujeição espiritual. Antes que possamos nos levantar, estamos novamente curvados.

**3.9** Ai Weiwei com Xiao Ke diante do Portão da Praça da Paz Celestial no primeiro dia dos Jogos Olímpicos em Pequim, 9 de agosto de 2008.

**3.10** Zhao Zhao diante do Portão da Praça da Paz Celestial no primeiro dia dos Jogos Olímpicos em Pequim, 9 de agosto de 2008.

Sacrificamos o ânimo e a boa vontade de toda a população por uma fantasia sem valor, uma cruel dissimulação política e uma exibição de louvores exagerados e fanfarronice terrivelmente sem graça. Foi uma falsa cena de prosperidade cultural, uma cena que se opõe à realidade.

Dessa vez ninguém ousa ofendê-lo. Você pode ter poder e domínio, promover comemorações e farras, provocar orgias masturbatórias, mas não há nem um pingo de comoção real. Você não ganhará nem um mínimo de respeito e é incapaz de garantir amizades confiáveis.

Quanto ao desempenho daqueles diretores e seu senso corrosivo de moral pública, eu já disse antes: é como saborear uma mosca varejeira inteira, agressiva e autoritária.

Esse é o seu destino, e você deve aceitá-lo. É o seu rosto estampado com um sorriso revoltante, e você será lembrado por deixar a sua vergonhosa marca.

# O comitê olímpico

### POSTADO EM 18 DE AGOSTO DE 2008

Neste mundo não há amor ou ódio sem razão. Se você não sabe nem isso, então há muitas coisas que não vai entender. Alguém o vendeu e você está ajudando esse alguém a contar o dinheiro da venda. Com relação ao sagrado comitê olímpico, por que eles se parecem mais com traficantes de armamentos ou com mafiosos? E por que cada vez mais eles impedem as pessoas de dizer isso ou aquilo, protegem-se com tanto vigor e tentam se justificar enquanto violam a verdade com mentiras maiores e mais ridículas? Isso não é um enigma; a resposta é simples, dada com uma única palavra: lucro.

O mundo realmente mudou, e seria um erro dizer que ficou menor. Ele ficou mais sujo. Neste mundo já não pululam no verdadeiro campo de batalha os combates em torno de crenças e as guerras ideológicas. A verdadeira guerra é pelo lucro, puro e simples. O lucro é multirregional, abrangendo diferentes grupos, e transnacional. O sonho da globalização moderna é, como sempre, a redistribuição do lucro pelos capitalistas e potências globais. Nesse sentido você descobre que você e o seu inimigo podem estar lutando do mesmo lado do lucro, porque ambos enfrentam a possibilidade de serem divididos.

Isso não é difícil de entender, porque sempre haverá algum mau-caráter internacional procurando encrenca, segurando você para que outros o espanquem ou mentindo na sua cara. Esse comitê internacional está cheio de feras vestidas de *gentlemen*, que quanto mais lucram, mais capazes são de jurar solenemente: "Esta é a melhor Olimpíada que já vimos, com a administração mais competente e o ar mais puro".

Estamos todos vivendo juntos, e assim haverá fatalmente jogo grosseiro e os inevitáveis conflitos e danos. Mas os fomentadores das Olimpíadas estão apenas vendendo remédios falsos quando fazem o seu estardalhaço em torno do espírito olímpico em terras distantes. Todas as suas palavras, todos os seus atos e todos os seus olhares são para procurar e proteger o maior lucro pessoal possível.

Não confie nos internacionalistas hipócritas, até mais aterrorizantes do que os nacionalistas de dentes arreganhados e que nunca se preocuparam verdadeiramente com a vida ou a justiça dos seus amigos dos países vizinhos. Eles poderiam especular com o universo se com isso tivessem lucro. Esse é o diagrama mais exato do mundo.

E isso contribui para uma realidade mais extraordinária: o mundo já não é apenas você e seus vizinhos. Seu lar, suas ruas, sua cidade e seu país estão sendo, ou foram, negociados. Quando você finalmente acordar e abrir os olhos, você não vai acreditar, mas poderá estar valendo cem vezes mais do que seu preço original.

A alegria e a dor não mais resultarão do certo e do errado. Se uma pessoa é boa ou má e a distinção entre o preto e o branco são coisas determinadas unicamente pela competição brutal dos interesses. Ela está acima da religião, é mais forte do que as crenças e triunfa sobre a nação e o Estado. Os chineses estão preparados ou estariam simplesmente pulando da caverna do tigre para o covil do lobo?

É exatamente por isso que devemos esquecer os milhares de anos de luta ideológica, por que devemos ser realistas e aprender a negociar com esse mundo sujo. Qualquer outra coisa seria o mesmo que destruir suas panelas, vendê-las como ferro e, depois de todas vendidas, outras pessoas apontarem para você, rirem da sua cara e dizerem: "Olhem para aquele verdadeiro socialista SB com características chinesas"[38].

Por um momento esqueça a luta entre tirania e direitos civis; esqueça os sonhos extravagantes de referendos ou votos de cidadãos. Devemos lutar por e proteger os minúsculos e mais básicos pedacinhos de poder que não podemos em absoluto deixar de lado: liberdade de expressão e estado de direito. Devolva os direitos básicos das pessoas, dote de dignidade básica a sociedade e somente então poderemos ter confiança e assumir responsabilidade, e assim enfrentar nossas dificuldades coletivas. Somente o estado de direito pode tornar igual o jogo e somente quando o jogo é igual a participação das pessoas pode ser extraordinária.

Quanto aos nossos amigos de terras distantes, devemos olhar mais fundo em seus olhos, e com muito mais frequência.

# Obama

### POSTADO EM 5 DE NOVEMBRO DE 2008

Dentro de poucas horas o povo americano escolherá seu novo presidente, e tenho esperanças de que seja para reescrever a história.

Não sou cidadão americano, mas de qualquer maneira estou feliz por eles. Por mais que a situação piore, sempre tenho esperança de que no final as coisas serão interessantes e haverá alguma mudança. Espero ingenuamente que isso possa acontecer, que haverá responsabilidade, pois de vez em quando as pragas dos desafortunados podem ter resultado. A vergonha deve ser lavada, as nações mais fracas vão amadurecer, as coisas ficarão mais fáceis e veremos o preço da ignorância e a força do sentimento popular. A ignorância tem um custo muito alto.

Espero que os meus amigos de Oakland sejam felizes, que eles possam estourar champanhe e comemorar. Espero que meus irmãos de Nova York não tenham mais do que se queixar, que eles possam se despedir dos dias em que se sentiam abandonados, negligenciados e esquecidos. Esperava egoisticamente que eles não fizessem o que haviam prometido: deixar os Estados Unidos e vir morar comigo em Pequim.

Espero que o suposto poder dos cidadãos se realize nas pessoas comuns, se realize para as crianças do outro lado do mundo que bebem hesitantes seu leite[39] e para as almas carentes dos alunos que nos deixaram no terremoto. Devemos acreditar que nós não somente compartilhamos o perigo e que não é só o terror que assalta tão subitamente; a alegria e a esperança também podem atravessar o tempo e o espaço. Isso é muito importante para Yang Jia e sua mãe; o abuso e a humilhação foram durante muito tempo uma coisa comum em seu país natal, onde a ignorância e o mal cobrem a terra. Do mesmo modo é importante para os nossos trabalhadores das minas de carvão que caem na armadilha cansada e anestesiada do seu destino, ao qual é tão difícil escapar. Isso também é importante para os motoristas de táxi em greve em Chongqing, porque o proletariado continua sem pátria e as ruas de Chongqing podem ficar tão desertas quanto as da Califórnia.

Hoje meu coração bate forte na expectativa, porque espero que Obama vença amanhã. Espero que os Estados Unidos de amanhã venham a ter um presidente "não americano", um americano negro com sotaque e que, como Yang Jia, venha de uma família de pais separados, que é jovem, inexperiente e muito magro, embora eu não possa ficar muito empolgado com um processo democrático que não me diz respeito. Espero que esse novo estranho vença.

## Essa Liu Yaling

**POSTADO EM 13 DE NOVEMBRO DE 2008**

Liu Yaling. O nome soa familiar. Para as pessoas que realmente existem, o nome é o símbolo único e definitivo das suas lutas na terra.

Esse nome está no menu do "tratamento compulsório" de Wang Qingmei, iniciado no dia 2 de julho. A partir desse dia, a mãe de Yang Jia não foi mais chamada de Wang Qingmei; seu nome passou a ser Liu Yaling[40].

O nome é o primeiro e definitivo indicador dos direitos individuais, uma parte fixa do mundo humano em perpétua mudança. O nome é a característica mais primitiva dos nossos direitos humanos: independentemente da sua pobreza ou riqueza, todas as pessoas vivas têm um nome, e ele é dotado de bons augúrios, com bênçãos expectantes de bondade e virtude.

O significado de um nome pode ser tão lúcido ou confuso quanto a própria vida; pode ser parte de uma maldição.

Liu Yaling tem outro significado. Significa ser esquecida ou ser reescrita à força, ou ser eliminada. O nome nasceu da estupidez dos estúpidos, da violência dos violentos, da selvageria dos selvagens. É o destino atual de Wang Qingmei.

Na noite em que ela foi convocada, quando a enganaram chamando-a para dar uma declaração, ela deixou de ser uma pessoa específica. Quem poderia imaginar que o nome de uma pessoa, sem que ela tenha consciência e sob circunstâncias involuntárias, poderia ser mudado como uma perda de liberdade pessoal? Que tipo de nação é esta, onde você não sabe o que ganha ou o que perde? A verdadeira violência não põe fim à sua existência, mas faz com que ela seja ignorada pelas pessoas.

Sun Zhigang morreu porque no momento certo não conseguiu provar seu status para a sua terra natal[41]. Os chineses estão eternamente presos numa luta entre ter e não ter identidade. A identidade se liga à legitimidade de um povo e de um regime; todas as revoluções e restaurações de poder são uma rivalidade entre déspotas e cidadãos motivada pelo status. Quando o Estado violou Wang Qingmei, ela perdeu o direito e a proteção decisivos que lhe pertenceram durante 53 anos.

Wang Qingmei disse para a sua irmã durante uma visita: "É ultrajante: eles me enganaram para me trazer até aqui e me puseram num quartinho escuro. Preciso ficar de pé e comer em silêncio, e eles até mudaram o meu nome; dizem que eu me chamo Liu Yaling. O que é tudo isso?". Wang Qingmei está abatida, e seu sofrimento se deve ao fato de seu país ter reclamado a vida de seu filho sem explicação, de ela estar desaparecida e ser silenciada. Agora ela sequer é ela mesma. O partido e o Estado dizem: Liu Yaling, você está doente, nós vamos curá-la, tome este remédio.

Liu Yaling é um nome feminino comum no norte do país, mas, quando lhe colocam esse nome, o mundo escurece sem aparência de justiça.

Liu Yaling já não é mais um nome desconhecido: todos os chineses se lembrarão do seu nome, todos os chineses estarão preocupados com o seu destino, porque o nosso nome é o mesmo que o seu. Desde o dia em que nascemos, todos nós nos tornamos Liu Yaling.

Aos olhos de um governo ilegítimo, todas as pessoas nascidas e crescidas aqui são ilegítimas. Todos nós somos opcionais. Essa é nossa realidade pós-olímpica.

Boa noite, Liu Yaling.

## Por que a violência?

### POSTADO EM 22 DE NOVEMBRO DE 2008

Técnicas da Idade da Pedra foram novamente colocadas em uso extensivo. Quão digno o povo deve ser e que tipo de caráter moral ele deve ter para arremessar pedras contra uma metralhadora carregada?[42]

Quem é desprotegido pela constituição não tem status legal. Assim, como as pessoas sem situação legal podem usar os "canais legais"? Elas estão se matando apenas para obter acesso a esses "canais legais" – se estivessem à espera de algum dia, esse dia seria aquele em que os tais "canais legais" seriam criados. Se houvesse canais legais, essas pessoas não estariam se manifestando.

Você diz que incendiar carros, atirar pedras e quebrar vidros é violência; você diz que Yang Jia é violento, mas a vida dessas pessoas fracas, impotentes e sem esperança não pode ser trocada pelo que você chama de "canais legais".

Você afirma que a opressão do povo e os julgamentos secretos não são violentos, e que os cassetetes nas mãos da polícia militar na Praça são uma expressão de preocupação; o emudecimento coletivo da mídia é harmonia; a censura de imagens e a supressão de informações não são violência. A proteína do leite da Sanlu, as pedras que esse leite formou nos rins dos bebês e o desespero das mães tampouco são violência[43]; o sequestro da indefesa mãe de Yang Jia e o tratamento que lhe impuseram não é violência; o silêncio das famílias de cerca de 19 mil estudantes mortos – um número ainda à espera de ser confirmado – não é violência. Os guardas

**3.11, 3.12**  A experiência de serrar uma bicicleta e reduzi-la a pedacinhos, 29 de outubro de 2008.

da República Popular ameaçam seus concidadãos com mais crueldade e tirania do que quaiquer de seus invasores bárbaros do passado, mas isso não é violência.

Este mundo não é carente de "canais legais", a constituição e a democracia são "canais legais" prontos para o uso, mas você não opta por prestar muita atenção neles. "Canais legais" são democracia, que porá um fim à violência; isso é diferente do mundo que você conhece.

Que tipo de "canais legais, legítimos", um governo não eleito pelos cidadãos pode designar para o seu povo? Se os "canais legais" existissem, ninguém prestaria atenção em vocês nem se preocuparia em lhes atirar pedras. Num lugar onde as pessoas têm direito de falar, ninguém está disposto a cansar os braços.

Sempre que houver governantes tiranos, estúpidos e autocomplacentes, haverá atiradores de pedras. Foi assim no passado, é assim hoje e será sempre assim, até que o Povo fique sem braços ou até que não haja mais pedras no mundo.

Chegará o dia em que o Povo se cansará de sangue e os "canais legais" serão criados por necessidade. Quando o Povo puder "deslocar-se livremente dentro dos canais legais", haverá razão para vocês existirem?

Não há pedra que possa dispersar a violência do Estado aplicada pela polícia armada, cujo propósito é dispersar a oposição e a resistência. Essas pessoas atirando pedras são patéticas. Para tomar emprestada uma frase de um amigo da Sina.com, elas definitivamente "não querem viver".

## Matem, mas não em nome da justiça

### POSTADO EM 26 DE NOVEMBRO DE 2008

Vão em frente e matem, se vocês querem fazer isso, matem para satisfazer seu coração. Ninguém vai se importar, portanto relaxem e corajosamente vão em frente. Exterminem uma vida, não será a milésima ou a milionésima vez, tampouco será a última. Quando os tanques avançaram sobre corpos adolescentes, nem um único de vocês hesitou.

Uma vez que ficou claro, muito tempo atrás, que os atos perversos não sofrem a menor punição, uma vez que as mentiras são o único meio de evitar a morte e uma vez que a grama da justiça jamais crescerá nesta terra estéril, não há quaisquer argumentos verdadeiramente capazes de estorvá-los. Usar "canais legais", ter de apresentar "fatos tangíveis" às cortes civis superiores e falar de "equidade e justiça" são coisas tão ridículas quanto negociar a pele de um tigre com o próprio animal. Existe alguém que possa nos dizer qual é hoje a diferença entre o Estado e os criminosos? Se disséssemos que os órgãos de segurança pública são prostitutas, estaríamos difamando as trabalhadoras da indústria do sexo.

Vocês têm todo o poder e riqueza, os rios e as montanhas, são donos de todas as coisas tangíveis neste pedaço de terra, toda a glória e toda a alegria lhes pertencem – como vocês poderiam estar deprimidos? Prendam à vontade, matem até ficarem satisfeitos, tudo em nome da grandiosa causa da estabilidade a longo prazo, por centenas, milhares de anos. Vocês não precisam repetir o número de tibetanos que libertaram; não precisam repetir que hoje as pilhagens são maiores, muitos bilhões, e que "deve haver um processo democrático transparente". Quem ainda acredita nessas besteiras? Aqui, fora o hediondo poder, todos são SB[44]. Essa é uma versão mais completa da história da nossa República.

Vão em frente e matem, mas não em nome da justiça; isso desgraçaria tudo. Nenhum governo se importa com o fato de vir a ser lembrado com desprezo.

## A besteira é de graça

### POSTADO EM 18 DE DEZEMBRO DE 2008

Tanto as transformações sociais quanto as pessoais, qualquer coisa com uma conotação de transformação, têm um preço. Isso significa uma despesa. É por isso que, quando as coisas chegam a um ponto crucial – mesmo que não seja tão crucial –, as pessoas começam a questionar e calcular os custos, estabelecem um preço superinflacionado e procuram dinheiro do lugar para pechinchar. Olhando desse ângulo para a sociedade chinesa, é impossível ser cegamente otimista, porque a democracia é boa, a justiça é boa, e, depois de ficar falando besteiras durante dias, ela definitivamente indica o valor universal da sociedade, tem o sentido de "benefícios universais", e benefícios universais exigem que alguém pague a conta, do contrário, qual é o valor deles?

A China terá um futuro brilhante? Se tiver, de onde ele virá? Que tipo de pessoa pagará que tipo de preço por ele? Essa é a pergunta que precisamos nos fazer.

Contar com os indivíduos para pagar o preço é refletir sobre a noção da história criada por heróis. Na história da China não há escassez de indivíduos corajosos, mas a oferta dessas pessoas anda escassa. A grande maioria da população é composta de observadores experientes e astutos ou pessoas ignorantes que se comprazem com a calamidade dos outros.

Pessoas. Há muitas pessoas, mas elas não tomaram forma como Povo, pois não há sentimentos compartilhados, não há vontade comum, não há valores compartilhados nem solidariedade. Está faltando um senso de honradez humana. É por isso, de modo geral, que algumas pessoas estão sempre evitando os "valores universais" e solapando as sementes da democracia livre[45]. Quanto às partes compartilhadas e inseparáveis da humanidade, esse conceito não existe na China. Quando indivíduos combativos são presos, todos os seus esforços vão parar nas listas honoríficas das diversas organizações estrangeiras de direitos humanos e mais cedo ou mais tarde serão totalmente esquecidos em seu próprio país. Mas estou exagerando um pouco – seus concidadãos nem mesmo chegarão a saber dos seus esforços. Isso está mais próximo da verdade. No pouco de cérebro que resta sobre seu pescoço, esses guerreiros talvez estejam fantasiando sobre como poderiam ser notáveis quando, depois da descarga de uma mistura química de emoção e ansiedade, seus planos foram abortados antes mesmo de saírem de seus lábios. Assim, não podemos colocar nossas esperanças no sacrifício pessoal, especialmente no contexto do totalitarismo. Na realidade é difícil para os indivíduos compatibilizar a sua vontade pessoal com o ideal público; se não fosse assim, a humanidade não estaria como está hoje.

Se dizemos que o sofrimento leva ao esclarecimento, então ou nossa situação atual é resultado de vivermos na época e no lugar mais prósperos, ou nossa dor está longe da que é necessária para nos estimular, longe de ser suficiente para lançar a luz do esclarecimento, ou nós não chegamos à época em que é necessária uma explicação. Mesmo quando chega esse momento doloroso, não espere nenhum resultado; é apenas a morte de muitos milhares, sem nenhum dano para o grande império.

Os indivíduos não deviam esperar compaixão dos outros. Se aqui as pessoas tivessem evoluído a ponto de poder derramar lágrimas pelo sofrimento alheio, elas não morreriam de tanto chorar? Essa expectativa é obviamente irrealista.

O resto dos custos será um registro da cordialidade que corresponde verdadeiramente a cada indivíduo, cada família, filho e filha. Se quaisquer pensadores profissionais ou ativistas quiserem declarar suas ideias pessoais, eles devem pesar isso contra a segurança de sua esposa e de seus filhos puros e inocentes; nenhuma ideia de agir para os outros jamais existirá neste mundo. Em duas ocasiões eu assinei uma petição[46], mas nunca esperei que ela significasse alguma coisa, porque sempre desprezei o comportamento coletivo das pessoas deste país. A experiência me diz que a bondade e a coragem são apenas lendas para entreter os jovens, que assinaturas e petições sempre foram coisa de intelectuais para seduzir mocinhas. Mas no final eu continuo sendo apenas uma única pessoa, e por mais que ponderemos sobre isso, quer realizemos nosso sonho ou simplesmente malogremos, é difícil nos ligarmos à segurança dos outros, e quem se importa? Minha consciência mais trivial e ordinária se relaciona à minha própria "existência", mas eu não posso sequer encontrar uma razão para não me importar apenas comigo mesmo. É tão patético o fato de termos de lutar por coisas básicas que eu quase não encontro razão para continuar seguindo esse caminho.

Esses benfeitores da democracia e da justiça social – o Povo – arcarão ativamente com o custo da reforma? Claro que não. Um grupo de pessoas sem qualidades individuais não pode nem mesmo começar a falar sobre o verdadeiro Povo. Os pais de centenas de milhares de bebês vítimas do leite tóxico não foram exterminados, mas ficaram praticamente mudos; milhares de crianças morreram num instante por causa da engenharia de resíduos de tofu e no entanto as pessoas se sentam diante da televisão como bonecos. Desde que a vida possa continuar, o alto custo do sofrimento pessoal, confrontado com o custo de sustentar a nação, nunca será um problema; esse é simplesmente o destino trágico a que a nossa nação precisa resistir para a sua prosperidade.

O Estado ou o partido assumirão a responsabilidade? Essa pergunta é um tanto idiota. A resposta é: nesta terra nós temos ganância e corrupção infinitas, compramos e vendemos cargos oficiais, há transações e investidores, e podemos comprar o silêncio dos que fogem, há lucro e há alegria e tristeza – a única coisa que falta é um claro acerto de contas, mas evidentemente os chamados custos não existem.

## Estimular a introspecção no país

**POSTADO EM 30 DE DEZEMBRO DE 2008**

Intrometer-se em blogues e censurar comentários é apenas um lembrete universal de quem é de fato o anfitrião do blogue neste pedaço de terra. Embora o governo não seja liberal ou decente, ele não pode ser criticado. A falta de liberdade de expressão e a ausência de debate público são hábitos antigos; o único problema é que isso torna o blogue um pouco menos interessante.

A paz está florescendo e, fora confiar em canetas e no cano de suas armas[47], tudo o que os ditadores podem fazer é tornar a vida das pessoas comuns um pouco menos alegre, um pouco menos a cada dia, um pouco menos a toda hora. A erosão e a desintegração da liberdade, da dignidade, da igualdade, da transparência e da abertura invadiram a natureza inocente das pessoas e o seu livre-arbítrio, corroeram nossas convicções inatas, nossa coragem e nossos direitos. Todos os ditadores são desprovidos de humor e são obsessiva-compulsivamente estéreis.

Nada de sinistro foi alguma vez realizado por um único indivíduo.

Yang Jia partiu há mais de trinta dias desta nação que ele tanto desdenhou, e sua mãe, Wang Qingmei, que foi encarcerada num centro de tratamento compulsório por mais de quatro meses e teve o nome alterado para Liu Yaling, ainda não recebeu as cinzas do filho. Você tem medo de pessoas vivas e também das mortas; você esconde pessoas vivas e seus ossos. Isso precisa ser considerado sofrimento mental.

Imagine se os representantes do povo não fumassem mais e não usassem relógios, ou pelo menos que eles não usassem os últimos modelos; nesse caso, estimular a demanda nacional só poderia significar estimular mais introspecção nacional[48].

# TEXTOS DE 2009

**4.1, 4.2** "Ai Weiwei: Fotografias de Nova York, 1983-1993", abertura da exposição no Three Shadows Photography Art Center, Pequim, 2 de janeiro de 2009.

# Ideais *shanzhai*

**POSTADO EM 4 DE JANEIRO DE 2009**

Geralmente dizemos que determinado tipo de povo terá determinado tipo de governo, que a marca da sua consciência se reflete na sua política. Ou podemos também dizer que os seus ideais se projetam na sua perspectiva nacional. Nesse caso a China não terá muitos motivos para se surpreender em 2009.

Aquela publicação que "conhece a China"[1] e usa todos os seus recursos apenas para imprimir tímidos editoriais ilustra o problema perfeitamente. Pensamentos velados, ideais implícitos, exigências letárgicas e inspirações pueris são tipos de masturbação exclusivos de falsos literatos e acadêmicos azedos.

Frases do documento redigido em 4 de julho de 1776 ainda podem ser usadas para exorcizar demônios. Um dos valores fundamentais da humanidade universalmente reconhecidos é que os pontos de vista não devem ser tratados superficialmente e, do mesmo modo, não devemos abrir mão dos nossos princípios. A trágica realidade dos dias atuais se reflete no verdadeiro problema da nossa existência espiritual: nós não temos espinha dorsal e não podemos ficar eretos.

Vamos rever este trecho mais uma vez:

> Afirmamos que essas verdades são óbvias, que todos os homens são criados iguais, sendo dotados de alguns Direitos inalienáveis pelo Criador e que entre esses direitos estão a Vida, a Liberdade e a busca da Felicidade. Que para assegurar esses direitos os Governos são instituídos entre os Homens, recebendo esses justos poderes do consentimento dos governados, que sempre que qualquer Forma de Governo se torna destrutiva desses fins é um Direito do Povo alterá-lo ou aboli-lo e instituir um novo Governo, assentando a sua base nesses princípios e organizando seus poderes da forma que para eles pareça mais provável de levar à efetivação da sua Segurança e Felicidade.
>
> Declaração da Independência

Trinta anos de reformas com "características especiais" não passam de uma versão *shanzhai*[2] de falsos ideais de governo que com indiferença transfere a crise política e moral do país para os fracos. Se vamos continuar adulterando valores universais, igualdade e justiça, tudo o que podemos fazer é esperar a próxima onda de destruição.

## Acusações indevidas, punições excessivas

### POSTADO EM 23 DE JANEIRO DE 2009

Tribunais civis de nível médio na cidade de Shijiazhuang chegaram a uma decisão sobre o caso do leite em pó Sanlu[3]. O réu, o presidente da Sanlu Tian Wenhua, foi condenado pelo crime de fabricar e vender produtos falsificados e inferiores, recebendo a pena de prisão perpétua.

Em minha opinião, essas acusações são inadequadas e as punições, exageradas.

Acusar a Sanlu de "fabricar e vender produtos falsificados e inferiores" apazigua a responsabilidade abandonada pelo governo e a desordem na administração da segurança dos produtos alimentícios, oculta a verdade e desconsidera as ameaças à vida das pessoas, embora o resultado do julgamento deva ser visto como uma melhoria. Contudo, nos últimos trinta anos a base deste país poderoso tem sido exatamente a fabricação e a venda de produtos falsificados. Fazer essa acusação e declarar alguém culpado de violar a lei nesse aspecto coloca algumas dificuldades.

Como todos sabem, a Sanlu Enterprises é um dos gigantes da indústria alimentícia chinesa. Uma empresa importante e um destaque nacional. Foi honrada com o certificado "Primeiro de Maio" de mérito no trabalho, considerada uma "organização operária avançada do partido em nível nacional", incluída entre as dez maiores indústrias leves de âmbito nacional, uma "empresa com controle de qualidade moderno", "uma criativa empresa de ciência e tecnologia" e está entre as duzentas empresas do setor alimentício chinês que receberam menção honrosa pela excelência. Como é uma marca nacional louvada, ela reflete a sábia orientação do partido e, com a supervisão rigorosa da administração e a atenção dos governos locais, supervisionada pela mídia noticiosa e abençoada pelos consumidores, a acusação de "fabricar e vender produtos falsificados e inferiores" parece expressar uma agressão contra toda a nação.

"Fabricar e vender produtos falsificados e inferiores" dentro do setor de laticínios é algo que não acontece apenas na Sanlu: a Mengniu, a Yili e mais de vinte outros laticínios podem incluir seu nome na lista. Essa é uma vergonha coletiva da indústria de laticínios da República, então por que a Sanlu está monopolizando a culpa?

Além do mais, a maioria das vítimas é de bebês. Falando objetivamente, seus pais facilitaram a capacidade de cometer crimes evidenciada pelos transgressores ao deixarem de alimentar as crianças com o leite materno e ao correrem para comprar leite em pó nacional enquanto seus bebês ainda eram incapazes de tomar decisões, sabendo perfeitamente bem que o mercado está inundado de produtos falsificados e inferiores. Esses são dois fatores que contribuíram indiretamente para o crime.

Embora 30 mil bebês tenham sido afetados pelo pó de melamina, não se esqueça: a China é uma grande nação com uma população de 1,3 bilhão de pessoas, com quase 15 milhões de bebês nascidos todo ano e um índice de mortalidade infantil de cerca de cinquenta para cada mil nascidos; todo ano cerca de 70 mil bebês morrem, mesmo sem tomar leite em pó. Apenas seis morreram como resultado direto do pó de melamina; isso segue a mesma lógica de dizer que a extensão *per capita* das ferrovias da China é equivalente à de um cigarro.

É por isso que se diz que os problemas devem ser examinados de uma grande altitude e é preciso enfatizar uma abordagem política e científica do desenvolvimento.

## Taxas idiotas

### POSTADO EM 1º DE FEVEREIRO DE 2009

"A fim de proteger a qualidade do ar e construir uma cidade onde se possa viver", Pequim vai criar uma taxa para os veículos a motor, em mais um exemplo de política tributária criativa com características socialistas. Com 3,5 milhões de automóveis nas ruas e a trezentos *renminbi* [cerca de noventa reais] por carro, isso dará um total de 1,3 bilhão de *renminbi* [cerca de 400 milhões de reais] por ano. No Ano do Boi[4], essa é a primeira tentativa que se faz de estimular a demanda interna.

Como residente urbano, estou preocupado com o governo e gostaria de agir por ele. Proponho que as indústrias e as profissões a seguir deliberem sobre a viabilidade das seguintes taxas a serem coletadas em benefício das questões mais críticas da cidade.

### Taxa de congestionamento do trânsito

Em razão do ambiente político e do status metropolitano peculiares de Pequim, as populações não nativas estão colocando pressões cada vez mais sérias sobre o trânsito de Pequim. A fim de manter as perspectivas psicológicas da capital e seu aspecto ordenado, sugiro que uma "Taxa de congestionamento do trânsito" deveria ser coletada dos habitantes não nativos de Pequim.

**Taxa de ocupação de estradas e ferrovias**

Em decorrência da migração de trabalhadores e de estudantes universitários de Pequim que, celebrando a tradição imemorial, voltam para casa nos feriados do Festival da Primavera, as ferrovias e as estradas ficam supercongestionadas e é difícil conseguir passagens. Proponho que se cobre dos viajantes uma "Taxa de ocupação de estradas e ferrovias" para aliviar as pressões nesses setores de transporte.

**Taxa do Congresso dos Representantes do Partido e das Duas Conferências**

As "Duas Reuniões"[5] e os vários congressos intermitentes patrocinados pelos Representantes do Partido submetem a vida normal dos cidadãos de Pequim a perturbações regulares e a um controle de segurança excessivo, e têm um impacto extremamente negativo sobre o trânsito, a aparência e as questões culturais da cidade, resultando em uma cidade inóspita. Propõe-se a arrecadação de taxas dos representantes durante as Duas Reuniões, a fim de ajudar a melhorar as relações partido-Estado.

**Taxa das oito dignidades e das oito vergonhas**

Tendo em vista os crescentes custos gerais da propaganda do Estado e os custos das estratégias de atualização e otimização das diversas campanhas de propaganda, e tendo em vista a crescente importância e a natureza obrigatória da propaganda, propõe-se uma "Taxa das oito dignidades e das oito vergonhas".

**Taxa para assistir ao hasteamento da bandeira na Praça da Paz Celestial**

Grandes multidões de populações flutuantes se formam na Praça da Paz Celestial para assistir à cerimônia do hasteamento da bandeira. O número de pessoas supera a quantidade condenada como aglomeração ilegal e essas cerimônias podem evoluir para distúrbios de rua e cultos anticientíficos. Propõe-se uma taxa de entrada na Praça da Paz Celestial.

**Taxa para registro de queixas**

Em razão da inação e da má conduta de longa data por parte dos governos locais, um grande número de indivíduos chega à capital para registrar queixas. Esses queixosos têm tendências ferozes e são difíceis de controlar. Eles vagam pela capital, dormem nas ruas e ocupam camas de hospitais psiquiátricos[6]. Eles afetam negativamente a atmosfera intelectual e civilizada de Pequim, assim como a imagem internacional da nação chinesa. Sendo assim, recomenda-se que se cobre dos governos provincial e local uma "Taxa para registro de queixas" baseada no número de queixosos que vieram até Pequim.

### Taxa de entrada na capital para presentear

Em razão do costume dos governos locais de agradar os funcionários do governo central e diversas instituições de Pequim com banquetes e presentes durante os feriados, os shopping centers da capital foram inundados com quantidades absurdas de mercadorias luxuosas e caríssimas. Apesar das sucessivas proibições, essa corrupção não pôde ser erradicada. Além disso, os carros particulares das figuras importantes do governo provincial pioram as já péssimas condições do trânsito da cidade. Deve-se cobrar uma taxa dos automóveis dos funcionários de governos provinciais que entram na capital durante os feriados para oferecer presentes de homenagem.

### Taxa de abalone e de ninho de andorinha

Embora tanto o abalone quanto os ninhos de andorinha já devessem ser mercadorias proibidas[7], depois de uma criteriosa deliberação sobre condições nacionais cruéis e a necessidade urgente de estimular a demanda interna, propõe-se uma taxa elevada sobre a venda desses produtos a indivíduos; além disso, deve-se expor uma relação do nome dos consumidores para o público.

### Taxa de água de sauna poluída

As saunas, uma tendência importada, implicam uma óbvia possibilidade de problemas sanitários. A fim de manter o desenvolvimento saudável da economia da cidade, recomenda-se a cobrança de uma taxa elevada para o descarte da água contaminada da sauna. Considerando que alguns empresários podem envasar a água poluída como água potável ou vendê-la de volta para a cidade como água tratada, propõe-se que essa taxa deve ser calculada com base na diferença da quantidade de água que entra numa sauna e a escoada para fora.

### Taxa de primeira vez

Considerando que muita gente protege os estabelecimentos de sexo ilícito e que o defloramento de mocinhas tornou-se mercadoria rara no mercado de sexo ilegal, a demanda de virgens levou a graves desequilíbrios mentais nas virgens da nossa sociedade e a uma esquizofrenia torturante em muitos homens que sofrerão por toda a vida por não terem experimentado uma "primeira vez". Propõe-se uma taxa elevada, a ser cobrada na compra da experiência da "primeira vez" com mulheres solteiras. Essa taxa será usada para a aposentadoria das mulheres e para pesquisas sobre doenças mentais nos homens.

### Taxa de eliminação da pornografia

Pelo fato de o índice de refinamento espiritual dos cidadãos da nossa cidade se elevar muito mais lentamente do que o índice de desenvolvimento econômico geral, a campanha anual do governo para "eliminar a pornografia e as publicações ilegais" precisa ser ampliada. Métodos confiáveis devem ser empregados para conhecer a idade dos prisioneiros com sentenças por crimes sexuais e deve-se cobrar uma taxa da população de homens urbanos em idade semelhante que estão em liberdade. Esses fundos podem ser usados como aposentadoria ou seguro de saúde para as pessoas que demonstram bom comportamento e ultrapassam o grupo etário de risco sem cometer crimes desse tipo. Sugere-se que o governo não use o montante dessas taxas para aplicar no mercado de ações[8].

### Taxa de cânticos

Essa taxa é dirigida principalmente aos peregrinos espirituais, às pessoas que queimam incenso e aos que oferecem preces. Ela é arrecadada pela ocupação do espaço intangível.

### Taxa de amenorreia

As irregularidades menstruais são uma causa primária de distúrbios de ansiedade na vida das mulheres casadas. Essa taxa deve ser arrecadada antes de as mulheres atingirem a meia-idade ou a terceira idade, e deve ser usada para pesquisar os distúrbios mentais das mulheres de meia-idade e idosas.

### Taxa da menopausa

A razão dessa taxa é semelhante à da anterior, a "taxa de amenorreia", e exige mais opiniões de uma série de intelectuais e especialistas, ou deve ser arrecadada ao mesmo tempo que a taxa de amenorreia.

### Taxa de amordaçamento de jornais e periódicos

A mídia noticiosa é semelhante, embora não equivalente, à indústria de pornografia, e uma vez que as razões para o amordaçamento de jornalistas ficam fora do âmbito da economia de mercado, recomenda-se que considerem cada caso específico e as condições internas pertinentes, para que as taxas sejam cuidadosamente selecionadas conforme as razões adequadas.

Devido às limitações de tempo, a priorização sequencial dessas taxas pode ser determinada depois e de acordo com o nosso critério. Eu apenas apresentei algumas ideias, mas omiti muitas outras. Espero que minhas tentativas rudimentares possam atrair alguma discussão útil.

As taxas abaixo devem ser consideradas de importância igual à das que acabaram de ser mencionadas: taxa por estacionar seu corpo numa praça pública, taxa de ordem pública olímpica, taxa de pegadas grandes e de sincronização de lábios, taxa de ocupação de espaço público por trabalhadores migrantes, taxa para babás que lavam roupa, taxa para guardas de segurança que perturbam os cidadãos, taxa para crianças que choram, taxa para incapazes de ler cartaz vermelho por serem daltônicos, taxa para traidores tibetanos que vêm parar em Pequim, taxa para frutas e verduras contaminadas, taxa para estudantes que atravessam a rua, taxa para demência senil, taxa para doença mental não diagnosticável, taxa para discórdia depois da harmonia. Deve haver também taxas e multas por não dirigir, por cadáveres incapazes de descartar o lixo, por sair de casa muito raramente, por emaranhar linha de pipa, por poluir com isqueiros, pela radiação de celular, por fumar cigarro de marca falsa, por ficar sóbrio depois de beber álcool falsificado, por entupir com vômito os canos de esgoto e pela cobrança razoável e não razoável de diversas multas.

Parece que as taxas que o governo pode e deve cobrar são infinitas. Esta sugestão final é também a mais eficiente: voltar ao sistema singular de taxa vigente antes da reforma e abertura – a taxa da "ditadura do proletariado". Pelo menos assim ele poderia abster-se de cobrar taxas idiotas, só para variar.

## Duas piadas

**POSTADO EM 4 DE FEVEREIRO DE 2009**

**A primeira:**

O ministério, que está muito distante da cultura, começou a supervisionar o mercado de arte. Nos últimos dias em Pequim, Xangai e em outras cidades grandes, foram retiradas de várias galerias as placas de certificação nas quais se lia: "Galeria confiável". Você é inculto, mas supervisiona à força a cultura. Primeiro você lança a ideia das placas de "Galeria confiável" e depois as retira. Do começo ao fim, esse caso é totalmente fora de propósito.

Uma galeria é um lugar de negócios. Um quadro no ateliê de um pintor é um quadro, mas numa galeria esse mesmo quadro é uma mercadoria. Vender um quadro não é vender cultura, e se um quadro é bom ou ruim, caro ou não, isso não tem nada a ver com o Ministério da Cultura. Se os frutos do mar vendidos estão frescos ou não, isso não tem nada a ver com o Ministério das Questões Oceânicas. A Federação das Mulheres não tem nada a ver com a força com que a massagista aplica as massagens. O Ministério da Cultura estava suficientemente desorganizado quando resolveu distribuir as placas de "Galeria confiável"; foi uma iniciativa que perturbou o mercado. Você não compreende seu próprio status, mas impõe padrões aos outros; essa é uma falha comum dos governos de grandes dimensões. Caso você ainda não tenha entendido: o seu ministério é um dos que teriam de ser incluídos na lista dos que devem ser fechados.

**A segunda:**

Por achar que o acrônimo inglês "CCTV" [China Central Television] é ilegal, o ministério que mais precisa de educação exige a sua mudança para o chinês ou a "transliteração regulamentar do *Hanyu pinyin*"[9]. Independentemente de "CCTV" ser ou não ilegal, o logotipo da emissora de televisão será sempre perfeitamente legal. Por uma infelicidade, o Ministério da Educação, o mesmo departamento que não assume a responsabilidade por muitas das questões que deveria administrar, resolveu começar a ruminar as coisas. Segundo a mesma lógica, o nome completo do Ministério da Educação devia ser "CXMZZYRMGHGJYB". É claro que o seu apelido carinhoso continuará sendo "SBJYB"[10].

Assuma a responsabilidade por aquilo que você deve assumir, como garantir que os alimentos não deixem de ser inspecionados, acabar com a produção de remédios falsificados, contar precisamente o número dos alunos mortos no terremoto e investigar por que as escolas desmoronaram. Quanto ao resto, mantenha-se a distância.

# Confiança, brio, um sapato

## POSTADO EM 7 DE FEVEREIRO DE 2009

A nação ficou chocada porque um não chinês comunicou suas opiniões pessoais em público[11]. Logo depois houve xingamentos e surgiram insinuações de que os pontos de vista desse manifestante estavam de certo modo entrelaçados a improváveis questões de interesse nacional. E então vieram os chorosos e lastimosos pedidos de desculpas, o afastamento do ofensor da universidade e sua punição; eles até distorceram as declarações feitas por seu chefe de Estado[12].

Esse é apenas o modo como podemos resgatar o brio que nunca tivemos e manter a amizade que nunca existiu.

Em vez disso, devíamos nos regozijar com a coragem do candidato a doutor por Cambridge, um jovem de 27 anos que ousou arriscar tudo com a sua condenação. Obviamente ele não pertence a esta "terra imperial harmoniosa sob o céu". Não, ele nasceu detentor de direitos e é protegido pelas leis de outra nação; ninguém pode levá-lo a sacrificar sua vontade para assumir uma posição política. Se quisesse, ele poderia continuar com seu comportamento intempestivo e nunca iria desaparecer num hospício público simplesmente por ter sustentado uma voz alternativa.

Veja com que confiança e brio aquele sapato voou!

**4.3, 4.4, 4.5** "Wen Jiabao, esse é para você!". Ai atira seu sapato na direção do parlamento inglês, 5 de março de 2009.

# A Central Television está em chamas

## POSTADO EM 10 DE FEVEREIRO DE 2009

A parte norte do complexo, conhecida como a "Tenda do Filhote", da nova sede da Central Television, o "Cuecão"[13], pegou fogo por volta das 20h20 da noite de ontem. O complexo ia servir de centro cultural para a emissora de televisão central da pátria; também abrigava um luxuoso hotel sete estrelas com mais de 60 mil metros quadrados e uma etiqueta com o valor de mais de 600 milhões. Foi difícil controlar o incêndio e o prédio inteiro ficou em chamas, visíveis até as duas da madrugada.

Amigos jornalistas disseram que toda a mídia nacional recebeu antes da meia-noite uma notificação das autoridades: "Sem exceção, ninguém deve provocar comoção com essa cobertura. Em prol da harmonia, use cópia de comunicado da agência de notícias Xinhua". Óbvio.

Vocês não começaram o incêndio, por que precisam harmonizá-lo?

Eu não pude entender aquilo: por que vocês estão harmonizando notícias se não foram vocês que começaram o incêndio? Mas hoje o quadro é tão ruim que qualquer coisa que vocês digam pode virar verdade.

Hoje pessoas bem informadas confirmaram que na verdade vocês começaram aquele enorme incêndio. Quando acendiam fogos de artifício como parte de um plano para filmar a emoção explosiva durante a festa da lua cheia no 15º dia do primeiro mês lunar[14], aconteceu um acidente que iniciou um fogo no forro e no andar logo abaixo. Fogos de artifício de alta potência, fabricados especialmente para a festa – um deles feito para explodir na forma de uma enorme vaca –, seriam filmados por muitas câmeras em locais diversos, mas em vez disso o que nos ofereceram foi a incineração completa de centenas de milhares em investimento de capital. Nesse caso não podemos culpar a necessidade e a pressa das autoridades em impedir que as informações chegassem até nós e em harmonizar a situação; nós não iríamos querer levar as pessoas comuns à loucura com tanta agitação.

Mas por que os contribuintes estavam verdadeiramente felizes ao verem seu dinheiro queimar até o chão? Porque a Central Television, esse eunuco gigantesco, sempre foi uma coisa desprezível. Nós sempre ouvimos dizer que "o injusto está fadado à destruição", e finalmente, só dessa vez, isso aconteceu.

Embora todos digam que a lua no 15º dia é extraordinariamente redonda, ontem ela foi a mais redonda dos últimos 52 anos[15].

**4.6** Guarda em frente ao prédio da CCTV em chamas, 9 de fevereiro de 2009.

# Impiedoso

**POSTADO EM 11 DE FEVEREIRO DE 2009**

Décadas atrás os "doutores bethunes" que atuavam nas linhas de frente médicas vendiam órgãos humanos para transplante; hoje a China tornou-se o mais ativo mercado de órgãos humanos[16]. Esse status não se explica pelo fato de os chineses serem baratos; o fato de vivermos com pouco dinheiro não nos torna baratos quando morremos. Quanto ao motivo pelo qual um ser humano pode ser barato, essa é uma questão filosófica que não tratarei neste artigo.

Aqui vamos discutir apenas questões técnicas.

Para falar com mais precisão, pegar órgãos de corpos de criminosos executados é roubo. Isso é um segredo público. Muito embora queiram você morto, seus restos devem obviamente lhe pertencer, até na morte. Isso inclui a bala que você levou, e provavelmente essa é a razão pela qual ela é paga pela família do executado[17].

Não faz muito tempo que "contrarrevolucionários" eram exibidos pelas ruas e as pessoas se aglomeravam diante do lugar da execução. Frequentemente ouvia-se as pessoas falando que alguém "teve sorte" porque, se uma bala não resolvesse a questão, eles seriam forçados a usar os sapatos de couro para terminar o trabalho, "economizando uma bala" para a nação.

Não há muita diferença entre essa época e a atual. Nesse "Conto de primavera"[18], já não se incentiva mais o gosto do público pelas execuções e, considerando o excessivo valor que os mortos produzirão, o trajetória da bala exige uma habilidade muito maior, para que ela mate sem ferir. Uma ambulância fica estacionada em um ponto onde o executado pode vê-la perfeitamente e, assim que se ouve o disparo, os anjos de roupa branca investem contra o corpo ainda quente, com resfriadores de órgãos para transplante nas mãos.

Como uma das principais nações que adotam a pena de morte, a China executa metade da população mundial de criminosos condenados à morte, com uma arrepiante média anual de mais de 4 mil pessoas. Todos os agradecimentos por isso tudo deveriam ser dirigidos aos vinte anos de campanhas de correção "batendo forte" e "punho pesado"[19]. Mesmo antes da execução, a pessoa perde seus direitos fundamentais e a dignidade humana. No caso de Yang Jia[20], que ganhou muita visibilidade, nem ele nem sua família foram informados na véspera da sua execução, e quando sua mãe, que havia sido secretamente encarcerada num sanatório, foi libertada para ver o filho, ela não tinha ideia de que aquele seria o que frequentemente chamamos de "momento final".

O sr. Wang Jianrong, vice-diretor de política e regulamentações do Ministério da Saúde, confirmou que os mais de seiscentos hospitais da China estão desenvolvendo a tecnologia de transplante de órgãos e que mais de 160 entre eles já têm as qualificações necessárias. Esse dado não inclui os hospitais militares e as organizações ilegais.

Você vai descobrir que, como uma pessoa comum, uma vez desmembrado e vendido, você se tornará mais caro. Se alguém abre o seu corpo e vende suas partes disponíveis assim que você morre, você se torna muito mais valioso do que quando era um organismo completo e vivo. Na China continental, um transplante de rim, fígado ou coração custa de 140 mil a 150 mil *renminbi* [de 44 mil a 47 mil reais], podendo chegar a mais de 400 mil *renminbi* [cerca de 125 mil reais]. As vendas para outros países superam muitas vezes esses valores.

Se observarmos o mercado global, veremos que os preços dos componentes humanos na Turquia ficam em torno de 5 mil dólares; na Índia, 3 mil dólares; em Bagdá, no Iraque, entre 700 e mil dólares; e a média nas Filipinas é de 1.500 dólares. Percebe-se que o preço se liga diretamente à harmonia ou desarmonia da nação e à existência ou inexistência de sofrimento.

Na China a frase "todos nascem iguais" é verdadeira sobretudo depois da morte. Não há diferença de preço entre as entranhas do vice-governador Hu Changqing ou as do vice-presidente do Congresso do Povo, Cheng Kejie, e as dos assassinos Qiu Xinghua ou Ma Jiajue[21].

Quando a melamina destruiu o rim dos bebês, enchendo-o de pedras, as vítimas gravemente lesadas foram indenizadas com no máximo 30 mil *yuan* [cerca de 9 mil reais], e as menos atingidas – uma quantidade terrível de rins destruídos – receberam 2 mil. As famílias dos que morreram no terremoto de Beichuan foram notificadas de que deviam "levar em consideração a dificuldade do governo", e 60 mil dispensaram o dinheiro oferecido. Quem se recusa a assinar a indenização não recebe nem um centavo e ainda corre o risco de ser preso. O preço é alto demais.

O preço de mercado de corações, fígados e pulmões chineses não é o mais baixo, então por que há um mercado internacional? Porque a China é uma nação de harmonia, tem um exército forte e o Estado garante a estabilidade – a oferta é abundante, sadia, e ostenta um alto potencial de compatibilidade. Recentemente a agência de notícias japonesa Kyodo anunciou que dezessete cidadãos japoneses trocaram fígados e rins na China, gastando uma média *per capita* de 8 milhões de *yen*, o equivalente a 500 mil *yuan* [cerca de 155 mil reais]. Cada operação foi um estimulador da demanda nacional.

Envergonhados de admitir a venda de órgãos humanos, os funcionários chineses sempre respondem às reportagens da mídia ocidental dizendo que "as acusações são maldosas", que essas notícias são "antichinesas" ou "refletem motivos ocultos". Contudo, as pessoas são frequentemente pegas com a boca na botija. As "Regulações para o transplante de órgãos humanos" foram publicadas em 2007, embora esse documento exista apenas como panfleto impresso.

O impiedoso processo de reforma e abertura vendeu basicamente tudo o que é e não é possível vender. O desenvolvimento é uma lógica dura[22]; se não vendemos, isso é problema nosso.

Num futuro próximo, os chineses poderão vagar por qualquer lugar, em seu país ou no estrangeiro, e olhar com orgulho para pessoas de outros países: é possível que elas tenham um coração chinês.

Em Xangai as pessoas inteligentes sabiam que não deviam vender os órgãos de Yang Jia para os japoneses. Se os japoneses ficassem com um grama da sua coragem, seria necessária uma multidão de guerreiros para derrubar um deles.

# A Central Television inspirou a China

## POSTADO EM 14 DE FEVEREIRO DE 2009

Para inspirar o povo chinês[23], a Central Television não precisa mais quebrar a cabeça para descobrir artifícios, tampouco precisa cair nas graças do "povo chinês unido". O luar da 15ª noite desse primeiro mês lunar foi o mais perfeitamente redondo e brilhante dos últimos 52 anos; tudo o mais no mundo parecia inclinar-se para a perfeição enquanto aquelas forças imperceptíveis e milagrosas se faziam presentes novamente, colocando decisivamente a coroa da vergonha na cabeça da CCTV.

O destino da Central Television e a realidade perversa estão incessantemente tornando normais a humilhação e a repulsa, transformando-as em experiência cotidiana.

Finalmente tivemos um dia em que a CCTV disse a verdade com uma chamada ao vivo. Foi a automutilação do eunuco do palácio. Embora sua motivação não derivasse da coragem ou da persistência, pelo menos dessa vez a versão deles correspondeu à realidade.

O significado absoluto de "mídia é verdade" tornou-se concreto num momento de distração e logrou uma realidade realista. Parece estranho, mas na prática isso é extremamente difícil de acontecer. Para repetir: essa foi a primeira vez que vocês usaram luz e calor para realizar o ideal supremo e a esfera mais elevada de toda a mídia do planeta, e no processo lograram involuntariamente uma realidade realista.

Não muito tempo atrás vocês ainda estavam penando por transmissões ao vivo de pegadas gigantescas e sapatos voadores, mas seu fogo da humilhação foi finalmente aceso. Dessa vez todo o povo chinês que inspira a China foi novamente inspirado pela China Central Television, produtora da *China inspiradora*.

A honra pertence a vocês. Foi o seu magnífico feito que atraiu a atenção do mundo inteiro, fazendo com que todos se maravilhassem com o progresso da China e, em meio a uma crise econômica global que piora a cada dia, erguessem a cabeça e olhassem para esse fogo de esperança. Foram vocês que declararam para o mundo que a jornada da esperança não começa na Europa, na Inglaterra nem em Cambridge, mas bem ao seu lado na capital da China, num lugar não muito distante da Praça da Paz Celestial.

Foram vocês que se dedicaram totalmente ao mundo flamejante, disseram adeus à hesitação e à indecisão e usaram os restos da sagrada chama olímpica para realizar uma promessa de autoimolação que iluminou o mundo. Aproveitando as ótimas vantagens do socialismo com características chinesas, pela primeira vez os cidadãos podem ter a convicção de que o futuro reservará mais ocasiões em que, baseando-se na sua inteligência e criatividade, espírito heroico e capacidade de agir de modo consciente, vocês vão perceber uma cena que vai além dos truques e habilidades técnicas de qualquer transmissão ao vivo.

Isso não é mais um jogo falso de salas de produção – o cenário da produção é a cena viva, a realidade está no palco. Não há edição, *set*, efeitos de iluminação, ajustes, diretor, supervisão e censura. Vocês não são apenas generosos, mas entraram completamente num estado de *Anātman*[24], e, embora todos estejam exultantes com o seu desaparecimento, restou certo desapontamento; por exemplo: quem vai receber os louros? E como será solitário o mundo sem vocês.

Vocês inspiraram a China e merecem toda a honra. Essa honra chegou tarde demais, porém mais uma vez glorificou seus camaradas do partido-Estado. Eles estavam no limiar da extinção, sempre ocupados com foguetes e mísseis guiados, mas agora eles estão saudando e rejubilando-se por seus companheiros de armas. Além disso eles estão ligeiramente preocupados com a precisão da nação que inventou a pólvora, mas seu sucesso afastou a distração dos pensamentos, há muito mais coisas com as quais eles devem se preocupar.

Em face dos seus feitos, Osama Bin Laden parece inábil. Se houvesse um serviço de correio expresso para fugitivos, vocês logo receberiam os cumprimentos dele, com dizeres mais ou menos assim: "Caros dirigentes nacionais: No centro econômico da capital de sua nação, sem qualquer treinamento básico e sem desperdiçar uma única bala, os responsáveis pela mídia completaram uma operação independente que atraiu com sucesso a atenção de todo o mundo, destruindo o minúsculo pênis do 'Cuecão' criado pelo arquiteto capitalista Koolhaas...". Em seguida haveria um longo esporro cheio de clamor fervoroso difícil de entender, algum disparate sobre como esse evento incorpora perfeitamente a luta muçulmana. Seria fácil escolher o seu absurdo delirante; podemos muito bem ignorar o absurdo de alguém que sequer pode identificar a própria localização num mapa.

Voltando ao assunto, a glória e a honra de hoje estão relacionadas aos seus anos de má conduta, se vocês ainda se lembram das Olimpíadas, de Yang Jia, do Tibete, de Beichuan e do leite em pó da Sanlu. Em sua versão da realidade, vocês não podem nem imaginar o quanto vocês estão afundados no pecado; sua infelicidade é a grande felicidade das massas, uma celebração e uma festa para todo o povo. Com a sua sensibilidade para a mídia, vocês deviam perceber que esses efeitos visuais ao vivo são muito melhores do que qualquer "transmissão ao vivo". Na cena em que a Central Television pôs fogo em si mesma, os cidadãos assumiram a transmissão ao vivo, inspirando imediatamente toda a China.

Um dia as falsidades mútuas, o embuste, o engano, a ganância e tudo o que possibilita a sua existência definharão com toda a degeneração ligada a eles. Isso será uma verdadeira festa. A cada dia da sua existência, essa festa é adiada mais um dia; apenas os cidadãos P são suficientemente idiotas para fixar sua felicidade no último dia do poder totalitário[25], e mesmo que isso envolva um grau de dificuldade, esse é um dia inevitável.

Embora os cidadãos P sejam idiotas, a alegria, o sofrimento, o pesar e a felicidade dos SBs nunca precisaram de qualquer desculpa. Hoje os SBs estão felizes por vocês, estão entusiasmados com a sua ignorância porque ela é suficiente para inspirar a imaginação deles. A sua infelicidade leva-os a pensar em incêndios maiores, temperaturas mais elevadas, num desmoronamento mais completo e em uma destruição mais rápida e mais violenta.

Quando uma criatura paralisada há muito tempo se depara com a honra, dessa vez, como quer que se olhe, eles ficarão um pouco embaraçados. Mas vocês podem relaxar com relação a uma coisa: os cidadãos P continuarão desejando-lhes felicidades, e todos os dias a partir de hoje vocês receberão os murmúrios suaves de parabéns dos cidadãos P, até o dia do seu julgamento chegar.

## O que é mesmo a Central Television?

### POSTADO EM 17 DE FEVEREIRO DE 2009

Está nevando. Flocos macios de neve estão caindo no começo da manhã, floco após floco, sem ruído. A neve chegou tarde este ano, e o que temos diante dos olhos não tardará a ser apenas um campo branco. A natureza sempre nos enche de ricas percepções e inspiração sobre a realidade; um dia o mundo irá mudar, só porque essa consciência existe, exatamente como a neve que cai.

A Central Television queimou 5 bilhões de *renminbi* [cerca de 1,5 bilhão de reais] bem diante dos olhos de toda a nação; uma quantia equivalente a dois Ninhos de Pássaro foi totalmente arrasada num intervalo de seis horas. As solenes "Olimpíadas prósperas" do ano passado foram algo, de fato, mas ninguém presta atenção quando seu dinheiro é queimado. Essa é a verdade absoluta.

A comemoração do sexagésimo aniversário foi enorme, embora um pouquinho antecipada. Mas definitivamente foi melhor do que nada[26].

Em trinta anos de reforma e abertura, nós nunca ouvimos nada sobre a má conduta da Central Television. Nunca houve um relatório oficial informando o público sobre, por exemplo, quem está sintonizado, ou uma única reportagem no noticiário mencionando um superior que escreveu um memorando para os subordinados dizendo que eles precisam fazer isso ou aquilo. Não está claro se todos morreram ou se o fato tocou uma nuance mais obscura de corrupção. De qualquer maneira esta nação só é capaz de fingir seriedade. A nação inteira e todo o seu povo estão fingindo seriedade, que tipo de produção é essa? Gângsteres violentaram as mulheres da sua casa e todo mundo está de braços cruzados, como se nada tivesse acontecido.

Dessa vez precisamos cultivar a memória. Exatamente de que tipo de "benefício nacional" vocês estão falando? A riqueza do povo, os princípios do partido? Nem é preciso dizer que todo mundo está fazendo comentários irresponsáveis, eles apenas supõem que ninguém viu nada, que todos se recusaram a falar e que todos se fizeram de mortos.

Os vilões patriotas estão avançando em rebanhos, e essa é certamente uma época em que ladrões saqueadores estão nas rédeas do governo. Uma tocha enigmática manipulou toda a nação como se tivesse um poder místico; um sapato voador quase virou de cabeça para baixo a política – por que dessa vez vocês estão sossegados?

O incêndio da Central Television foi sem dúvida iniciado por um chefe de departamento. Na Central Television há muitos departamentos e seus chefes nunca dão atenção aos avisos nem pedem instruções aos superiores. Eles sempre tomam as próprias decisões, violam a lei, violam as regulações. Todo ano centenas de milhares passam por suas mãos como fogos de artifício ou dinheiro para queimar; durante as férias eles não vão para casa, no 15º dia eles não se reúnem; eles só gostam de ouvir explosões.

Claro que o governo da cidade não pode ser culpado. A reputação da CCTV é grande demais e Pequim é pequena demais; eles nunca poderiam administrar as questões de um departamento subordinado ao Estado, o governo da cidade de Pequim só pode esperar no banco de reservas.

Os policiais não são responsáveis. Eles veem a propriedade do povo virar lixo e, embora digam que seu coração está partido, tudo o que podem fazer é engolir sua raiva e em lágrimas fazer um apelo, a menos que escolham entregar seu uniforme.

Os bombeiros compareceram, as chamas comandaram, e até ofereceram um mártir, mas ninguém ousa chorar muito alto[27].

Vocês, cambada de impostores e prostitutas que se denominam Central Television, por que ninguém ousa controlá-los ou discipliná-los? Antes de bater em algum cachorro, vocês deveriam descobrir quem é o dono dele, mas a Central Television obviamente não se imagina como um cachorro comum. Ela quase virou um cachorro-quente, mas está muito calma, porque é a existência prolongada da Central Television que preserva o doce sonho e o status do seu dono. É o mesmo que dizer que a CCTV equivale à polícia militar. Vejamos de outro ângulo: se você quer bater no dono, deve dar uma conferida no cão de guarda dele, no caso um sombrio mastim tibetano malhado.

Pelo menos na realidade que temos diante de nós, a humanidade é ignorante, a maioria das pessoas está desesperada, não tem potencial e se engana na mesma medida em que é enganada. Não pode haver neve que cairá vagarosamente como esses flocos brancos de compaixão.

# Lembranças à sua mãe

**POSTADO EM 27 DE FEVEREIRO DE 2009**

O recente rebuliço na mídia em torno dos bronzes do coelho e do rato é apenas muito barulho por nada[28]. É como se alguém tivesse roubado o túmulo de um grande ancestral da nação, e os bandidos patriotas ainda estivessem indignados a respeito.

Os nacionalistas não são só idiotas, eles também são esquecidos: depois de alguns poucos dias de flexões musculares ninguém investigou a engenharia de resíduos de tofu de Wenchuan – quem sabe para onde esses advogados saíram rastejando e morreram. Trezentas mil crianças foram envenenadas e ninguém informou sobre isso, a mídia está surda e muda, e os advogados que defendem os direitos são criadas da casa. Os órgãos de segurança pública são corruptos, e obviamente ninguém grita porque os advogados fazem parte da corrupção. Minas de carvão desmoronam sobre os pobres e é claro que os advogados não estão interessados, tampouco estão interessados nas dezenas de milhares de vítimas da aids. Onde estavam os advogados quando o navio chinês foi afundado pelos russos, ou durante o caso de Yang Jia, ou enquanto eles estavam "fazendo flexões" ou "enganando o gato"?[29] Esses advogados não ousariam soltar um peido sonoro, pois até isso os assustaria. Eles sequer podem eleger o presidente da própria Associação dos Advogados – esses garotos perderam todo o autorrespeito. A Central Television pôs fogo em mais de 5 bilhões, o suficiente para comprar dúzias de relíquias gregas, romanas e indianas, o suficiente para comprar uma cultura internacionalista sofisticada, o suficiente para comprar de volta grande parte da nossa humilhação e dignidade e também a de outros povos, e vocês não fazem nem o barulho de um peido. Seu traseiro está enferrujado? Vocês nasceram na lata de lixo e não podem peidar quando precisam, mas os lugares onde não deviam ser peidorreiros vocês inundaram com uma conversa de merda. Os advogados chineses não estão à altura da bosta de um burro.

O coelho e o rato de bronze do Antigo Palácio de Verão não são cultura chinesa e não têm valor artístico. Patriotismo não é amor pelo nome da família Aisin Gioro, e doze brinquedos manufaturados no Ocidente não são a quintessência da cultura chinesa[30]. Hoje o verdadeiro roubo é gastar toda a prata dos cidadãos P. Que tipo de escravo gostaria do chicote que um dia o açoitou? Os chineses têm sido tão baixos, tolos e traidores por tantas gerações que estão podres até os ossos. Uma verdade tão simples, é impossível que os ignorantes, confusos e incompetentes advogados patriotas ou a mídia escrota possam acertar.

E mais: o Antigo Palácio de Verão desfruta do seu atual estado de declínio não somente por causa dos invasores ocidentais; as contribuições dos nossos compatriotas não podem ser ignoradas. Esse palácio era uma fileira de chiqueiros até os anos 1980, e nessa época não havia uma casa sequer nas vizinhanças que não estivesse usando o seu mármore branco ricamente ornamentado como tijolo.

Que tipo de brinquedo é a mídia? Chamá-los de prostitutas degradaria as trabalhadoras do sexo. Chamá-los de burros de carga humilharia o reino animal. Eles são apenas a raça de gente mais decepcionante, mais desinteressante, mais baixa, os seres humanos mais ignorantes da espécie.

Os estudantes chineses no estrangeiro precisam ser ignorantes? Os chineses no exterior são inegavelmente monstros patriotas? Todos os advogados são idiotas, ovos podres? A resposta é afirmativa. Pelo menos é o que eles sempre parecem ser.

Mesmo se vocês quisessem pagar a conta de uma cultura tão humilhante e criminosa, quanto valeriam realmente os seus poucos quilos, os seus poucos gramas?

Nas últimas décadas da Nova China, em nome da revolução e durante a Revolução Cultural, por toda a nação e no Tibete vocês destruíram incontáveis relíquias culturais em nome do povo, em nome do partido e em seu nome. Vocês destruíram uma quantidade infinita de templos, arrebentaram milhares de milhares de estátuas de Buda, derreteram números inestimáveis de carroças cheias de Budas dourados – quem vai hoje se dispor a calcular o valor de tudo isso? Na época vocês temiam estar muito atrasados.

Quando vocês virem que os advogados são trapaceiros, que a lei é dúbia, que a mídia é desonesta e o sistema é idiota, então vocês saberão por que os chineses fingem e o que eles fingem. Esta é uma nação que desconsidera o fato e desavergonhadamente representa para ganhar aplausos; divirtam-se à vontade.

Com cem, mil advogados patriotas destacados para o uso imperial, vocês devem mostrar mais preocupação com sua mãe; não nos obrigue a sempre fazer isso por vocês.

# Investigação Cidadã

### POSTADO EM 20 DE MARÇO DE 2009

### Verdade. Responsabilidade. Direitos.

Trezentos dias atrás eu viajei para a zona do terremoto no condado de Wenchuan, província de Sichuan. Ali testemunhei sofrimento e terror infinitos.

Não sabemos até hoje quem morreu no terremoto, por que aquelas crianças nos deixaram e como foram levadas. Nunca saberemos o que elas sentiram enquanto jaziam à espera sob os escombros.

Durante aquele desastre eu não estendi a mão. Honestamente, não encontrei forças para isso.

Eles afirmam que a morte dos estudantes não tem nada a ver com eles. Dizem que os especialistas demonstraram que aquilo foi inevitável. Fecham a boca e não discutem corrupção, evitam a engenharia de resíduos de tofu. Ocultam os fatos e, em nome da "estabilidade", perseguem, ameaçam e prendem aqueles pais enlutados que estão exigindo a verdade. Violam flagrantemente a constituição e espezinham os direitos fundamentais do povo.

As crianças que morreram no terremoto não são um dado desconhecido, não são o resultado de uma nação "estabilizada".

Essas crianças têm pais, sonhos, e sorriam, tinham um nome que lhes pertencia. De hoje em diante esse nome pertencerá a elas durante três anos, cinco anos, dezoito ou dezenove anos; isso é tudo o que pode ser lembrado sobre elas, tudo o que pode ser evocado.

Rejeitem a incapacidade de lembrar, rejeitem as mentiras.

Para lembrar os que partiram, para mostrar interesse pela vida, para assumir a responsabilidade e para a possível felicidade dos sobreviventes, estamos iniciando uma "Investigação Cidadã". Procuraremos o nome de todas as crianças que morreram e vamos lembrar cada uma delas.

Quanto aos que nutrem fantasias equivocadas sobre nós como cidadãos, lembrem-se: aquelas crianças desaparecerão se deixarmos de lhes dar nosso adeus. Essa luta é uma parte da razão de viver, e nós não vamos abandoná-la.

Se está interessado na Investigação Cidadã, por favor deixe suas informações para contato:
xuesheng512@gmail.com
Suas ações criam o seu mundo.

## Carta de uma mãe de Beichuan

### POSTADO EM 20 DE MAIO DE 2009

"... viveu feliz neste mundo por sete anos."

"Hoje tivemos uma reunião, eles falaram sobre manter a estabilidade. Dizem que há mais de 1.500 crianças mortas. Dizem que a estabilização das nossas famílias vai estabilizar Beichuan. Mas eu só quero que mais pessoas saibam da minha filha querida... que viveu feliz neste mundo por sete anos."

Em consideração à "estabilidade" pela qual anseia o governo de Beichuan, hesito em omitir aqui o nome dessa "filha querida". Só assim sua mãe será poupada de ser "estabilizada" primeiro.

**4.7** *Remembering* (2007), instalado na fachada da Haus der Kunst em Munique, diz com mochilas de cores vivas: "Ela viveu feliz neste mundo por sete anos", outubro de 2009.

## Convidados de todos os cantos do mundo

### POSTADO EM 24 DE MARÇO DE 2009[31]

**Pergunta:** Qual é a maior dificuldade que você teve no trabalho com a lista de nomes?

**Ai Weiwei:** Quando a pessoa está determinada a fazer algo, ela se torna a maior dificuldade. Nós não temos esse problema; estamos dispostos a fazer isso, dispostos a ver essa situação mostrar alguma claridade no final, por mais difícil que seja. Muitas pessoas não estão dispostas a revelar sua identidade quando investigamos e as entrevistamos no local; elas estão vivendo com medo, e muitas foram presas ou ameaçadas. As pessoas não ousam falar a verdade ou fatos simples, e essa é a maior dificuldade que encontramos.

**P:** Na internet há uma manchete: "Foi divulgada uma lista de 19.065 nomes no terremoto de Wenchuan; o número de mortos ainda está sendo investigado". Isso significa que o governo está fazendo um trabalho semelhante. Por que você ainda quer criar uma nova lista de nomes?

**AWW:** Nós também vimos essa nota e partimos desse dado, estabelecendo contato com diversos escritórios do governo em Sichuan. Fizemos mais de 150 ligações telefônicas, na esperança de podermos obter uma lista dos 19.065 nomes. Tudo o que conseguimos foram adiamentos, protelações e respostas confusas. Nem uma única pessoa sabe onde foi publicada essa lista de nomes ou como ela foi publicada, e a lista nunca apareceu em nenhum site. Mais de trezentos dias se passaram e ainda não vimos um dado que inspire confiança às pessoas. O governo deve claramente divulgar o nome dessas vítimas, sua idade e a causa da sua morte, assim como o lugar onde foram mortas e a área em que foram registradas. Esse tipo de informação básica, seja na vida seja na morte, só pode ser obtido sob os auspícios do governo e deve estar facilmente disponível a qualquer momento. Assumimos essa investigação em face da falta de transparência das informações oficiais.

Nossa ideia por trás dessa investigação é atingir o que seria o nível mínimo de respeito pelos mortos. O valor e o direito civil mais fundamentais de qualquer pessoa é o direito de ter um nome; esse nome é a unidade menor, mais básica, que nos ajuda a atestar uma existência individual. Se tudo o que suplanta a vida de uma pessoa que morreu é um algarismo arábico, a vida não tem dignidade básica. Sob essas circunstâncias não há fatos básicos, e estes não surgirão num futuro próximo. Como cidadãos, devemos arcar com a responsabilidade, fazer as perguntas que devem ser feitas – esses são os passos necessários para o progresso social. Essa foi nossa motivação para lançarmos a Investigação Cidadã.

**P:** Gostaríamos de perguntar, sr. Ai, quais são as suas considerações ao exigir a revelação ao público de uma lista de nomes dos mortos? Qual é o significado de tornar público esse tipo de informação?

**AWW:** O terremoto foi um incidente público. Contar os mortos, compilar uma lista e divulgar informações sobre os incidentes públicos é responsabilidade e dever do governo. O nome é um dos nossos maiores privilégios fundamentais, os nomes dos mortos estão ligados ao significado e à dignidade mais básicos; publicar abertamente todas as informações relacionadas a incidentes públicos aumentará a transparência do governo e, além disso, contribuirá para a sua maior credibilidade e para o direito do público ao conhecimento. Um público sem direito à informação é um público que não arcará com nenhuma responsabilidade e, do mesmo modo, um governo sem transparência nunca realizará a equidade e a justiça.

**P:** Quantas pessoas estão trabalhando na Investigação Cidadã?

**AWW:** Mais de dez pessoas estão trabalhando juntas nisso. Começamos a trabalhar há mais de dois meses. Antes fomos a Sichuan; eu fiquei preocupado com a questão desde o terremoto. Depois que divulguei a existência da Investigação Cidadã, apareceram algumas centenas de voluntários, que se candidataram e mandaram um retorno e que estavam dispostos a participar dos esforços. Isso nos deu confiança para fazer um trabalho benfeito e minucioso.

**P:** Como foi que vocês obtiveram essa lista de nomes?

**AWW:** Existem três principais canais de informação. Um é preexistente: a internet tem uma profusão de estatísticas, e muitos voluntários enviaram uma parte das informações depois do terremoto. Outra parte foi trabalho de campo, informações coletadas em visitas aos parentes dos mortos, e a terceira parte veio de investigadores que fizeram pesquisas a longo prazo na área e forneceram suas estatísticas depois que tornamos pública a Investigação Cidadã.

**P:** De acordo com o seu conhecimento, qual foi a proporção da engenharia de resíduos de tofu no número total de escolas?

**AWW:** No momento nós não estamos discutindo a questão da engenharia de resíduos de tofu. Essa é uma questão que precisa de avaliação técnica. Acho que o surgimento de fatos é inequívoco, o número de mortos é inequívoco. É necessário primeiro completar a lista de nomes, e isso pode ser usado como uma base a partir da qual outros fatos serão investigados. À medida que essa lista de nomes se tornar mais clara, outras questões serão pouco a pouco elucidadas. Essa também é a razão pela qual eu acredito que os governos locais não revelam esses nomes ou adiam as próprias investigações.

**P:** Ai, para você, no processo dessa investigação, qual é a verdadeira razão que leva o governo a não investigar as pessoas responsáveis pela engenharia de resíduos de tofu? Será porque eles estão envolvidos no crime e ninguém pode revelar responsabilidade, ou alguma outra questão interna? Mas nada poderia ser mais idiota do que permitir que o sistema inteiro pague a conta por uma parcela de corrupção.

**AWW:** Nos vários incidentes públicos do ano passado todos nós testemunhamos a realidade de um sistema inteiro que se isenta de pagar a conta de qualquer parcela de corrupção. Esse é o enorme custo necessário para realizar a mudança social na China atual.

**P:** Nas atuais circunstâncias, nós nos deparamos com muitos desastres naturais e outros provocados pelo homem. O que devem fazer as pessoas comuns como nós? Como nós podemos tornar mais leves as perdas sofridas nesses desastres?

**AWW:** Uma nova era marcada pela globalização e pela informação chegou. Essa nova era vai impor novas exigências à autorrealização e à responsabilidade dos cidadãos, porque trouxe consigo novas possibilidades.

**P:** Recentemente houve preparativos para construir um templo perto da escola de ensino médio de Beichuan e um pedido aos monges para que libertem do purgatório as almas das crianças e de outras vítimas. Acho que isso é absolutamente desnecessário e gostaria de saber a sua opinião sobre essa questão. O que o governo vai conseguir com isso?

**AWW:** O governo de Beichuan parece não saber diferenciar a esquerda da direita. Han Han já foi para lá com os seus luxuosos veículos utilitários esportivos[32]; agora eles estão lidando com outras ideias ruins, planos para transformar a zona do desastre num local turístico, fazendo as coisas parecerem místicas e usando de todos os meios para se apropriarem da terra dos camponeses. Eles estão verdadeiramente obcecados a ponto de ficarem cegos.

**P:** As pressões exercidas sobre os moradores do lugar também são exercidas sobre você e sua equipe?

**AWW:** Os moradores do lugar têm sido tratados de modo injusto e as famílias das crianças mortas têm sido tratadas com mais injustiça ainda. A sociedade não deve tolerar isso, porque o verdadeiro desastre não advém só da perda de pessoas amadas, mas também da indiferença da sociedade, da recusa a responder às perguntas; elas já foram esquecidas. Quando fazemos investigações, muitos funcionários do governo dizem ao telefone: "Por respeito ao direito das famílias enlutadas à privacidade não revelaremos a lista de nomes". Todos nós sabemos que o proletariado não tem direito à privacidade; as famílias desejam intensamente que o mundo lá fora as entenda e não as esqueça. Nós entrevistamos centenas de famílias e temos uma grande quantidade de dados gravados; se necessário, estamos dispostos a abrir para o público todas essas informações. É um registro, um registro psicológico, emocional e intelectual das pessoas que vivem no lugar onde aconteceu o terremoto. Há certamente alguns fatos chocantes; é inimaginável.

**P:** Quais são os seus métodos de investigação? Além das correspondências e ligações telefônicas, vocês têm pessoal em campo visitando as famílias? Como essa lista de nomes pode ter sua autenticidade verificada?

**AWW:** Existem várias fontes de informação. As datas da coleta e sua confiabilidade poderiam ter problemas. Uma vez que essa coleta não foi sistemática, sempre é possível haver problemas; se queremos evitá-los, precisamos ser muito rigorosos, e na verdade uma organização pública qualificada deveria ser a responsável. Fazer uma investigação cidadã é extremamente difícil, mas, apesar de isso ser verdade, é um tipo de esforço, e nós nos recusamos a esperar, rejeitamos a procrastinação e as evasivas. Se tudo der certo, no final nós teremos uma lista de nomes mais completa, até mais detalhada. Esperamos que a dignidade dos mortos possa ser restaurada pouco a pouco.

**P:** Deparando-se com uma lista tão aterrorizante você tem algum remorso?

**AWW:** A lista não é o nosso objetivo final. Quando essas crianças tiverem sido esquecidas, elas estarão verdadeiramente mortas, e crianças esquecidas, estejam onde estiverem, nunca voltarão a ser felizes. Sendo assim, eu acho que essa é uma responsabilidade dos vivos para com os mortos; se a lista não está completa, a alma dos vivos nunca poderá estar completa. Essa incompletude explica por que a alma do povo chinês é igual a engenharia de resíduos de tofu.

**P:** O que você mais gostaria de dizer aos pais das crianças mortas?

**AWW:** Eu gostaria de lhes dizer que eles são uma parte da sociedade, a dor deles é a dor de toda a nossa sociedade, e nós podemos ouvi-los. A sociedade tem uma inabalável responsabilidade por eles, eles já perderam muito e nós não devemos deixá-los esperando mais ou permitir que tenham mais mágoas.

**P:** Estamos memoriando apenas por memoriar? Não deveria haver uma investigação mais profunda sobre as causas?

**AWW:** Memoriar tem uma função específica, que inclui fomentar a justiça e acabar com as injustiças sofridas pelos mortos.

**P:** Ai, qual você acha que é a causa básica das mentiras e da decadência moral do povo chinês? Você tem alguma esperança no futuro da China?

**AWW:** Quando o custo de falar a verdade supera o de dizer mentiras, naturalmente essa será uma era na qual o mau dinheiro elimina o bem. Se de hoje em diante todos dissessem a verdade, os tempos mudariam.

**P:** Você vai persistir em levar essa Investigação Cidadã até o fim? O que você sente quando durante as investigações se depara com pais de crianças que morreram por razões bem conhecidas? No decorrer da investigação há forças tentando fazê-lo desistir? Caso haja, como você vai lidar com elas? Sua investigação alcançará os resultados que você está buscando? Quais são os resultados que você espera?

**AWW:** Se ainda estou vivo num determinado dia, essa investigação vai prosseguir mais um dia. Se um aluno for esquecido, a humanidade se cobrirá de vergonha. Esclarecer fatos, aceitar a responsabilidade, essa é a realidade a que nenhum ser vivo pode se furtar. Eu nunca me deparei com nenhuma tentativa óbvia de me fazer desistir, embora muitas coisas tenham sido decepcionantes. Ninguém pode dificultar o próximo plano inocente; eu me recuso a me tornar uma das vítimas. Minha investigação já surtiu alguns efeitos imprevistos: as crianças são lembradas, há preocupação com as famílias, a sociedade exigiu direitos e justiça básicos e percebe-se o repúdio a essa terrível engenharia de resíduos de tofu.

**P:** A tensão nas relações interpessoais dos chineses se deve à falta de fé? O pensamento feudal tradicional chinês é a causa básica do desprezo pela vida das pessoas comuns?

**AWW:** O ponto mais doloroso com relação à falta de fé é que as pessoas perdem a capacidade de agir; a realidade mais trágica com relação à perda da capacidade de agir é a perda da capacidade de perceber.

**P:** Todos nós sabemos que o catastrófico terremoto de Sichuan se liga pelo menos em parte aos seres humanos. Como podemos evitar isso? Como acertaremos as contas com algumas pessoas? Como podemos chegar a expor a má conduta e a corrupção e a garantir que os responsáveis recebam a punição que merecem?

**AWW:** Questionando a responsabilidade. Usando todos os nossos esforços para interrogar nosso governo, desconfiando dele, supervisionando-o. A punição não é o mais importante; é preciso tirar dele a possibilidade de agir contra o bem público e ser corrupto, criar mecanismos abertos, justos e imparciais, rejeitar mentiras, rejeitar a CCTV.

**P:** Ai, eu gostaria de perguntar: você está fazendo isso porque quer deixar algo para a próxima geração?

**AWW:** Nós não temos tempo para pensar na próxima geração e não podemos pensar na geração passada. Quase não temos tempo suficiente para cuidar de nós mesmos.

**P:** Falando na lista de nomes, os funcionários nunca se dispuseram a revelar publicamente o nome das crianças mortas, apenas apresentavam um número. Toda vez que acontece algo, isso se repete; eles não dão nomes específicos e, quando tentamos coletá-los, há impedimentos. Quero saber o que há por trás dessas ações oficiais.

**AWW:** A ocultação habitual é resultado da corrupção e da degeneração habituais.

**P:** Ai, você diz que as pessoas "estão vivendo com medo, e muitas foram presas ou ameaçadas. As pessoas não ousam falar a verdade ou fatos simples". Quero saber: que tipo de fatos são esses e por que as pessoas foram presas e ameaçadas?

**AWW:** A interrogação das famílias sofredoras só poderia ser resultado de uma das seguintes razões:

1. Houve um problema com a estabilidade das escolas; como as crianças morreram e por que elas morreram são questões a que os oficiais locais ainda precisam responder com clareza.

2. Um problema com a eficiência das forças de resgate.

3. Um problema com a indenização e a recompensa pós-terremoto.

4. Problemas de recolocação e condições de moradia futuras, depois do terremoto.

Todas as famílias que levantaram questões foram ameaçadas e sofreram coerções de graus variados; algumas foram até presas ou detidas.

**P:** Ai, sou designer gráfico e trabalho em Shandong. Nós podemos ajudá-lo de algum modo? Você precisa de voluntários?

**AWW:** Comece agora; você pode começar a desenhar uma nova bandeira nacional!

**P:** Por que a chamada mídia popular não comentou nada sobre as famílias que perderam seus filhos? Essas famílias não querem falar nada, manifestar seu luto e dor?

**AWW:** Não há mídia popular na China, apenas mídia morta.

**P:** Ai, eu gostaria de perguntar por que, diante de um desastre natural, os departamentos do governo quereriam ocultar o número de mortos? Além disso, a sua busca pelos nomes dos mortos é realmente apenas para manifestar o seu respeito pelos mortos ou você tem algum outro objetivo?

**AWW:** Todos os meus objetivos são outros objetivos.

**P:** Olá, Ai. Eu gostaria de manifestar meu apoio aos esforços que vocês iniciaram. Mas quando é preciso escolher entre dar esperança aos vivos e promover os meios de perpetuar na memória os mortos, qual dos dois você acha mais importante? Eu sou da área do terremoto e, pelo que vejo, muita gente que foi atingida por ele não tem absolutamente nenhuma esperança! Obrigado!

**AWW:** Para os vivos, perpetuar a memória dos mortos é mais importante. Para os mortos, é mais importante dar esperança aos vivos.

**P:** Senhor, os tempos estão mudando, as pessoas estão acordando, o governo está estagnado ou até mesmo regredindo e os grupos de interesse jamais renunciarão a seus direitos. Numa época em que os direitos e interesses dos cidadãos e os interesses étnicos podem ser vendidos a qualquer momento, como você imagina que nós podemos estimular o governo a refletir sobre si mesmo, avaliar e progredir?

**AWW:** A mudança pode buscar um novo caminho lógico; vamos avançar e ver.

**P:** Enquanto os Estados Unidos elegeram Obama presidente, a China afirma ter o sistema social mais avançado do mundo. Você acha que é por culpa do povo que nós ainda estamos fazendo política de corte?

**AWW:** Poderíamos dizer que todos os erros são erros do povo, porque o nosso governo é o Governo Popular.

**P:** Sr. Ai, olá! Desde o terremoto tenho uma dúvida e quero perguntar: de acordo com o seu conhecimento, qual seria, aproximadamente, a proporção dos adolescentes entre os mortos (ou desaparecidos) no terremoto? Ouvi falar que nas áreas mais duramente atingidas pelo terremoto mais de 90% das escolas desmoronaram; isso é verdade? Também se diz que em algumas áreas toda a próxima geração (ou uma grande parte dela) desapareceu; é isso mesmo? De acordo com os seus dados, qual é a proporção das escolas que desmoronaram no terremoto? E qual é essa mesma proporção para outros tipos de prédios que desmoronaram?

**AWW:** Essa é exatamente a nossa questão; algum dia nós teremos uma resposta clara.

**P:** Eu gostaria de perguntar, Ai: você acha que os funcionários do governo local ganaciosamente esconderam as contribuições que chegaram de todo o mundo?

**AWW:** Se eu dissesse que não houve corrupção, ninguém acreditaria. Se dissesse que todos foram corruptos, ninguém acreditaria.

**P:** Em primeiro lugar, eu apoio Ai Weiwei. Em segundo lugar, gostaria de voltar à questão das doações de dinheiro: você poderia dizer o que pensa sobre, por exemplo, destinação de fundos etc.?

**AWW:** As contribuições em dinheiro são apenas metade da questão; para quem você as entrega e como eles vão usá-las é a outra metade.

**P:** "Muitas pessoas não estão dispostas a revelar sua identidade quando investigamos e as entrevistamos no local; elas estão vivendo com medo, e muitas foram presas ou ameaçadas. As pessoas não ousam falar a verdade ou fatos simples, e essa é a maior dificuldade que encontramos." Por que elas estão vivendo com medo? Por que elas são presas e ameaçadas, e quem está fazendo isso com elas?

**AWW:** As famílias de Dujiangyan atingidas pelo terremoto nos dizem que, se discutem qualquer das suas suspeitas em relação aos mortos ou à engenharia de resíduos de tofu, elas correm o risco de serem demitidas ou de perderem o seguro de vida. Nas áreas mais atingidas, muitos chefes de família foram detidos ou presos. A principal tarefa da segurança pública e dos órgãos de estabilização é impedir as famílias de falar sobre parentes mortos.

**P:** Quando queremos fazer algo nós nos perguntamos o que podemos fazer. Há ocasiões em que, fora descarregar a frustração, simplesmente sentimos que nossas forças são minúsculas. Ai, por favor, dê-nos um conselho.

**AWW:** Vamos descarregar juntos a nossa frustração.

**P:** Por favor, Ai, vale a pena abandonar tudo para perseguir as verdades da vida? A história está sempre nos pregando peças; você entra por uma porta mas sai por outra. Houve um tempo em que eles tinham consideração pelo homem comum, mas os outrora defensores do proletariado acabaram inclinando-se para o despotismo. Muita gente que antes se aliava aos governantes, que defendia a classe dirigente, agora apoia os direitos civis. Lembro que Bertrand Russell disse certa vez: "Eu nunca morreria por minhas crenças, pois poderia estar errado". Por enquanto não vamos discutir o certo e o errado, mas eu gostaria de lhe perguntar: se abandonamos tudo para buscar as verdades da vida, podemos chegar aos portos desejados?

**AWW:** Quando perseguimos a verdade já decidimos não abandonar tudo.

**P:** Hoje as contradições sociais são agudas; alguns amigos virtuais estão propagando a insatisfação com o governo e, se querem tratar de um problema social mínimo, usam a democracia ou a liberdade de expressão para atacar e acusar o governo.

**AWW:** Os líderes precisam assumir responsabilidades. Se eles estão cansados demais, ou frustrados, então encontrem outra pessoa.

**P:** Ai, o que você acha da "pequena parcela" da juventude que perdeu a esperança na nação e na sociedade?

**AWW:** Encontrar esperança na sociedade é uma afirmação da vida. Esse é um princípio maior.

**P:** Obrigado por usar o poder da sua influência para falar. No terremoto, muitos pais perderam seu único filho, o que suscita a reconsideração da política compulsória do filho único. Na verdade, eu já apoiei essa política, e por fim percebi que há muitos tipos de atividades imorais e desumanas, como o infanticídio, o controle compulsório da natalidade e as laqueaduras. Mas é estranho; pouquíssimas pessoas manifestaram objeção a esses graves incidentes desumanos. O que você acha disso?

**AWW:** O planejamento familiar deve ser uma decisão dos pais.

**P:** Eu continuo dando-lhe o meu apoio, Ai, e gostaria de lhe perguntar se você está preocupado com a questão do destino das contribuições.

**AWW:** O paradeiro das contribuições e o paradeiro das doações em dinheiro são como água do mesmo rio.

**P:** Primeiro, qual é o verdadeiro motivo de protelarem a apresentação da lista com o nome das vítimas? A pouca eficiência dos trabalhadores é apenas uma razão superficial? Qual é a razão básica e quem tem medo dessas razões reais num nível mais profundo? Segundo, nem mesmo o sangue e as lágrimas do desastre podem estimular a reflexão, a autocrítica ou até a investigação e a punição; as vozes enaltecedoras que louvam o sucesso dos esforços de socorro estão abafando todas as outras. Por que essas flores perversas estão sempre brotando em nosso solo?

**AWW:** Quando um povo rejeita a verdade, ele já optou pela morte.

## Dia da verdadeira revitalização nacional

### POSTADO EM 13 DE ABRIL DE 2009[33]

Você deleta persistentemente, assim eu vou apenas voltar a postar. As palavras podem ser deletadas, mas os fatos não serão deletados com elas. Esse processo se repetirá por muito tempo, até chegar o dia que evoluiremos e os fatos e a verdade já não serão importantes para a vida cotidiana, e então poderemos nos esquecer à vontade.

Não é difícil ver que a principal semelhança nos intermináveis desastres que ocorrem neste pedaço de terra tem a ocultação dos fatos como um componente importante. A distorção e a ocultação de fatos básicos – o que aconteceu, como aconteceu e por que aconteceu – tornaram-se o esforço mais sincero, valioso e produtivo que esta espécie já empreendeu. A verdade é sempre terrível, não se presta a ser apresentada, é indizível e lidar com ela é sempre difícil; simplesmente falar a verdade seria "subversão do Estado". Ocultar e mentir são a base que garante a sobrevivência da nossa sociedade. No dia em que a verdade se manifestar, o céu se desanuviará; isso seria a verdadeira libertação[34].

Como lagos de terremoto, independentemente da magnitude do desastre, todos são compostos pela convergência de poços de desastres menores; eles são a base desta "nação revitalizada". Uma vez que essa base foi escavada, não haverá nenhum desastre, e seria difícil revitalizar a nação. Podemos dizer que todos os fatos ocultados, nomes alterados, registros rasgados, fotos apagadas, vídeos destruídos, palavras deletadas, bocas seladas e a "estabilidade" que constrange a verdade, tudo isso é para um amanhã melhor ou visa reunir energia suficiente para um desastre ainda maior, que sem dúvida será o verdadeiro dia da tão esperada revitalização nacional do povo.

## Agora eu não acredito em nada do que você diz

**POSTADO EM 7 DE MAIO DE 2009**

O governo de Sichuan indicou novamente que não investigará a questão da qualidade da construção das escolas que desmoronaram durante o terremoto. Eles argumentam que todas as perdas são naturais em terremotos de magnitude superior aos padrões de resistência a terremotos dos prédios que desmoronaram. O fundamento aparentemente razoável para esse argumento é suficiente para permitir coletivamente um suspiro de alívio àqueles que estão por trás da engenharia de resíduos de tofu – em nome do "desenvolvimento científico" e de "arcar com a força de construir um partido que serve aos interesses do povo", mais de 2 mil arquitetos chineses registraram num documento maravilhoso algumas de suas sábias avaliações.

Para quem não entende, vou expor assim a questão: se você estivesse num navio prestes a afundar e alguém o assassinasse, todos estariam isentos de culpa, porque de qualquer maneira você ia morrer. Ou, dando outro exemplo: durante o massacre de Nanjing, o estupro seria naturalmente apenas uma forma de diversão*. Seu veredicto é que, em razão da alta magnitude do terremoto, o desmoronamento das escolas de resíduos de tofu, que não tinham suportes de aço ou de concreto de qualidade aceitável, foi um acontecimento natural. Não é uma questão que mereça investigação. "Não merece investigação" significa que não há culpa. E isso não é uma lógica criminosa?

O que nunca foi explicado com clareza é o seguinte: das mais de cem escolas espalhadas pela área do terremoto, em apenas catorze delas falou-se em mais de cem mortes causadas pelo desmoronamento. Embora o terremoto tenha sido de magnitude oito, as noventa escolas restantes não ruíram. Contudo, entre as catorze escolas que desmoronaram não havia um padrão de destruição unificado: as salas mais largas desmoronaram e, embora alguns dos prédios de salas de aula tenham ficado intactos, os de dormitórios caíram. Torres que havia anos não passavam por manutenção permaneceram de pé, mas prédios mais novos ruíram. Prédios escolares idênticos vieram abaixo, mas os administrativos não. Em torno das áreas onde a maioria dos alunos morreu, nas escolas de Beichuan e Juyuan, muitos prédios ficaram de pé. Assim, interpretar um terremoto de magnitude oito como "um cozido apimentado e fervilhante" (no qual cada ingrediente tem um sabor diferente ao ser introduzido, mas o mesmo depois de pronto) é evidentemente uma explicação tosca.

E então eles enfatizam os diferentes padrões arquitetônicos e as defesas contra terremotos em diferentes épocas. As pessoas morreram sob normas institucionais e ninguém assumirá a culpa. O que eles não esclareceram é o seguinte: entre os prédios que ruíram, quais estruturas refletem os padrões de qual época? Isso é tão complicado assim?

**4.8** Diante da escola de Juyuan, uma mãe mostra a foto da filha morta no terremoto, 29 de maio de 2008.

Existe outra versão, segundo a qual é impossível coletar evidências porque os trabalhadores do resgate reviraram os prédios nos locais do desmoronamento. Isso equivale a dizer que, se você foi estuprada, precisa ficar na cama sem se mexer ou encarar uma vida sem punição para o estuprador.

Novamente o governo de Sichuan se sujou perante toda a nação. Novamente ele se desviou do significado sagrado de "desenvolvimento científico". Considerando-se acima dos fatos, da moralidade e da justiça, e obstinadamente rejeitando a ideia de resgatar a confiança do público ou de regenerar a honra em declínio, eles estão mais uma vez espalhando sobre um dilacerante desastre natural os tons artificiais de uma realidade fabricada.

Um ano depois, 5.335 estudantes atingidos pelo desastre – um número relutantemente especulativo – ainda continuam sem nome, as informações são incompletas, os fatos não são sinceros, não convencem. Eximem-se da responsabilidade, evitam discussões e abstêm-se da revelação das informações ao público, fornecendo apenas fatos fragmentados – o que poderia estar por trás da parte obscurecida da verdade?

Não é que eu não acredite no que vocês disseram hoje. Eu não acredito em nada do que vocês dizem, portanto continuem falando.

Quando a explicação de um governo é insuficiente para convencer até mesmo o próprio povo, e esse povo rejeita as mentiras e se recusa a esquecer, de quem é a vez de se afligir?

## Cidadão paranoico

### POSTADO EM 10 DE MAIO DE 2009

Aproxima-se o primeiro aniversário do terremoto de 12 de maio em Wenchuan, e o governo vem reiteradamente dizendo que as escolas que desmoronaram no terremoto e os alunos que morreram não têm nada a ver com a qualidade da construção dos prédios, não têm nada a ver com o que as pessoas estão chamando de "engenharia de resíduos de tofu".

As organizações que representam a sabedoria e a autoridade do governo, assim como a mídia, estão tentando convencer o povo de que, devido à magnitude do terremoto, os desmoronamentos e a morte dos alunos eram inevitáveis. Uma vez que foi a vontade dos céus, evidentemente ninguém pode arcar com a responsabilidade.

Constrangidos pela vontade do Estado, a verdade e o fato não existem mais; um longo cordão de algarismos arábicos substituiu o valor da vida. A chamada pesquisa científica são apenas apostas feitas por tecnocratas corruptos, e em todos os acordos políticos feitos neste país os primeiros a ficarem sem chance são sempre as pessoas comuns. Isso porque elas não são o "povo", no verdadeiro sentido da palavra; embora a nação esteja para completar sessenta anos, ainda não temos o direito de votar, tampouco a oportunidade de falar. Os sentimentos de dor e indignação das massas são continuamente substituídos por diversão tediosa e comemorações. Não é de surpreender que o resultado é o mesmo de outros grandes eventos ocorridos na história deste país: mais uma vez a vontade do Estado suplantou brutalmente os fatos e o sofrimento das pessoas, mais uma vez mergulhou o povo num abismo de desespero.

Mesmo depois que a ideologia por trás de uma "perspectiva científica sobre o desenvolvimento" foi proposta no 17º Congresso Nacional do Povo, esses veredictos violam os princípios da ciência. Determinou-se que a causa da injusta morte daqueles milhares de alunos foi nada mais que o seu destino miserável; eles estavam

**4.9** Coroa de flores sobre as ruínas da escola de Juyuan. As faixas pedem a identificação dos responsáveis pela construção de "resíduos de tofu" e sua punição, 29 de maio de 2008.

no lugar errado e na hora errada, e essa é a razão pela qual sua carne e seu sangue adolescentes acabaram misturados aos escombros de azulejos e ao concreto armado preparado com areia. O raciocínio oficial é claro: num terremoto de magnitude oito, os prédios escolares desmoronarão e os alunos morrerão; de qualquer maneira, a educação escolar nunca teve nenhum sentido e o conhecimento não pode impedir a morte; quanto mais tempo você ficar na escola, maiores serão suas chances de morrer e o destino se torna mais tragicamente absurdo. Quanto à maioria dos prédios que não desmoronaram em terremotos de igual magnitude, o que dizer dos estudantes que foram poupados? Isso só pode ser explicado pelo fato de seus ancestrais não terem servido nas cortes dinásticas, acumulando para eles um bom carma. O que precisa ser perguntado é: que tipo de governo ignora os desejos e sentimentos do povo, inescrupulosamente se desviando da realidade e distorcendo fatos quando eles atingem a vida ou a propriedade do povo e seus benefícios? E qual é a razão disso? Poderíamos deduzir o seguinte: a ética e a moral que sustentam o Estado erguem-se sobre uma base falsa de mentiras e a existência da verdade abalará a base da sociedade? Sua base de poder só pode ser estabilizada por meio da fuga à responsabilidade e do sacrifício da justiça e da igualdade sociais.

Essa é a única explicação de por que, antes que todos saibam a verdade, essas pessoas escolhem a fraude e a traição. Isso não é insensato? É insensato, mas decorre do desamparo. Uma sociedade sem ideais, uma sociedade que se afasta dos princípios humanitários e que abandona os direitos humanos fundamentais e a dignidade humana só pode existir numa realidade que rejeita os fatos, num espaço que rejeita a justiça e a igualdade.

A repressão e o engano são os atributos que permitem a existência desta sociedade; ela não poderia existir sem mentiras. As pessoas que mantêm ilusões nesse tipo de sociedade acabarão pagando um preço mais alto.

Esse não é o único desastre natural que está em nossa lembrança, e não é o mais deplorável. Já nos acostumamos a deixar estar e esquecer, e todos os detalhes dessa calamidade serão do mesmo modo esquecidos pelos vivos; como já aconteceu antes, será como se nada jamais tivesse acontecido. Em última instância, todos esses desastres irão convergir num único lugar, compondo uma paisagem de civilização e progresso que aturdirá a mente.

As regras desse velho jogo são claras, baseiam-se em princípios eternos: incentivar mentiras, apagar lembranças, os que causam desastres escapam e os inocentes são punidos.

Quanto aos inocentes desse lugar ameaçador, uma única conduta é capaz de aliviá-los do sofrimento e de dizer adeus ao abandono: fazer ardentes apelos à verdade, rejeitar calmamente outros lapsos de memória. Tente pelo menos dessa vez, pela filha que você não verá nunca mais, por ela que "viveu feliz neste mundo por sete anos", Yang Xiaowan, e por sua mãe e os milhares de pais infelizes como ela. Continue questionando a "engenharia de resíduos de tofu", interrogue a todas as horas de todos os dias, até seus problemas se tornarem parte da realidade, até cada estrutura de "resíduos de tofu" ficar exposta e desmoronar. Sob um governo extremamente paranoico, ser um "cidadão paranoico" é a única possibilidade atual de viver feliz e com saúde.

## 12/5 Dia de Lembrar os Mortos

**POSTADO EM 12 DE MAIO DE 2009**

Esses fatos podem ser alterados? Os corações que deixaram de bater, os braços e pernas que se desintegraram e os gritos que desapareceram com a respiração, isso pode ser devolvido? Ondas e mais ondas de propaganda política poderosa feita pelo aparelho de Estado nacional não podem apagar as persistentes lembranças dos sobreviventes. Esmagados, os prédios desmoronados, sem ossos e incompetentes pertencem a uma geração dos infelizes aldeões, e a engenharia de resíduos de tofu foi protegida, absolvida pelo clamor de tentativas desesperadas de celebração. Os responsáveis pelo crime estão tentando encobrir e distorcer para escapar da condenação.

Quão imbecil e obscena uma pessoa deve ser para mentir às famílias dos mortos, para intimidar pais que sofrem pela perda dos filhos e por seu futuro arruinado? Eles tapam os olhos, amordaçam, grampeiam telefones, localizam o paradeiro e ameaçam, subornam pessoas, prendem, batem e perseguem as pessoas comuns.

A felicidade daquelas crianças acabou junto de sua vida no lugar onde elas liam livros, onde o chão sob seus pés fora construído com concreto de qualidade inferior e o teto acima delas não recebera os devidos suportes. Os responsáveis pela educação acham que não vale a pena pensar sobre isso, os responsáveis pelos prédios acreditam que as coisas são como têm de ser, e as pessoas que gritam por desenvolvimento científico esperam que esse incidente seja rapidamente esquecido.

Essas crianças chegaram e foram descuidadamente despachadas, seus braços e pernas enterrados às pressas por estranhos. Houve mesmo quem desejasse que a breve passagem delas por aqui fosse completamente esquecida em pouquíssimo tempo. A vida dessas crianças foi tão curta que é como se elas não tivessem existido.

Exatamente como em outros desastres naturais, os direitos dos jovens e todos os fatos temporários relacionados a eles precisam ceder ao Estado, ao coletivo ou a ficções individualizadas. Seu único valor reside em resistir à punição que receberam nesse brutal processo histórico e em se tornarem uma minúscula fração de um dado que significa gastos supérfluos. Sem a sua existência, esse pedacinho de história eclipsaria sob o mal, a ignorância e o barbarismo.

Dito com clareza, eles morreram sob as exigências e desejos da nossa época. Nasceram sem valor ou significado e eram apenas uma parte de um vazio ainda maior de descuido; se eles chegavam ou se partiam ou se nem chegavam nem partiam não era uma questão importante. Esse mundo dessensibilizado nunca teve alegria por sua existência e não se sentirá solitário depois de sua morte. Este lugar não é nada magnífico.

Seus pais perderam a raiva há muito tempo e acabarão se acostumando às interrupções de seus pensamentos, às preocupações com despedaçamentos, à perturbação de sua felicidade. Eles se adaptarão a um futuro que não exigirá nada deles, não terão mais problemas ou ansiedades. Seus filhos nunca mais desaparecerão na distância, porque no mesmo dia, sob os mesmos perigos predestinados, mais fortes do que um ataque de alguma conspiração, eles se perderam para sempre nas ruínas atrás da montanha. Talvez eles conversarão sobre alguns dos investimentos ambiciosos, as manchas de sangue que serão reunidas formando desenhos e que encherão de emoção o coração das autoridades, tornando-se as transformações milagrosas que serão o ponto alto da carreira de alguém.

Crianças de Karamay, crianças de Fuyang, crianças com melamina, crianças soropositivas de Henan, crianças da fornalha negra de Shanxi, crianças mortas no terremoto – sua infelicidade é a maldição mais efetiva da nação, algo de que a cara da nação não pode nunca se livrar, uma marca de vergonha que jamais será lavada e que tragicamente maldiz o destino desta raça[35].

Eles são a alma que o mundo de hoje precisa queimar, afogar, trair e exterminar. Mas até esse dia, descansem. Quando chegar o dia, o coração do povo chamará todos os seus nomes, o nome que pertenceu a vocês será lembrado. Quando ele for chamado novamente, vocês se erguerão dos mortos e serão espíritos contentes.

Nós recusaremos teimosamente essa porção da nossa perda. Não desistiremos, e vocês não estarão perdidos. Por mais longe que viajem, estarão sempre à nossa vista. Os pensamentos podem penetrar no tempo e na matéria, a determinação acabará por remover a decadência e a corrupção como um espanador de rabo de cavalo, trocando a dignidade e a honra por sua vida interrompida.

Recusamos as desculpas, a remoção de sua memória, a cooperação e o acordo, porque os seus problemas se agarraram a nós. A vida é simples; ela simplesmente não vai tolerar a dúvida.

O que é a verdade? É tudo sobre nós e é tudo sobre eles. Na escuridão a verdade fraturada finalmente surgirá.

Tudo o que é devido precisa ser pago. O que foi alterado será explicado; tudo ainda precisa ser visto. Enquanto cada ferida que está sob os escombros não for curada, enquanto cada grão de areia não for limpo de todos os cabelos e enquanto cada nome não estiver às claras, tudo será lembrado com tanta nitidez quanto o seu olhar que nos deixou.

## Como podemos ter degenerado a esse ponto?

### POSTADO EM 16 DE MAIO DE 2009

Eles são suficientemente arrogantes para acreditar que a autoridade roubada poderia alterar a verdade ou a vontade dos outros. Ao mesmo tempo eles são suficientemente frágeis para acreditar que uma voz discordante poderia diminuir a sua imensa força[36].

Isso acontece porque eles não acreditam que seu nome infame estará escrito numa cédula de votação quando o povo tiver verdadeiramente o poder de votar.

Eles já perderam a esperança em si mesmos e não querem que a voz do povo seja ouvida; mas eles não permitem que as pessoas ouçam umas às outras ou que descubram que pode existir gente com a mesma opinião.

Você pode pensar, mas não pode falar. Ninguém mais sabe o que você está pensando, e quando a dor e o desespero pertencerem exclusivamente a você não haverá ameaças. Claro, é melhor que você não tenha capacidade de pensar de modo independente; isso é mais seguro, mais harmonioso.

Se você não pode melhorar a sua realidade, então só pode confiar na destruição da realidade dos outros para manter o equilíbrio. Claro que nós seríamos muito mais pacíficos se nunca tivéssemos ouvido falar do leite em pó da Sanlu, se nunca tivéssemos ouvido falar de Weng'an, Gansu, Tibete ou Beichuan. Supondo que nós não conhecêssemos o mundo, ele pareceria muito menor. Se nós não soubéssemos que a Terra é redonda, poderíamos abandonar todas as esperanças na estrada. Não conhecemos nossos direitos e assim acreditamos em emancipadores, acreditamos que todas as maneiras de morrer são como têm de ser, que devemos ser gratos pela vida, que a Central Television não é baixa e indecente e que nada disso é mau. Se efetivamente soubéssemos, seríamos capazes de imaginar o mundo de outro modo ou talvez pensaríamos que ser mau não é inevitavelmente um pré-requisito para o poder.

Imagine tudo o que você não sabe; o resto do mundo seria o que quer que os outros estivessem dispostos a lhe dizer. Você está sendo vendido por eles e não sente a fisgada, talvez até esteja ajudando-os no cômputo das pilhagens. Sua ignorância e seu silêncio são o preço que você paga pela segurança do seu estilo de vida; eles se tornaram uma razão importante para a sua existência e se tornaram o próprio custo de manter o *status quo* em sua república, a magnífica e benevolente mãe. Por que não?

Sem poder ver nem ouvir, você não sabe absolutamente nada. Mesmo se soubesse, é incapaz de falar – fale e você desaparecerá. Não interessa se você está sofrendo, se está alegre, melancólico, sem imaginação, sem simpatia, sem o desejo ou a possibilidade de mudar: você é um defensor absoluto, é um exemplo destacado de escravo moderno. Você não vai investigar a natureza deste mundo, mas não é exatamente disso que precisa? Você pode comer e beber, ter filhos, obedecer à lei e pagar impostos. Você está sustentando uma horda que o considera parte de uma massa arrogante de cidadãos, pessoas cuja principal atividade é gastar o seu dinheiro com a corrupção enquanto envolvem tudo num grande segredo e o enganam mantendo a sua infelicidade. O seu azar se torna a sorte dos outros. Essa questão é um pouco complicada, provavelmente é melhor você não saber nada sobre isso.

Sem vozes individuais ou a livre troca de informações, nem o Povo nem o proletariado podem existir, e não pode haver interesses comuns para a humanidade; você não pode existir. A autêntica transformação social não pode jamais ser alcançada num lugar assim, porque o primeiro passo na transformação social é readquirir o poder da liberdade de expressão. Uma sociedade que não tem liberdade de expressão é um poço escuro, sem fundo. Quando ele está escuro assim, tudo começa a parecer claro.

# Segurança interna "panela elétrica de arroz"

**POSTADO EM 27 DE MAIO DE 2009**

Hoje às sete e quarenta da noite, depois de ouvir os resmungos de Nancy "Direitos Humanos" Pelosi**, saí de uma embaixada que tinha a segurança de no mínimo uma prisão três estrelas. Finalmente se apresentara aos meus olhos a quantia de dinheiro capaz de transformar numa bruxa obsequiosa e condenável uma mulher que já foi uma heroína astuta. E o que é ainda mais engraçado: a embaixada dos Estados Unidos herdou o notável legado dos chineses, o vômito.

Tinha deixado o celular no carro para evitar que ele me fosse confiscado pelos fuzileiros navais americanos. Retornei uma ligação de minha mãe, e ela me disse nervosa que quatro policiais à paisana estavam me esperando em sua casa, perguntando insistentemente sobre a casa que tenho perto da via expressa para o aeroporto. Eu disse a ela que estava indo imediatamente ao seu encontro. Fazia tempo que não a via.

O que aconteceu em seguida pareceu um exemplo malsucedido de literatura do absurdo. Os homens eram agentes da segurança interna e, embora parecessem boas pessoas, não estavam com a identificação policial, por isso recusei-me a falar com pessoas cuja identidade não era clara. Eles disseram que seu colega tinha identificação, e eu lhes disse que Bill Clinton era meu camarada. Então um deles começou a apelar para as minhas emoções – o tabu que eu mais detesto –, o que me forçou a pô-los para fora e não me deixou alternativa senão ligar para o 110[37]. Quando finalmente chegaram com um passo afetado, os patéticos policiais do 110 – que também estavam sem identificação – tentaram se explicar dizendo que tinham vindo a meu pedido. Eu lhes informei que sou contribuinte, e um deles me disse que havia números de identificação nos uniformes e um carro da polícia parado ali. Eu lhe perguntei como ele podia provar que não o havia roubado e disse-lhe que seria melhor os dois voltarem à delegacia para buscar sua identificação.

Quando chegamos juntos à delegacia, os outros policiais ficaram um pouco espantados ao verem os agentes da segurança interna levados até ali para dar um depoimento. Um policial fez o interrogatório e o registro, e, embora aquilo fosse mais do que ridículo, assinei de boa vontade o meu nome. Depois disso eles se negaram a emitir um boletim de ocorrência, dizendo que estávamos apenas "discutindo" e que isso não era um ato criminoso. Eu respondi que não tinha ligado no 110 para me divertir e telefonei para o meu advogado, Hao. O sinal de telefonia onde ele estava na província de Shanxi era muito ruim, então acabei ligando para Liu Xiaoyuan[38], que me disse que agentes de segurança interna já o acompanharam em discussões semelhantes. Os policiais para quem eu estava me reportando desapareceram. Indignado, lancei-me – sem exagero – para a saída da delegacia, gritando que eles estavam desperdiçando o dinheiro do contribuinte, que eram enganadores, absolutamente patéticos, e dizendo-lhes que, se não destrancassem a porta imediatamente, a delegacia logo ficaria sem ela.

Primeiro fui para casa acalmar minha mãe e, quando a deixei, os mesmos agentes de segurança estavam fazendo hora na frente da casa, como se ainda não estivessem satisfeitos. Fui forçado a ligar novamente para o 110. Dessa vez os policiais se mostraram mais eficientes e apresentaram a identificação policial. Eles deixaram os agentes de segurança do distrito de Dongcheng irem embora e então cumprimentaram com um aperto de mão os agentes de segurança do distrito de Chaoyang, dando início a um bate-papo amigável.

Eu lhes disse que, da próxima vez que viessem me procurar, não se esquecessem de trazer algemas ou pelo menos alguém capaz de falar frases completas. Não estou brincando: esta é uma época diferente, e os agentes de segurança interna, do mesmo modo que as panelas elétricas de fazer arroz[39], precisam ser atualizados. Quem vocês estão tentando amedrontar em sua rotina de trabalho?

## Não alimentem ilusões sobre mim

### POSTADO EM 28 DE MAIO DE 2009

A época do ano é a mesma e vocês devem estar ocupados estes dias[40]. Mandar um homem do "seu próprio" pessoal ao departamento de segurança pública foi apenas outro mal-entendido.

Na véspera eu havia ligado para o 110 duas vezes e levado para o Departamento de Segurança Pública dois agentes de segurança interna que não haviam me mostrado sua identificação policial.

Hoje eu liguei três vezes para o 110 para registrar um boletim, levando para o Departamento de Segurança Pública os dois guardas à paisana que estavam me perseguindo.

Resumindo, não interessa se são os agentes de segurança interna mencionados acima, se se trata de guardas da segurança pública, policiais à paisana, policiais de plantão no 110 ou da chefia da delegacia de polícia – minhas ações não se dirigem a vocês pessoalmente, do mesmo modo como as suas ações não se dirigem a mim pessoalmente. Se a minha culpa insultou a sua dignidade, eu sinceramente peço desculpas. Foi um mal-entendido.

Vocês estão apenas executando atividades oficiais, não importa que tipo de atividade seja, e, desde que isso seja necessário para a sobrevivência, eu entendo até certo ponto.

O que eu quero ilustrar é o seguinte: como ser humano, eu me sinto forçado a defender os meus direitos. Ninguém deve me provocar. Eu tenho tolerado que vocês deletem o meu blogue, tenho tolerado que vocês grampeiem o meu telefone, tenho tolerado que vocês monitorem a minha residência.

Contudo, sou incapaz de tolerar vocês irrompendo no interior da minha casa e ameaçando-me na frente da minha mãe, que tem 76 anos. Sou incapaz de tolerar policiais à paisana me perseguindo secretamente e ameaçando a minha segurança. Vocês não conhecem os direitos humanos, mas devem ter ouvido falar da Constituição, certo?

O que vocês precisam ouvir claramente é o seguinte:

1. O mundo é de vocês, então vocês precisam agir com justiça e dignidade.

2. Vocês precisam obedecer às leis enquanto executam as leis, e devem estar com sua identificação policial. Cinco policiais em dois dias não estavam com sua identificação; dois deles tentaram se passar por "civis". Respeitem sua profissão enquanto não encontram nada melhor.

3. Nem todos os cidadãos são moles. Hoje eu não estou enraivecendo com facilidade, mas amanhã pode ser diferente. Não comam na nossa casa e no dia seguinte finjam não nos reconhecer.

4. Não venham me procurar para discutir. Toda a sua experiência de "discutir" com outras pessoas não vai funcionar comigo. Vocês deviam estudar e navegar na internet.

5. Seus procedimentos devem ser claros, evitem ser passivos. Sua experiência anterior não vale para nada, e é melhor absorver as lições importantes que vocês aprenderam na delegacia do distrito de Zhabei, em Xangai.

6. Os policiais do 110 foram rápidos, educados e claros ao telefone. Pareciam ter instrução. Cumprimento vocês por isso e gosto de todos vocês. Vocês têm o número do meu telefone; podem me ligar em particular.

7. As policiais são melhores do que seus colegas do sexo masculino. Talvez seja apenas o meu velho ponto fraco. Sou tendencioso.

**4.10** Um amigo segura ramos na frente de uma das câmaras de vigilância que monitoram a porta da residência de Ai, 6 de junho de 2009.

8. A mesma frase de sempre: é apenas o seu trabalho, então não façam coisas que vocês não devem fazer. Se fazer cumprir a lei é inadequado, perder o emprego não tem importância; prejudicar a imagem do partido lesaria o caráter nacional.

9. Mais uma vez, não alimentem ilusões sobre mim.

10. Continua...

## Estou pronto

### POSTADO EM 28 DE MAIO DE 2009

"Cuidado! Você está pronto?"

Eu estou pronto. Ou melhor: não é necessário aprontar nada. Uma pessoa. Isso é tudo o que eu tenho, é tudo o que alguém pode ganhar e tudo o que eu posso dedicar. Não hesitarei na época de necessidade e não serei vago.

Se houvesse algo capaz de me fazer ter saudade seriam as maravilhas que a vida traz. Essas maravilhas são as mesmas para cada um de nós, um jogo no qual todos são iguais, e iguais são também as ilusões e a liberdade que vêm com ele. Vejo todos os tipos de ameaça a qualquer direito humano como uma ameaça à dignidade e à racionalidade humanas, uma ameaça ao potencial da vida. Quero aprender a enfrentar.

Calma, eu aprendo rápido e não vou abandoná-lo. Não muito tempo atrás a morte coletiva daquelas crianças que tiveram sua vida confiscada me ajudou a perceber o significado da vida individual e da sociedade.

Recuse o cinismo, recuse a cooperação, recuse o medo e recuse-se a tomar chá; não há nada para discutir. Dê a velha resposta: não venha me procurar de novo. Eu não vou cooperar. Se precisar vir, traga consigo seus instrumentos de tortura.

## Vamos esquecer

**POSTADO EM 3 DE JUNHO DE 2009**

Vamos esquecer o 4 de junho, esquecer esse dia que não tem nenhum significado especial. A vida nos ensinou que no totalitarismo todo dia é igual, todos os dias totalitários são um único dia, não há dia dois, não houve ontem e não haverá amanhã.

Do mesmo modo, nós não precisamos mais de segmentos da realidade e não precisamos mais de justiça ou igualdade fragmentadas.

Um povo que não tem liberdade de expressão, que não tem liberdade de imprensa e tampouco direito de votar não é humano e não precisa de memória. Sem direito à memória nós optamos por esquecer.

Vamos esquecer todas as perseguições, todas as humilhações, todos os massacres, todas as ocultações, todas as mentiras, todos os desmoronamentos e todas as mortes. Vamos esquecer tudo o que pode ser uma lembrança dolorosa e esquecer sempre que esquecemos. Tudo é apenas justo, assim eles podem rir de nós como cavalheiros corretos.

Vamos esquecer os soldados que disparam contra civis, as rodas do tanque esmagando os corpos dos estudantes, as balas zunindo pelas ruas e o derramamento de sangue, a cidade e a praça que não verteram lágrimas. Vamos esquecer as mentiras intermináveis, os dirigentes da nação que insistem em que todos precisam esquecer, vamos esquecer sua fraqueza, maldade e inépcia. Vocês certamente vão esquecer, eles precisam ser esquecidos, eles só podem existir quando são esquecidos. Pela nossa sobrevivência, vamos esquecer.

## Se não são contra a China, vocês ainda são humanos?

**POSTADO EM 3 DE JUNHO DE 2009**

O partido está desafiando infinitamente o povo: a internet está represada[41], a educação está programada e você é enganado pelos jornais, envenenado pelo leite e condenado se estiver desempregado. O transporte público está caindo aos pedaços, sua terra lhe é roubada, sua casa é demolida, seus filhos são vendidos, os mineiros são soterrados, as jovens são agredidas e tudo o mais pertence a guardas de segurança, à administração da cidade, à polícia militar, à segurança interna, estabiliza-se ou fica mentalmente doente.

Exija a prisão dos estupradores e dirão que você é contra a China; crianças são esmagadas por prédios desmoronados e, se você pergunta sobre a qualidade da construção, dirão que você também é contra a China; falar sobre produtos alimentícios contaminados é ser contra a China; os civis que sofreram violências de toda ordem tentam dirigir uma petição ao Estado e isso também é contra a China; o tráfico de crianças, a venda de sangue contaminado por HIV, a exploração de trabalho escravo nas minas de carvão, a falsificação de notícias, a transgressão da lei pelo judiciário, a corrupção e a cobiça, a infração dos direitos constitucionais, a internet "represada" com o Green Dam... qualquer coisa que ponha em destaque os seus problemas é contra a China. Se não somos contra a China, nós ainda somos humanos?

Se há um incidente público, então é um ataque inesperado e um distúrbio da multidão; se se trata de política, então é uma crise de revolta política; se é um óbvio engano, então há motivos ocultos; se o número de pessoas iradas é grande demais, então elas ignoram a verdade e foram provocadas; se a condenação é internacional, então são forças estrangeiras antichinesas. Sessenta anos se passaram e nós ainda não vimos um voto, não há educação universal, não há seguro de saúde, não há imprensa livre, liberdade de expressão, liberdade de informação, liberdade de escolher onde viver, não há judiciário independente, não há vigilantes que protejam o público, não há sindicatos independentes, não há exército nacional, não há proteção constitucional e todo o resto é um Grass Mud Horse[42].

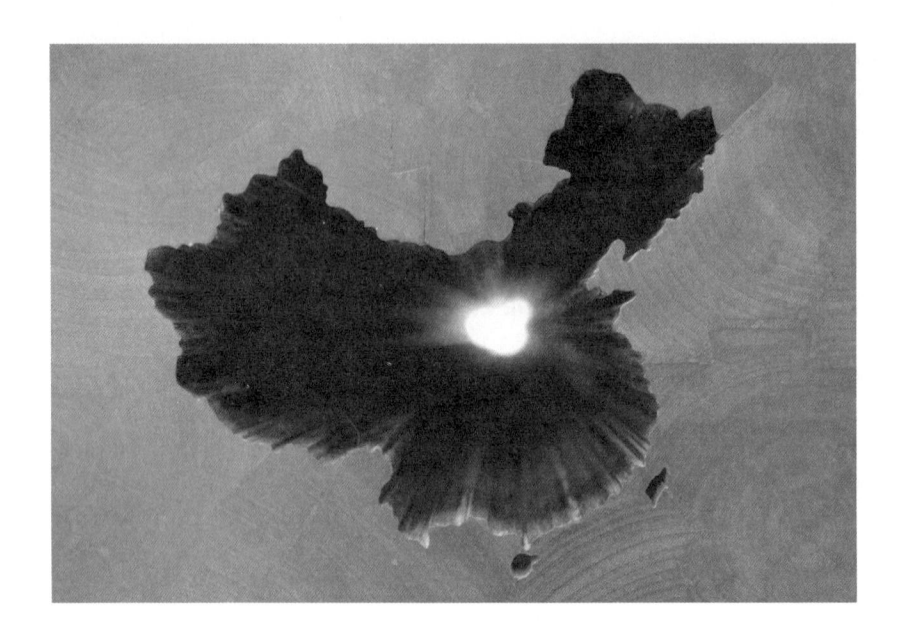

**4.11, 4.12** *China Log* (2005), madeira de Tieli, fragmento de um templo da dinastia Qing, 3,37 m de comprimento por 57 cm de diâmetro.

# Boicotem a internet no dia 1º de julho. Não arranjem desculpas, não calculem as perdas nem os ganhos

**POSTADO EM 23 DE JUNHO DE 2009**[43]

Nosso problema atual foi causado pelo fato de a China ter muita gente esperta, que está sempre dizendo: "De que adianta fazer isso? O que vai acontecer depois?". Subitamente eu entendi que em qualquer luta como essa nós precisamos confrontar não só o poder e a violência, mas também, e principalmente, essas pessoas espertas e sarcásticas, com suas expressões ubíquas de seu modo bajulador, hábil, e da sua astúcia calculista, que descaradamente procuram tirar vantagem. Elas costumam ser mais honradas e instruídas, demonstram plena saúde mental e estão sempre dando conselhos.

O que há de comum entre todas essas pessoas é que elas não gostam de agir, porque não têm imaginação e senso de humor, e por trás de todas as suas perguntas elas escondem sua baixa autoestima e autorrenúncia. Baixa autoestima, autorrenúncia e autoengano são características de um povo que vive sob a tirania dos déspotas e que, sem exceção, torna-se vítima de um exílio autoimposto e que teme a si mesmo.

Esses profetas despejam negligentemente seus conselhos, e o raciocínio deles é condenar o ato – uma idiotice – como fadado ao malogro. Antes de prever o malogro, antes da chegada da morte, eles já proclamaram a necessidade de abandonar qualquer tipo de esforço, de resignar-se antes de uma mínima resistência e de abafar qualquer som antes que se solte um grito. O malogro é inevitável, então para que agir? É essa a sua lógica. Na China nunca faltou esse tipo de espectador; essas pessoas são os verdadeiros cúmplices da violência, sua cobiça astuta e sórdida submeteu-se à arrogância do poder. Algum dia houve um derramamento de sangue em que o olhar bondoso dessas pessoas espertas não se voltou para o outro lado até que o sangue parasse de gotejar?

Os profetas estão vivos? A vida não são os rastos de um sem-número de lutas até a morte? A existência não é uma pintura de incontáveis fracassos? Todos esperam lutar pelo direito de controlar a própria vida e a própria morte, e não pelas obscenas interpretações da existência dadas pelos profetas.

Afaste os modos antiquados com sua própria linguagem, substitua os antigos preconceitos pelas próprias atitudes e cubra os modos tradicionais com novas expressões. Essa é uma nova existência porque são nossos próprios métodos.

Em todas as crises de sobrevivência, crises causadas por vivermos em degradação, sem sinceridade ou coragem, o terrível precursor da morte é na verdade uma falta de fé nos direitos fundamentais da vida.

O significado do mundo se manifesta claramente por meio do processo de desintegração e mutação; não há significado previsível. As tortas são feitas de farinha, não caem do céu. O mesmo se dá com a democracia e os direitos civis.

Você pode dizer que essa torta não é gostosa, mas se for esse o caso é melhor fazer outra ou então vá comer bolinho chinês.

Hoje eu estou fazendo um pedido claro: boicotem a internet no dia 1º de julho, não arranjem desculpas, não calculem as perdas nem os ganhos.

# 140 caracteres

### POSTADO EM 9 DE JULHO DE 2009[44]

As premissas para se chegar a julgamentos públicos éticos são a possibilidade de as pessoas obterem a verdade e a suposição de que elas podem se exprimir e participar. Isso se chama democracia. Qualquer tipo de governo que não tenha essas garantias é um governo violento, e a violência política é a fonte de outras violências sociais.

Como ambos os lados entendem a forma e o método? De um lado estão as pessoas comuns de Uyghur, aterrorizadas, em pânico; do outro lado estão soldados e policiais totalmente armados, munidos da cabeça aos pés com equipamentos de combate, com seus tanques, arrogantes poderes que exigem repressão e ataque, que monopolizam todos os recursos e informações, inclusive o poder de controlar o que você conhece, de monopolizar a justiça e a opinião pública. Não está perfeitamente claro o que é a verdadeira violência?

Com tantos pontos de vista, opiniões e métodos que determinam o que é a violência e como administrá-la, esta nação está sempre carente de conhecimento sobre a Constituição e de um sistema judicial independente. Não há apreço pela Constituição nem um sistema legal independente dos partidos políticos; a nação e o governo são apenas grupos violentos detendo reféns. Esse tipo de terra pode ter perspectiva de paz?

Do ponto de vista de um Estado totalitário, a ética e os métodos usados para administrar a violência constituem apenas a razão ou o propósito para o próximo conflito violento. As deficiências morais e éticas e o debate sobre a legitimidade do poder são as causas latentes de qualquer conflito violento.

O processo se torna mais sinistro conforme o descrevemos. Imagine, depois de sessenta anos sob o sol quente e iluminador que é a política étnica, milhares de civis de minoria étnica desarmados vão às ruas protestar e enfrentar dezenas de milhares de policiais militares e soldados. Eles matam umas poucas pessoas e queimam alguns carros, mas, fora dizer que isso foi influência dos estrangeiros, é difícil justificar a sua história.

Quer os incidentes nessas áreas sejam pequenos ou grandes, eles certamente são o resultado da cooperação com "forças estrangeiras hostis e bandidos de dentro do país". Na prática revolucionária chinesa, o marxismo e o leninismo não são o exemplo quintessencial de cooperação bem-sucedida com "forças estrangeiras hostis e bandidos de dentro do país"?

O número de mortos já excedeu o que poderíamos imaginar, e isso só pode ser explicado de forma confiável pela real fraqueza e pela incompetência. A violência totalitária está por toda parte; a vida é apenas um número sem carne nem sangue. Os estudantes mortos em Sichuan são um exemplo disso.

A extravagância acabou; crueldade, negligência, declínio e pilhagem estão acontecendo diante de seus olhos, você é apenas o herdeiro.

Quando as únicas verdades do mundo são todas as verdades a seu favor, você se torna um enganador; você é apenas uma desculpa para a sua existência. O mundo não é necessariamente o que você acha que é; o mundo de cada pessoa tem aos olhos dela um aspecto diferente.

A verdade ainda é necessária? Não é. Esse governo, esse tipo de sistema político, é a verdade inteira, imutável. Todas as outras verdades são falsas aparências desprezíveis.

Quando estamos no limiar da morte não há etnia ou pontos de vista; a morte neutraliza toda a racionalidade terrena. Causar a morte de uma pessoa é pecado, não importa quem seja essa pessoa ou qual o objetivo visado. A morte é antagônica à liberdade.

Quem morre violentamente morre de uma desconsideração e um ódio pela vida. O nefasto é que a indiferença e o ódio estejam preservando o nosso estado normal de existência.

Há dois tipos de violência: a que podemos ver e a que não podemos ver; nós sofremos as duas. Se já não estamos no caminho da extinção, não use mais "extinção" para ameaçar as pessoas.

Eu morei em Xinjiang durante dezesseis anos e nunca tive oportunidade de entrar em contato com os *uyghurs*, de modo que não os conheço de fato. Isso deveria ser suficiente para ilustrar o problema. Tive contato ilimitado com os *han* e sei o quanto alguns deles podem ser descarados e capazes de nos desapontar.

É exatamente como uma pessoa doente vendo o próprio corpo definhar, com a diferença de que essa morte não é causada pela exaustão pessoal, mas sim pela degradação e derrota externas.

A liberdade é limitada pela liberdade que seus prisioneiros desfrutam, sem liberdade para os outros; você nunca terá um dia de paz.

As instituições políticas são normas e regulações, que poderiam ser um jogo sadio. O que devíamos dizer ao governo é: é bom estar no poder, mas você não quer enganar; não há problema em ser corrupto, mas não é preciso enlouquecer; você pode roubar, mas não tente parecer digno.

As "três influências" são: influências terroristas violentas, influências étnicas de separação, influências religiosas extremistas[45]. Você não se olha no espelho?

Qualquer que seja a natureza do incidente, eles todos terminam do mesmo modo: feche hermeticamente as informações, controle a opinião pública, confunda o certo e o errado. Não está claro que tipo de mundo é este?

Xinjiang, Tibete, Weng'an, Longnan, Shishou[46], Beichuan... e as milhares de pessoas que enfrentaram dificuldades. Todos estão pagando um preço, um preço ético e moral pago com o corpo e a alma por jovens e idosos, mulheres e crianças. O que é estranho é o fato de ninguém escapar da punição.

O sentimento de desamparo sob o totalitarismo é o sequestro da moral humana. O terror não resulta da brutalidade implacável, e sim da submissão a essa implacabilidade.

O presidente da região autônoma de Xinjiang, Nur Bekri, descreveu Rebiya Kadeer: "Uma mulher malcomportada, delinquente e má, sem sombra de dignidade nacional, caráter pessoal ou senso de preocupação nacional, ela vendeu os interesses de sua nação e de seu povo e está disposta a servir de lacaio dos ocidentais antichineses"[47]. Com exceção da última parte da última frase, o resto da descrição poderia ser usado para as autoridades chinesas.

"Tenham coragem, algo grande está para acontecer." Se isso é indício de um plano influenciado pelo estrangeiro, a conclusão só pode ser de que as influências estrangeiras estão muito longe da força do Fanfou[48].

# Eu realmente não posso acreditar

**POSTADO EM 20 DE NOVEMBRO DE 2009**

Ontem o Ministério da Segurança Pública mandou ao Banco da China alguém que passou lá a tarde inteira investigando as informações da minha conta. A razão da investigação era que eu estava envolvido em "fraude". O que será que eles estão tentando fazer?

O Ministério da Segurança Pública investigou tudo cuidadosamente durante mais de três horas. Esses atos provam que eles não têm limite moral e ético. Eu não estou nada surpreso. Quando ouvi que estava envolvido em "fraude", eu ri – pelo menos eles estão compartilhando sua honra comigo.

Minha mãe e minha irmã receberam ligações com perguntas sobre mim. De início elas ficaram preocupadas e acharam que algo podia acontecer, mas eu não vejo as coisas assim. Acho que, independentemente do que possa acontecer, nada é capaz de evitar o processo histórico pelo qual a sociedade exige liberdade e democracia.

Esta tarde tivemos uma reunião familiar e nela eu pus meus parentes a par do meu "trabalho", manifestei meus pontos de vista e opiniões e analisei a situação. Todos entendem que eu já considerei o pior do que pode acontecer e se sentem bem mais seguros.

O que eles podem fazer comigo? Nada além de me expulsar, me sequestrar ou me prender. Talvez possam fabricar o meu desaparecimento no ar, mas eles não têm nenhuma criatividade ou imaginação e são carentes de alegria e da capacidade de voar. Esse tipo de organização política é lamentável.

Enterrem aquelas crianças, deem pedras aos seus rins e ajam como se isso não fosse nada, exerçam a violência perto e longe, mas não ousem encarar os fatos... e é assim que vocês vivem neste mundo? Eu realmente não posso acreditar.

# EPÍLOGO

**Pergunta:** O que você sentiu quando o blogue Sina foi encerrado?

**Ai Weiwei:** É muito difícil explicar meus sentimentos quando encerraram o blogue Sina. Afinal de contas, embora fosse um blogue, eu tinha passado mais de três anos envolvido nele. Tinha mais de 2.700 postagens e incluí um grande número de imagens e textos. Mesmo quando viajava, eu postava todo dia ou pedia ao meu assistente que o fizesse para mim, e assim eu tinha um alto volume de postagens e o blogue se tornou muito dinâmico. Mesmo fora da China, tenho certeza de que em poucos lugares há blogues tão ativos; todo dia eu escrevia de duas a sete vezes. Desde que o blogue Sina foi encerrado eu tenho me sentido vazio.

**P:** Parece que os objetivos do seu blogue evoluíram; você sente que o seu status pessoal mudou?

**AWW:** Antes de começar o meu blogue eu não tinha o costume de escrever. É claro que o blogue seria sobre política e questões atuais, porque a arte não precisa de muitos comentários escritos. Meu status nunca mudou, e a política sempre se imiscuiu na minha vida.

Eu acho que o interesse de um artista, ou de uma pessoa, pelas atitudes na vida sempre se relaciona com a política. O blogue me proporcionou uma ferramenta mais dinâmica e um lugar para tirar plena vantagem do meu potencial de expressão.

**P:** Qual foi a sua intenção original ao filmar *Laoma tihua*?[1] Os eventos que ocorreram durante aquela filmagem mudaram a sua vida. Como as pessoas de outros países entendem as ações dos governos locais? Você se arrepende de alguma coisa?

**AWW:** Eu levei equipamentos de fotografia e de vídeo quando fui para Sichuan testemunhar a favor de Tan Zuoren, porque é assim que eu ajo há muito tempo; não foi com a intenção de fazer um filme. Além disso, nós frequentemente levamos câmeras para fazer vários tipos de documentação, hábito que adotei antes mesmo de *Conto de fadas*. Foi por volta de 2003 que eu comecei a filmar e a documentar.

Quando voltamos de Sichuan, ficou muito difícil esclarecer os acontecimentos inesperados que ocorreram ali, e eu tive a ideia de usar os registros para fazer um filme. Os acontecimentos na área influenciaram o curso da minha vida e isso me ameaçou com uma crise, e foi algo que nunca havia me ocorrido, algo que teve uma influência definitiva em minha situação pessoal e na situação do que me cercava.

Acho que as ações das autoridades locais – inclusive uma porção de coisas que acontecem na China – não são necessariamente compreensíveis para todos os ocidentais. Isso porque essas coisas ficam fora dos parâmetros das coisas que podem

**5.1** Ai Weiwei e Zuoxiao Zuzhou com dois policiais no elevador do hotel Anyi em Chegdu, às cinco da manhã do dia 12 de agosto de 2009.

ser entendidas. Você está dentro de uma situação ou fora dela, entender é apenas uma parte das condições que o cercam, e assim as características incompreensíveis sempre existirão. Quase cinco meses se passaram desde o caso de Tan Zuoren – fui testemunhar para esse intelectual que trabalha duro, que sempre batalhou pelo interesse do público, e não me arrependo das minhas ações. Acho que todas as pessoas precisam fazer algo pelos outros; somente assim haverá mudança no mundo.

**P:** Você tem feito filmes ou documentários ultimamente? Está tentando avançar nessa direção?

**AWW:** Nós sempre estamos gravando, editando e fazendo documentários. Já completamos quatro documentários; todos eles estão disponíveis on-line[2]. Eu não tenho objetivo nem direção, estou sempre avançando.

**P:** Você não tem escrito artigos ultimamente. Devemos interpretar que isso esteja relacionado com o que aconteceu em Sichuan?

**AWW:** O que aconteceu em Sichuan levou a um decréscimo da minha capacidade de concentração, e o meu cérebro ainda está se recuperando. O que houve de bom é que eu aprendi a usar o Twitter, e o que aconteceu em Sichuan e a minha cirurgia em Munique eu postei no Twitter pelo meu celular. Claro que tudo isso me deu a possibilidade de usar um novo método de documentação para narrar a minha situação e expor os acontecimentos. Um novo meio de expressão se apresentou e eu descobri que ele expressa uma camada dinâmica e vigorosa que é facilmente aceita pela mídia e pelo público. Ao mesmo tempo, e o que é mais importante, ele pode superar as velhas estruturas de poder e as possibilidades antiquadas de discurso.

**P:** O seu Twitter já atingiu 20 mil seguidores. O que mais o atraiu no Twitter? Como ele modificou seu estilo de vida? Comparando com o blogue, que plataforma lhe convém mais?

**AWW:** A natureza distinta do Twitter é a sua velocidade e circulação instantânea; é o oposto do pedantismo e da contemplação profunda envolvidos na literatura. Eu sempre me lembro de uma coisa que Allen Ginsberg me disse: "O primeiro pensamento é o melhor pensamento", esse tipo de coisa. Fico pensando que ele nunca teve a oportunidade de usar o Twitter. Acredito que o Twitter vai, em última análise, mudar o modo de os seres humanos se comunicarem e o modo de transmitirmos textos e informações. O Twitter é mais adequado para mim. Na língua chinesa pode-se escrever um conto com 140 caracteres; é espaço suficiente. O Twitter dá às pessoas a chance de interagir com mais proximidade.

**P:** Você pode falar um pouco sobre o futuro da conectividade humana, ou relações humanas, como tendo sido facilitada pela era digital?

**AWW:** Estamos numa era extremamente nova, cujas características mais distintas se manifestam em mudanças da expressão individual e nas influências que modificam o modo como recebemos as informações. Quando as características dos indivíduos sofrem uma mudança, o próprio conceito de espécie humana se altera. Ainda não se percebe o significado dos efeitos que a era da internet terá sobre a espécie humana, mas ela se tornará a ferramenta que a desenvolverá exponencialmente.

**P:** Quais são os grandes efeitos que a internet teve sobre a sociedade chinesa e sobre os internautas chineses?

**AWW:** É difícil imaginar os efeitos que a internet teve sobre a sociedade chinesa; isso porque a China fez de sua base o bloqueio de informações, a vigilância e a limitação da livre expressão. A vigilância e as limitações estão aumentando sem parar. Mas ao mesmo tempo a proeza técnica dos internautas e suas exigências de liberdade de expressão estão se tornando mais resistentes a cada bloqueio. Esse tipo de impasse sobre a internet chinesa cultivou uma nova força interessada em métodos expressivos e em possíveis tecnologias.

**P:** Em sua opinião, o que seria o resultado ideal de uma sociedade internauta ou digital? Ou que tipo de mudança social você acha que ela vai trazer?

**AWW:** O resultado ideal de uma sociedade internauta seria que as pessoas tivessem oportunidade de fazer a melhor escolha, o que normalmente inexiste em razão de uma desigualdade de conhecimento e de oportunidades ou de uma desproporção das informações. Pode ser que surja uma verdadeira sociedade cidadã. As mudanças sociais que a internet está propiciando estão levando a China ainda mais rapidamente na direção de um estado de liberdade liberalizado e socializado.

**P:** Você tem alguma outra reflexão sobre a era digital ou a liberdade na internet? Isso é uma Guerra Fria da internet? Você vai continuar a blogar no futuro?

**AWW:** A liberdade de expressão na internet é um conceito novo, e os comentários de Hillary Clinton[3] foram uma nova avaliação dos valores da liberdade e da democracia, além de novas definições desses conceitos. Todos podem se beneficiar da proteção dessas novas tecnologias. Defender esses conceitos colocará os políticos autoritários numa situação muito difícil.

Vou continuar usando a internet e, como artista, acho que essa plataforma tem um potencial incrível e características expressivas; além disso ela me concedeu muitas lembranças inimagináveis.

# CRONOLOGIA

## Cronologia de Ai Weiwei

| | |
|---|---|
| **1910** | Em 27 de março, o pai de Ai Weiwei, Ai Qing (registrado com o nome de Jiang Haicheng) nasce numa família de proprietários de terra em Jinhua, na província de Zhejiang |
| **1957** | No dia 18 de maio, Ai Weiwei nasce em Pequim (segundo outras fontes ele nasceu em 28 de agosto), filho de Ai Qing e de sua esposa Gao Ying |
| | Ai Qing é considerado direitista; a família é enviada para Beidahuang, Heilongjiang |
| **1959** | A família é transferida para Shihezi, Xinjiang |
| **1976** | Ai Qing é reabilitado; a família volta para Pequim |
| **1978** | Ai Weiwei se matricula na Academia de Cinema de Pequim |
| **1979** | Participa da primeira exposição Stars, montada numa cerca diante do Museu Nacional de Arte da China |
| **1981** | Chega a Nova York |
| **1982** | Matricula-se na Parsons School of Design, da Arts Students League |
| | Exposição na Asia Foundation, São Francisco (individual) |
| **1988** | Exposição *Old Shoes, Safe Sex*, Art Waves Gallery, Nova York |
| **1989** | Entra para o grupo Solidariedade à China e participa de oito dias de greves de fome em Nova York |
| **1993** | Volta à China |
| | *The Stars: 15 Years*, Tokyo Gallery, Tóquio (mostra coletiva) |
| | Artistas começam a se mudar para o East Village, nos arredores a leste de Pequim |
| **1994** | Organiza e publica o *Black Cover Book* (*Heipi shu*) |
| **1995** | Organiza e publica o *White Cover Book* (*Baipi shu*) |

| | |
|---|---|
| **1997** | Organiza e publica o *Gray Cover Book* (*Huipi shu*) |
| **1998** | Membro do júri do primeiro Prêmio de Arte Contemporânea Chinesa |
| | Com Hans van Djik e Frank Uytterhagen funda os China Art Archives and Warehouse |
| | *Double Kitsch: Painters From China*, Max Protetch Gallery, Nova York (mostra coletiva) |
| **1999** | Conclui seu primeiro projeto arquitetônico, a Studio House de Caochangdi, em Pequim |
| | *Innovations I*, China Art Archives and Warehouse, Pequim (mostra coletiva) |
| | 48ª Bienal de Veneza |
| | *Concepts, Colors, and Passions*, China Art Archives and Warehouse, Pequim (mostra coletiva) |
| **2000** | Com Feng Boyi é responsável pela curadoria de *Fuck Off*, EastLink Gallery, Xangai |
| | China Art Archives and Warehouse (projeto arquitetônico) |
| | *Concrete*, primeiro projeto para ambiente externo, para a Soho China |
| **2002** | Organiza *Chinese Artists, Texts and Interviews: Chinese Contemporary Art Awards 1998-2002* |
| **2003** | Colabora com Herzog & de Meuron na proposta para o Estádio Nacional de Pequim, o "Ninho de Pássaro" (projeto arquitetônico) |
| | Funda o escritório de arquitetura FAKE Design |
| | Parque Cultural Jinhua Ai Qing e margem do rio Yiwu, Jinhua, Zhejiang, China (projeto arquitetônico) |
| | *Fragments*, Galerie Urs Meile, Pequim-Lucerna, Lucerna, Suíça (individual) |
| **2004** | Restaurante Go Where?, Pequim (projeto arquitetônico) |

|      | |
|------|---|
|      | *Between Past and Future: New Photography and Video from China*, Nova York, Seattle, Chicago, Carolina do Norte, Califórnia, Berlim, Londres (mostra coletiva) |
|      | 9ª Bienal de Arquitetura de Veneza |
|      | Caermerklooster, Provinciaal Centrum voor Kunst en Cultur, Gent, Bélgica (individual) |
| **2005** | 2ª Trienal de Guangzhou |
|      | Pátio 104 & 105, Pequim (projeto arquitetônico) |
|      | Galerie Urs Meile, Pequim (projeto arquitetônico) |
|      | *Mahjong: Chinesische Gegenwartskunst aus der Sammlung Sigg*, Kunstmuseum, Berna |
|      | Outubro: Ai Weiwei começa a blogar no sina.com |
| **2006** | *Fragments*, Galerie Urs Meile, Pequim (individual) |
|      | *Art in Motion*, MoCA em Xangai |
|      | Participa da reunião do Fórum Econômico Mundial Anual de Davos, Suíça |
|      | *Territorial: Ai Weiwei and Serge Spitzer*, Museum für Moderne Kunst, Frankfurt am Main |
|      | 15ª Bienal de Sydney |
|      | 3ª Bienal de Busan, Coreia do Sul |
| **2007** | De junho a setembro, *Fairytale*, projeto realizado na Documenta 12, Kassel, Alemanha |
|      | *Ai Weiwei*, Galerie Urs Meile, Lucerna (individual) |
|      | *Traveling Landscapes*, AedesLand, Berlim, Alemanha (individual) |
|      | 2ª Bienal de Moscou |
|      | *The Real Thing: Contemporary Art from China*, Tate Liverpool, Liverpool |

| | |
|---|---|
| | Three Shadows Photography Arts Center, Pequim (projeto arquitetônico) |
| | 17 Studios, Caochangdi, Pequim (projeto arquitetônico) |
| | Museu de Cerâmica Neolítica, Jinhua, Zhejiang, China (projeto arquitetônico) |
| | Treehouse of the Waterville, Lijiang, Yunnan, China (projeto arquitetônico) |
| **2008** | *Ai Weiwei: Illumination*, Mary Boone Gallery, Nova York (individual) |
| | *Ai Weiwei: Under Construction*, Sherman Contemporary Art Foundation and Campbelltown Arts Center, Sydney (individual) |
| | *Go China! Ai Weiwei*, Museu Groninger, Groninga, Holanda (individual) |
| | Gallery Hyundai, Seul (individual) |
| | Albion Gallery (individual) |
| | 5ª Bienal de Liverpool |
| | 11ª Bienal de Arquitetura de Veneza |
| | Recebe o Prêmio de Arte Contemporânea Chinesa pelo conjunto da obra |
| **2009** | *Ai Weiwei: New York Photographs 1983-1993*, Three Shadows, Pequim (individual) |
| | *According to What?*, Mori Art Museum, Tóquio (individual) |
| | 20 de março: início da Investigação Cidadã |
| | 28 de maio: o blogue Sina é censurado |
| | Junho: começa o microblogue no Twitter |
| | 12 de agosto: agredido no hotel de Chengdu enquanto tenta testemunhar no julgamento de Tan Zuoren |
| | 13 de setembro: passa por cirurgia craniana em Munique |

| | |
|---|---|
| **2010** | *So Sorry*, Haus der Kunst, Munique (individual) |
| | 15 de março: Tate Modern anuncia que Ai irá preencher o Turbine Hall como a 11ª encomenda da série Unilever do Tate, aberta ao público de 12 de outubro de 2010 a 25 de abril de 2011 |
| | 10 de agosto: enquanto tenta registrar um boletim policial da agressão sofrida em agosto de 2009, Ai e companheiros são atacados por policiais à paisana em frente ao departamento de polícia da cidade de Chengdu |

**Cronologia de importantes acontecimentos sociopolíticos**

| | |
|---|---|
| **1911** | Estabelece-se em Pequim o governo republicano |
| **1912** | Fevereiro: a dinastia Qing chega ao fim quando o último imperador Manchu abdica |
| **1919** | 4 de maio: manifestações estudantis em Pequim; tem início o Movimento Quatro de Maio |
| **1927** | Guerra civil entre o KMT (nacionalista) e os partidos comunistas |
| **1937** | Começa a Segunda Guerra Sino-Japonesa |
| **1942** | Palestras de Mao Tsé-tung em Yan'an sobre arte e literatura unificam intelectuais e artistas sob novas diretrizes comunistas |
| **1949** | 1º de outubro: fundação da República Popular da China |
| **1950** | Exército de Libertação Popular entra no Tibete |
| **1956-57** | Campanha Desabrochar de Cem Flores incentiva a crítica intelectual |
| **1957-58** | Campanha Antidireitista elimina os intelectuais contestadores |
| **1958** | Grande Salto para a Frente tem início |
| **1959** | Décimo aniversário da fundação da República Popular da China, Dez Construções Grandiosas em andamento em Pequim |

|      | 10 de março: levante no Tibete, 14º dalai-lama foge para a Índia |
|------|---|
| 1961 | Grande Salto para a Frente termina, fome mata de 14 a 36 milhões |
| 1964 | Primeiros testes nucleares na China |
| 1966 | Grande Revolução Cultural Proletária tem início |
| 1968 | Primeiro grupo da Guarda Vermelha é enviado ao campo para trabalhar e educar |
| 1972 | Nixon visita a China, as relações sino-americanas começam a se normalizar |
| 1976 | 8 de janeiro: morte do premiê Zhou Enlai |
|      | 5 de abril, pessoas enlutadas pela morte de Zhou Enlai se reúnem na Praça da Paz Celestial para o Dia de Lavar os Túmulos [Qingming Festival] e são dispersadas pela força policial, no que se tornou conhecido como Protestos na Praça da Paz Celestial em 1976 |
|      | 6 de julho: morte do vice-premiê Zhu De |
|      | 28 de julho: terremoto em Tangshan devasta a cidade de Tangshan, na província de Hebei, matando cerca de 270 mil pessoas |
|      | 9 de setembro: morte do primeiro-ministro Mao Tsé-tung |
|      | 6 de outubro: Gangue dos Quatro é presa em Pequim, a Revolução Cultural se esgota |
| 1978 | Deng Xiaoping revela-se mais hábil que o sucessor de Mao, Hua Guofeng, e sobe ao poder |
|      | Políticas econômicas de "abertura e reforma" propostas por Deng começam a ser introduzidas |
|      | 5 de dezembro: Wei Jingsheng posta "A Quinta Modernização" no Muro da Democracia de Pequim |
| 1980 | Instala-se no plano nacional a política do filho único |
|      | Zonas econômicas especiais são criadas em Shenzhen, Zhuhai, Shantou, Xiamen e Hainan |

| | |
|---|---|
| **1982** | Quinto Congresso Nacional do Povo adota a atual Constituição |
| **1983** | Tem início a primeira campanha Bater Forte contra o crime |
| **1985** | "Culture fever" e a "'85 New Wave" [movimentos artísticos] |
| **1989** | 15 de abril: morte do secretário-geral Hu Yaobang |
| | 13 de maio: estudantes em manifestação na Praça da Paz Celestial começam uma greve de fome |
| | 20 de maio: lei marcial declarada em Pequim, soldados avançam sobre a Praça da Paz Celestial mas são detidos por civis |
| | 3 de junho: soldados recebem ordens de a todo custo esvaziar a Praça da Paz Celestial às 6 horas da manhã; no dia 4 de junho a violência irrompe na praça às 4 da madrugada |
| **1990** | Doadores de sangue e plasma da área rural de Hebei são infectados em massa com HIV |
| | Artistas começam a se mudar para a aldeia de Yuanmingyuan em Pequim |
| **1992** | Viagem de Inspeção ao Sul, empreendida por Deng Xiaoping |
| **1993** | O East Village de Pequim começa a desabrochar |
| **1994** | 8 de dezembro: incêndio em Karamay, na província de Xinjiang |
| | Começa a construção da Barragem das Três Gargantas |
| **1996** | Termina a construção da estação ferroviária de Pequim Oeste |
| **1997** | 19 de fevereiro: morte de Deng Xiaoping |
| | 1º de julho: a China adquire o controle sobre a soberania de Hong Kong |
| **2000** | Jing Zemin esboça a teoria da "Tripla Representatividade" durante a sua Viagem de Inspeção ao Sul |
| | Han Han publica *Third Door*, que se torna o livro mais vendido na China em mais de 20 anos |

|      |   |
|------|---|
|      | Começa a remoção da população da Barragem das Três Gargantas; cerca de 1,3 milhão de pessoas serão instaladas em novo local durante um período de 17 anos |
| 2001 | A China é escolhida para sediar os Jogos Olímpicos de 2008 |
| 2002 | Primeiro caso suspeito de síndrome respiratória aguda grave na província de Guangdong |
|      | Hu Jintao substitui Jiang Zemin como secretário-geral do Partido Comunista da China |
| 2003 | Em março, Hu Jintao é eleito presidente do Congresso Nacional do Povo |
|      | 20 de março: Sun Zhigang morre sob a custódia da polícia; as políticas de abrigo compulsório e repatriação são reconsideradas |
|      | Em abril, dr. Jiang Yanyong denuncia a ocultação da síndrome respiratória aguda grave por Pequim |
|      | Ainda em abril, a proposta do Ninho de Pássaro de Herzog & de Meuron para o Estádio Nacional é oficialmente aceita |
| 2004 | Em janeiro, o trem maglev Shanghai Transrapid começa a funcionar |
|      | Em setembro, a "Construção de uma sociedade harmoniosa" é apresentada como diretriz importante do Partido Comunista da China sob a direção de Hu Jintao |
|      | 22 de setembro: nova torre da CCTV projetada por Rem Koolhaas começa a ser construída em Pequim |
| 2005 | O número de usuários da internet na China passa de 103 milhões (segundo o China Internet Network Information Center, CINNC) |
|      | Em junho, tribunais de Pequim ordenam que a aldeia de artistas de Suojiacun seja destruída |
|      | Em setembro, o Yahoo! é acusado de fornecer informações que levam à prisão do jornalista Shi Tao |
| 2006 | Em janeiro, Google.cn se estabelece aceitando a política de censura chinesa |

|      | |
|------|---|
|      | Em março, é lançado o programa de educação pública "Oito dignidades, oito vergonhas" |
|      | 16 de abril: Zhang Yimou é escolhido diretor da cerimônia de abertura dos Jogos Olímpicos de 2008 |
|      | 10 de maio: músico de rock Dou Wei destrói a sala da redação do *Beijing News*, enfurecido por terem invadido a sua privacidade |
|      | 1º de julho: é inaugurada a ferrovia Qinghai-Tibete |
|      | 16 de julho: Qiu Xinghua mata dez pessoas no templo taoísta Telha de Ferro, na província de Shaanxi |
|      | Em novembro, o Golden Shield Project (também conhecido como Great Firewall) começa a funcionar, submetido ao Ministério da Segurança Pública |
| **2007** | O número de usuários da internet chinesa passa de 210 milhões (segundo o CINNC) |
|      | 12 de outubro: dirigentes da companhia florestal Shaanxi divulgam "evidências fotográficas" do tigre-do-sul-da-china, lançando o escândalo do tigre-do-sul-da-china |
| **2008** | 14 de março: protestos étnicos irrompem em Lhasa |
|      | 1º de abril: Wikipedia, Blogger e YouTube são desbloqueados |
|      | Em maio, autoridades da saúde do país comunicam um surto do enterovírus EV71 na cidade de Fuyang, na província de Anhui |
|      | 12 de maio: terremoto de Wenchuan, na província de Sichuan |
|      | 28 de junho: motins em Weng'an, na província de Guizhou |
|      | 1º de julho: Yang Jia irrompe na delegacia de polícia de Zhabei, em Xangai, e mata seis funcionários (é também o 87º aniversário da fundação do Partido Comunista Chinês) |
|      | 16 de julho: primeiras notícias ligando a fórmula do leite da Sanlu a problemas renais em crianças |
|      | 8 de agosto: abertura dos Jogos Olímpicos de 2008 |

| | |
|---|---|
| | 27 de agosto: Yang Jia é julgado e condenado à morte numa audiência a portas fechadas |
| | 13 de setembro: a Sanlu Corporation cessa a produção de leite |
| | 10 de dezembro: petição Carta de Direitos 08 por direitos humanos e reforma política na China é publicada on-line |
| **2009** | 9 de fevereiro: o prédio da TVCC, um dos edifícios da sede da China Central Television projetada por Koolhaas e ainda não inaugurado, é destruído pelo fogo |
| | 12 de fevereiro: Li Qiaoming morre em consequência de ferimentos na cabeça sofridos na prisão; o escândalo "enganar o gato" explode na internet e na mídia chinesa |
| | 25 de fevereiro: o rato e o coelho de bronze da dinastia Qing são vendidos na Christie's por um total de 28 milhões de euros |
| | 24 de março: Youtube.com é indefinidamente bloqueado na China |
| | 4 de junho: vigésimo aniversário do Incidente na Praça da Paz Celestial; microblogue e sites de compartilhamento de fotos são bloqueados, prevendo-se dissidência |
| | 9 de junho: o software de filtragem Green Dam Youth Escort é adotado |
| | 19 de junho: motins em Shishou, província de Hebei |
| | 5 de julho: distúrbios em Ürümqi, província de Xinjiang; buscas contendo a palavra "Ürümqi" são bloqueadas e o acesso à internet em Xinjiang é suspenso |
| | 1º de outubro: sexagésimo aniversário da fundação da República Popular da China |
| | 25 de dezembro: Liu Xiaobo é condenado a onze anos de prisão, culpado de "incitar a subversão" |
| | 28 de dezembro: acesso parcial à internet retomado em Xinjiang; o *People's Daily* on-line e a Xinhuanet.com são os primeiros sites acessíveis em Xinjiang |

| | |
|---|---|
| **2010** | 10 de janeiro: o Google anuncia que não vai continuar censurando resultados de busca dentro da China, mesmo que isso signifique sua saída do mercado |
| | 19 de janeiro: o número de usuários chineses da internet chega a 384 milhões |
| | 21 de janeiro: discurso da secretária de Estado americana Hillary Clinton sobre liberdade na internet e "liberdade de conexão" faz críticas veladas à China |
| | 22 de janeiro: o Ministério do Exterior da China condena a crítica dos Estados Unidos dizendo que ela "prejudica as relações China-Estados Unidos" |
| | 9 de fevereiro: Tan Zuoren é condenado a cinco anos por subversão |
| | Em outubro, Liu Xiaobo ganha o Prêmio Nobel da Paz |

# NOTAS

**Apresentação**

1. Walter Benjamin, "The Task of the Translator" (apresentação a uma tradução de Baudelaire, 1923; trad. Harry Zohn, 1968). In: Lawrence Venuti (Org.), *The Translation Studies Reader*. Londres: Routledge, 2000.
2. Hans Ulrich Obrist, entrevista com Mathieu Wellner, "Ai Weiwei", *Mono-Kultur*, n. 22 (outono de 2009), 5.
3. Ai Weiwei, citado em Karen Smith, *Ai Weiwei*, Contemporary Artist Series (Nova York: Phaidon, 2009), 64.
4. Ai Weiwei, entrevista com o autor, 23 de janeiro de 2009.
5. Ai Weiwei, citado em Charles Merewether, *Ai Weiwei: Under Construction* (Sydney: University of New South Wales Press, Sherman Contemporary Art Foundation e Campbelltown Arts Centre, 2009), 24.
6. Sean Simon, "Ai Weiwei's Heart Belongs to Dada", *Artspeak*, Nova York, 16 de março de 1988.
7. Citado em Michael Kaufman, "New Yorkers Try to Defend Students Hunted in China", *New York Times*, 22 de junho de 1989.
8. Elas saíram em "Ai Weiwei: New York Photographs 1983-1993", expostas no Three Shadows Photography Art Center de Pequim, de 2 de janeiro a 18 de abril de 2009. A exposição incluiu centenas de imagens escolhidas a partir de 10 mil fotos que nunca haviam sido expostas.

\* Yang Jia matou seis policiais e feriu outros três em uma delegacia de Xangai. Ver nota 26 dos textos de 2008. (N. E.)

9. Ai Weiwei: New York Photographs 1983-1993.
10. Ver: <http://china.blogs.time.com/2009/05/13/ai-weiwei-transcript-for-real-this-time/>. Acessado em 23 de janeiro de 2010.
11. Ver "Carta de uma mãe de Beichuan" (postado no blogue em 20 de março de 2009, reproduzido neste livro).
12. Ver "Por que eu sou hipócrita" (postado no blogue em 12 de julho de 2006, reproduzido neste livro).
13. Ver "Telas tremeluzentes" (postado no blogue em 5 de fevereiro de 2008, reproduzido neste livro).

\*\* A Síndrome Respiratória Aguda Grave (Sars – *Severe Acute Respiratory Syndrome*), uma grave pneumonia, é considerada a primeira grande epidemia do século XXI. Iniciou-se na China, mas espalhou-se rapidamente pelo mundo em 2003. Foram mais de 8 mil contaminados e 744 mortos. As autoridades chinesas não se pronunciaram imediata e claramente sobre a doença quando o primeiro caso foi registrado, em novembro de 2002, tendo comunicado a OMS em fevereiro de 2003 e passando a combater a epidemia apenas em abril. (N. E.)

\*\*\* Lu Xun (183-245) foi um oficial, grande estrategista e conselheiro. (N. E.)
14. David Bandurski, "China's Guerrilla War for the Web", *Far Eastern Economic Review*, julho de 2008. Acessado em 2 de fevereiro de 2010.
\*\*\*\* Assim chamado em razão do modo como os comentaristas são remunerados: eles recebem do governo 0,5 *yuan* (cerca de quinze centavos de real) por postagem que desvie uma discussão para evitar críticas indesejadas ou promova a linha do Partido. (N. T.)
15. Rebecca MacKinnon, cofundadora de Global Voices on-line, bloga extensamente sobre o assunto da internet na China e suas relações com a censura e a democratização.

**Textos de 2006**

1. O termo "reforma e abertura" (*gaige kaifang*) se refere a uma ampla série de reformas econômicas propostas em 1978, quando Deng Xiaoping subiu ao poder. Depois da Revolução Cultural, a China estava à beira do colapso econômico, com um enorme déficit fiscal e uma população que vivia em relativa pobreza e com uma grande carência de conhecimento técnico. O Partido Comunista também estava enfrentando uma crise de confiança e ameaças aos seus poderes de governo. Os planos de reforma de Deng Xiaoping pretendiam ser uma transição da economia planejada para a economia de mercado, e em 1978, na terceira sessão do 11º Congresso Nacional do Povo, adotou-se uma estratégia para "reformas internas e abertura para o exterior". Instalaram-se "Zonas Econômicas Especiais" em Shenzhen, Xiamen, Zhuhai etc. para desenvolver a economia costeira e começar a estimular a economia interna. Considera-se que o processo de "reforma e abertura" ainda não foi concluído; seu estado atual consiste em incontáveis reformas políticas e sociais. Esse estado de transição das reformas econômicas é frequentemente mencionado nos textos de Ai Weiwei.
2. Os intelectuais do Quatro de Maio, sobretudo Chen Duxiu, redator-chefe do importante jornal *Nova Juventude*, exortaram a China a adotar os conceitos de "ciência e democracia", vistos como antídotos para a sociedade confuciana tradicional. A "sra. Ciência" (*sai xiansheng*) e a "sra. Democracia" (*de xiansheng*) eram importantes conceitos indicadores de uma orientação geral para o progresso que ajudou a inspirar a época moderna da China.
3. A ideia leninista de que "a arte deve servir ao público" foi fomentada por Mao Tsé-tung em "Conversas de Yan'an sobre arte e literatura", de 1942, uma série de discussões seminais que pretendiam unificar a arte e a literatura sob uma ideologia comum aprovada pelo socialismo e estabelecer parâmetros adequados para o seu desenvolvimento entre os artistas e intelectuais comunistas que estavam se reunindo em Yan'an. A rejeição da "arte pela arte" foi de importância fundamental: essa ideia foi considerada feudal e substituída pela ideia de que a arte e a literatura devem ser o "feijão com arroz" da revolução, atuando para inspirar o público e o proletariado. Apesar das notáveis mudanças na paisagem criativa da China nos últimos trinta anos, essas ideias ainda moldam as opiniões sobre arte e literatura entre a população de modo geral.

4. A primeira escultura exposta ao ar livre, *Concreto* (2000), foi encomendada pelo conjunto de apartamentos Soho China. A obra era um "barril" cilíndrico de concreto de mais de cinco metros de altura instalado no alto de uma escadinha e na extremidade de uma pequena corrente de água. O muro diante da corrente tinha uma fenda estreita, e essa abertura provocava com a água um efeito visual negativo-positivo. Vista de cima, percebia-se a forma de um C.

5. A máxima "*Du shan qi shen*" foi usada pela primeira vez pelo filósofo chinês Mêncio e alude a eruditos que precisam lutar para manter sua pureza e integridade até mesmo quando não passam nos exames imperiais e não servem no posto. Hoje ela frequentemente é usada para qualificar pessoas egocêntricas ou que não têm espírito coletivo.

6. Uma versão de "Chinese Contemporary Art in Dilemma and Transition" foi publicada pela primeira vez em Bernard Fibichet (Org.), *Mahjong: Contemporary Chinese Art from the Sigg Collection* (Ostfildern-Ruit: Hatje Cantz Verlag, 2005).

7. Retirado de um diálogo com Yin Zhishang, revista *Trends* (*Shishang Zazhi*), dezembro de 2006.

8. "O caminho mais longo" saiu originalmente na publicação Red Flag *Gray Cover Book*, em novembro de 1997, com o título "Making Choices".

9. "A cidade deles" é Yuncheng, cidade produtora de carvão localizada na extremidade meridional da província de Shanxi.

10. De acordo com Ai Weiwei, houve um tempo em que se dizia que as "armas ideológicas" do pensamento marxista-leninista e maoísta curavam algumas doenças.

11. As mercadorias falsas são uma grave ameaça na China. Entre os artigos falsificados vendidos no mercado aberto incluem-se remédios, cigarros, álcool e até ovos. O caso mais devastador de venda de álcool ilegal ocorreu em 1998 em Shuozhou, na província de Shanxi. Vinte e sete pessoas morreram por ingerirem uma cerveja "destilada" com materiais inferiores, embalada em garrafas com rótulos e armazenada nas lojas locais. Ela causou mais de duzentas hospitalizações e incontáveis pessoas ficaram cegas.

12. "N" é a cidade de Ningbo, na província de Zhejiang, que tem muitos projetos do arquiteto Qingyun Ma (nascido em 1965), inclusive a Praça Tianyi, a Biblioteca da Universidade de Zhejiang, o Museu Urbano de Ningbo e o complexo de lojas Ningbo CCD.

13. A aldeia de Suojia, ou *Suojiacun*, é um conjunto de casas de artistas na extremidade nordeste da Wǔ Huán Lù [Fifth Ring Road], em Pequim, onde uma comunidade internacional de cerca de cem artistas vive em estúdios de tijolos em estilo *loft* que ocupam cerca de nove acres de terra. No final de 2005, a primeira fileira de estúdios foi derrubada por escavadeiras. Os artistas protestaram, e, embora Suojiacun ainda estivesse de pé na época em que esse texto foi escrito, seu destino é incerto.

14. A venda de cargos oficiais, diplomas universitários etc. é um fenômeno disseminado na China, e não é necessariamente novo. A clássica palavra chinesa "*juanguan*" se refere

especificamente a posições no governo obtidas por meio de grandes "doações de impostos", prática registrada desde a dinastia Qin e que floresceu na dinastia Qing.
15. Em março de 2006, o primeiro-ministro da Itália Silvio Berlusconi fez em seu país uma série de observações. "Sou acusado de ter dito que os comunistas chineses comiam crianças", disse ele, e mais: "Leiam o livro negro do comunismo e ficarão sabendo que na China de Mao eles não comiam crianças mas cozinhavam-nas para fertilizar os campos".
16. Han Han (1982) tornou-se autor de sucesso na China com *Triple Door* (2000) quando tinha apenas 17 anos. Apesar de ter abandonado o ensino médio, ele é hoje saudado como a voz que representa a "geração pós-80". Além do sucesso literário, Han Han é o blogueiro mais popular da China, piloto de corrida de automóveis e também lançou um CD.
17. Liu Xiaodong (1963) e Yu Hong (1966) são dois pintores contemporâneos importantes que se conheceram quando frequentavam a escola preparatória para a Academia Central de Belas Artes de Pequim. Atualmente ambos ensinam no departamento de pintura a óleo da escola onde se formaram. Chen Danqing (1953), pintor importante formado na Academia Central, tornou-se famoso por suas pinturas de tibetanos em 1980. Chen mudou-se para Nova York em 1982 e seus textos e reflexões sobre os anos que passou ali o tornaram um intelectual popular na China, onde ele vive e trabalha atualmente.
18. *Newly Displaced Population* (2004) é uma pintura a óleo em quatro painéis. Nela um grupo variado de migrantes supostamente desalojados está de pé em situação precária numa encosta gramada, tendo ao fundo a Represa das Três Gargantas. A tela faz parte de uma série que Liu Xiaodong completou sobre migrantes da região de Três Gargantas.
19. No final de 2002 e início de 2003, quando a misteriosa doença Sars se disseminava, o dr. Jiang Yanyong (1931), médico-chefe do Hospital Militar 301 de Pequim, mandou um e-mail para as agências de notícia chinesas dizendo que o governo estava mascarando drasticamente o número de mortes causadas pela doença. Essa advertência acabou chegando às agências internacionais, que rapidamente transmitiram a notícia e levaram a um posterior pânico sobre o continente. Acredita-se que a exposição feita pelo dr. Jiang tenha incitado os funcionários do governo chinês a lidarem ativamente com a expansão da doença, impedindo que ela se tornasse uma pandemia.
20. Nataline Colonnello (1976, Itália) é curadora e crítica de arte. Esse texto foi publicado originalmente como "A Dialogue between Nataline Colonnello and Ai Weiwei about the Exhibition 'Fragments'" no catálogo da exposição Fragments na Galerie Urs Meile, Pequim, 3 de abril a 17 de junho de 2006.
21. No dia 16 de abril de 2006, anunciou-se que o cineasta internacionalmente famoso Zhang Yimou (nascido em 1951; diretor de *Lanternas vermelhas* e *Tempo de viver*) foi o vencedor de um concurso para ter a honra de dirigir a cerimônia de abertura das Olimpíadas de Pequim em 2008.

22. Tie Guaili é um dos Oito Taoístas Imortais. Conhecido como Li "Bengala de Ferro", ele anda com um cajado de ferro e está sempre com uma cabaça mágica.

23. O "Menino Vermelho" (*Hong Hai'r*) é um personagem do conto folclórico chinês "Jornada para o Ocidente". O menino de poderes fantásticos tem como traço característico dois coques, um de cada lado da cabeça, e uma fileira de cabelo no meio.

24. Nezha é uma divindade popular da China, conhecida como "deus brincalhão"; ele é frequentemente descrito como um garoto, e às vezes está sobre duas rodas de fogo. Sua forma popular também o mostra com dois coques acima das orelhas.

25. Em 1957, depois de ter sido qualificado de "direitista", Ai Qing e sua família, inclusive Ai Weiwei, que tinha então um ano, foram transferidos para o frio terrível de Beidahuang, na província de Heilong-jiang (também conhecida como Manchúria), no nordeste. Dois anos depois foram transferidos novamente, dessa vez para Shihezi, na província de Xinjiang.

26. *Beijing ren zai Niuyue* ("A Native of Beijing in New York") foi uma série de televisão popular na China levada ao ar pela primeira vez em 1993. Foi parcialmente filmada no apartamento de Ai em Nova York, no East Village (um subsolo do número 52 da Seventh Avenue).

27. A construção do Grande Salão do Povo, local onde ocorrem as reuniões legislativas e cerimoniais da República Popular da China, foi concluída em dez meses em 1959. O Grande Salão do Povo fica no lado oeste da Praça da Paz Celestial e foi uma das monumentais "Dez Grandes Construções" erigidas em comemoração ao décimo aniversário de fundação da nação. Seu estilo arquitetônico toma emprestados elementos da arquitetura estalinista e do estilo internacional, mas visivelmente inclui elementos chineses, como o ouro e as telhas de azulejo verde.

28. O *hukou* é o registro contemporâneo da família chinesa, um sistema que remonta à China antiga. Desenvolvido originalmente para fins de tributação, serviço militar obrigatório e controle social, na sociedade moderna o *hukou* serve também para controlar e monitorar a migração interna. Muitas políticas preferenciais são destinadas aos que têm o *hukou* de Pequim (ou urbano), altamente cobiçado: bem-estar social, seguro-saúde, educação e benefícios de aposentaria; muitos empregadores contratam apenas os indivíduos que têm o *hukou* de Pequim, e sem ele os alunos do ensino fundamental só podem estudar temporariamente e estão sujeitos a altas taxas. A dificuldade que os residentes do campo enfrentam para obter o *hukou* urbano acabou por criar uma classe baixa permanente nas cidades chinesas.

29. De acordo com Ai, esse fórum cultural foi uma mesa-redonda que reuniu pretensos "especialistas de esquerda" para discutir tendências atuais na cultura e na literatura.

30. O Xintiandi (literalmente "novo céu na terra") de Xangai é um distrito de compras, alimentação e diversão ao ar livre construído numa região de casas tradicionais *shikumen* (literalmente: casas "portão de pedra") reformadas. Aberta ao público em 2003, a área foi

anunciada como um dos primeiros "centros de estilo vida" da China e saudada como um exemplo bem-sucedido de preservação da história pela adoção do bairro *shikumen* que a cerca.

31. Zhu Dake (1957) é um crítico de arte, autor e blogueiro que mora em Xangai.

32. Yu Hua (1960) é um escritor muito popular na China. Entre seus livros estão *To Live* (1992), que posteriormente foi filmado no continente e dirigido por Zhang Yimou, o que levou o escritor à fama. As outras obras de Yu Hua incluem *Chronicle of a Blood Merchant* (1995) [No Brasil: *Crônica de um vendedor de sangue*. Trad. Donaldson M. Garschagen. São Paulo: Companhia das Letras, 2011. (N. E.)] e, mais recentemente, *Brothers* (2005) [No Brasil: *Irmãos*. Trad. Donaldson M. Gorschagen. São Paulo: Companhia das Letras, 2010. (N. E.)], sátira histórica sobre a Revolução Cultural.

33. Xu Jinglei (1974) é uma das atrizes mais populares do continente e também diretora de três longas-metragens. Além disso, ela tem um blogue muito influente e um portal on-line sobre estilo de vida e moda. Em maio de 2006 seu blogue (cujo host também é a Sina.com) ficou durante alguns meses em primeiro lugar entre os blogues de língua chinesa.

34. "SB" é usado na internet no lugar de *shabi*, expressão vulgar e insultuosa que qualifica a pessoa de "ignorante" ou "estúpida".

35. Os organizadores do fórum acabaram desligando o microfone de Ai Weiwei, por isso ele o atirou e saiu furioso, deixando chocada a elite cultural da China. Esse foi o primeiro e último "fórum cultural" de Ai Weiwei.

36. Zuoxiao Zuzhou (1970) nasceu como Wu Hongjin e mudou de nome quando foi para Pequim, no início dos anos 1990, e formou o grupo de rock No. Zuoxiao morou no East Village de Pequim e se tornou uma espécie de figura *cult* do rock, pairando desde então sobre o rock e o cenário artístico. Atualmente trabalha como artista visual e lançou uma dúzia de álbuns gravados em estúdio.

37. As fitas cassete e os CDs *dakou* eram danificados na borda, o que os tornava invendáveis nos Estados Unidos ou na Europa. A partir da década de 1990, eles foram exportados para a China e vendidos ali a granel, tornando-se assim o principal meio pelo qual uma geração foi apresentada à música ocidental.

38. "Uma praga para Zuzhou" ["A Curse for Zuzhou"] foi publicado originalmente na extinta *Rolling Stone China*, em abril de 2006.

39. As "populações flutuantes" urbanas de mão de obra migrante (muitas das quais viveram e trabalharam durante anos em cidades como Pequim) e as leis referentes ao registro e ao *hukou* (veja a nota 28) tornaram a estimativa das populações urbanas um desafio oneroso.

40. De acordo com a teoria econômica de Deng Xiaoping, para que a nação prospere, ela deve "deixar uma parcela do povo enriquecer primeiro".

41. He Yunchang (1967) é um artista performático nascido em Yunnan e que mora e trabalha atualmente em Pequim. "A persistência de Ar Chang" ["Ar Chang's Persistence"] foi

publicado pela primeira vez no catálogo da exposição Casting, ocorrida no Beijing-Tokyo Art Projects, de 23 a 24 de abril de 2004: Tang Xin e He Yunchang (Org.), *Ar Chang's Perspective: An Exhibition of He Yunchang's Works* (Pequim, 2004).

42. Zhong Nanshan (1936) é um especialista em doenças respiratórias altamente respeitado. Entre outras distinções, ele é presidente do setor de questões respiratórias da Associação Médica Chinesa e consultor de saúde da Organização Mundial de Saúde da ONU.

43. Citações retiradas de *Nanfang Zhoumo* [*Semanário do Sul*].

44. As políticas de abrigo e repatriamento se originaram na década de 1950, durante os primeiros estágios da construção da nação, quando a guerra civil e a desordem deixaram grandes contingentes de errantes sociais que precisavam de asilo. Em 1982, quando surgiram leis referentes a eles, o partido deixou claro que os objetivos principais das leis de abrigo para populações flutuantes urbanas eram socorrer os pobres, dar-lhes educação e ajudar em seu reassentamento. Dado o fato de as populações de desabrigados e vítimas de calamidades estarem inundando as cidades, as leis foram saudadas na época como um benefício público. Em 1992, foram feitas mudanças na política de Abrigo Compulsório e Repatriamento (*shourong qiansong zhidu*), e ampliou-se o tipo de população incluída, passando a abranger as pessoas classificadas como "com carência tripla" (*san wu renyuan*): as que não têm documentos de identificação, endereço permanente nem renda fixa. De acordo com as leis, os indivíduos vivos que não estavam registrados há mais de três dias em nenhuma área urbana tinham de solicitar uma permissão de residência temporária ou correr o risco de serem considerados residentes ilegais e submetidos ao abrigo compulsório e repatriamento.

A legislação transformou-se gradualmente em leis ameaçadoras para os migrantes econômicos, solapando seu objetivo original de medida de bem-estar e tornando-as uma grave ameaça aos direitos humanos. Postos de abrigo começaram a cobrar taxas diversas de seus habitantes e surgiram outros problemas, tais como extorsão e detenção ilegal, e o trabalho forçado proliferou-se. Em 2003, Sun Zhigang, designer gráfico de apenas 27 anos, foi espancado até a morte enquanto estava sob custódia. Sua morte ganhou grande destaque na mídia, que expôs muitos casos semelhantes e provocou uma discussão sobre as leis referentes ao abrigo compulsório, que já vinham sendo atacadas pelos grupos de direitos humanos. Poucos meses depois, o primeiro-ministro Wen Jiabao revogou a lei e aboliu outras ligadas a ela.

Em maio de 2006, depois de ter seu computador roubado, Zhong Nanshan propôs a volta das leis de abrigo e outras punições severas para as populações de migrantes. Seu comentário desencadeou debates acalorados na mídia e em fóruns na internet.

45. A ferrovia de Qingzang para o Tibete entrou para a história do transporte ferroviário quando foi inaugurada, no dia 1º de julho de 2006, tornando-se a ferrovia mais alta do mundo. Indo de Xining, capital da província de Qinghai, até Lhasa, no Tibete, tem quase 2.100 quilômetros de extensão, dos quais mais de mil quilômetros estão cerca de 4 mil

metros acima do nível do mar, com o ponto mais alto acima de 5 mil metros. Uma verdadeira maravilha da engenharia, quase 600 quilômetros do seu trajeto foram construídos em solo permanentemente gelado (permafrost).

46. Um *khatag* é um lenço branco de pescoço simbólico. Chamados também de "lenços de honra", os *khatags* são oferecidos como gestos cerimoniais ou religiosos na tradição tibetana.

47. Jingdezhen é uma cidadezinha da província meridional de Jiangxi que ficou famosa durante as últimas dinastias Ming e Qing por suas fornalhas reais. Ainda hoje um importante centro produtor de porcelana e cerâmica, Jingdezhen é o lugar onde Ai Weiwei produz suas obras em porcelana.

48. "Por que sou hipócrita" foi escrito como réplica aos comentários críticos que alguns leitores fizeram a "Um computador que vale 'muitas centenas de milhões' e um cérebro que não vale nada". Ai foi acusado de utilizar o nome e a reputação de pessoas mais famosas do que ele com o intuito de se promover, e na internet alguns críticos o chamaram de "desavergonhado".

49. Alusão ao programa de educação pública (*barong bachi*) "Oito dignidades, oito vergonhas", de março de 2006, desenvolvido pelo presidente Hu Jintao e promovido como um "sistema de valor essencial" para os cidadãos chineses. As dignidades e as vergonhas são: (1) Amar o país, não prejudicá-lo; (2) Servir ao povo, nunca traí-lo; (3) Seguir a ciência, rejeitar a superstição; (4) Ser diligente, não ser indolente; (5) Ser unido, ajudando uns aos outros, não obter proveito à custa dos outros; (6) Ser honesto e confiável, não sacrificar a ética pelo lucro; (7) Ser disciplinado e obediente às leis, não ser caótico e fora da lei; (8) Viver de modo simples, trabalhar arduamente, não corromper-se com o luxo e os prazeres.

50. Frases usadas durante a Revolução Cultural para descrever o pensamento marxista.

51. Referiam-se à Revolução Cultural como uma "era de heróis" (*yingxiong de shidai*). O raciocínio era o de que os heróis foram criados enfrentando as dificuldades, porque o povo precisava de heróis que o inspirassem e o tirassem do "obscurantismo".

52. A publicação de notícias não sancionadas ou de teor delicado resulta em severas punições: qualquer mídia é forçada a parar de publicar ou de ir ao ar durante um período de pelo menos três meses e os departamentos editoriais responsáveis são investigados por um ramo especial do Ministério da Cultura. Obviamente isso raramente acontece, já que os redatores e os censores que ficam no departamento editorial e no departamento de noticiário dos órgãos da mídia controlam estritamente o conteúdo e costumam intervir impedindo a publicação de qualquer engano suicida.

53. Zinedine Zidane (1972), lendário jogador de futebol franco-argelino, era capitão do time francês na Copa do Mundo de 2006. Foi expulso de campo por ter dado uma cabeçada no peito do jogador italiano Marco Materazzi durante o segundo tempo da prorrogação no jogo final da Copa em Berlim. Posteriormente Zidane disse à imprensa

que seu comportamento foi provocado por "palavras muito duras" que o italiano lhe havia dirigido. Ele se retirou do futebol profissional depois da Copa do Mundo de 2006.

54. Dou Wei (1969) é uma figura do rock chinês, famoso por sua banda Hei Bao [Pantera Negra], do início da década de 1990. Foi também o primeiro marido da diva pop Faye Wong (1969). Em maio de 2006, um jornalista do *Xinjing Bao* [Notícias de Pequim] visitou-o com o objetivo de entrevistá-lo. Em vez da entrevista, o repórter publicou mexericos invasivos sobre Dou Wei e sua mulher, partindo do que havia observado na visita à casa do músico. No dia 10 de maio de 2006, Dou Wei irrompeu na redação do jornal ameaçando o jornalista (que não estava lá), cuspiu chá, destruiu o computador do jornalista responsável, ameaçou outros membros da equipe e finalmente pôs fogo num carro estacionado na frente do prédio usando um líquido que ele aparentemente havia preparado para aquele propósito. Dou Wei foi imediatamente preso, mas foi saudado como herói por defender seu direito à privacidade.

55. No folclore chinês, a deusa Chang'e vive na lua, no Palácio Lunar. Tem a companhia de um Coelho de Jade, que pode ser visto na lua curvado sobre o seu pilão "fazendo remédios de ervas", e de um lenhador chamado Wu Gang, que por ter tentado roubar elixires da imortalidade foi banido para lá e condenado a cortar por toda a eternidade uma cássia que não para de crescer.

56. O CBD – Central Business District – de Pequim é o centro financeiro, de negócios e da mídia da capital. Localiza-se a leste do centro da cidade, entre a Third Ring Road e a Fourth Ring Road, aproximadamente quatro quilômetros a leste da Praça da Paz Celestial. No CBD de Pequim ficam o World Trade Center da China, um novo distrito de embaixadas, e a nova sede da CCTV, projetada por Rem Koolhaas.

57. As avenidas Ping'an e Liangguang são duas artérias paralelas que atravessam horizontalmente a cidade e estão localizadas respectivamente ao norte e ao sul da Chang'an, a principal via que vai de leste para oeste de Pequim. O desenvolvimento e a expansão dessas duas avenidas no final da década de 1990 fizeram parte de uma nova iniciativa de planejamento urbano em Pequim.

58. O conceito de "Construir uma Sociedade Socialista Harmoniosa" foi introduzido como uma medida para melhorar a governança do partido, e já apareceu num discurso do presidente Hu Jintao em setembro de 2004, na quarta sessão plenária do 16º Comitê Central do Partido Comunista da China. O conceito de harmonia social é a principal retórica que está por trás do comando de Hu Jintao, um programa que visa aliviar as tensões sociais causadas pelas reformas econômicas. De acordo com o plano, uma sociedade harmoniosa é ditada pela harmonia entre as pessoas, entre o Partido e as massas, entre os quadros e as massas e entre vizinhos. Propõe-se que "a Harmonia promove o desenvolvimento e o desenvolvimento promoverá a harmonia". Afirma-se também que o imperativo de construir uma sociedade socialista e harmoniosa vai gerar uma sociedade dinâmica e criativa, estável e ordenada.

59. O trem Shanghai Transrapid, construído pelos alemães, é a primeira linha ferroviária comercial de alta velocidade com levitação magnética (maglev) do mundo. A construção da linha começou em março de 2001, e o trem passou a operar em janeiro de 2004. O trem transporta passageiros por trinta quilômetros da estação da avenida Longyang em Pudong até o Aeroporto Internacional de Pudong em sete minutos e vinte segundos, com uma velocidade média de 257 km/h. O trem maglev de Xangai a Hangzhou era uma segunda linha proposta, mas em março de 2009 o projeto foi suspenso em razão de protestos da comunidade.

60. Depois de três anos de construção, a Estação Ferroviária Pequim Oeste foi completada em 1996. Ela recebe atualmente de 150 mil a 180 mil passageiros por dia. Apesar do enorme custo envolvido, a qualidade inferior da construção do prédio exigiu seu fechamento em várias ocasiões. Entre outros problemas, o teto de vidro quebrou, surgiram vazamentos no chão e houve avarias no ar-condicionado central. As equipes de inspeção do governo descobriram que a qualidade da construção estava abaixo do padrão devido à corrupção e ao desvio dos fundos destinados à construção; seis funcionários acabaram presos. Além de os pequineses reclamarem que o prédio era feio, sua construção drenou muitos recursos e revelou a alta incidência de corrupção.

61. A proposta do arquiteto holandês Rem Koolhaas (1944) para a nova sede da China Central Television foi escolhida em dezembro de 2002 e a obra começou no dia 22 de setembro de 2004. O prédio está localizado no CBD de Pequim e distingue-se por sua forma de fita de Moebius.

62. No que foi chamado de "Maldição de 1976", os líderes nacionais Zhou Enlai, Zhu De e Mao Tsé-tung morreram um após o outro nesse ano.

63. Yan Lei (1965) é um pintor e artista conceitual nascido na província de Hebei e que atualmente mora e trabalha em Pequim. "Super Luzes" é um texto que acompanhava a exposição com o mesmo nome na Galerie Urs Meile Beijing-Lucerne, em Lucerna, Suíça, de 31 de agosto a 15 de outubro de 2005.

64. O governo chinês propôs um presente de dois pandas gigantescos a Taiwan em 2005. Os nomes dos pandas eram, significativamente, Tuan Tuan e Yuan Yuan, que juntos formam *tuanyuan*, a palavra chinesa para "reunido". A natureza política do presente enfrentou forte oposição e debate em Taiwan, embora os pandas tenham finalmente chegado em Taipé em 2008. O incidente ficou conhecido como "diplomacia dos pandas".

65. Um *mu chinês* equivale a aproximadamente um sexto de um acre.

66. "Terra de etiqueta e cerimônia" (*liyi zhi bang*) é um modo clássico de se referir à China, um país que tradicionalmente dedica uma atenção especial às cerimônias e à etiqueta.

67. "Hipnose e realidade fragmentada" ["Hypnosis and Fragmented Reality"] foi publicado originalmente no catálogo que acompanhava a exposição Li Songsong: "Hypnogenesis", ocorrida na Galerie Urs Meile Beijing-Lucerne (Pequim, de 4 a 25 de novembro de 2006; Lucerna, de 16 de dezembro de 2006 a 27 de janeiro de 2007).

68. Os *Black, White* e *Gray Cover Books* (*Heipi shu*, *Baipi shu*, *Huipi shu*) são uma coleção underground, publicada por Ai Weiwei e pelo curador e crítico Feng Boyi (1960) em meados da década de 1990, que documentou as atividades dos artistas na China e introduziu a arte internacional no continente. Com uma grande acolhida na época, os livros eram chamados de manifestos da vanguarda chinesa e seus adeptos eram seguidores fervorosos. O nome chinês faz um trocadilho com os "papéis brancos" (*bai pishu*) do governo chinês, documentos oficiais que começaram a ser emitidos em 1949 e representavam o "ponto de vista oficial" sobre questões que iam do desenvolvimento até a política externa. Contudo, como no Ocidente a coleção ficou conhecida como "livros", e não "papéis", esse termo foi mantido.

69. Uma versão de "A documentação do eu desconhecido e do não eu" ["Documenting the Unfamiliar Self and the Non-Self"] foi publicada em *Liu Li Tun: A Catalog of Rongrong & inri's Photography* (Pequim: Three Shadows Photography Art Centre; Nova York: Chambers Fine Art, 2006).

70. Na noite de 16 de julho de 2006, o "assassino do templo" Qiu Xinghua matou dez pessoas no templo taoísta Telha de Ferro, na província de Shaanxi. Depois de passar semanas escondido no campo, Qiu finalmente foi preso na frente da sua casa no dia 19 de agosto e condenado à pena de morte. Uma vez que anteriormente houve a suspeita de que ele fosse doente mental, os advogados apelaram da sentença e o julgamento de Qiu tornou-se o foco de um debate público sobre a reforma da lei da saúde mental na China. Os recursos foram posteriormente negados e Qiu Xinghua foi executado no dia 28 de dezembro de 2006.

**Textos de 2007**

1. Os "Amistosos" (*Fuwa*; literalmente: "bonecos da boa sorte") são as cinco mascotes das Olimpíadas de Pequim. Seus nomes – Bei Bei, Jing Jing, Huan Huan, Ying Ying, Ni Ni –, transliterados segundo o *Hanyu pinyin*, soletram a frase "Pequim o saúda": *Beijing huanying ni*. As paródias e infrações de direitos autorais das mascotes, cujas imagens foram espalhadas por Pequim desde o seu lançamento cerimonioso em novembro de 2005, enfrentaram censuras severas e processos legais.

2. Wang Xingwei (1969) é um pintor que vive e trabalha entre Xangai e Pequim. "Remando no Bund" foi escrito para o blogue de Ai por ocasião da exposição Large Rowboat na Galerie Urs Meile Beijing-Lucerne (Em Pequim, de 3 de fevereiro a 31 de março de 2007, e em Lucerna, de 12 de maio a 20 de junho de 2007).

3. A pintura de Wang Xingwei *Untitled (Hugging a Mushroom)* [Sem título (Abraçando um cogumelo)], de 2006, é representativa de uma das alegorias visuais do artista. Nela um homem abraça um gigantesco cogumelo vermelho e branco.

4. O Bund, em Xangai, é talvez o símbolo mais famoso da ocupação ocidental na China. Inicialmente uma colônia de ingleses, o Bund foi internacionalizado durante uma explosão imobiliária no final do século XIX, quando se tornou o centro comercial e financeiro da China. A faixa de mais de 1.600 quilômetros fica na margem ocidental do rio Huangpu, com vista para o cais do distrito Pudong de Xangai, o novo símbolo da pujança econômica da cidade. A arquitetura no Bund inclui exemplos de vários estilos: romanesco, gótico, renascentista, barroco, neoclássico, *beaux-arts* e *art déco*.

5. No começo de setembro de 2006 houve três mortes por raiva na aldeia de Gaofeng, na região de Chongqing, província de Sichuan. No dia 17 de fevereiro de 2007, aconteceu outra morte em Wanzhou, um condado vizinho, o que deixou os oficiais bastante preocupados, pois o número de mortes por raiva era muito alto para uma área tão pequena e concentrada. Embora anualmente morram na China cerca de 2 mil pessoas com hidrofobia, os oficiais de Wanzhou resolveram tomar medidas drásticas para controlar o que consideraram uma epidemia crescente. No dia 1º de março, os governos locais designaram um distrito dentro do qual todos os cidadãos, inclusive os do condado de Wan Chuan, tinham quinze dias para dar um fim em seus cães; depois disso todos os cães seriam eliminados à força. Nenhum dado oficial foi liberado sobre o número exato de cães mortos nesse massacre. Esse não foi o primeiro nem o último extermínio e "controle" das populações caninas na China.

6. Fu Xiaodong (1977) é um curador residente em Pequim.

7. *Template*, uma das obras de Ai para a Documenta de 2007, era uma estrutura em forma de cata-vento com uma dimensão de 7,2 x 12 x 8,5 metros construída com 1.001 janelas e portas das dinastias Ming e Qing que tinham sido descartadas. *Template* foi originalmente instalada em Kassel, na Alemanha, para a Documenta 12, mas, logo depois de os inspetores de Kassel terem achado que a obra não tinha uma estrutura estável, uma forte rajada de vento a derrubou (no dia 20 de junho de 2007). A reação de Ai foi oposta à esperada pelos organizadores europeus: ele ficou entusiasmado com o desmoronamento, tendo declarado que o *Template* desmoronado era até melhor do que a obra original.

8. "Pequim o saúda!" (*Beijing huanying ni*) foi um importante slogan de propaganda nos meses que antecederam as Olimpíadas de 2008. Durante essa época, quando a cidade mostrava a frase por toda parte, a mera palavra "saúda" teve insinuações políticas.

\* No Brasil: *Diários de Andy Warhol*. Trad. Celso Loureiro Chaves. São Paulo: L&PM, 2012. (N. E.)

9. Esse dado foi uma estimativa nova, noticiada originalmente pela Xinhua no dia 4 de dezembro de 2007, que coincidiu com um fórum sobre população ocorrido em Pequim na mesma época. Uma falha dos dados indicou que havia em Pequim 12,3 milhões de residentes registrados e 5,4 milhões de temporários.

10. Em dezembro de 1937, Nanjing, capital da República da China, foi tomada pelo Exército Imperial Japonês. Isso deu início a um massacre que durou seis semanas e

resultou na morte de cerca de 300 mil pessoas, a maioria civis e prisioneiros de guerra. Num crime de guerra inesquecível, hoje conhecido como o Massacre de Nanjing, ou o Estupro de Nanjing, o Exército Imperial Japonês cometeu, além dos assassinatos, mais de 20 mil estupros. Embora muitos fatos (inclusive o número de mortos) ainda sejam bastante contestados, o acontecimento continua sendo um dos mais penosos da memória coletiva da China.

11. A "Tripla Representatividade" é considerada a contribuição de Jiang Zemin à teoria socialista chinesa. Ele primeiro formulou em 2000 a teoria sobre uma "viagem de inspeção no sul" pela província de Guang-dong, dizendo num discurso de 2002: "Para entrar numa nova fase da construção do socialismo com características chinesas, o Partido Comunista Chinês precisa erguer bem alto a grande bandeira da Teoria de Deng Xiaoping e aderir à importante ideia da 'Tripla Representatividade'". De acordo com essa teoria, o Partido Comunista deve representar as tendências desenvolvimentistas de capacidade de produção avançada, a progressiva direção da cultura avançada da China e os interesses fundamentais da grande maioria. O irônico é que a "Tripla Representatividade" continua incrivelmente ambígua.

**Textos de 2008**

1. Num dramático espetáculo de mídia, no começo da manhã de 9 de janeiro, o diretor e fotógrafo Zhang Yuan (1963) foi preso no seu apartamento de Pequim enquanto usava drogas. A filmagem da prisão foi transmitida pela televisão nacional. Os testes de urina de Zhang foram positivos para metanfetaminas; assim, ele foi acusado de consumo e posse de drogas, preso por dez dias e depois libertado. O fato foi amplamente interpretado como uma advertência às pessoas da indústria de entretenimento para acabarem com o uso de drogas.

2. Nanniwan é o nome de um desfiladeiro estreito perto da base comunista criada em Yan'an, em Shaanxi, durante a segunda guerra sino-japonesa. Num esforço para fomentar sua autossuficiência econômica, os comunistas começaram a tentar a produção de ópio em 1941; em 1943 o programa era um sucesso e a música revolucionária *Nanniwan* foi encomendada. Até hoje é uma melodia revolucionária famosa, embora muita gente não saiba que "colheitas por toda parte" e as "flores perfumadas nos cestos" são referências às papoulas e ao ópio.

3. No dia 19 de janeiro de 2008, Ai Weiwei foi um dos quatro indivíduos honrados pelo jornal *Nanfang zhoumo* (*Southern Weekly*) como personalidade de destaque no ano de 2007 pela criatividade e contribuição cultural que representou sua obra *Conto de fadas*. "Não temos nada" é uma versão do seu discurso da cerimônia de premiação, proferido depois de outros homenageados terem louvado o estado de desenvolvimento da criatividade cultural.

4. Os "Amistosos" foram as cinco mascotes das Olimpíadas de 2008 em Pequim. (Veja a nota 1 dos textos de 2007.) Assistir ao Festival de Gala da Primavera da China Central Television na véspera do Ano-Novo Lunar tornou-se uma tradição para as famílias da classe média chinesa. Desde a primeira transmissão ao vivo do programa, em 1983, ele evoluiu para um extravagante show de variedades que incluem esquetes cômicos, a comédia *stand-up* chinesa conhecida como "conversa cruzada" (*xiangsheng*), ópera tradicional, acrobacias, mágica, dança e a participação de celebridades. Cada vez mais, desde a década de 1990, a festa apresenta notas sobre o programa político do ano seguinte e destaques da campanha política do ano que se encerra. O Festival de Gala da Primavera é visto todo ano por cerca de 700 milhões de telespectadores e reprisado várias vezes durante os dias do feriado, tornando-se inevitavelmente um assunto muito criticado e discutido na mídia chinesa.

5. Jiang Wen (1963) é um renomado ator e diretor que vive em Pequim. Ele ficou famoso em 1986 atuando ao lado de Gong Li em *O sorgo vermelho* (direção de Zhang Yimou). Além disso dirigiu e atuou em *Devils on the Doorstep* [Demônios na minha porta] (2000), que ganhou o Grand Prix do Festival de Cannes. Seu filme mais recente, *The Sun Also Rises* (2007), é uma história com tramas entremeadas ambientadas numa aldeia de Yunnan, no deserto de Gobi, e num campus universitário, mas as experiências de Jiang com o realismo mágico no filme foram recebidas na China com pouca bilheteria e críticas totalmente negativas.

6. Esse texto foi publicado pela primeira vez no *Southern Weekly*. Os "1.001 chineses corajosos" são as pessoas que viajaram para Kassel para o *Conto de fadas* de Ai, que integrou a Documenta 12 (2007).

7. "Leve como uma pluma" foi publicado pela primeira vez como prefácio de *Andy Warhol in China*, de Christopher Makos (Hong Kong: Timezone 8, 2008).

8. Daquangou, exposição individual de Zhao Zhao, ficou no China Art Archive & Warehouse de 5 de abril a 5 de maio de 2008.

9. No dia 10 de março de 2008, 49º aniversário de uma rebelião fracassada dos tibetanos contra o domínio chinês em 1959, as manifestações em Lhasa começaram quando cerca de trezentos monges se reuniram pacificamente diante de um templo exigindo a libertação de monges que estavam presos desde o outono anterior. Eles foram dispersados com violência e presos, o que desencadeou protestos intermitentes até que, no dia 14 de março, a violência tomou conta da cidade. O premiê chinês Wen Jiabao acusou o dalai-lama de instigar essa violência, e funcionários do governo disseram que a culpa da inquietação social recaía sobre as motivações separatistas. O dalai-lama sustentou que os distúrbios foram causados pelo prolongado descontentamento entre os tibetanos e que a violência não era o caminho para resolver a causa tibetana.

A Xinhua noticiou que "os baderneiros feriram 623 pessoas, inclusive 241 soldados e policiais armados, e mataram outras dezoito. Além disso incendiaram mais de trezentas construções, na maioria residências privadas, lojas e escolas, danificaram veículos e estragaram instalações públicas". Parece que os manifestantes tibetanos visaram as propriedades do Han chinês e da minoria muçulmana; afirmou-se que as multidões de tibetanos atacaram as etnias chinesas nas ruas. Os incidentes geraram um profundo nacionalismo por toda a China, alimentados pelo sentimento "anti-China" percebido em fontes de notícias como a CNN, e pontos de vista conflitantes surgiram destacando a diferença de perspectiva das notícias geradas por fontes chinesas e ocidentais. Enquanto algumas mídias ocidentais demonstravam simpatia pelos tibetanos, a mídia chinesa destacava a história feudal "pré-libertação" do Tibete e as políticas de trabalho escravo, condenando as ações tibetanas como uma ingrata traição do desejo de ajudar no desenvolvimento do oeste chinês. A reação aos distúrbios ressaltou a grande divisão cultural entre a China e o Ocidente em torno da "questão do Tibete".

10. Na segunda-feira, 12 de maio de 2008, às 14h28, hora local, um terremoto de magnitude 7,9 que durou cerca de dois minutos atingiu a província de Sichuan. O epicentro foi no condado de Wenchuan, oitenta quilômetros a noroeste da capital da província, Chengdu, e por isso o desastre ficou conhecido como o terremoto de Wenchuam (*Wenchuan da dizhen*). Os dados oficiais (até o momento em que estas notas eram escritas) confirmaram 69.225 mortos, 374.640 feridos e 17.939 desaparecidos. O desastre deixou também cerca de 4,8 milhões de pessoas desabrigadas, embora algumas estimativas elevem esse número para 11 milhões. O terremoto de Wenchuan foi o mais mortal da China desde o terremoto de Tangshan, em 1976.

11. "Feriado silencioso" foi postado no dia 1º de junho, quando é celebrado o Dia das Crianças na China, na Rússia e em muitos outros países que formaram o extinto bloco comunista.

12. O governo central da China reconhece que 6.898 prédios escolares desabaram no terremoto de Wenchuan, e muitos pais atribuíram esses desmoronamentos ao padrão inferior de construção das escolas. A expressão "engenharia de resíduos de tofu" (*dofuzha gongcheng*) começou a circular na mídia para descrever essas construções de má qualidade e logo levou a alegações de corrupção envolvendo o Ministério de Educação de Sichuan e empreiteiros, supostamente mancomunados na construção de prédios escolares perigosamente abaixo dos padrões do governo com o objetivo de reembolsar a diferença de valor. Pais enlutados e jornalistas mostraram que centenas de escolas desmoronaram instantaneamente, ao passo que muitos prédios ao redor delas não sofreram o menor dano. A morte dos filhos foi particularmente dolorosa por causa da política do filho único. Em razão do escândalo que cercou a construção inferior das escolas, muitos pais enlutados foram silenciados; em alguns lugares eles foram obrigados a ficar longe das ruínas e em outros foram detidos ou coagidos a assinar acordos que os impediam de falar com jornalistas ou de pedir investigações sobre o caso.

13. Aniversário do incidente da Praça da Paz Celestial, 4 de junho de 1989.

14. Poucas semanas depois do devastador terremoto de Wenchuan, no Festival de Cannes de 2008, a atriz norte-americana Sharon Stone comentou em uma entrevista no tapete vermelho: "Ando preocupada com o modo como devemos lidar com as Olimpíadas, porque eles não estão sendo amáveis com o dalai-lama, um bom amigo meu". Ela prosseguiu: "Esse terremoto e todas essas coisas aconteceram, e eu pensei: isso é carma? Quando você não é bom, essas coisas ruins acontecem com você?". Seus comentários enfrentaram críticas furiosas da mídia chinesa e a proibição de filmes com a atriz nos cinemas do continente.

15. Yu Qiuyu (1946) é um proeminente autor, intelectual e crítico de arte chinês. Logo depois do terremoto de Wenchuan ele publicou um artigo controverso, intitulado "Com lágrimas nos olhos nós aconselhamos os pais enlutados das crianças das escolas", em que dizia que, para evitar serem usados pela mídia ocidental, os pais deviam parar de pedir ao governo que assumisse a responsabilidade pela engenharia de resíduos de tofu. Yu disse aos pais que não fizessem agitações, pois assim a "mídia antichinesa", que estava procurando desculpas para criticar a China, usaria seu rancor contra o povo chinês fazendo o governo parecer mau. Depois de ter sido criticado, o artigo de Yu Qiuyu acabou sendo retirado das fontes on-line.

16. Fan Meizhong estava lecionando literatura para a sua classe quando ocorreu o terremoto, e então ele gritou "Terremoto!" e se precipitou para fora da sala de aula, deixando para trás seus alunos. Comparado àqueles cujas histórias de heroísmo durante o terremoto foram louvadas pela mídia, o famoso "Fan, o fujão" (*Fan paopao*) confessou suas ações francamente em entrevistas, apesar de ter sofrido duras críticas e de ser nacionalmente condenado. Fan disse: "Corri para a escada tão rápido que tropecei e caí. Quando cheguei ao centro do campo de futebol vi que tinha sido o primeiro a escapar. Nenhum dos meus alunos estava comigo". Sua explicação foi simples: "Tenho um senso de autopreservação muito forte. (...) Eu nunca fui um sujeito corajoso e só me preocupo comigo mesmo".

17. No período de quarenta dias antes e depois do Festival da Primavera chinês, trabalhadores migrantes, estudantes e outros viajam para sua cidade natal a fim de passar o feriado com a família; os problemas de transporte decorrentes desse fluxo são conhecidos como *Chunyun*, literalmente "transporte da primavera". Durante essa migração interna de proporções verdadeiramente épicas, cerca de 2 bilhões de viagens são feitas unicamente dentro do continente, o que corresponde a um terço da população mundial. Em 2008 nevascas muito intensas no centro, leste e sul da China se estenderam até a época do *Chunyun*. As províncias tomadas pela neve, mal equipadas para lidar com as tempestades, foram duramente atingidas e os viajantes que iam para casa ficaram detidos nas estações durante dias. Os colapsos de energia que se seguiram e também o fechamento de estradas de ferro e rodovias resultaram em graves problemas de abrigo, alimentação e tratamento dos passageiros ilhados, que, segundo se afirmou, eram mais de 77 milhões. No dia 2 de fevereiro o Departamento de Segurança Pública de Guangzhou

noticiou um trágico acidente em que uma jovem fora pisoteada até a morte quando estava presa na estação de trem de Guangzhou.

18. O revezamento da tocha olímpica, uma "viagem da harmonia" de quase 137 mil quilômetros, foi realizado de 24 de março a 8 de agosto por um trajeto onde ela era ansiosamente esperada. A mídia chinesa acompanhou entusiasmada esse percurso. Depois de ter sido acesa em Atenas, a tocha fez aparições politicamente simbólicas: São Petersburgo, Pyongyang, Taiwan e Tibete (onde foi carregada até o topo do monte Everest, conhecido na China como monte Qomolangma), entrando nos dois continentes. Nas cidades chinesas que hospedaram a tocha, as ruas do trajeto ficaram entulhadas de gente horas antes da passagem, o que praticamente impossibilitava aos espectadores na multidão verem a chama.

O revezamento da tocha tornou-se objeto de orgulho nacionalista quando foi atacado por ativistas pró-independência do Tibete e ativistas dos direitos humanos que fizeram protestos no trajeto da tocha em Paris e em Londres. Em Paris a tocha quase foi apagada e arrebatada por manifestantes enquanto era levada por Jin Jing, que percorria o trajeto numa cadeira de rodas. Esse incidente, como tantos outros, foi um grande insulto ao orgulho nacional, outro incidente que "feriu os sentimentos" do povo chinês.

19. "Socialismo com características chinesas" ou a "economia de mercado socialista" é um conceito introduzido por Deng Xiaoping que gradualmente substituiu a economia de planejamento central na China. É também conhecido como "socialismo com características especiais". De acordo com o *People's Daily*, "Socialismo com características chinesas é algo que associa os princípios básicos do socialismo científico aos fatos da construção do socialismo exclusiva da China".

20. No dia 31 de março, dezoito voos da China Eastern saídos de sua base central, Kunming, a capital da província de Yunnan, deram meia-volta e retornaram para Kunming antes de chegar ao seu destino. Essa greve iniciada no ar deixou mais de mil passageiros presos no aeroporto. No dia 1º de abril mais voos retornaram inesperadamente para sua base em Kunming. A China Eastern explicou que esses voos foram abortados por "razões climáticas", mas o mais provável era que os pilotos estavam insatisfeitos com seus salários havia muito tempo.

21. "Doações compulsórias" são exigidas da maioria das unidades de trabalho chinesas na eventualidade de desastres naturais; esse foi o caso também no terremoto de Wenchuan. Embora não haja limite para a doação, uma oferta obrigatória de 50 *renminbi* [aproximadamente quinze reais] foi exigida de cada trabalhador.

22. O diretor da Associação de Escritores de Shandong, Wang Taoshan, escreveu um poema no qual chamou de "fantasmas sortudos" as vítimas do terremoto de Wenchuan. A expressão foi criticada pelos internautas chineses.

23. No dia 12 de outubro de 2007, autoridades florestais da província de Shaanxi concederam uma entrevista coletiva para anunciar "evidências" de um exemplar do

tigre-do-sul-da-china, animal ameaçado de extinção, no condado de Zhenping, onde ele já era considerado extinto. Elas divulgaram duas fotos tiradas por Zhou Zhenglong, fazendeiro e ex-caçador que dizia ter capturado em filme o tigre depois de uma perseguição de um mês. Contudo a autenticidade das fotos foi imediatamente questionada pelo blogueiro e botânico Fu Dezhi, da Academia Nacional de Ciências, para quem elas pareciam falsas. O incidente iniciou uma controvérsia sobre verdade e credibilidade conhecida como "o escândalo do tigre-do-sul-da-china". Suspeitou-se que o governo do condado de Zhenping estava tentando fomentar o turismo com a afirmação de que o animal raro ainda podia ser encontrado em suas florestas, o que levou os internautas enfurecidos a exigir mais provas. Zhou sustentou que as fotos eram reais, não poupando esforços para descrever sua caçada e o local onde ele as havia tirado, chegando até mesmo a dizer que o tigre havia rugido quando flash disparou.

Com o aumento da pressão do público, no dia 29 de junho de 2008 autoridades do condado finalmente admitiram que haviam pago pelas fotos 20 mil *renminbi* [cerca de 3 mil reais] a Zhou. Treze funcionários do governo de Shaanxi foram demitidos, e em setembro Zhou foi condenado por fraude. O resultado do escândalo do tigre-do-sul-da--china é considerado uma vitória dos cidadãos, da credibilidade e da verdade.

24. O que significa que o Departamento de Segurança Pública aplicará uma justiça severa aos cidadãos comuns e será leniente com os poderosos.

25. Os distúrbios de Weng'an começaram em 28 de junho de 2008 no condado de Weng'an, na província de Guizhou, no sudoeste, quando milhares de moradores depredaram prédios do governo e incendiaram carros da polícia para protestar contra o que acreditavam ser a ocultação da morte de uma jovem. O corpo de Li Shufen, de 16 anos, foi retirado do rio no início da manhã de 22 de junho. Li tinha sido vista pela última vez com dois jovens de famílias que tinham notórios vínculos com o departamento de segurança pública de Weng'an. Familiares e amigos da vítima afirmaram que ela tinha sido estuprada e assassinada antes de seu corpo ser atirado no rio; o governo negou as alegações e emitiu declarações dizendo que os dois jovens envolvidos eram de famílias locais de agricultores. Segundo boletins iniciais da polícia, a moça suicidou-se pulando no rio.

A família de Li acusou a polícia de corrupção e negligência na investigação, e foi respaldada por centenas de voluntários que ajudaram a guardar o corpo, temendo que a polícia tentasse invalidar as evidências. Um dia depois da localização do corpo, cerca de quinhentos estudantes tentaram fazer um protesto no Departamento de Segurança Pública, mas foram dispersados com violência. Supõe-se que o tio de Li Shufen também foi espancado ao questionar a polícia, o que incitou uma multidão furiosa a virar carros e incendiar prédios do governo, inclusive a sede local do Partido Comunista no dia 28 de junho. A Associated Press noticiou que "30 mil cidadãos irados tomaram as ruas" e que o tumulto durou sete horas, resultando em 150 feridos, prejuízos em mais de cem prédios do governo e quase cinquenta carros da polícia incendiados. As notícias e as fotos do motim foram rapidamente deletadas da internet e a família de Li Shufen foi mantida em prisão domiciliar "para proteger a segurança nacional". Depois o governo ofereceu à família enlutada 9 mil *renminbi* [2.800 reais aproximadamente], com 3 mil *renminbi* pagos por cada um dos suspeitos, mas a soma foi recusada por ser considerada um acordo perverso. Em vez de usar a palavra "motim", a mídia chinesa se referiu aos acontecimentos de Weng'an com o eufemismo "depredação e incêndio" e repetidamente afirmou que as pessoas que estavam por trás da violência ignoravam os fatos. Com cerca de 1.500 policiais convocados para reprimir os manifestantes, os distúrbios de Weng'an estão entre os maiores incidentes desse tipo ocorridos recentemente.

26. Yang Jia (1980-2008) nasceu numa família de operários pequineses. Seus pais logo se divorciaram e ele continuou morando em Pequim com a mãe. Visitando Xangai em outubro de 2007, Yang Jia circulava numa bicicleta sem licença quando guardas do Departamento de Segurança Pública de Zhabei (DSP) detiveram-no e interrogaram-no sobre o roubo da bicicleta. Por ter se recusado a cooperar e a mostrar sua identidade ou os documentos da bicicleta, Yang Jia foi levado para o DSP de Zhabei, onde, de acordo com seu testemunho posterior, foi espancado antes de ser solto. Quando voltou para Pequim, Yang Jia tentou várias vezes em vão apresentar uma petição à polícia por causa do espancamento.

No dia 1º de julho, Yang Jia atacou uma repartição do DSP de Zhabei pondo fogo em oito bombas de gasolina do lado de fora do portão e depois irrompendo no prédio, esfaqueando aleatoriamente nove policiais. Seis morreram e três ficaram gravemente feridos. Yang Jia também levou consigo um machado, máscara protetora e gás lacrimogêneo. Ele foi preso imediatamente e depois, no dia 27 de agosto, foi julgado a portas fechadas e considerado culpado de assassinato premeditado, sendo condenado à morte. Foi executado por injeção letal no dia 26 de novembro de 2008.

Apesar das ações de Yang Jia, o público ficou enfurecido com a censura da mídia e com a desconfiança de encobrimento dos fatos que levaram ao acontecimento. Os simpatizantes de Yang Jia se multiplicaram, especialmente nas salas de bate-papo e em boletins da internet, passando a ser comparado com o personagem Wu Song, do clássico chinês *Margem da água*. O irmão de Wu Song foi devorado por um tigre e Wu Song o vingou matando o animal com as próprias mãos.

27. Os repórteres da revista *Business Week China* (*Shangye zhoukan*) que conduziram a entrevista foram Yuan Ying, Wu Jinyong e Yu Liqi.

28. Os "Amistosos" eram as cinco mascotes dos Jogos Olímpicos de Pequim. Veja os textos de 2007, nota 1.

29. Referência ao cineasta Zhang Yimou (1951), que dirigiu *Lanternas vermelhas* e *Tempo de viver*. Yimou nasceu em Shaanxi e foi o diretor da cerimônia de abertura das Olimpíadas de Pequim em 2008.

30. "Um mundo, um sonho" foi o lema das Olimpíadas de 2008 em Pequim.

\* Ver nota 25 anterior. (N. E.)

31. Três dias de inquietação começaram em 10 de julho de 2008 na cidade costeira de Yuhuan, na província de Zhejiang, depois que um trabalhador migrante que tentava obter permissão de residência foi espancado por um guarda e posteriormente preso quando, acompanhado de um grupo de migrantes, tentou registrar uma queixa contra o guarda no Departamento de Segurança Pública. Os acontecimentos desencadearam um protesto, com centenas de trabalhadores migrantes enfurecidos quebrando carros e motocicletas diante do DSP. Afirma-se que trezentos policiais militares chegaram para pacificar a cidade e trinta trabalhadores migrantes foram presos. Embora quase não tenha sido noticiado pela mídia, o fato é conhecido como o incidente "10/7".

32. "Fazendo flexões" ["Doing push-ups"] (*fuwocheng*) tornou-se um meme popular na internet depois dos distúrbios de Weng'an. A origem da expressão foi um relatório oficial da polícia que declarava: "a moça (Li Shufen) começou a brigar com um dos seus colegas de classe que estava com ela na margem do rio. Depois, ela pareceu se acalmar um pouco, então o rapaz começou a fazer flexões perto dela. Quando terminou a terceira flexão, a moça de repente se atirou no rio". "Fazer flexões" logo se tornou um eufemismo para desculpas absurdas e para a irresponsabilidade oficial.

33. "Façam o que deve ser feito" (*Ni kanzhe ban ba*) foi uma declaração feita pelo premiê Wen Jiabao para os soldados do exército que estavam trabalhando na zona de resgate do terremoto. Essa ordem soou para Ai Weiwei como algo dito por alguém que não planeja nem reflete.

34. Zhou Zhenglong, que depois ficou conhecido como "Zhou, o caçador do tigre", foi uma peça-chave no escândalo do tigre-do-sul-da-china. Ver a nota 23.

35. Projetos inspirados no Ninho de Pássaro – ou, mais precisamente, a apropriação do padrão caracteristicamente irregular dos seus suportes de aço – já haviam começado a aparecer em toda a Pequim em 2008. Padrões semelhantes em forma de teia surgiram em danceterias, restaurantes e delegacias de polícia, em saboneteiras, sapatos de plástico etc. Ai Weiwei atuou como consultor para a Herzog & de Meuron no projeto do Estádio Nacional.

36. Referência a uma declaração citada na mídia de um engenheiro chinês que trabalhava no Estádio Nacional. Ele (supostamente num esforço para mostrar seu patriotismo) afirmou estar trabalhando tão arduamente que estava perdendo o sono e sentindo-se exausto a ponto de desmaiar.

37. O marechal-general da Marinha Yamamoto Isoroku (1884-1943) foi o comandante-chefe da esquadra combinada japonesa durante a Segunda Guerra Mundial, responsável por batalhas importantes como as de Pearl Harbor e Midway.

38. SB é usado na internet como abreviação para *shabi*, um insulto vulgar.

39. Referência ao escândalo do leite em pó da Sanlu no verão de 2008, quando a substância tóxica melamina provocou danos renais em milhares de bebês, deixando alarmados os consumidores de leite e suas famílias. Veja nota 43 a seguir.

40. Veja a postagem no blogue "Yang Jia, o tipo excêntrico e antissocial". A mãe de Yang Jia, cujo nome real é Wang Qingmei, foi confinada num hospício pelas autoridades depois da prisão do filho. Sobre essa prática veja também a nota 6 dos textos de 2009.

41. Sobre Sun Zhigang, ver a nota 44 dos textos de 2006.

42. No dia 17 de novembro de 2008, o governo local de Longnan, na província de Gansu, anunciou a decisão de relocar seus escritórios administrativos, provocando com isso dois dias de distúrbios e agitação. Aparentemente a decisão foi tomada porque Longnan se localiza numa falha geológica e, durante o terremoto de Wenchuan, em maio, mais de trezentas pessoas morreram na província de Gansu, vizinha de Sichuan ao norte. Segundo relatos, a população de Longnan estava preocupada por sentir que seu governo a estava abandonando sem providenciar nenhuma medida de proteção para os cidadãos. Outros relatos afirmavam que os distúrbios tinham sido provocados pela dificuldade econômica, pela corrupção e pela falta de transparência do Partido Comunista de Longnan.

De acordo com uma declaração emitida pelo governo municipal de Longnan, o problema começou quando mais de trinta pessoas cujas casas haviam sido destruídas no terremoto se reuniram no escritório do Partido Comunista para pedir a mudança. Os funcionários disseram que os civis os atacaram, assim como aos policiais, usando pedras e bastões de metal; depois passaram a destruir o prédio, quebrando janelas e pondo fogo em tudo o que viam pela frente, inclusive motos e bicicletas. Embora seja impossível confirmar, testemunhas disseram que os distúrbios duraram dois dias inteiros e envolveram mais de 10 mil pessoas, com 74 feridos. A referência do texto de Ai é a uma imagem que ele viu de manifestantes atirando pedras na polícia durante os distúrbios.

43. No verão de 2008, descobriu-se que o pó tóxico de melamina era rotineiramente acrescentado ao leite em pó para bebês, ao leite e a outros laticínios. Constatou-se que os produtos da Sanlu Corporation apresentavam a concentração mais elevada dessa substância. A melamina é usada na fabricação de plásticos e fertilizantes. Quando acrescentada aos produtos alimentícios, ela falsamente indica um conteúdo proteico maior, mas sua toxicidade leva à formação de pedras nos rins e até a falência renal. Muita gente acha que a notícia do leite envenenado foi abafada numa tentativa de evitar o pânico entre os consumidores durante as Olimpíadas. No dia 15 de setembro, quase um mês depois de o conhecimento inequívoco sobre os efeitos danosos do leite em pó ter vindo à tona, a Sanlu Corporation recebeu finalmente ordem de cessar a produção e cerca de 9 mil toneladas do produto foram devolvidas. Além da Sanlu, outros 21 laticínios foram acusados de usar a melamina nociva como aditivo. Pelo menos seis crianças morreram e mais de 300 mil ficaram doentes por terem ingerido a melamina, posteriormente detectada também em ovos, chocolates e doces feitos com leite. Houve muitas prisões e em janeiro de 2009 o governo chinês começou a julgar os envolvidos no escândalo, inclusive condenando à prisão perpétua os ex-executivos da Sanlu e à pena capital dois fornecedores da melamina.

44. Veja a nota 38 anterior.

45. A universalidade dos "valores universais" (*pushi jiazhi*) foi muito atacada por intelectuais chineses, para quem o Ocidente havia impingido à China os valores da democracia, liberdade, direitos humanos e igualdade. Discutindo a natureza "objetivista" *versus* "relativista" desses valores, eles citam incidentes em que os pontos de vista ocidental e chinês padecem de agudas diferenças de opinião, como as questões da independência do Tibete ou da história de Taiwan.

46. No dia 10 de dezembro de 2008, sexagésimo aniversário da Declaração Universal dos Direitos Humanos, foi publicada a Carta 08, uma carta aberta ao governo chinês. Inspirada na Carta 77 emitida pelos dissidentes tchecos em 1977, a Carta 08 (*lingba xianzhang*) foi um pedido de reforma política e democrática, de liberdade religiosa e de liberdade de expressão na China. Trezentos e três intelectuais e ativistas pelos direitos humanos chineses, inclusive Ai Weiwei, assinaram a Carta 08, que levou a uma série de prisões e ao interrogatório de muitos signatários.
Desde a divulgação da Carta 08, mais de 10 mil pessoas dentro e fora da China já a assinaram, embora até agora a consequência mais significativa do documento talvez tenha sido a severa punição de um dos seus autores, Liu Xiaobo (1955), que foi também um ativista de destaque nos protestos estudantis na Praça da Paz Celestial. No Natal de 2009, Liu Xiaobo foi acusado de "incitar a subversão do Estado" e condenado a onze anos de prisão, uma das mais duras sentenças já dadas para esse tipo de ato. Acredita-se que a pena tenha sido decidida na manhã de Natal como uma medida para evitar maior exposição na imprensa ocidental.

47. No início de sua carreira política, Mao Tsé-tung disse uma frase que se tornou famosa: "Os comunistas precisam ter um folheto na mão esquerda e balas na mão direita se quiserem derrotar o inimigo". E durante toda a sua vida Mao coerentemente deu muita importância aos "dois dardos, o literário e o militar": o "militar" sendo o dardo da arma e o "literário" sendo o dardo da pena.

48. Em dezembro de 2008, o diretor do Departamento de Bens Imóveis do Distrito de Nanjing Jiangning, Zhou Jiugeng (1960), fez alguns comentários impróprios na mídia que incitaram os "buscadores de carne humana" [*Renrou sousuo*] (um grupo independente de "polícia da rede" que usa a internet para buscar informações pessoais de indivíduos) a investigar seu passado. Os "buscadores" descobriram que o maço da marca de cigarros que Zhou estava fumando era avaliado em 1.500 *renminbi* [cerca de 460 reais] e que seu relógio de pulso importado não valia menos do que 100 mil *renminbi* [cerca de 31 mil reais], e essas descobertas despertaram grande interesse do público. O incidente deu início a uma investigação sobre a vida de Zhou, que culminou na pena de onze anos de prisão por corrupção.

**Textos de 2009**
1. *Entendendo a China* (*Dudong Zhongguo*) é uma série de livros didáticos para crianças do ensino primário que pretende introduzir a base da ética, da literatura, da arte, da ciência e do folclore chineses para leitores por meio de poesia, lendas e histórias antigas.
2. *Shanzhai* é um termo chinês usado para designar imitação, cópia barata ou bem pirateado. O termo referia-se originalmente às barreiras de defesa nas montanhas, erguidas por ladrões ou guerreiros que atuavam escapando ao controle do governo; significa literalmente "fortaleza na montanha". Popularizou-se primeiro nas áreas de produção manufatureira de Shenzhen, onde se falava cantonês; ali o termo era usado principalmente para se referir aos celulares e produtos eletrônicos pirateados (por exemplo, antes de entrar no mercado continental, o iPhone era vendido com nomes variados, como "myPhone" e "*AiFeng*", que tem uma pronúncia semelhante; ambos são versões *shanzhai*). Depois o termo começou a ser aplicado a tudo o que fosse adaptado e produzido para o mercado local chinês. Em janeiro de 2009 o termo explodiu na internet. "*Shanzhai*" passou a se referir a muitos artigos locais e do tipo "faça você mesmo". Exemplos de marcas e cadeias de lojas *shanzhai* são: "addidas", "LW", "Guggi", "KFG", "Haagon-Bozs", "Pizza Huh" e "Bucksstar Coffee". Além de custarem muito menos do que os originais, os produtos *shanzhai* são adaptados para atender às exigências do mercado local; assim, por exemplo, celulares podem comportar dois *chips* e aparelhos MP4 são produzidos com vários orifícios para fone de ouvido.
3. O escândalo do leite em pó da Sanlu, em 2008, resultou no envenenamento de milhares de bebês em decorrência do uso da melamina nos laticínios da China. Veja textos de 2008, nota 43.
4. De acordo com o zodíaco chinês, 2009 foi o Ano do Boi.
5. As "Duas Reuniões" (*lianghui*) são a Assembleia Popular Nacional e a Conferência Consultiva Política do Povo Chinês, que se reúnem todo mês de março no Grande Salão do Povo.
6. O mau tratamento dispensado aos requerentes (*shangfang zhe*) e aos cidadãos lesados ou insatisfeitos das províncias que tinham ido a Pequim em busca da ajuda do governo central evoluiu para um grave problema social e em constrangimento para a liderança do Partido Comunista local. No final de 2008 a mídia começou a expor a detenção ilegal de requerentes em hospitais psiquiátricos. A história de Sun Fawu, da província de Shandong, foi uma dessas reportagens chocantes. Sun ficou preso num hospício por três meses, foi sedado e forçado a assinar um acordo comprometendo-se a não fazer nenhuma petição antes de receber permissão para partir. Se qualquer província mostra um aumento de requerentes, considera-se que houve falha do seu governo. As tentativas de reduzir os "números de petições" no sistema de classificação nacional de províncias e cidades resultaram na contratação de caçadores de recompensa que viajam dos governos provinciais para Pequim a fim de localizar os requerentes. Os caçadores de recompensa usam meios diversos, inclusive o confinamento dos queixosos em hospícios, para evitar o registro da petição.

7. Essas duas iguarias chinesas, sopa de abalone e de ninho de andorinha, são valorizadas por terem altas qualidades medicinais, mas em razão de sua raridade são incrivelmente caras. O abalone (*baoyu*) é uma espécie comestível de molusco marinho valorizado também por sua carne e que deve ser comido preferivelmente fresco em metade da concha. O "ninho de andorinha" é o ninho feito com a saliva dessa ave e é um dos produtos animais mais caros consumidos pelo homem atualmente. Os ninhos têm uma textura gelatinosa quando dissolvidos na água e transformados em sopa.
8. No "escândalo da pensão de Xangai", ocorrido em 2006, fundos de pensão foram investidos ilegalmente em bens imóveis e em projetos de obras públicas em Xangai. Esse caso de corrupção resultou na demissão de vários funcionários do governo, inclusive membros graduados do partido.
9. O *Hanyu pinyin* foi adotado no ano 2000 como o sistema de transliteração padronizado para o mandarim chinês. Se o acrônimo CCTV fosse adaptado para o sistema *Hanyu*, ele seria "ZGZYDST".
10. Ai está comparando o Ministério da Educação da China com o da Coreia do Norte (a República Democrática Popular da Coreia), cuja transliteração pelo *pinyin* é *chaoxianminzu renmin gongheguo*, ao qual ele acrescenta o *pinyin* para "Ministério da Educação" (*jiaoyu bu*). O "apelido carinhoso" a que ele se refere seria o mesmo *jiaoyu bu*, precedido de "SB". ("SB" é usado na internet para *shabi*, um insulto vulgar.)
11. No dia 2 de fevereiro de 2009, enquanto o premiê Wen Jiabao fazia um discurso sobre a economia global na Universidade de Cambridge, um aluno manifestante interrompeu-o com um assobio e gritou acusações de que a universidade "se prostituía" ao permitir que um "ditador" discursasse. Então o manifestante atirou o sapato em Wen Jiabao. O estudante de 27 anos e candidato a Ph.D., Martin Jahnke, levantou-se e gritou para o público: "Como vocês podem ouvir isso sem contestar?".
A comunidade chinesa ficou escandalizada, mas Wen descartou publicamente o incidente e instou com as autoridades de Cambridge para que perdoassem Jahnke, citando um provérbio chinês: "Para um jovem, mais precioso do que o ouro é olhar para trás e compensar seus erros". A polícia de Cambridge acusou o agressor de ter cometido um delito contra a ordem pública e no dia 3 de junho de 2009 Jahnke foi considerado inocente no tribunal de magistrados de Cambridge.
12. O primeiro-ministro inglês nunca se desculpou oficialmente pela "sapatada" em Cambridge, limitando-se a dizer que o episódio foi "um caso muito lamentável".
13. A população de Pequim deu à torre da CCTV projetada por Rem Koolhaas o apelido de "Cuecão". Imaginar as duas torres de apoio do prédio como "pernas" ajuda na compreensão dessa metáfora. Outras interpretações, mais lúbricas, veem nelas uma mulher agachada. Acadêmicos e arquitetos descarregaram na internet sua raiva, acusando Koolhaas de fazer intencionalmente essa alusão sexual.
14. A tradicional celebração do Ano-Novo Lunar dura quinze dias, da primeira lua nova até a primeira lua cheia do ano, no 15º dia, conhecida como o Festival da Lanterna. O 15º

dia costuma ser celebrado com um grande espetáculo de fogos de artifício. De acordo com a lei de Pequim de 2009, o Festival da Lanterna também foi o último dia em que os fogos de artifício foram permitidos na cidade.

15. De acordo com interpretações de astrônomos chineses, a lua cheia de fevereiro de 2009 devia ser a maior e mais próxima da Terra dos últimos 52 anos; foi também o eclipse penumbral mais escuro de 2009.

16. O dr. Henry Norman Bethune foi um médico canadense conhecido por seu heroísmo na Guerra Civil Espanhola e na Segunda Guerra Sino-Japonesa. Bethune foi responsável por grandes avanços técnicos nas cirurgias de emergência na linha de frente e desenvolveu a primeira unidade móvel de transfusão de sangue. Ele morreu nas linhas de frente chinesas em 1939, mas vive na história e na literatura chinesas como uma figura heroica e revolucionária.

17. A pena capital na China é hoje executada por armas de fogo, com uma pequena minoria recebendo injeção letal. A partir da década de 1950, o governo passou a cobrar uma taxa simbólica pela bala usada na execução (*zidan fei*). Embora aparentemente a taxa ainda estivesse sendo cobrada no início da década de 1980 (fontes on-line citam uma taxa de bala durante as execuções em massa da campanha Strike Hard [Bater Forte] contra o crime), os parentes já não precisam pagar a taxa da bala ao buscarem o cadáver.

18. "Conto de primavera" (*Chuntian de gushi*) é uma canção política que exalta as importantes reformas de Deng Xiaoping. Seus versos aludem às políticas de reforma econômica de Deng e seu sucesso posterior no início da primavera de 1978 por meio da famosa visita que ele fez ao sul na primavera de 1992, quando a canção foi composta. Muito executada durante a década de 1990, ela hoje é uma música conhecida em quase toda a China continental e foi muito ouvida quando da morte de Deng em 1996.

19. As campanhas Strike Hard [Bater Forte] são medidas agressivas de combate ao crime propostas primeiramente por Deng Xiaoping para controlar a escalada do crime. Até hoje houve três campanhas Bater Forte: a primeira em 1983, seguida por outra em 1996 e novamente em 2000, quando um "Bater Forte para o Novo Século" incluiu a perseguição de criminosos com a ajuda da internet. Segundo informações, em março de 2009 uma campanha foi levada a cabo no Tibete, antecipando o cinquentenário da primeira rebelião ocorrida no país, e novamente em novembro de 2009 na província de Xinjiang depois de uma agitação étnica. A razão oficial dos programas da Bater Forte dizia que a China não podia copiar os métodos de "punição leve" usados no Ocidente e precisava de punições mais severas e rigorosas. O número de sentenças é duas vezes maior durante essas campanhas e a punição é aplicada rapidamente. As execuções também aumentam, o que leva alguns grupos de defesa dos direitos humanos a chamá-las de "frenesi de execução".

20. O caso de Yang Jia veio a público em julho de 2008, depois que esse jovem de 27 anos massacrou vários policiais numa delegacia de polícia de Xangai. Veja os textos de 2008, nota 26.

21. Hu Changqing (1948-2000) era um funcionário graduado da província de Jiangxi acusado de corrupção que foi executado no dia 8 de março de 2000. Na época ele era o

funcionário de nível mais elevado executado na história da República Popular da China. Apenas seis meses depois Cheng Kejie (1933-2000), da província de Guangxi, foi acusado de corrupção, tornando-se a autoridade mais graduada a ser executada (no dia 14 de setembro de 2000).

Num crime que chocou a nação, Ma Jiajue (1981-2004), aluno veterano da Universidade de Yunnan, matou com um martelo quatro colegas de sala e escondeu os corpos nos armários das vítimas. Ele foi executado no dia 18 de junho de 2004. Qiu Xinghua (1959-2006), conhecido como "o assassino do templo" e suspeito de ser doente mental (veja textos de 2006, nota 70), foi executado no dia 28 de dezembro de 2006.

22. "O desenvolvimento é uma lógica dura" (*fazhan shi yingdaoli*) é um dos pontos fundamentais nos discursos de Deng Xiaoping feitos durante a sua famosa viagem de inspeção ao sul.

23. *China inspiradora* (*Gandong Zhongguo*) é um programa de televisão anual que vai ao ar durante o Festival da Primavera desde 2002. Todo ano, dez chineses destacados são escolhidos e louvados como figuras inspiradoras e modelos de cidadania. Incluem desde figuras políticas até astros dos esportes ou figuras literárias, além de pessoas comuns que fazem coisas extraordinárias.

24. O termo budista *Anātman* (sânscrito) é um adjetivo para a ausência de um eu ou alma supostamente permanente e imutável, o estado de esquecimento do próprio eu.

25. "Cidadãos P" (*pi min*) é um termo da internet que entrou em voga depois que uma autoridade malcomportada foi pega na câmera de vigilância dizendo que podia fazer o que bem entendesse e chamando os outros que estavam ao seu redor de cidadãos "*pi*". "Cidadãos *pi*" significa literalmente "cidadãos peidorreiros". O termo foi abreviado para "*P min*" na internet e é usado com ironia. "SB" é a abreviação usada na internet para a expressão vulgar "*shabi*".

26. Celebrações oficiais extravagantes foram planejadas para o dia 1º de outubro de 2009, o sexagésimo aniversário da fundação da República Popular da China. Esse comentário de Ai é sarcástico.

27. O incêndio na CCTV causou a morte de um bombeiro de Pequim e a hospitalização de seis bombeiros e de um trabalhador da construção.

28. Depois da morte de Yves Saint Laurent em junho de 2008, seu sócio, Pierre Bergé, anunciou que a coleção de objetos de arte do designer seria leiloada na Christie's em fevereiro de 2009. A coleção contava com duas peças de bronze do período Qianlong, as cabeças de um coelho e de um rato que pertenciam originalmente a um conjunto de doze animais do zodíaco chinês que compunham uma clepsidra, ou relógio de água, no Antigo Palácio de Verão (Yuanmingyuan). Os animais de bronze foram saqueados por soldados ingleses e franceses durante a destruição do Antigo Palácio de Verão, em 1860, um incidente que ainda inflama o orgulho nacional chinês. Assim, a recuperação desses dois bronzes é imbuída de autoestima patriótica e de um ardente desejo de reparação. O esforço para levar de volta as peças de bronze, assim como outros objetos de arte pilhados da China, foi o foco recente da mídia.

Inicialmente várias associações chinesas tentaram usar meios legais para impedir que as duas cabeças aparecessem em leilão, mas os tribunais franceses rejeitaram o pedido chinês, assim como pedidos posteriores de que os bronzes fossem devolvidos. Uma equipe de advogados instou, sem sucesso, com Bergé e com a Christie's para que eles não fizessem a venda de fevereiro. A China não queria simplesmente comprar de volta os bronzes, mas sustentava que os "objetos saqueados" deviam ser devolvidos de acordo com a Convenção Unidireito sobre Objetos Culturais Roubados ou Ilegalmente Exportados, assinada pela China e pela França. A certa altura antes da venda, provocando ainda mais a ira dos chineses, Bergé disse que devolveria as cabeças "quando a China respeitar os direitos humanos e libertar o Tibete".

No dia 25 de fevereiro a Christie's leiloou a coleção de Yves Saint Laurent e o coelho e o rato foram arrematados por um total de 28 milhões de euros a um lançador anônimo ao telefone. Logo depois a identidade do lançador foi revelada: era Cai Mingchao, conselheiro do Fundo Nacional de Tesouros da China. Cai não a tinha intenção (nem os recursos financeiros) de pagar pelos bronzes, e sabotou intencionalmente a venda, alegando ter agido por motivos morais e patrióticos. Mais tarde Bergé desistiu da opção de vender os objetos para o segundo lançador mais alto e decidiu ficar com eles.

29. A expressão "enganar o gato" (*duo maomao*), nome chinês da brincadeira de esconde--esconde, tornou-se um dos memes mais explosivos da internet depois que Li Qiaoming, de 24 anos, morreu de causas suspeitas quando estava preso na cidade de Jinning, em Yunnan. Li Qiaoming morreu no dia 12 de fevereiro em consequência de um grave ferimento na cabeça, e a polícia local explicou que ele havia se ferido enquanto brincava de "enganar o gato", tendo "se chocado contra uma parede depois de ter sido chutado por outro prisioneiro". A morte altamente improvável pelo choque contra uma parede suscitou uma reação explosiva dos internautas, e o termo "enganar o gato" [*eluding the cat*] foi se juntar a outros tantos como "fazer flexões" e "comprar molho de soja"*, usados para criticar as ocultações oficiais e a incapacidade de assumir a responsabilidade.

[* "Comprar molho de soja" tem o sentido de algo como "não é da minha conta", "só estava de passagem". O termo tornou-se popular depois que, em uma entrevista para a televisão de Guangzhou, em janeiro de 2008, um morador da cidade foi questionado sobre o escândalo das fotos em que o ator e cantor Edison Chen aparece nu na cama com oito atrizes e cantoras. O homem respondeu: "O que eu tenho a ver com isso? Eu só estava indo comprar molho de soja!". (N. E.)]

30. Aisin Gioro era o nome do clã dos imperadores Manchu da dinastia Qing, a segunda dinastia "estrangeira" que governou a China (de 1644 a 1911) depois que os mongóis fundaram a dinastia Yuan. Na linguagem manchu a palavra "*aisin*" significa "ouro" e "*gioro*" significa "clã". As doze cabeças foram desenhadas por um artista jesuíta italiano da corte do imperador Qianlong, Giuseppe Castiglione (1688-1766), que supervisionou a fabricação das peças na China.

31. "Convidados de todos os cantos do mundo" ["Guests from All Corners of the Earth"] foi uma entrevista on-line concedida por Ai Weiwei ao público geral no dia 23 de março de 2009 para tratar de questões levantadas pela Investigação Cidadã.

32. Depois do terremoto, a mídia chinesa se interessou por doações feitas por várias celebridades. Em face da curiosidade quanto à soma que ele havia doado e preocupado com o modo como as doações estavam servindo de medida pública de patriotismo, o autor e blogueiro Han Han rejeitou todo o sistema, decidindo viajar até a cena do desastre para ver que doações seriam mais úteis do que dinheiro. A viagem teve vários patrocinadores, inclusive fabricantes de carros que lhe forneceram veículos utilitários esportivos para o transporte terrestre.

33. "Os desastres revitalizam uma nação" (*Duo nan xing bang*) é um dito patriótico destinado a inspirar a nação que enfrenta uma tragédia com coragem para superar as dificuldades. O conceito pode ser remontado até os *Comentários de Zuo* (*Zuo Zhuan*), no século IV a.C., e foi notoriamente empregado pelo general Li Hongzhang (1871-1895) no final do período Qing referindo-se às forças estrangeiras que invadiram a China. Propositadamente o premiê Wen Jiabao invocou-o durante uma visita a uma sala de aula em Sichuan depois do terremoto, para alunos do ensino médio que estavam muito preocupados com a aproximação do *Gaokao* (exames de âmbito nacional para admissão nas faculdades). Eles tiveram algumas semanas de preparação para o exame e, durante sua visita, Wen escreveu esses quatro caracteres no quadro-negro, numa tentativa de inspirá-los.

34. A palavra "libertação" (*jiefang*) é usada para se referir à implantação do comunismo na China, que em chinês é referida de modo simplificado como "libertação". Numa idiossincrasia linguística semelhante, o Tibete foi "libertado" em 1953.

* Ver nota 10 dos textos de 2007. (N. E.)

35. O incêndio de Karamay em 1994 irrompeu num teatro em Karamay, província de Xinjiang. Das mais de mil pessoas que estavam no teatro, 325 morreram, sendo 288 crianças. Supõe-se que o número de vítimas fatais tenha sido tão alto porque os alunos e os professores receberam ordem de permanecer sentados enquanto as autoridades do Partido Comunista saíam primeiro.

Na primavera de 2008, crianças de Fuyang, na província de Anhui, foram atingidas por uma epidemia do enterovírus 71 – também conhecido como doença da mão, do pé e da boca – que poderia ter sido evitada. Um apagão de notícias e a disseminação de informações equivocadas sobre a doença levaram a infecções em massa, com mais de 3 mil casos somente em Fuyang. O incidente tornou-se o que algumas pessoas chamaram uma "minissíndrome respiratória aguda grave".

A província de Henan foi devastada pela aids, que se espalhou em proporções epidêmicas no início da década de 1990 por meio de vans de coleta ilegal de sangue. De acordo com dados divulgados pelo Fundo das Nações Unidas para a Infância (Unicef) em 2005, havia de 70 mil a 80 mil órfãos de pais soropositivos em todo o continente, inclusive os que tinham apenas um dos pais. Muitos deles estão concentrados na província de Henan, a área mais duramente atingida da China.

As "crianças da fornalha negra de Shanxi" são as centenas de crianças que foram traficadas e usadas como mão de obra escrava para trabalhar na fabricação de tijolos.

36. Na época em que essa postagem foi escrita, a Investigação Cidadã estava já adiantada, com voluntários viajando por toda a província de Sichuan e fazendo ligações diariamente da sala de Ai em Caochangdi. Relações de estudantes eram postadas no blogue apenas para serem prontamente deletadas pela Sohu, que hospedava o blogue, sob óbvia pressão das autoridades. Todas as postagens deletadas voltavam a ser postadas logo depois com o título "conteúdo deletado".

** Nancy Pelosi é membro do Partido Democrata dos Estados Unidos e congressista sobre direitos humanos. De 2007 a 2011 ocupou o cargo de presidente da Câmara dos Representantes. (N. E.)

37. 110 é o número para emergências [Equivalente ao 190 no Brasil].

38. Situado em Pequim, Liu Xiaoyuan é advogado especializado em direitos humanos e um blogueiro muito conhecido. Em 2007 ele tentou processar seu *host* por censurar postagens.

39. O título "Segurança interna 'panela elétrica de arroz'" (*dian fanbao*) é uma brincadeira com o termo chinês para "agentes de segurança interna" (*guobao*). Ai explica que escolheu a "panela de arroz" porque esse utensílio é algo extremamente comum e encontrado em todas as casas, um objeto para uso da família do mesmo modo que os guardas são ferramentas do Estado, e que, assim como estes, precisa ser melhorado para se ajustar aos tempos.

40. Referência à aproximação do vigésimo aniversário do massacre na Praça da Paz Celestial, no dia 4 de junho. Medidas de força e aumento da censura antes desses "aniversários negros" são comuns na China.

41. Green Dam Youth Escort (*luba huaji huhang*) [Represa Verde – Escolta da Juventude] é um software desenvolvido na China que visa controlar o conteúdo da internet e bloquear sites por meio da sua instalação em computadores pessoais. Em maio de 2009 o governo obrigou as fábricas a instalarem o software Represa Verde em todos os computadores vendidos na China – tanto os fabricados no país quanto os importados – a partir de 1º de julho. O software Represa Verde é programado para automaticamente atualizar uma relação de sites proibidos. Embora seja em tese desenvolvido para bloquear pornografia, ele pode facilmente ser ampliado para incluir sites com conteúdo político delicado. A lei nunca foi promulgada e, embora o uso desse software seja exigido em todos os computadores das escolas, essa instalação ainda é uma decisão dos proprietários de computadores.

42. Toda uma mitologia desenvolveu-se em torno do Grass Mud Horse [Cavalo da relva e da lama], um animal ficcional e um meme da internet que foi criado depois de uma maciça campanha de limpeza na internet feita em 2009. Sob o pretexto de ser uma campanha "contra a vulgaridade", a censura recrudesceu, atingindo um nível que não se verificava há anos. Os sites pornográficos não foram os únicos visados; grupos de discussão on-line, blogues, BBS e outros sites relacionados com política e questões atuais também foram encerrados. A reação dos internautas chineses aconteceu na forma do

"Grass Mud Horse", cujo nome chinês (*cao ni ma*) tem a mesma pronúncia – embora com uma inflexão diferente – de "filho da puta". De acordo com a história do Grass Mud Horse, o animal mítico em vias de extinção vive no "deserto de Mahler Gobi" (*ma le ge bi* = "a vagina da sua mãe") e sua existência está ameaçada por uma invasão devoradora do rio Caranguejos (*he xie*), nome que também faz um trocadilho com "harmonização", um eufemismo para a censura oficial ou a eliminação de conteúdo indesejável na internet. O voraz rio Caranguejos compete pela "relva fértil" (*wo cao* = "foda!") que constitui a dieta principal do Grass Mud Horse.

Músicas e vídeos começaram a circular na internet quando o meme ganhou impulso; brinquedos de pelúcia e camisetas com a figura de uma alpaca que representava o Grass Mud Horse começaram a ser vendidos. Infelizmente, os Grass Mud Horses e todas as referências a eles foram deletados, censurados e "harmonizados" quando as autoridades perceberam a alusão.

43. No dia 1º de julho de 2009, Ai Weiwei organizou o boicote "um dia sem internet" para protestar contra a legislação.

44. "140 caracteres" é uma seleção de tweets microblogados quando a violência estava irrompendo na província de Xinjiang, em julho de 2009. As relações entre o grupo étnico chinês *han* e o povo nativo *uyghur*, da região autônoma de Xinjiang, foram tensas durante décadas, frequentemente resultando em conflitos étnicos violentos. Mas nenhum deles chegou a ser tão sério quanto a violência que impressionou a China em julho de 2009. Sua causa imediata foi a morte de dois trabalhadores *uyghur* numa fábrica de brinquedos da província de Guangdong, na noite de 25 de junho. A fim de contornar o problema da escassez de mão de obra, um programa transferiu uma grande quantidade de trabalhadores *uyghur* para o sul, região predominantemente *han*. Com isso as tensões étnicas aumentaram na fábrica, onde os trabalhadores viviam muito próximos uns dos outros e compartilhavam dormitórios. Alegações de agressão sexual contra uma empregada *han* levaram a um distúrbio em grande escala nas dependências da fábrica, resultando na morte de dois empregados *uyghur* e em 118 feridos. Mais tarde os funcionários da fábrica divulgaram uma nota dizendo que um trabalhador insatisfeito havia espalhado o boato de estupro e alegaram que não havia provas de violência sexual. Os *uyghurs* de Xinjiang e outros não gostaram do modo como a situação foi tratada e organizaram um protesto em Ürümqi no dia 5 de julho. Pelo menos mil pessoas se reuniram na Praça do Povo da cidade. A violência acabou por explodir, com os *uyghurs* atacando os *han*. Mais de 190 pessoas morreram e 1.700 ficaram feridas, de acordo com fontes da Xinhua. Distúrbios intermitentes se arrastaram até o final de setembro.

45. Afirma-se que três forças estavam por trás dos distúrbios de Xinjiang: o extremismo religioso, o separatismo étnico e o terrorismo internacional.

46. Na cidade de Shishou, província de Hubei, houve distúrbios depois que a morte misteriosa de um homem de 24 anos, empregado de um hotel, levantou as suspeitas da população. No dia 17 de junho de 2009, o corpo de Tu Yuangao foi encontrado na calçada

em frente ao hotel onde ele trabalhava, depois de supostamente ter pulado de uma janela do terceiro andar. Contudo, o fato de não haver sangue no local e o relato de algumas testemunhas que viram muitas feridas com sangue na cabeça de Yuangao levaram a família e outros a suspeitar que ele havia sido espancado até a morte antes de cair da janela. O proprietário do hotel, parente do prefeito de Shishou, tornou-se o suspeito do assassinato, e posteriores tentativas de retirar à força o corpo do velório para cremá-lo foram contrariadas pelos parentes, que queriam proteger as evidências até os detalhes do caso serem esclarecidos. Pessoas do local solidárias à família começaram a se reunir em frente ao hotel, dando início a um protesto. Nos dias 19 e 20 de junho uma multidão já havia se formado. Testemunhas oculares avaliam que havia ali de 3 a 10 mil pessoas; os manifestantes queimaram a fachada do hotel e destruíram carros da polícia até serem contidos por policiais.

47. Rebiya Kadeer (1947), empresária e destacada defensora dos direitos humanos dos *uyghur*, foi acusada de ser a principal conspiradora dos distúrbios de Xinjiang. Mensagens enviadas por ela no dia 5 de julho de 2009 tiveram ampla circulação na mídia como "prova" do seu envolvimento. As mensagens incluíam frases como "Tenham coragem" e "Algo grande está para acontecer".

48. Fanfou.com era a mais antiga imitação do Twitter na China, aberto em maio de 2007. No dia 5 de julho, um dia depois dos distúrbios em Ürümqi, as buscas de palavras-chave feitas por jornalistas no Fanfou congelaram o sistema; alguns dias depois era impossível conectar-se ao sistema e o Fanfou e outro site de microblogue chinês muito popular, o Jiwai.com, foram encerrados simultaneamente.

**Epílogo**

1. *Laoma tihua* (75 minutos, 2009) é um documentário que registra a viagem feita por Ai em agosto de 2009 para Chengdu a fim de testemunhar para Tan Zuoren [Sobre o caso de Tan Zuoren, ver texto de Apresentação, p. XXIV (N. E.)].

2. Os quatro documentários são *Hualian ba'r* (78 minutos, 2009), que documenta o processo de coleta dos nomes dos alunos mortos no terremoto de Sichuan; *Laoma tihua*; *4851* (87 minutos), uma lista dos nomes dos alunos vítimas do terremoto; e finalmente *Feng Zhenghu hui jia* [Volte para casa, Feng Zhenghu] (22 minutos, 2009), documentando os problemas de Feng Zhenghu, um advogado dos direitos humanos de Xangai, que acampou no Aeroporto Internacional de Narita, em Tóquio, depois de ter sido repetidamente impedido de entrar na China, o seu país.

3. No dia 21 de janeiro de 2009, num discurso feito no Newseum, em Washington, a secretária de Estado Hillary Clinton fez comentários sobre a liberdade na internet que despertaram uma forte reação na China. Ela comparou as barreiras à informação digital ao Muro de Berlim e pediu "liberdade de informação", invocando diretamente as políticas e tentativas de controlar a informação da China e de outros países. Nessa época, quando a China estava com problemas em face da decisão do Google de não censurar resultados de busca a partir do "Great Firewall" chinês, o discurso de Hillary Clinton foi muito oportuno.

# GRAFIA CHINESA
## DOS NOMES

Ai Qing　艾青

Ai Weiwei　艾未未

Cai Mingchao　蔡铭超

Chen Danqing　陈丹青

Cheng Kejie　成克杰

Dou Wei　窦唯

Fan Meizhong　范美忠

Feng Boyi　冯博一

Fu Dezhi　傅得志

Fu Xiaodong　付晓东

Gao Ying　高瑛

Han Han　韩寒

He Yunchang (Ar Chang)　何云昌（阿昌）

Hu Changqing　胡长清

inri　映里

Jiang Haicheng　蒋海澄

Jiang Wen　姜文

Jiang Yanyong　蒋彦永

Li Qiaoming　李荞明

Liu Xiaobo　刘晓波

Liu Xiaodong　刘小东

Liu Xiaoyuan　刘晓原

Longnan　陇南市

Lu Qing　路青

Ma Jiajue　马加爵

Ma Qingyun　马清运

Nanniwan　南泥湾

Rongrong　荣荣

Grafia chinesa dos nomes　**321**

Shihezi 石河子

Shishou 石首市

Sun Fawu 孙法武

Sun Zhigang 孙f志刚

Suojiacun 索家村

Tie Guaili 铁拐李

Tu Yuangao 涂远高

Wan Chuan 万川县

Wang Xingwei 王兴伟

Weng'an 瓮安县

Xu Jinglei 徐静蕾

Yan Lei 颜磊

Yang Jia 杨佳

Yang Xiaowan 杨小丸

Yu Hong 喻红

Yu Hua 余华

Yu Qiuyu 余秋雨

Yuhuan 玉环县

Zhang Yimou 张艺谋

Zhang Yuan 张元

Zhao Zhao 赵赵

Zhong Nanshan 钟南山

Zhou Jiugeng 周久耕

Zhou Zhenglong 周正龙

Zhu Dake 朱大可

Zuoxiao Zuzhou 左小祖咒

**1ª edição** março de 2013 | **Diagramação** Studio 3
**Fonte** Adobe Garamond Pro | **Papel** Couché 90g
**Impressão e acabamento** Cromosete